十三經清人注疏

大戴禮記補注

（附校正孔氏大戴禮記補注）

〔清〕孔廣森　撰

王豐先　點校

圖書在版編目(CIP)數據

大戴禮記補注:附校正孔氏大戴禮記補注/(清)孔廣森撰;王豐先點校. —北京:中華書局,2013.1(2025.5重印)
(十三經清人注疏)
ISBN 978-7-101-08874-8

Ⅰ.大… Ⅱ.①孔…②王… Ⅲ.①禮儀-中國-古代②《大戴禮記》-注釋 Ⅳ.K892.9

中國版本圖書館 CIP 數據核字(2012)第 201775 號

責任編輯:石　玉
封面設計:周　玉
責任印製:陳麗娜

十三經清人注疏
大戴禮記補注
(附校正孔氏大戴禮記補注)
〔清〕孔廣森 撰
王豐先 點校
*
中華書局出版發行
(北京市豐臺區太平橋西里 38 號　100073)
http://www.zhbc.com.cn
E-mail:zhbc@zhbc.com.cn
北京建宏印刷有限公司印刷
*
850×1168 毫米 1/32・16 印張・2 插頁・380 千字
2013 年 1 月第 1 版　2025 年 5 月第 6 次印刷
印數:8201-8700 冊　定價:68.00 元

ISBN 978-7-101-08874-8

十三經清人注疏出版説明

自漢至清，經學在各門學術中占有統治的地位。經學的發展經歷了幾個不同的階段，而清代則是很重要的也是最後的一個階段。清代經學家在經書文字的解釋和名物制度等的考證上，超越了以前各代，取得了重要成果，這對我們利用經書所提供的材料研究古代的經濟、政治、文化、思想以至科技等，有重要的參考意義。

清代的經學著作，數量極多，體裁各異，研究的方面也不同。其中用疏體寫作的書，一般是吸收、總结了前人多方面研究的成果，又是現在文史哲研究者較普遍地需要參考的書，因此我們在十三經清人注疏這個名稱下，選擇這方面有代表性的著作，陸續整理出版。所選的并非全是疏體，這是因爲有的書未曾有人作疏，或雖然有人作疏，但不够完善，因此選用其他注本來代替或補充。禮書通故既非疏體又非注體，但它與禮記訓纂等配合，可起疏的作用，故也入選。大戴禮記不在十三經之内，但它與禮記（小戴禮記）是同類型的書，因此也收進去。對收入的書，均按統一的體例加以點校。

清代的經學著作還有不少有重要參考價值，這有待於今後條件許可時，按新的學科分類，選擇整理出版。

十三經清人注疏的擬目如下：

周易集解纂疏	李道平撰
尚書今古文注疏	孫星衍撰
今文尚書考證	皮錫瑞撰
尚書孔傳參證	王先謙撰
詩毛氏傳疏	陳　奂撰
毛詩傳箋通釋	馬瑞辰撰
詩三家義集疏	王先謙撰
周禮正義	孫詒讓撰
儀禮正義	胡培翬撰
禮記訓纂	朱　彬撰
禮記集解	孫希旦撰
禮書通故	黄以周撰

大戴禮記補注　孔廣森撰
（附王樹枏校正、孫詒讓斠補）
大戴禮記解詁　王聘珍撰
左傳舊注疏證　劉文淇等撰
春秋左傳詁　洪亮吉撰
公羊義疏　陳　立撰
穀梁古義疏　廖　平撰
穀梁補注　鍾文烝撰
論語正義　劉寶楠撰
孝經鄭注疏　皮錫瑞撰
孟子正義　焦　循撰
爾雅義疏　郝懿行撰
爾雅正義　邵晉涵撰

中華書局編輯部
一九八二年五月

校點説明

一

大戴禮記補注十三卷，首一卷，爲清乾隆間曲阜孔廣森所著。孔廣森（一七五二——一七八六），字衆仲，一字撝約，号顨軒，堂名儀鄭。孔子七十代孫。乾隆三十六年（一七七一）進士，改翰林院庶吉士，散館，授檢討。性聰穎淡泊，耽於著述。後以養親告歸，遂不復出。乾隆五十一年，其父孔繼汾客死他鄉，廣森居喪，哀毁而卒，年僅三十四歲。

孔氏於經史小學，靡不深研。嘗從戴震、姚鼐受經學，尤長於春秋公羊學與禮學。其春秋公羊經傳通義，被認爲是清代公羊學復興的先驅，當時號稱絶學；而大戴禮記補注則承繼盧文弨、戴震，對長期被學界忽略的大戴禮進行了系統的校勘和注釋，從而爲清代大戴禮的研究奠定了基礎。另外，孔氏尚有詩聲類十二卷、聲類分例一卷、禮學卮言六卷、經學卮言六卷。孔氏在文學上也頗有造詣，尤其擅長駢儷文，論者以爲兼有漢魏六朝初唐之勝，有儀鄭堂駢儷文三卷傳世。其著作最後彙成顨軒孔氏所著書七種六十卷，嘉慶二十二年(一八一七)由孔氏儀鄭堂刊行。其生平事跡見清史稿卷四八一儒林傳、清史列傳卷六八儒林傳。

大戴禮記、小戴禮記是以西漢禮學名家戴德、戴聖命名的禮學文獻。大、小戴均受業於禮學大師后倉，是后氏禮學的重要傳承人，且皆以博士論於石渠，所傳儀禮後均立於學官。漢志言大戴有徐氏之傳，小戴有橋、楊之傳。後漢大儒如馬融、盧植、鄭玄多爲小戴訓解，小戴地位遂日益上升。曹魏時，小戴禮記已有博士。北朝時，「諸生盡通小戴禮，於周、儀禮兼通者十二三焉」(北史儒林傳上)。周禮、儀禮尚且如此，更遑論大戴禮記。唐修五經正義，更是捨儀禮而取小戴禮記，大、小戴禮記在學界之地位已不可同日而語。

據鄭玄六藝論，大戴禮記原本八十五篇。至唐僅剩三十九篇，四十六篇已佚。宋王應麟云：「今大戴記十三卷，總四十篇，始三十九，終八十一，當爲四十三篇，中間缺者四篇，重出者一篇。其上不見者猶三十八篇，不能合八十五篇之數，豈但當爲八十一耶？」而爲大戴禮記作注者，唐前亦唯北周盧辯景宣一人而已。今存三十九篇中，有二十四篇有盧氏舊注，盧氏當時是否全注八十五篇，已不可考知。但盧注實爲後世各家新注的基礎，孔氏大戴禮記補注就是以補盧氏之未備而名其書。

盧注之後，宋、元、明通注全書者甚鮮，但朱熹、楊簡、王應麟、吳澄都曾措意大戴禮記，並以其中若干篇目選編入書，其中朱氏儀禮經傳通解收夏小正、保傅、曾子事父母、武王踐阼、諸侯遷廟、諸侯釁廟、朝事、投壺、公冠九篇。楊氏先聖大訓收有主言、五義、哀公問、衛將軍文子、入官、本命、三朝記（七篇）共十三篇，間有訓釋。王氏則撰有踐阼篇集解。吳氏收投壺、公冠、遷廟、釁廟、朝事五篇爲儀禮逸經，而吳氏還有校正大戴禮記三十四卷，可惜早已不傳。

入清以後，樸學大張其幟，而大戴禮記之董理亦因此而日趨興盛。先是戴震、盧文弨相繼從事校勘，釐正其文字，而未暇注解。孔廣森繼之，博稽羣書，參會衆説，爲之補注。由於大戴禮傳世三十九篇，不但文句脱衍訛誤甚多，而且舊注「詞旨簡略，大義雖舉，微言仍隱」（自叙），故孔氏大戴禮記補注一書，先補釋盧注之未備，所謂「稍以己意備其詁訓」，前有「補」字明己所釋；後校諸本之異同，以圓圈別之。舊本篇末統計字數，包括正文與盧辯注，或有或無，孔氏於每篇全部補列。在校與釋兩方面均極大地推進了大戴禮的研究。

是書校勘較精，孔氏所用諸本有淳熙乙未潁川韓元吉建安郡齋刻本、元劉貞庭嘉興路學宫刻本、漢魏叢書本、明朱養純刻本、高安本、盧文弨本、戴震校本，又參核朱熹儀禮經傳通解九篇、楊簡先聖大訓十三篇、吴氏儀禮逸經五篇，及當時永樂大典保存二十二篇，參互比勘，擇善而從，義有兩通，則並著之。其例云：凡宋本字誤，以别本校改者，注云「宋本訛某」。其誤之不顯者，必議云「從某本改」。有諸本俱誤，以意正者八處，云「今校改」別之。至於盧本異字，但依善本，不悉標識。又旁及小戴記、周禮、周書、管子、荀子、吕氏春秋、淮南子、新書、韓詩外傳、史記、漢書、説苑諸書，凡有關涉者，並載之。如夏小正，宋山陰傅崧卿有注，孔氏取之，以作校書之助。較之盧文弨、戴震校本，後出轉精。

孔氏既以補盧注之未備爲職志，由於盧辯舊注僅存二十四篇，因此孔氏之增補主要圍繞兩方面進行。其一，補今盧注所無之十五篇。但孔氏也並非戛戛獨造，而是儘可能地徵引前人成説，如哀公問五義、禮三本多引楊倞荀子注，哀公問于孔子、朝事、投壺多引鄭玄禮注，夏小正引金履祥、張爾岐、蔡德晉、黄叔琳説，保傅多引顔師古漢書注，千乘、四代多引楊簡，且每引一家，必云某某曰、某某説，以成己説，不掠他人之美。另一方面，對有注之二十四篇，也進行補釋，或釋字詞，或注音訓，或闡大義，或注出處，或明制度，或分章段。凡有所增補，俱以「補」字標出。間附己按，斷是非，通文義。孔氏遠宗漢魏古注，文簡語質，頗爲高古。

孔廣森逝後，其弟孔廣廉於乾隆五十九年將大戴禮記補注刊行，並由阮元作序。此爲大戴禮記補注的第一個刻本。嘉慶五年又將此書彙入孔氏儀鄭堂刊行顨軒孔氏所著書中，嘉慶二十二年再版。之後，大戴禮記補注被阮元收入學海堂經解中，初刻於道光九年，補刊於咸豐十年，内無叙録。清光緒九年，定州王灝彙印入畿輔叢書初編，用顨軒孔氏所著書本重新校刊。此外，清同治十三年，淮南書局也曾刊行此書。而日本東都千鐘房也分别於文化三年、六年刊印。

此次整理，以續修四庫全書影印嘉慶二十二年顨軒孔氏所著書所收大戴禮記補注爲底本，並以孔子文化大全所收乾隆五十九年孔廣廉初刻本（以下簡稱初刻本）、咸豐十年學海堂經解本及畿輔叢書初編本爲校本。由於諸本之間差異較小，故所出校記較少。至於書稿中的引文，儘可能一一復核。若無必要，不出校記。前此北京大學儒藏精華編業已整理出版大戴禮記補注，但尚存闕略，且收入大型叢書，使用不便，故重新整理。

二

校正孔氏大戴禮記補注十三卷,係清末新城王樹枏所著。

王樹枏(一八五一—一九三六),字晉卿,號陶廬,又號綿山老牧。河北新城(現高碑店)人。爲晚清民國時期北方著名學者。光緒二年(一八七六)舉於鄉,冀州知州吴汝綸聘其主講信都書院。十二年成進士,主事户部,改官四川青神縣知縣,先後署資陽、新津、富順,後因事解職。二十九年,官至新疆布政使。宦疆間,主持修纂新疆圖志一百一十六卷。王氏精通經史,富收藏,尤多石刻精拓。一九一四年,充清史館纂修。著尚書商誼三卷、費氏古易訂文十二卷、校正孔氏大戴禮記補注十三卷、爾雅郭注佚存補訂二十卷、廣雅補疏四卷、學記箋證四卷、墨子三家斠注補正二卷、漢魏六朝磚文二卷、新疆訪古録二卷、新疆金石志二卷、陶廬文集二十卷、陶廬外篇一卷、文莫室集九卷等四十餘種,百八十餘卷,最後彙刻成陶廬叢刻,分經、史、算學、詩文四類編纂,經學七種,史學五種,算學一種,其餘爲詩文、書信,全部刊刻於清光緒至民國初年。馬其昶陶廬文集序云:「其釋羣經諸子實事求是，一本之詁訓，其考輿地及泰西列國事，皆精確而具史裁。」

校正孔氏大戴禮記補注爲王樹枏經學方面的代表作。清代大戴禮記的研究，自戴震、盧文弨開其端，孔廣森、汪照、王念孫、汪中、阮元、洪震煊、王聘珍等繼之，最後由孫詒讓、王樹枏爲殿軍。除去王樹枏本人外，其中尤以孔廣森、王聘珍兩家爲最著。孔氏補注，更是受到學界的廣泛讚譽，在大戴禮的研究史上具有承前啓後的地位。光緒九年，定州王灝重刻孔氏大戴禮記補注，王樹枏借此機會，與之「廣稽羣籍，參互諸家，補漏訂譌，以引伸孔氏之所未備。各爲卷帙，附於其後，其已詳音義中者則不復重爲標識也」，最後成校正孔氏大戴禮記補注一書。對於爲何選擇校正孔氏補注一書，王氏在書跋中指出其「往往拘守古本，穿鑿附會，以成其失」，並列舉孔氏明顯的訛誤漏略數條。其實，在王樹枏之前，王念孫就以「守殘之癖」譏評孔氏。王氏沿王念孫之途轍，對孔氏補注作全面系統的董理，洵孔氏之功臣。王氏於而立之年，選擇孔氏補注這樣一部享譽學林的著作作爲自己糾謬的對象，其學術素養和勇氣實在值得敬佩。事實上，校正一書，名曰校正，實則是彙聚孔氏之後各家校勘、研究大戴禮記的重要成果而成的一部集成性的研究論著。

首先，王樹枏繼承並充分吸收了乾嘉學者關於大戴禮記的校勘與研究成果。全書大量徵引前人成説，如張爾岐、顧炎武、朱軾、戴震、錢大昕、段玉裁、王念孫、王引之、劉台拱、阮元、洪頤煊、洪震煊、郝懿行、梁玉繩、汪中、丁傑、孫志祖、汪喜孫、俞樾、陳觀樓、秦蕙田、孫星衍、朱筠、朱彬、雷學淇、畢沅、朱駿聲、邵自昌、顧廣圻、臧琳、莊寶琛、莊述祖、王寶仁、李調元、任兆麟、桂馥、程鴻謨、黄叔琳、姜兆錫、任啟運、汪文臺四十餘位清代學者的有關經説都被王氏吸納到自己的著作中，但王氏於大家之説亦不盲從，如「然後使諸侯世相朝，交歲相問，殷相聘」條，肯定王引之以「交」屬上讀，但又不同意其「世相朝」爲衍文之説，理據充分，讓人信服。其次，王樹枏在重視版本校勘的前提下，廣泛運用他校。如保傅篇，内容多同於賈誼新書，故王氏除運用蔡文範本、盧本、戴本、汪本、聚珍本大戴禮記外，還使用建本、譚本、盧校新書來參互異同，判斷是非。除此之外，還廣泛徵引初學記、羣書治要、藝文類聚、北堂書鈔、白孔六帖、歲華紀麗、太平御覽、玉海、漢書、魏書等類書及史籍來從事校勘。再次，王氏在總結大戴禮記文法的基礎上，利用上下文句法一律的原則來從事校對，也解決了不少問題。故張之洞曾評價云：「(王樹枏)誠不愧北方學者，大戴校補極詳審。」洵非過譽。

是書最早於光緒九年刊刻出版，並收入陶廬叢刻中。後又收入畿輔叢書，由定州王灝謙德堂於光緒十三年刊刻出版。一九三九年，商務印書館據畿輔叢書本排印，收入叢書集成初編。而一九八五年，中華書局又據商務印書館本重印。本次整理，以光緒九年陶廬叢刻本爲底本，校以畿輔叢書本。由於學術水平所限，錯誤難免，不當之處，敬請方家指教。

目録

大戴禮記補注

校正孔氏大戴禮記補注

大戴禮記補注

〔清〕孔廣森 撰

大戴禮記補注序

阮元　撰

今學者皆舉十三經之目，十三經之外，宜亟治者惟大戴禮記矣。夏小正爲夏時書，禹貢惟言地理，兹則言天象，與堯典合；公冠、諸侯遷廟、釁廟、朝事等篇，足補儀禮十七篇之遺；盛德明堂之制，爲考工記所未備；孔子三朝記，論語之外，兹爲極重；曾子十篇，儒言純粹，在孟子之上；投壺儀節較小戴爲詳；哀公問字句較小戴爲確，然則此經宜亟治審矣。

顧自漢至今，惟北周盧仆射爲之注，且未能精備。自是以來，章句溷淆，古字多舛，良可慨歎。近時戴東原編脩、盧紹弓學士，相繼校訂，蹊逕略闢。曲阜孔檢討顨軒乃博稽羣書，參會衆説，爲注十三卷，使兩千餘年古經傳復明白于世，用力勤而爲功鉅矣。

元從檢討之嗣昭虔得觀是書，檢討之弟廣廉乃以乾隆五十九年春付刻，因爲之序。元年來亦治是經，有注有釋，鄙陋之見，與檢討閒有異同。今檢討書先行，元定稿後，再以質之治經者。

大戴禮記補注序録

孔廣森　撰

昔甘讒宅鼎，天秩既序；淹中發簡，古經亦出。后倉曲臺，文成數萬，則有信都太傅戴德延君與其兄子戴聖次君，皆著録牒，親受章句，二戴禮記由是興焉。赤兑之世，大、小並業；黄序以降，顯晦斯判。大戴全篇八十有五，今所存者劣及四十，文句譌互，卷帙散亡，因未列于校官，亦罔聞于傳述。惟北周僕射范陽公盧辯景宣始爲之注，起漢氏之墜學，紹涿郡之家緒矣。但經記緜襪，詞旨簡略，大義雖舉，微言仍隱。廣森不揣淺聞，輒爲補注，更釐亥虎，參證丣穀，敢希後鄭，足申裨于毛義；庶比小劉，兼規正于杜失。其第一、第二、第七、第九、第十二凡五卷，舊注既逸，稍以己意，備其詁訓云爾。

王言第三十九

舊本題爲「主言」，篇中「王」字凡十九見，皆誤作「主」，惟第十六字不誤，今據以改正。古者主之稱亞於君，故三世仕家君之，再世以下主之。鄭君坊記注曰：「大夫有臣者稱之曰主，不言君，避諸侯也。」然左傳云：「以德輔此，則明主也。」是周末已有以主爲王侯之通稱者，但此篇至於「霸王」亦作「霸主」，其誤明耳。王肅家語取此，即名王言篇。

哀公問五義第四十

文同荀子哀公篇。五義，荀子作「五儀」，此「義」正當讀「儀」。鄭司農周官解詁曰：「古者書『儀』但爲『義』，今時所謂『義』爲『誼』。」

哀公問於孔子第四十一

文同小戴記哀公問。

禮三本第四十二

文同荀子禮論。史記禮書取此。

右第一卷。

禮察第四十六

言人君審察取捨之事，故以「禮察」名篇。首章文同經解，自「凡人之知」以下，取賈誼論時政疏也。

夏小正第四十七

太史公曰：「孔子正夏時，學者多稱夏小正。」今其遺篇，上紀星文之昏旦、雨澤之寒暑，下陳草木稊秀之候、蟲羽飛伏之時，旁及冠昏、祭薦、耕穫、蠶桑之節，先王所以敬授人時，與明堂、月令實表裏焉。漢世諸經解詁皆以本書別行，故熹平石經春秋傳不載經文，小正亦別有全經，此特其傳耳。傳或一事分釋，或兩言兼訓，後人復就此篇分別經傳，失其真矣。記本文頗脱誤，世單行夏小正非一家，唯宋山陰傅崧卿所定者尤多可取云。

右第二卷。

保傅第四十八

取賈子書保傅、傅職、容經、胎教四篇，其保傅一篇，漢書誼傳有之。

右第三卷。

曾子立事第四十九

以下十篇並取曾子書，漢書藝文志儒家有曾子十八篇，今其八篇亡。

曾子本孝第五十

曾子立孝第五十一

曾子大孝第五十二

祭義有其文。

曾子事父母第五十三

右第四卷

曾子制言上第五十四

曾子制言中第五十五

曾子制言下第五十六

制言者，法言也。篇大，故分爲三。

曾子疾病第五十七

曾子天圓第五十八

右第五卷。

武王踐阼第五十九

宋王應麟有注。

衛將軍文子第六十

右第六卷。

五帝德第六十二

太史公曰：「孔子所傳宰予問五帝德及帝繫姓，儒者或不傳。」謂此篇及下帝繫篇也。五帝本紀、三代世表多依此爲之。

帝繫第六十三

周官瞽矇「世奠繫」，故書爲「帝繫」。杜子春云：「謂帝繫，諸侯、卿大夫世本之屬是也。小史次序先王之世、昭穆之繫，述其德行。瞽矇主誦詩，並誦世繫，以戒勸人君也。故國語曰：『教之世，爲之昭明德而廢幽昏焉，以怵懼其動。』」然則，帝繫者，先王所藏諸册府，以爲勸戒。此篇猶古史之遺乎？

勸學第六十四

文與荀子勸學同。「珠玉」一章見管子侈靡篇，「問水」一章見荀子宥坐篇，説苑亦有之。

右第七卷。

子張問入官第六十五

盛德第六十六

許叔重五經異義説明堂之制,引禮戴説盛德記,即此篇也。未知何時析明堂别爲一篇,故以後篇第錯易,乃有兩七十四,今仍合之,以復古本。

右第八卷。

千乘第六十七

劉向曰:「孔子三見哀公,作三朝記七篇。」今在大戴禮。蓋千乘、四代、虞戴德、誥志、小辨、用兵、少閒是也。漢書藝文志:「孔子三朝七篇。」師古曰:「今大戴禮有其一篇。」高帝紀注臣瓚引三朝記「蚩尤,庶人之貪者」,師古曰:「出用兵篇,非三朝記也。」以别録證之,小顔説誤。

四代第六十八

虞戴德第六十九

誥志第七十

右第九卷。

文王官人第七十一

文同逸周書官人篇。舊本云：「官人，一作『觀人』。」

諸侯遷廟第七十二

諸侯釁廟第七十三

漢藝文志曰：「禮古經者，出於魯淹中及孔氏學。七十（當作十七）。篇文相似，多三十九篇。及明堂陰陽、王史氏記所見，多天子、諸侯、卿大夫之制，雖不能備，猶瘉倉等推士禮而致於天子之說。」按：戴記遷廟、釁廟、公冠、投壺、奔喪諸篇，即其遺也。鄭君禮注每引烝嘗禮、禘於太廟禮、朝貢禮、巡守禮、中霤禮、王居明堂禮，皆古經之逸篇，惜今不存焉。

右第十卷。

小辨第七十四

用兵第七十五

少閒第七十六

以上三篇，當次文王官人之前，使三朝記相屬。

右第十一卷。

朝事第七十七

此篇多録周官典命、行人、司儀諸職，中有覲義、聘義、諸侯相朝義，則儀禮之傳也。其聘義與小戴記同。

投壺第七十八

與小戴記投壺篇文互相備，末附射事一章，小戴無之。舊説戴聖删戴德之書爲今禮記，故大戴缺篇並是小戴所取，然哀公問、大孝、聘義、投壺之等已見小戴者，是書猶存，斯言不然矣。唐皮日休有補大戴禮祭法文，今記無祭法篇，似又後人以其重出小戴而去之者。東原戴震曰：「隋志戴聖删大戴之書爲四十六篇，馬融足月令、明堂位、樂記合爲四十九篇。今考孔穎達義疏，於樂記云『按别録，禮記四十九篇，樂記第十九』。然則，樂記篇第，劉向列之于别録，即與今不殊。後漢書橋玄傳云〔一〕：『七世祖仁，著禮記章句四十九篇。』劉向當成帝時校理秘書，橋仁親受業小戴之門，亦成帝時爲大鴻臚。劉橋所見篇數已爲四十有九，不待融足三篇甚明。作隋書者，徒附會大戴闕篇，以爲即小戴所録，而尚多三篇，不符，遂漫歸之融耳。」

右第十二卷。

〔一〕「玄」，原避康熙諱作「元」，今回改。下同者，徑改不出校。

公冠第七十九

冠義曰：「公侯之有冠禮，夏之末造也。」則周公制禮時，固有公冠禮矣。此篇亦古經之遺也。經唯言公冠與士異者，餘皆大同，可推而知，故其儀略焉。末有昭帝冠頌及郊祀祝辭，則漢世述禮者所附耳。篇題舊作「公符」，字誤。

本命第八十

説苑辯物篇、小戴喪服四制文有與此同者。

易本命第八十一

淮南子墬形訓取此。

右第十三卷。

録曰：大戴禮記八十五篇，第三十八以上今亡，中間又缺四十三、四十四、四十五、六十一四篇，及八十二以後四篇，凡存三十九篇，爲十三卷，如右。按隋經籍志、唐藝文志著録亦十三卷。然唐人正義稱大戴禮尚有王度記、辨名記、禘于太廟諸篇，見曲禮及詩魏風、儀禮少牢饋食疏。豈今本較唐時舊本卷雖同而篇或逸與？

鄭君喪服注云「神不歆非族」，檀弓注云「吉笄無首素總」，郊特牲注云「庭燎之差，公蓋五十，侯伯子男皆三十」，疏者並以爲大戴禮文。又詩雲漢正義引「一穀不升，徹鶉鷃；二穀不升，去鳧鴈；三穀不升，去兔；四穀不升，去囿獸；五穀不升，祭不備牲」，樂記正義引「文王年十五而生武王發」，士冠禮疏引「文王十三生伯邑考」，喪服疏引「大功以上唯唯，小功以下頷頷然」，士喪禮疏引「大夫於君命，升聽命，降拜」，少牢饋食疏引「卿大夫之蓍長五尺」，白虎通義：「三正記曰：『天子蓍長九尺，諸侯七尺，大夫五尺，士三尺。』」據此疏，似三正記亦大戴篇名也。文選景福殿賦注引「禮義之不愆，何恤人言」，舞賦注引「驪駒在門，僕夫具存」，歸去來辭注引「君道當，則萬物皆得其宜」，後漢書注引「六十無妻曰鰥，五十無夫曰寡」，今記皆無其語，則唐本信有增多於今者矣。

今最舊唯宋刊本，已多脱衍譌互，顧尚未大離。淳熙乙未，潁川韓元吉刻于建安郡齋者。別有元本、元至正甲午，海岱劉貞庭刻于嘉興路學宫，分上下卷，無注。漢魏叢書本、舛謬最甚，注亦不完。朱本、明浙江朱養純刻。高安本、故大學士高安朱文端公軾所刻藏書十三種之一。盧本、前輩仁和盧學士文弨刻者，多所是正。戴氏校本。休寧戴學士震在四庫全書館所校。其旁見它書者，儀禮經傳通解有九篇，夏小正、保傅、曾子事父母、踐阼、遷廟、釁廟、朝事、投壺、公冠。慈湖楊氏先聖大訓有十三篇，王言、五義、哀公問、衛將軍文子、入官、本命及三朝記七篇。臨川吴氏儀禮逸經有五篇，遷廟、釁廟、朝事、投壺、公冠。永樂大典有二十二篇，大典以戴記諸篇分隸韻字之下，今中祕貯本已殘缺，唯五義、哀公問、夏小正、曾子立事、事父母、制言上中下、疾病、天圓、踐阼、衛將軍文子、官人、遷廟、釁廟、小辨、少閒、朝事、投壺、公冠、本命、易本命在所存韻中。互相讎勘，從其善者，義有兩通，則並著之。凡宋本字誤，以別本校改者，注云「宋本譌某」。其誤之不顯者，必議云「從某本改」。有諸本俱誤，以意正者八處，云「今校改」別之。至於盧注異字，但依善本，不悉標識。小戴記、周禮、周書〔一〕、管子、荀子、呂氏春秋、淮南子、賈誼新書、韓詩外傳、史記、漢書、説苑諸籍，多與是記相出入，亦並載之。音義取資博驗，其一字之異同，片言之多少，無關意訓，乃省略焉。

家語者，先儒馬昭之徒以爲王肅增加。漢志：「孔子家語二十七篇。」師古曰：「非今所有家語。」肅横詆鄭君，自爲聖證論，其説不見經據，皆借證于家語。大氏抄撮二記，採集諸子，而古文奥解悉潤色之，使易通俗讀。唯問郊、五帝之等傳記所無者，斯與肅説若合符券，其爲依託，不言已明。公冠篇述孝昭冠辭，云陛下者，謂昭帝也；文武者，謂漢文帝、武帝也，而肅竊其文，遂並列爲成王冠頌，是尚不能尋章摘句。舉此一隅，謬陋彌顯。況以禮是鄭學，無取妄滋異端，故于家語殊文別讀，獨置而弗論也。

〔一〕「書」，初刻本作「官」。

卷一

王言第三十九

孔子閒居，曾子侍，孔子曰：「參！今之君子，惟士與大夫之言之聞也。○閒，宋本譌「聞」，從楊氏大訓改。其至於君子之言者甚希矣。於乎！吾王言其不出而死乎？哀哉！」【補】不出而死，言終身不得其人而以王言教之。○於乎，音嗚呼。

曾子起，曰：「敢問何謂王言？」孔子不應，曾子懼，肅然摳衣下席，曰：「弟子知其不孫也，得夫子之閒也難，是以敢問也。」【補】閒，暇也。曲禮曰：「少閒，願有復也。」○孫音遜。閒，宋本作「聞」。

孔子不應，曾子懼，退，負序而立。【補】序，東西牆也。堂上之牆曰序，堂下之牆曰壁，室中之牆曰墉。負序，示不敢復問也。文王世子曰：「凡侍坐于大司成者，遠近閒三席，可以問，終則負牆。」孔子曰：「參！女可語明王之道與？」○女音汝，下同。曾子曰：「不敢以爲足也。得夫子之閒也難，是以敢問。」孔子曰：「居，吾語女。○宋本脱「居」字，從大訓增。道者所以明德也，德者所以尊道也。是故非德不尊，非道不明。雖有國馬，不教不服，不可以取千里。【補】周禮：王馬六物，種馬以駕玉路，齊馬以駕金路，道馬以駕象路，戎馬以駕革路，皆爲國馬。其下有田馬、駑馬。○馬，宋本訛「焉」。舊本云：「里，一作『理』。」雖有博地衆民，不以其道治之，不可以霸王。○道，宋本譌「地」，從大訓改。是故昔者明王内脩七教，外行三至。七教脩焉，可以守；三至行焉，可以征。七教不脩，雖守不固；三至不行，雖征不服。是故明王之守也，必折衝乎千里之外；其征也，衽席之上還師。【補】衽，卧席也，喻易。是故内脩七教而上不勞，外行三至而財不費，此之謂明王之道也。」

曾子曰：「敢問不費不勞，可以爲明乎？」孔子愀然揚麇曰：○舊本云：「麇，一作『𤰞』。」按：麇，古「𤰞」字。士冠禮「𤰞壽萬年」，古文爲「麇壽」。「參！女以明王爲勞乎？昔者舜左禹而右皋陶，不下席而天下治。【補】天道左陽而右陰，王者左德而右刑。禹宅百揆，故言左；皋陶作士，故言右。不下席，所謂無爲而治。夫政之不中，君之過也。政之既中，令之不行，職事者之罪也。明王奚爲其勞也？昔者明王關譏而不征，市鄽而不税，【補】鄭君王制注曰：「譏，譏異服，識異言。鄽，市物邸舍。税其舍不税其物也。」廣森謂：周禮：門關有征，凶札然後弛之。左傳亦云：「宋公以門賞耏班，使食其征。」此言「不征」者，遠法文王治岐之政，猶論爲邦取四代之意也。税十取一，使民之力歲不過三日，【補】雖豐歲，城道之役亦不過三日，中熟二日，下熟一日。入山澤以時，有禁而無征。【補】王制曰：「獺祭魚，然後虞人入澤梁。草木黄落，然後入山林。」禁者，禁非時。○舊本云：「一作『入山澤以時而不禁。夫圭田無征』。」此六者，取財之路也。明王捨其四者，【補】關、市、山、澤〔一〕。而節其二者，【補】田税、力役。明王焉取其費也？」【補】無取於費，故不殖財。

曾子曰：「敢問何謂七教？」孔子曰：「上敬老則下益孝，上順齒則下益悌，上樂施則下益諒，【補】施，予也。諒，誠也。○樂音洛。上親賢則下擇友，上好德則下不隱，【補】不隱，無蔽賢也。○舊本云：「一作『上好德則下隱慝』。」上惡貪則下恥争，上强果則下廉恥。民皆有别，【補】强果，謂勇於義也。則政亦不勞矣。【補】楊簡曰：「上脩德而下自應，是不勞。」○則政，宋本譌作「則貞則正」四字，從戴氏校本删改。此謂七教。七教者，治民之本也，教定則正矣。○則，宋本譌「是」，從朱本改。上者，民之表也，表正則何物不正？【補】表，建木以測影者。影隨表移，民隨君化。是故君先立於仁，則大夫忠而士信、民敦、工璞、【補】玉未治曰璞，喻質素也。商愨、女憧、婦空空。【補】憧，愿也。空空，不識不知之貌。七者教之志也，【補】志，準也，如「射之有志」之「志」。敷教以七者爲準。七者布諸天下而不窕，【補】窕，不實也。春秋左傳曰：「大者不窕。」内諸尋常之室而不塞。【補】八尺曰尋，倍之曰常。○内音納。是故聖人等之以禮，立之以義，行之以順，而民棄惡也如灌。」【補】如灌，猶傳言「洒濯其心」。

曾子曰：「弟子則不足，道則至矣。」

孔子曰：「參！姑止，又有焉。昔者明王之治民有法，必别地以州之，【補】管子曰：「羣萃

〔一〕上四字下，初刻本皆有「也」字。

而州處。」分屬而治之，【補】考工記曰：「九分其國以爲九，分九卿治之。」然後賢民無所隱，暴民無所伏，使有司日省如時考之。【補】如，而也。左氏春秋「星隕如雨」，以「如」爲「而」。孟子「望道而未之見」，以「而」爲「如」。古如、而字皆通用，記中甚多，各望文爲解。歲誘賢焉，則賢者親，不肖者懼。【補】誘，進也。○「肖」下，宋本脱「者」字，從大訓及元本增。使之哀鰥寡，養孤獨，恤貧窮，誘孝悌，選賢舉能。此七者脩，則四海之内無刑民矣。【補】言七者者，孝、悌爲二〔一〕。上之親下也如腹心，則下之親上也如保子之見慈母也。上下之相親如此，然後令則從，施則行。【補】保子，幼子在保抱者。因民既邇者説，遠者來懷。○説音悦，下同。然後布指知寸，布手知尺，舒肘知尋，【補】説文解字曰：「人手卻十分，動脉爲寸口，十寸爲尺。」「中婦人手長八寸〔二〕，謂之咫，周尺也。」「周制：寸、尺、咫、尋、常、仞諸度量，皆以人之體爲法。」小爾雅曰：「尋，舒兩肱也。」十尋而索，【補】索，大繩也。營國者先視繩直。百步而堵，【補】春秋公羊説「八尺爲板，五板爲堵」，則堵者五尋也。此文似有誤。三百步而里，千步而井，【補】「千步」亦字誤。韓詩外傳曰：「方里爲一井。廣三百步、長三百步爲一里，其田九百畝。廣一步、長百步爲一畝。」三井而句烈，三句烈而距。【補】書大傳曰：「八家爲鄰，三鄰爲朋，三朋爲里。」古者分田，八家同井。三井，一朋之田也。三句烈，一里之田也。○句

〔一〕「孝悌」上，學海堂經解本、畿輔叢書本少「者」字，多「以」字。
〔二〕「婦」字，據四部叢刊影北宋本説文解字補。

音鉤。五十里而封，百里而有都邑，【補】天子近郊五十里，遠郊百里。封，謂近郊之四疆溝封之也。百里之外曰甸，甸有都邑，周禮「以公邑之田任甸地」是也。春秋左傳曰：「凡邑有宗廟、先君之主曰都。」○封，宋本譌「對」。乃爲畜積衣裘焉，使處者恤行者有與亡。【補】言使居者畜積，以待行客之有無。周禮：「凡國野之道，十里有廬，廬有飲食；三十里有宿，宿有路室，路室有委；五十里有市，市有候館，候館有積。」亦其事也。○與，宋本譌「興」，從大訓改。亡音無。是以蠻夷、諸夏雖衣冠不同，言語不合，莫不來至，朝覲於王。故曰：無市而民不乏，無刑而民不違。畢弋田獵之得，不以盈宮室也；徵斂於百姓，非以充府庫也。【補】畢，長柄小網，所以揜獸。鄭君曲禮注曰：「府謂寶藏貨賄之處，庫謂車馬兵甲之處。」慢怛以補不足，禮節以損有餘。【補】慢，憂也。九章曰：「傷余心之慢慢。」慢怛，若賙賻之事。○慢，宋本譌「慢」，從大訓改。故曰：多信而寡貌。【補】少虛文也。○大訓無「曰」字。其禮可守，其信可復，其跡可履。其於信也，如四時春秋冬夏；【補】四時喻有常。其博有萬民也，如飢而食，如渴而飲。【補】民樂得其上，如飢渴之思飲食。下土之人信之，若夫暑熱凍寒，遠若邇，非道邇也，及其明德也。【補】楊簡曰：「暑則遠邇皆熱，凍則遠邇皆寒，明民信之無遠邇之異。遠方非道邇也，而民咸信之者，明德之所及也。」○「夫」上，宋本脱「若」字，從大訓增。是以兵革不動而威，用利不施而親。【補】用，財用也。此之謂『明王之守也，折衝乎千里之外』，此之謂也。」

曾子曰：「敢問何謂三至？」孔子曰：「至禮不讓而天下治，至賞不費而天下之士說，至樂無聲而天下之民和。明王篤行三至，故天下之君可得而知也，天下之士可得而臣也，天下之民可得而用也。」

曾子曰：「敢問何謂也？」孔子曰：「昔者明王必盡知天下良士之名；既知其名，又知其數；既知其數，又知其所在。【補】明王之政，鄉大夫以時獻賢能之書，諸侯又歲貢士于天子，故盡知天下之良士。○必，宋本譌「以」，從大訓改。明王因天下之爵以尊天下之士，此之謂『至禮不讓而天下治』；因天下之祿以富天下之士，此之謂『至賞不費而天下之士說』；天下之士說，則天下之明譽興，此之謂『至樂無聲而天下之民和』。【補】戴震曰：「明譽，猶顯譽也。」故曰：所謂天下之至仁者，能合天下之至親者也；所謂天下之至知者，能用天下之至和者也；所謂天下之至明者，能選天下之至良者也。此三者咸通，然後可以征。是故仁者莫大於愛人，知者莫大於知賢，政者莫大於官賢。有土之君，脩此三者，則四海之內拱而俟，然後可以征。明王之所征，必道之所廢者也。彼廢道而不行，然後誅其君，致其征，○御覽引此文作「改其政」，與家語同。弔其民，而不奪其財也。故曰：明王之征也，猶時雨也，至則民說矣。是故行施彌博，得親彌衆，此之謂『衽席之上乎還師』。」

凡一千三百六十四字。舊本篇末或記字數或否，今悉補列，以資校核。

哀公問五義第四十

魯哀公問於孔子曰：「吾欲論吾國之士，與之爲政，何如者取之？」○爲政，荀子作「治國」。孔子對曰：「生乎今之世，志古之道；居今之俗，服古之服，舍此而爲非者，不亦鮮乎？」【補】楊倞曰：「此，謂古也。」

哀公曰：「然則，今夫章甫、句屨、紳帶而搢笏者，此皆賢乎？」【補】楊倞曰：「章甫，殷冠。紳，大帶也。」廣森按：莊子「履句屨者知地形」，李頤注：「句，方也。」○句音鉤，荀子作「絇」。孔子曰：「否。不必然。今夫端衣、玄裳、冕而乘路者，志不在於食葷。【補】端衣，正幅裁之，袪尺有二寸，袂二尺有二寸。凡冕服、冠服皆端。樂記曰「端冕而聽古樂」，論語曰「端章甫」，是也。唯弁服有侈袂半而益一。此冕謂玄冕也，齋戒之服。楊倞曰：「路，車之大者。葷，葱薤之屬也。」斬衰菅屨、杖而歠粥者，志不在於飲食。【補】菅，草名，似茅而滑韌。希曰粥，厚曰饘。○荀子「菅」作「菅」，「飲食」作「酒肉」。故生乎今之世，志古之道；居今之俗，服古之服，舍此而爲非者，雖有，不亦鮮乎？」【補】楊倞曰：「言服被於外，亦所以制其心也。」

哀公曰：「善！」○戴氏校本云：「此下，荀子有『孔子曰：人有五儀，有庸人，有士，有君子，有賢人，有大聖。哀公曰：敢問』凡二十六字，此文脱。」何如則可謂庸人矣？」孔子對曰：「所謂庸人者，口不能道善言而志不邑邑，【補】邑邑，憂貌。○荀子作「色色」。不能選賢人善士而託其身焉，以爲己憂，【補】楊簡曰：「親近小人，故致憂患。」動行不知所務，止立不知所定，日選於物不知所貴，從物而流不知所歸，五鑿爲政，心從而壞，若此則可謂庸人矣。」【補】楊倞曰：「鑿，竅也。五鑿，謂耳目鼻口及心之竅也。一曰：五鑿，五情也。莊子『六鑿相攘』，司馬彪云：『六情相攘奪。』」廣森謂：政，主也。春秋左傳曰：「今日之事，我爲政。」○荀子「動」作「勤」，「立」作「交」，「而」作「如」，「政」作「正」。鑿，曹報反，韓詩外傳作「藏」。

哀公曰：「善。何如則可謂士矣？」孔子對曰：「所謂士者，雖不能盡道術，必有所由焉；雖不能盡善盡美，必有所處焉。【補】楊倞曰：「雖不能盡偏，必循處其一隅，言有所執守也。」荀子「由」作「率」，「盡善盡美」作「偏美善」。是故，知不務多而務審其所知，行不務多而務審其所由，言不務多而務審其所謂。知既知之，行既由之，言既順之，若夫性命肌膚之不可易也，富貴不足以益，貧賤不足以損，若此則可謂士矣。」○荀子「順」作「謂」，「貧」作「卑」。

哀公曰：「善！何如則可謂君子矣？」孔子對曰：「所謂君子者，躬行忠信其心不置，仁義在己而不害不知，聞志廣博而色不伐，思慮明達而辭不爭，君子猶然如將可及也而不可及也，如此可謂君子矣。」【補】不害不知，所謂「人不知而不愠」。志，記也。伐，矜也。楊倞曰：「猶然，舒遲之貌。」○信，永樂大典作「節」。置，宋本譌「買」，從元本改。荀子云：「言忠信而心不德，仁義在身而色不伐，思慮明通而辭不爭，故猶然如將可及者，君子也。」

哀公曰：「善！敢問何如可謂賢人矣？」○宋本脱「可」字。孔子對曰：「所謂賢人者，好惡與民同情，取舍與民同統，○荀子無此二句。行中矩繩而不傷於本，言足法於天下而不害於其身，【補】楊倞曰：「本亦身也。所謂『言滿天下無口過，行滿天下無怨惡』。」○荀子「矩」作「規」，「害」亦作「傷」。躬爲匹夫而不願富，貴爲諸侯而無財，○躬，讀爲「窮」。「富」字絶句。「願」上，宋本脱「不」字，從文選歸去來辭注引此文增。荀子作「富有天下而無怨財，布施天下而不病貧」。如此則可謂賢人矣。」

哀公曰：「善！敢問何如可謂聖人矣？」孔子對曰：「所謂聖人者，知通乎大道，應變而不窮，能測萬物之情性者也。○能測，荀子作「辨乎」。易本命注引此文字即多異。大道者所以變化而凝成萬物者也，情性也者所以理然不然取舍者也。【補】理，謂條理分别之。○荀子「凝」作「遂」，「不」下無「然」字。故其事大，配乎天地，參乎日月，○荀子「配」作「辨」，「參」作「明察」。雜於雲蜺，【補】雜，文也。虹雌曰蜺。○荀子無此句。總要萬物，【補】楊倞曰：「總要，猶統領也。」○「物」下，荀子有「於風雨」三字。穆穆純純，其莫之能循；若天之司，莫之能職，【補】若，順也。司，事也。職，主也。○職音志。荀子作「繆繆肫肫，其事不可循；若天之嗣，其事不可識」。百姓淡然不知其善，【補】孟子曰：「民日遷善而不知爲之者。」○荀子「淡」作「淺」，「善」作「鄰」。不，大典作「莫」。若此，則可謂聖人矣。」

哀公曰：「善！」孔子出，哀公送之。○荀子無末七字。

凡六百三十九字。今補。

哀公問於孔子第四十一

哀公問於孔子，曰：「大禮何如？君子之言禮，何其尊也？」孔子曰：「丘也小人，何足以知禮。」【補】鄭君曰：「謙不答也。」○何，小戴記作「不」。君曰：「否。吾子言之也。」孔子曰：「丘聞之也，民之所由生，禮爲大。非禮無以節事天地之神明也，○小戴記無「明」字。非禮無以辨君臣上下長幼之位也，非禮無以别男女父子兄弟之親、昏姻疏數之交也，君子以此之爲尊敬。【補】鄭君曰：「言君子以此故尊禮。」○數音促。「敬」下，小戴記有「然」字，宋本亦同，從元本删。凡篇中字與小戴異者，後人或據彼文妄改，今皆校定，復其舊云。夫然後以其所能教百姓，不廢其會節。【補】王肅曰：「所能，謂禮也。會，謂男女之會。節，謂親疏之節。」○小戴記無「夫」字，宋本亦脱，從朱本增。有成事，然後治其雕鏤文章黼黻以嗣。【補】成事，行之有成也。爾雅曰：「玉謂之雕，金謂之鏤。」皆禮器飾也。考工記曰：「青與赤謂之文，赤與白謂之章，白與黑謂之黼，黑與青謂之黻。」皆禮服飾也。嗣，繼也。夫禮爲可傳也，爲可繼也。其順之，然後言其喪葬，備其鼎俎，設其豕腊，脩其宗廟，歲時以敬祭祀，以序宗族，【補】順之，民皆順從也。鼎所以亨，俎所以載。腊，乾獸也〔一〕。禮：祭以孟月，薦以仲月，祭于宗室。既祭，宗子燕族人于堂，宗婦燕族人于

〔一〕「獸」，畿輔叢書本作「肉」，是。

房，序之以昭穆。○葬，小戴記作「算」，宋本亦同，從大典及元本改。則安其居處，醜其衣服，卑其宮室，車不雕幾，器不刻鏤，食不貳味，以與民同利。昔之君子之行禮者如此。」【補】鄭君曰：「醜，類也。幾，附纏之也。」廣森謂：附纏者，飾爲沂鄂，若「五棨梁輈」、「約軝錯衡」。○小戴記「則」作「即」，「處」作「節」。幾音祈。

公曰：「今之君子，胡莫之行也？」孔子曰：「今之君子，好色無厭，淫德不倦，荒怠敖慢，固民是盡，【補】固，錮也，言窮盡民力。○色，小戴記作「實」。敖音傲。忤其衆以伐有道，求得當欲不以其所。古之用民者由前，今之用民者由後。今之君子莫爲禮也。」【補】鄭君曰：「當，猶稱也。所，猶道也。由前，用上所言；由後，用下所言。」○小戴記「忤」作「午」，「古」作「昔」。

孔子侍坐於哀公，哀公曰：「敢問人道誰爲大？」孔子愀然作色而對曰：「君及此言也，百姓之德也。固臣敢無辭而對。人道政爲大。」【補】鄭君曰：「作，猶變也。德，猶福也。」廣森謂：固，猶故也。無辭而對，言不辭讓而徑對。○「君」下，小戴記有「之」字。公曰：「敢問何謂爲政？」孔子對曰：「政者正也。君爲正，則百姓從政矣。君之所爲，百姓之所從也。君所不爲，百姓何從？」公曰：「敢問爲政如之何？」孔子對曰：「夫婦別，父子親，君臣義，○義，小戴記作「嚴」，宋本亦同，從大典改。三者正，則庶民從之矣。」○民，小戴記作「物」。公曰：「寡人雖無似也，願聞所以行三言之道，可得而聞乎？」【補】鄭君曰：「無似，猶言不肖。」○小戴記無「而」字。孔子對曰：「古之爲政，愛人爲大。所以治愛人，禮爲大。所以治禮，敬爲大。敬之至也，大昏爲大。【補】鄭君曰：「大昏，國君娶禮也。」〇也，小戴記作「矣」。大昏至矣！大昏既至，冕而親迎，親之也。親之也者，親之也。是故君子興敬爲親，舍敬是遺親也。弗愛不親，弗敬不正。愛與敬，其政之本與？」【補】輔廣曰：「冕而親迎，躬親之也。躬親之者，所以致其親愛之意也。彼以褻爲親者，未要其終也。唯敬以爲親，則愛得其正。」

公曰：「寡人願有言，然冕而親迎，不已重乎？」【補】鄭君曰：「已，猶太也。怪親迎乃服祭服。」廣森按：春秋穀梁傳以此爲子貢問也。孔子愀然作色而對曰：「合二姓之好，以繼先聖之後，以爲天地社稷宗廟之主，君何謂已重乎？」【補】云「天地」者，通天子之禮也。按五經異義：「春秋公羊説『自天子至庶人皆親迎』，左氏説『天子至尊無敵，故無親迎之禮』。」鄭據此篇駁言：「親迎繼先聖之後，以爲天地宗廟社稷之主，非天子則誰乎？從公羊義。」〇小戴記「宗廟」在「社稷」上。公曰：「寡人固，不固焉得聞此言也。【補】王肅曰：「固，鄙陋也。」〇不固，大典作「不問」。寡人欲問不得其辭，請少進。」【補】鄭君曰：「欲其爲言以曉己。」孔子曰：「天地不合，萬物不生。大昏，萬世之嗣也。君何以謂已重焉？」〇小戴記無「以」字。孔子遂有言曰：〇小戴記無「有」字。「内以治宗廟之禮，足以配天地之神明；出以治直言之禮，足以立上下之敬。物恥足以振之，國恥足以興之，爲政先禮，禮者政之本與？」【補】鄭君曰：「宗廟之禮，祭宗廟也。夫婦配天地，有日月之象焉。禮器曰：『君在阼，夫人在房，大明生於東，月生於西，此陰陽之分，夫婦之位也。』直，猶正也，正言謂出政教也。昏義曰：『天子聽外治，后聽内職。』物，猶事也。事恥，臣恥也。振，猶救也。國恥，君恥也。君臣之行有可恥者，禮足以救之，足以興復之。」○者，小戴記作「其」。孔子遂言曰：「昔三代明王之政，必敬其妻子也有道。妻也者，親之主也，敢不敬與？子也者，親之後也，敢不敬與？【補】子，長子也。喪服傳曰：「正體於上，又乃將所傳重也。」君子無不敬也，敬身爲大。身也者，親之枝也，敢不敬與？不能敬其身，是傷其親；傷其親，是傷其本；傷其本，枝從而亡，三者百姓之象也。身以及身，子以及子，配以及配，【補】猶孟子言「老吾老以及人之老，幼吾幼以及人之幼」。○配，小戴記作「妃」。君子行此三者，則愾乎天下矣，【補】鄭君曰：「愾，猶至也。」○小戴記無「子」字。大王之道也。【補】孟子曰：「昔者大王好色，内無怨女，外無曠夫。」○大音太，大典作「先」。如此，國家順矣。」○「國」上，小戴記有「則」字。

公曰：「敢問何謂敬身？」孔子對曰：「君子過言則民作辭，【補】以爲口實。過動則民作則。【補】尤而效之。君子言不過辭，動不過則，百姓不命而敬恭，如是則能敬其身；能敬其身，則能成其親矣。」

公曰：「敢問何謂成親？」孔子對曰：「君子也者，人之成名也。百姓歸之名，謂之君子之子，是使其親爲君子也，是爲成其親名也已。」○「親」下「名」上，小戴記有「之」字。孔子遂言曰：「古人爲政，愛人爲大。不能愛人，不有其身；【補】鄭君曰：「有，猶保也。」○小戴記「古人」作「古之」,「有」上有「能」字。不能有其身,不能安土;【補】言將失國。不能安土,不能樂天;【補】鄭君曰:「不知己過而怨天也。」不能樂天,不能成身。」○「身」上,小戴記有「其」字。

公曰:「敢問何謂成身?」孔子對曰:「不過乎物。」【補】物,射者畫地所立處也。言君止仁,臣止敬,父止慈,子止孝,各有定則,如射之有物,不可以過。故大學曰「致知在格物」,格,至也。至乎物則不過,不過乎物則知止矣。

公曰:「敢問君何貴乎天道也?」孔子對曰:「貴其不已。【補】鄭君曰:「已,猶止也。」○「君」下,小戴記有「子」字。如日月西東相從而不已也,是天道也。不閉其久也,是天道也。無爲物成,是天道也。已成而明,是天道也。」【補】不閉,不窮也。易曰:「窮則變,變則通,通則久。」明,言縣象著明。○小戴記「西東」作「東西」,「久」下無「也」字,「爲」下有「而」字。

公曰:「寡人惷愚冥煩,子識之心也。」【補】鄭君曰:「識,知也。冥煩者,言不能明理。此事子之心所知也。欲其要言,使易行。」○識,小戴記作「志」,注讀爲「識」。孔子蹴然避席而對曰:「仁人不過乎物,孝子不過乎物,是仁人之事親也如事天,事天如事親,是故孝子成身。」【補】鄭君曰:「事親、事天,孝敬同也。孝經曰『事父孝,故事天明』。」○「是」下「仁」上,小戴記有「故」字。

公曰:「寡人既聞是言也,無如後罪何?」【補】恐後日不能行。○是,小戴記作「此」。孔子對曰:「君之及此言也,是臣之福也。」【補】勉公勤行之。

凡一千一百十一字。今補。

禮三本第四十二

禮有三本：天地者，性之本也；先祖者，類之本也；君師者，治之本也。無天地焉生，無先祖焉出，無君師焉治？【補】性，生也。類，族也。○荀子、史記「性」作「生」，「焉」作「惡」。三者偏亡，無安之人。【補】楊倞曰：「偏亡，謂闕一也。」○偏，史記索隱作「徧」。故禮，上事天，下事地，宗事先祖，而寵君師，是禮之三本也。○荀子、史記「宗」作「尊」，下無「事」字，「寵」作「隆」。

王者天太祖，【補】楊倞曰：「謂以配天也。太祖，若周之后稷。」○句首，荀子、史記並有「故」字。諸侯不敢壞。【補】楊倞曰：「謂不祧其廟，若魯周公。」○壞，史記作「懷」，宋本亦同，從元本改。大夫、士有常宗，【補】常宗，大宗也。禮：大夫不敢祖諸侯，諸侯之支子祀於家爲始祖，其適子孫世世收族。大傳曰：「宗其繼別子之所自出者，百世不遷者也。」所以別貴始，德之本也。【補】德之本在敬其始祖。○荀子疊出「貴始」字，「德」作「得」。史記作「所以辨貴賤。貴賤治，得之本也」。郊止天子，○止，史記作「疇」。社止諸侯，○「止」字誤，當依荀子、史記作「至」。道及士大夫，【補】祭法曰：「王爲羣姓立社曰太社，王自爲立社曰王社，諸侯爲百姓立社曰國社，諸侯自爲立社曰侯社，大夫以下成羣立社曰置社。」天，父道也。地，母道也。父尊勝於親，母親勝於尊，唯天子事天，而諸侯以下皆得事土，親親之義也。楊倞曰：「道，通也。」○道，史記作「函」。此下舊本云：「一本有『荀子云』」。所以別尊卑。尊者事尊，卑者事卑，宜鉅者鉅，宜小者小也。○荀子、史記並無「尊卑」二字。別，史記作「辨」。「宜鉅者鉅」，荀子作「宜大者巨」。**故有天下者事七世，有國者事五世，**【補】王制曰：「天子七廟：三昭三穆，與太祖之廟而七。諸侯五廟：二昭二穆，與太祖之廟而五。」○七，荀子作「十」。**有五乘之地者事三世，**【補】楊倞曰：「謂大夫有采地者。」廣森按：王制曰：「大夫三廟：一昭一穆，與太祖之廟而三。」此繼別爲宗者則然。若別子之子孫，更有始爵爲大夫者，亦事三世，有考廟，有王考廟，有皇考廟，親盡迭毀，不立始祖，乃所以重大宗。**有三乘之地者事二世，**【補】春秋左傳曰：「唯卿備百邑。」四井爲邑，百邑者，四百井也〔一〕。百井爲成，成出革車一乘，四百井則四乘之地。彼言衞，侯國之法，以次差之：大國之卿，有地五乘；次國之卿，有地四乘；小國之卿，有地三乘，得立二廟，優于士也。祭法云：「適士二廟。」謂天子之元士與小國上大夫同矣。不言事一世者，士雖一廟，亦事二世，鄭君以爲祖、禰共廟也。**待年而食者不得立宗廟。**【補】待年，農夫力田者也。王制曰：「庶人祭於寢。」○待年，荀子作「持手」，盧本同，史記作「有特牲」。**所以別積厚者流澤光，積薄者流澤卑也。**【補】積，積德也。○別，荀子作「表」，史記作「辨」。荀子疊出「積厚」字，朱本同。光，荀子、史記並作「廣」，「卑」並作「狹」；也，宋本譌「亦如之」三字，從朱本改。

大饗尚玄尊，【補】楊倞曰：「大饗，祫祭先王也。」廣森謂：玄尊，玄酒之尊。玄酒者，明水也。禮運曰：「玄酒在室，醴醆在户，粢醍在堂，澄酒在下。」尚之，故尊於室中。○尚，史記作「上」，後同。**俎生魚，**【補】大饗九獻，王祼一，后祼二；朝踐，王獻三，后獻四；饋食，王獻五，后獻六；酳尸，王獻七，后獻八，賓獻九。朝踐之事，牲俎腥肆，故有生魚。

〔一〕「四」，初刻本作「三」，疑誤。

至饋食時，乃薦熟也。○史記作「俎上腥魚」。先大羹，【補】大羹，肉湆，無鹽梅之和。○大音泰。貴飲食之本也。【補】楊倞曰：「本，謂造飲食之始。」○荀子、史記並作「食飲」。大饗尚玄尊而用酒，【補】玄酒設而不酌。○荀子無「大」字，「酒」下有「醴」字。史記「酒」上有「薄」字。食先黍稷而飯稻粱，【補】黍稷，簋實，正饌也。稻粱，簠實，加饌也。飯，啖之也。食禮今存者有公食大夫篇，其經曰：「賓左擁簠粱，右執湆，以降。公辭，賓升，三飯卒食，坐取粱與醬以降，坐奠于階西。」黍稷先設乃不親徹者，蓋以賓所不飯故矣。○食音嗣，荀子無此字。祭嚌大羹而飽乎庶羞，【補】祭，祭食也。嚌，至齒也。大羹，湆，但祭之嚌之，不盡食也。庶羞，醢胾肴核之屬。周禮：「羞用百有二十品。」其名物略見内則。○嚌，荀子作「齊」。「嚌」下，史記有「先」字。貴本而親用。【補】玄酒、黍稷、大羹，是貴本。酒、稻粱、庶羞，味美，故親用。○「用」下，荀子、史記有「也」字。貴本之謂文，親用之謂理，兩者合而成文，以歸太一，夫是謂大隆。【補】楊倞曰：「文謂脩飾，理謂合宜，太一謂太古時。禮運曰：『夫禮必本於太一。』」

故尊之尚玄酒也，俎之生魚也，○「生」上，荀子有「尚」字。豆之先大羹也，【補】大羹盛於登。云「豆」者，爾雅曰「瓦豆謂之登」，亦通言之。○先，史記作「上」。一也。【補】三者皆所以反本復古。○宋本脱此句，戴氏校本依荀子、史記增。利爵之不卒也，【補】楊倞曰：「祭禮必告利成，利成之時，其爵不卒，奠於筵前也。」○爵，宋本譌「省」，從盧本改。卒，荀子作「醮」，史記作「啐」。成事之俎不嘗也，【補】司馬貞曰：「成事，卒哭之祭始從吉祭，故受爵而不嘗俎也。」三侑之不食也，【補】特牲饋食禮：「尸三飯，告飽，祝侑。尸又三飯，告飽，祝侑之，如初。

尸又三飯，告飽，祝侑之，如初。」注云：「不復飯者三，三者士之禮大成也。」○侑，荀子作「臭」。三「不」字，史記並作「弗」。**一也。**【補】三者皆禮之終。○史記無。**大昏之未發齊也，**【補】發，始也。昏禮：將親迎，必先齊。郊特牲曰：「玄冕齊戒，鬼神陰陽也。將以爲社稷主，爲先祖後，而可以不致敬乎？」○發，史記作「廢」。齊音齋。**廟之未納尸也，**【補】謂若饋食尸未入之前爲陰厭也。○「廟」上，荀子、史記並有「大」字。納，荀子作「入」，史記作「內」。**始卒之未小斂，一也。**【補】三者皆禮之始。○卒，史記作「絶」。宋本脱「一」字，從盧本增。**大路車之素幭也，**【補】大路，木路也。周郊以玉路，殷郊以木路。禮器曰：「大路繁纓一就，素而越席。」幭，覆式也，字亦或爲「幦」，禮有虎幦、羔幦、鹿幦。此素幭，蓋織素絲爲之，荀子所謂「絲末」。○幭，荀子作「未集」，史記作「幬」。**郊之麻冕也，**【補】楊倞曰：「麻冕，緝麻爲冕，所謂大裘而冕。」**喪服之先散帶，**【補】帶，要絰也。喪禮：小斂，主人始絰，散垂之；既成服，乃絞。雜記曰：「大功以上散帶。」○帶，荀子、史記作「麻」。**一也。**【補】三者皆從質。**三年之哭不文也，**【補】楊倞曰：「不文，謂無曲折也。閒傳曰：『斬衰之哭，若往而不反。』」○荀子「哭」上有「喪」字，「哭」下有「之」字。文，史記作「反」，盧本同。**清廟之歌一倡而三歎也，**【補】清廟，升歌，頌篇也。鄭君樂記注曰：「倡，發歌句也。三歎，三人從歎之。」**縣一磬而尚拊搏，**【補】春秋左傳「室如縣磬」，服虔以爲「磬」字。一磬，堂上特縣玉磬也；笙磬、頌磬，皆編縣堂下。拊搏，以韋爲之，形如小鼓，實之以糠，樂記所謂「相」也。周官大師：「大祭祀帥瞽登歌，令奏擊拊。」○縣音懸。荀子作「縣一鐘，尚拊之膈」，史記同，無「之」字。**朱弦而通越，**【補】朱弦，練弦也。絲熟則聲濁。書大傳曰：「古者帝王升歌清廟之樂，大琴練弦達越，大瑟朱弦達越。」楊倞曰：「越瑟底孔，所以發越其聲，故謂之越。疏通之，使聲遲也。」○荀子注云：「史記作『洞越』。」按今本史記亦作「通越」。一也。【補】司馬貞曰：「皆不取其聲也。」

凡禮始於脱，成於文，終於隆。【補】司馬貞曰：「脱，猶脱略也。」○荀子「於」並作「乎」，「脱」作「棁」，「隆」作「悦」。校史記作「終乎税」。故至備，情文俱盡；【補】楊倞曰：「情謂禮意，喪主哀、祭主敬之類。文謂禮物威儀也。」其次，情文迭興；其下，復情以歸太一。【補】復情，所謂直情而徑行者。○迭興，荀子、史記並作「代勝」，宋本譌「佚興」，從元本改。天地以合，四時以洽，日月以明，星辰以行，江河以流，萬物以倡，好惡以節，喜怒以當，以爲下則順，以爲上則明。【補】洽，和也。倡，作也。此復極言禮之用。○荀子、史記「洽」作「序」，「倡」作「昌」，「日月以明」在「四時」句上。古韻：明音盲，行音杭。萬變不亂，貸之則喪。【補】貸，差也。○荀子「變」上有「物」字，「變」下有「而」字，「貸」作「貳」。按月令「宿離不貸」，徐仙民音二，蓋古貸、貳字多通用。史記無此兩句。

凡四百五十三字。今補。

卷二

禮察第四十六

孔子曰：「君子之道，譬猶防與？ 夫禮之塞，亂之所從生也。猶防之塞，水之所從來也。【補】防，隄也。○經解「塞亂」作「禁亂」，「塞水」作「止水」，上並無「之」字，「從生」作「由生」，下無「也」字，「從來」作「自來」。故以舊防爲無用而壞之者，必有水敗；以舊禮爲無所用而去之者，必有亂患。故婚姻之禮廢，則夫婦之道苦，而淫辟之罪多矣；【補】鄭君曰：「苦，謂不至不答之屬。」○辟音僻。鄉飲酒之禮廢，則長幼之序失，而爭鬬之獄繁矣；聘射之禮廢，則諸侯之行惡，而盈溢之敗起矣；○此節經解在「喪祭」下，「射」作「覲」，「諸侯」上有「君臣之位失」五字，「盈溢」作「倍畔侵陵」。喪祭之禮廢，則臣子之恩薄，而倍死忘生之徒衆矣。」【補】倍，猶背也。檀弓曰：「人死，斯惡之矣。無能也，斯倍之矣。」○徒，宋本譌「禮」，從戴氏校本改。經解作「倍死忘生者」。

凡人之知，能見已然，不能見將然。禮者禁將然之前，而法者禁於已然之後。是故法之用易見，而禮之所爲生難知也。○漢書「禁」下「將」上有「於」字，盧本同，盛德注引此文作「法施已然之後」。若夫慶賞以勸善，刑罰以懲惡，先王執此之正，堅如金石；行此之信，順如四時；處此之功，無私如天地，○漢書「正」作「政」，「信」作「令」，「順」作「信」，「處」作「據」，「功」作「公」。爾豈顧不用哉？【補】顏籀曰：「顧，猶反也。」然如曰禮云禮云，貴絶惡於未萌，而起敬於微眇，使民日徙善遠罪而不自知也。【補】重曰「禮云」，重禮之詞，猶言「禮乎禮也」。先王之治天下，户户而賞之不能徧也，人人而刑之又不可勝誅也。是故因人之情而爲之節文，以喪祭之禮作其孝，以射鄉之禮作其讓，以朝覲聘享之禮作其恭，天下卉然知天子之意，曰：禮，於死者尚不忘也，況生存乎？禮，於他人之長尚如此其敬也，況君父乎？是故示之以恭，則不臣者愧；示之以讓，則不弟者恥；示之以孝，則不子者悔。其不可化也，然後從而刑之。禮行於上，則四海之内鮮刑民矣。故曰「使民日徙善遠罪而不自知也」。○漢書「如」作「而」，「云」下有「者」字，「敬」作「教」，「徙」作「遷」，盧本亦作「起教」。孔子曰：「聽訟，吾猶人也，必也使無訟乎？」○無，漢書作「毋」。此之謂也。○漢書無此句。

爲人主計者，莫如安審取舍。取舍之極定於内，安危之萌應於外也。【補】取禮舍刑者安，取刑舍禮則危。○安審，漢書作「先審」。安者非一日而安也，危者非一日而危也，皆以積然，不可不察也。○「積」下，漢書有「漸」字。善不積不足以成名，惡不積不足以滅身。○漢書無此十六字。而人之所行，各在其取舍。○漢書「而人」作「人主」，「行」作「積」，無「各」字。以禮義治之者積禮義，以刑罰治之者積刑罰。刑罰積而民怨倍，禮義積而民和親。○倍，漢書作「背」。故世主欲民之善同，而所以使民之善者異。○「異」上，漢書有「或」字。或導之以德教，或敺之以法令。導之以德教者，德教行而民康樂；歐之以法令者，法令極而民哀戚。哀樂之感，禍福之應也。○歐，古文「驅」字。漢書「行」作「洽」，「康」作「氣」，「哀戚」作「風哀」。

我以爲秦王之欲尊宗廟而安子孫與湯、武同，○漢書無「我以爲」三字。然如湯、武能廣大其德，久長其後，行五百歲而不失，○「然」下，宋本衍「則」字，從盧本刪。漢書「如」作「而」，無「能」字及「久長其後」句，「五」作「六七」，「不」作「弗」。秦王亦欲至是而不能，○漢書無下七字。持天下十餘年，即大敗之，此無佗故也，湯、武之定取舍審，而秦王之定取舍不審也。○漢書「持」作「治」，「年」作「歲」，「即」作「則」，「敗」下無「之」字，兩「也」並作「矣」。易曰：「君子慎始，差若毫釐，繆以千里。」取舍之謂也。然則爲人主師傅者，不可不日夜明此。【補】引易文，今在易緯通卦驗。新書曰：「十毫爲髮，十髮爲氂，十氂爲分。」○可不，宋本譌「可以」，從盧本改。

問：爲天下如何？○自「易曰」以下四十字，漢書並無。曰：天下，器也。今人之置器，置諸安處則安，置諸危處則危，而天下之情與器無以異，在天子所置爾。○漢書「曰」作「夫」，「器也」上有「大」字，「所置爾」作「之所置之」。湯、武置天下於仁義禮樂，而德澤洽禽獸草木，廣育被蠻貊四夷，○武，宋本譌「王」。漢書「育」作「裕」，「被」上有「德」字，衍也。此讀當於「木」字絶之，「廣育」與「德澤」對文耳。貊音陌。累子孫十餘世，歷年久五六百歲，此天下之所共聞也。○漢書「十餘」作「數十」，「歷年」以下七字無。秦王置天下於法令刑罰，德澤無一有而怨毒盈世，民憎惡如仇讎，旤幾及身，子孫誅絶，此天下之所共見也。【補】殷、周遠，故言聞；秦事近，故言見。○民，漢書作「下」。毋與禍同。夫用仁義禮樂爲天下者行五六百歲猶存，用法令爲天下者十餘年既亡，○漢書無此二十九字。是非明數大驗乎？○數，漢書作「效」。人言曰：「聽言之道，必以其事觀之，則言者莫敢妄言。」今子或言禮義之不如法令，教化之不如刑罰，人主胡不承殷、周、秦事以觀之乎？○漢書無「子」字，「承」作「引」，「乎」作「也」。周、宋本譌「用」。

凡七百八十二字。今補。

夏小正第四十七

正月。【補】夏正建寅之月也。此章經文凡二十二事：啟蟄，一也；鴈北鄉，二也；雉震呴，三也；魚陟負冰，四也；農緯厥耒，五也；初歲祭耒，六也；囿有見韭，七也；時有俊風，八也；寒日滌，九也；凍塗，十也；田鼠出，十一也；農率均田，十二也；獺獸祭魚，十三也；鷹則爲鳩，十四也；農及雪澤，初服于公田，十五也；采芸，十六也；鞠則見，十七也；初昏參中，斗柄縣在下，十八也；柳稊，十九也；梅杏杝桃則華，二十也；緹縞，二十一也；雞桴粥，二十二也。傳有一事分釋者，有二事並釋者，文既錯糅，故條別之，著於每月之下。啟蟄。言始發蟄也。【補】始發蟄，言未出蟄也。月令：「孟春，蟄蟲始振。仲春，蟄蟲咸動，啟户始出。」鄭君曰：「漢始亦以驚蟄爲正月中。」鴈北鄉。先言鴈而後言鄉者，何也？見鴈而後數其鄉也。鄉者何也？鄉其居也。鴈以北方爲居，何以謂之爲居？生且長焉爾。九月「遰鴻鴈」，先言遰而後言鴻鴈，何也？見遰而後數之則鴻鴈也。何不謂南鄉也？曰：非其居也，故不謂南鄉。記鴻鴈之遰也如不記其鄉，何也？曰：鴻不必當小正之遰者也。【補】蔡德晉曰：「月令『季冬，鴈北鄉。孟春，鴻鴈來』，此合而記之。」廣森謂：北山經有鴈門，鴈所居也。爾雅以爲北陵。如，而也。「鴻不必當小正之遰」者，鴈南鄉時，不在中國，小正見其遰，不見其鄉。鄉不必當遰之月，故不記。○鄉音向，遰音逝。山陰傅氏本「之」下「居」上無「爲」字，兩「南鄉」上並有「之」字，「如」作「而」。「見遰」，宛平黄氏本作「見其遰」。雉震呴。呴也者，鳴也。震也者，鼓其翼也。正月必雷，雷不必聞，惟雉爲必聞之。何以謂之？句。雷則雉震呴，相識以雷。【補】呴，讀若詩「雉之朝雊」。説文解字曰：「雷始動，雉鳴而句其頸。从隹从句。」鼓，動也。「何以謂之」者，傳設問何以謂正月必雷。言雷則雉必震呴，人見其震呴，因相知爲有雷也。何氏春秋傳解詁曰「夏之正月，雷當聞於地中」是矣。月令「季冬，雉雊」，視此爲蚤。○宋本作「震也者，鳴也；呴也者，鼓其翼也」，從初學記引此文改。「謂之」下，黄本衍「震」字。魚陟負冰。陟，升也。負冰云者，言解蟄也。【補】金履祥曰：「月令『魚上冰』是也。春冰薄，魚既升，背若負之。」農緯厥耒。緯，束也。束其耒云爾者，用是見君之亦有耒也。【補】「束其耒」者，使耜與柄相堅著也。言「見君之亦有耒」，則傳意以此農爲農官也，將有事于藉田，故脩君耒。月令曰：「天子親載耒耜，措之于參保介之御間。」初歲祭耒。始用暢也。其曰初云爾也者，暢也者，終歲之用祭也，言是月之始用之也。初者，始也。或曰：祭韭也。【補】暢，鬱鬯也。國語説藉田之禮，「鬱人薦鬯，犧人薦醴，王祼鬯，饗醴乃行」。祼鬯者，蓋以鬯灌地而祭耒與？諸家並以「始用暢」爲經文，非也。「始用暢也」者，傳釋「祭耒」之用暢也。下文復釋「初歲」之義，言終歲之祭皆用暢，以是月爲始爾。「或曰祭韭」者，記別家經文，或作「初歲祭韭」。○舊本云：「暢，一作『暘』。」按：篆文「暢」正從田，從申者俗書耳。宋本「其曰」譌「其用」，「爾」下脱「也者」二字，從儀禮經傳通解增改，但通解移此句於「用祭也」之下，亦非。

囿有見韭。囿也者，園之燕者也。【補】蔡德晉曰：「有藩曰園，有牆曰囿。見，始生也。」廣森謂：燕者可燕樂之處也。詩曰：「四之日其蚤，獻羔祭韭。」將用之，故先時而記之。○宋本「有」下脱「見」字，「囿也」下脱「者」字，並從傅本增。見音現。

時有俊風。俊者，大也。大風，南風也。何大於南風也？曰：合冰必於南風，解冰必於南風，生必於南風，收必於南風，故大之也。【補】此傳似失其義。山海經曰「東方曰折，來風曰俊」，然則「俊風」者，東風也，月令所謂「東風解凍」。

寒日滌。凍塗。滌也者，變也，變而煖也。凍塗者，凍下而澤上多也。【補】澤，讀若「其耕澤澤」之「澤」。毛詩「雨雪載塗」，傳曰：「塗，凍釋也。」管子曰：「日至六十日而陽凍釋，七十日而陰凍釋。」在上者陽凍也，多釋矣；在下者陰凍也，時猶未釋也。○此「澤」及下「雪澤」，並音釋。

田鼠出。田鼠者，嗛鼠也。記時也。【補】嗛鼠，即爾雅「鼸鼠」，郭璞曰：「以頰裏藏食。」一云：「地行鼢鼠也。」八蜡之祭迎貓，爲其食田鼠也。田鼠害稼，故謹記其出。

農率均田。率者，循也。均田者，始除田也。言農夫急除田也。【補】均，讀爲「耘」，故傳言「除田」也。古書字少，音同相借。循者，言履畝以次而徧也。月令正義以農率爲田畯，與傳訓異。

獺獸祭魚。其必與之獸，何也？曰：非其類也。祭也者，得多也。善其祭而後食之。十月豺祭獸謂之祭，獺祭魚謂之獸

祭，何也？豺祭其類，獺祭非其類，故謂之獸，大之也。【補】言獺則獸見，必曰「獺獸」，深著其非魚類也。與之者，許而謂之之詞。豺自食其類，雖善其能祭，然不足美大之矣。埤雅曰：「獺獸似狐而小，青黑色，膚如伏翼，水居食魚，亦自祭其先，取鯉於水裔，四方陳之，進而弗食。或曰：豺祭方，獺祭圓。」○諸本經文脱「獸」字，傳文三「獸」字並譌「獻」；「謂之獸祭」，「祭」字亦脱，或遂疑經爲「獺獻魚」，非也，今從傳本增改。**鷹則爲鳩。鷹也者，其殺之時也。鳩也者，非其殺之時也。善變而之仁也，故其言之也曰「則」，盡其辭也。鳩爲鷹，變而之不仁也，故不盡其辭也。**【補】鳩，布穀也。非其殺之時，言不復搏擊也。「則」者，速化之辭也。月令鷹化爲鳩在仲春。小正例凡言「則」者，候皆較蚤，喜之，故急記之云爾。○其言，傳本及通解作「具言」。**農及雪澤。言雪澤之無高下也。初服于公田。古有公田焉者，古言先服公田而後服其田也。**

【補】此「農」亦農夫也。春秋傳曰：「及，猶汲汲也。」管子曰：「正月，令農始作，服于公田，農耕。及雪釋，耕始焉，芸卒焉。」蓋本於此。服，事也。夏后氏五十而貢，未爲井地。周之遂法，十夫有溝，百夫有洫，其遺象也。故孟子云「唯助爲有公田」。然則小正言公田者何？蓋君田也。君田者何？蓋藉田也。先服公田，謂庶人終于千畝。○「有」上，通解有「者」字。「者」下，濟陽張氏本無「古」字。愚疑「者古言」三字倒，當爲「言古者」。**采芸。爲廟采也。**芸似邪蒿，可食。【補】蔡德晉曰：「芸，香草也。呂氏春秋云：『菜之美者，陽華之芸。』十一月芸始生，至此月采之，以薦寢廟。」○注文，宋本脱，從傳本及初學記引此注增。據此條知小正篇，盧君舊有注，傳刻失之。**鞠則見。鞠者何也？星名也。鞠則見者，歲再見爾。**【補】戴震曰：「鞠，讀爲『噣』，字之譌也。詩『三五在東』，傳云：『三，心；五，噣，四時更見。』箋云：『心在東方，三月時也。噣在東方，正月時也。』」廣森按：噣，柳星也。「歲再見」者，正月昏見，七月晨見。○見音現，後同。**初昏參中。** **蓋記時也云。** 句。 **斗柄縣在下。** **言斗柄者，所以著參之中也。**【補】斗柄以南爲上，北爲下。斗魁枕參首，參南正則斗杓北下矣。○縣音懸。 柄，大衍曆議引此文作「杓」，諱唐嫌名也。 **柳稊。** **稊也者，發孚也。**【補】發孚者，發芽也。易曰：「枯楊生稊。」通卦驗：「立春，楊柳樟。」○稊，宋本譌「梯」，從傅本改。 **梅杏杝桃則華。** **杝桃，山桃也。**【補】山桃，似桃而小。經意蓋杝與桃爲二物也。今時杏常以二月華，此與梅、桃併記之。曰「則」，亦盡其辭也。○杝音斯，爾雅字爲「榹」。「山」上，黄本無「桃」字。 **緹縞。** **縞也者，莎隨也。** **緹也者，其實也。** **先言緹而後言縞者何也？** **緹，先見者也。** **何以謂之？** 句。 **小正以著名也。**【補】爾雅「薃侯莎，其實媞」，鄭樵注云：「即香附子，其根生塊似實。」廣雅曰：「莎隨，地毛也。」戴震曰：「『小正以著名』者，謂小正立言之體以緹著而先見，故不曰『縞緹』而名其物候曰『緹縞』。」○「縞也者」，宋本脱「縞」字，從黄本增，但黄本依金氏通鑑前編字作「薃」。「著」上，通解衍「小」字，因以爲篇題釋名。 愚謂於此始説小正之義，非其次。 **雞桴粥。** **粥也者，相粥之時也。** **或曰：「桴，嫗伏也；粥，養也。」**【補】桴，讀爲「孚」，説文解字曰：「孚，卵孚也。」正月者，雞抱卵粥子之時也。月令「季冬雞乳」，亦視此爲蚤。樂記曰：「羽〔一〕者嫗伏。」○粥音育。 黄本「桴」作「孚」，「時」作「呼」，盧本作「相粥粥呼也」。

〔一〕「羽」，初刻本作「飛」。

二月。【補】此章經文凡十四事：往耰黍，禪，一也；初俊羔助厥母粥，二也；綏多女士，三也；丁亥，萬用入學，四也；祭鮪，五也；榮菫，六也；采繁由胡，七也；昆小蟲，八也；抵蚳，九也；來降燕，乃睇，十也；剥鱓，十一也；有鳴倉庚，十二也；榮芸，十三也；時有見稊，始收，十四也。 **往耰黍，禪。 禪，單也。**【補】此早黍也。二月種，五月熟。或謂之「蟬鳴黍」。管子曰：「日至百日，黍秫之始也。」耰，摩田覆種也。農術：「春耕尋手耰，秋耕待白背耰〔一〕。」是月春煖，耰黍者始單衣矣。衣有裏曰褶，無裏曰禪。玉藻曰：「禪爲絅。」 **初俊羔助厥母粥。 俊也者，大也。 粥也者，養也。 言大羔能食草木，而不食其母也。 羊蓋非其子而後養之，善養而記之也。 或曰：夏有煮祭，祭也者用羔。 是時也不足喜樂，喜羔之爲生也而記之與？**句。 **羔，**句。 **羊腹時也。**【補】黄尚書曰：「他獸非其子不乳之，獨羊有乳鹿者，是非其子亦乳之也。」畢沅曰：「古者養字从羊大，則能助厥母粥者，其性善也。」廣森謂：羔長大，不食於其母，母乃有餘乳養非其子者，若羔能助母養然，故善而記之。煮祭，饋熟之祭也。禮牲，未成羊曰羔，未成豕曰豚，未成牛曰犢。凡牛羊豕胖升，羔豚犢合升。周禮曰：「祭祀飾羔。」「蓋」者，「與」者，皆傳謙不質言之辭。腹，謂母於腹下乳之也。言腹時名羔，不腹時名羊。○粥音育，與音歟。蓋，宋本譌「羔」，從傳氏注引闕滄本改。記，通解作「繼」。夏，宋本譌「憂」，從傳本改。煮，盧本作「暑」。喜羔，傳本、黄本作「善羔」。與，盧本譌「謂」。羔羊，宋本譌「羊牛」，通解作「牛羊」，從黄本改。 **綏多女士。 綏，安也。 冠子、取婦之時也。**

【補】金履祥曰：「女有家，士有室，所以安之也。」廣森謂：士者未娶之稱。荀子曰：「婦人莫不願得以爲夫，處女莫不願

〔一〕按：此引文出自齊民要術，兩「耰」字皆作「勞」。

得以爲士。」禮：霜降而婦功成，嫁娶之事始焉。故自十月初昏，至二月其盛也，過是則晚矣。周禮亦以仲春會男女。士冠禮云「夏葛屨，冬皮屨」，則周冠無常月。○冠、取，並去聲。儀禮疏引此文作「冠子、取妻時也」。丁亥，萬用入學。丁亥者，吉日也。萬也者，干戚舞也。入學也者，大學也。謂今時大舍采也。【補】月令：「仲春之月上丁，命樂正習舞釋菜；仲丁，又命樂正入學習樂。」丁不必得亥，亥爲天門，先王吉焉，故舉以言之。禘于太廟禮曰「日用丁亥」，少牢饋食曰「來日丁亥，用薦歲事于皇祖伯某」。干，朱干。戚，玉戚。春秋傳曰：「萬者何？干舞也。籥者何？籥舞也。」文王世子曰：「春夏學干戈，秋冬學羽籥。」然則釋菜亦春尚武舞、秋尚文舞矣。用，月令注引此文作「舞」。舍采，音釋菜，周官大胥字亦爲「舍采」。祭鮪。祭不必記，記鮪何也？鮪之至有時，美物也。鮪者，魚之先至者也，而其至有時，謹記其時。【補】鮪魚無鱗，口在頷下，似鱣而味美。大者爲王鮪，小者爲鮇鮪。月令「季春，薦鮪于寢廟」者。鮪至有蚤晚，古今物候殊異也。水經注曰：「鞏縣北有山臨河，謂之崟原邱。其下有穴，謂之鞏穴。言潛通淮浦，北達于河。直穴有渚，謂之鮪渚。成公子安大河賦曰：『鱣鯉王鮪，暮春來遊。』周禮『春薦鮪』，然非時及他處則無。」○黄本無「而」字。榮堇。采也。【補】榮，華也。先言榮而後言堇，何也？見榮而後知其堇也。小正之記卉也皆如是也。堇，堇葵也，所以滑羹。儀禮曰：「夏用堇，冬用荁。」堇音謹，説文本从艹堇聲，隸省如此作。采音菜。宋本「堇」譌「黄」，「也」譌「色」，從傅本改。采繁由胡。繁由胡者，繁母也。繁，旁勃也。皆豆實也，故記之。【補】繁，古通以爲「蘩」字。黄尚書曰：「蘩始生一莖耳，采食其上體，留下體寸許，四旁皆勃然生；又采其上食之，則旁生彌衆，故謂之旁勃。謂其母曰『由胡』。」廣森謂：「皆」者，皆蘩與蘩母，釋經不專言「采繁」，而必兼「由胡」意也。毛詩采蘩傳曰：「蘩，皤蒿也。」箋曰：「執蘩菜者，以豆薦蘩菹。」○宋本「采」

譌「菜」，「由」譌「田」，從傳本改。但傳本第二「繁」字倒在「采繁」之下，而脱「繁旁勃也」四字，通解及元本又以「采繁」二字倒在「堇菜也」之上，並誤。繁，通解作「蘩」。按：爾雅「繁由胡」，亦不著艸。由，左傳正義引此文作「游」。旁，宋本譌「萬」，通解作「方」，蓋本「旁」字脱去上半，或誤爲「万」，因轉爲「萬」耳，從黄本改。

昆小蟲。抵蚳。昆者，衆也。由魂。句。**魂也者，動也，小蟲動也。其先言動而後言蟲者何也？萬物至是動而後著。抵，猶推也。蚳，螘卵也，爲祭醢也。取之則必推之，推之不必取，取必推而不言取。**

【補】由，即「猶」字，孟子「王由足用爲善」，亦以「由」爲「猶」。傳言：昆，猶魂也，魂之言動也。孝經説曰：「魂，芸也。芸，動也。」昆既爲衆，又爲動，轉相注釋。「昆小蟲」者，小蟲衆而動也。此當月令「蟄蟲咸動」矣。著，見也。動而後見其爲蟲，故小正先言動。推，以手取物之名，上林賦曰「推蜚廉」是也。周禮饋食之豆有蚳醢。○由，傳本作「猶」。「衆也」下，黄本叠出「由魂魂也」四字，以臆加耳。魂也者，宋本譌「螺也者」，從元本改。宋本脱「至」字，「抵猶」譌「括猶」，「不必」譌「必不」，並從傳本增改。「至是」下，黄本叠出「動」字。取必，戴氏校本改「故言」。

來降燕，乃睇。燕，乙也。降者，下也。言來者何也？莫能見其始出也，故曰來降。言乃睇何也？睇者，眄也。眄者，視可爲室者也。百鳥皆曰巢，突穴取與之室，何也？摻泥而就家，入人内也。

【補】燕名乙者，取其鳴自呼也。詩曰：「天命玄鳥，降而生商。」燕者莫知其居，若自上而降然。昔有娀氏吞燕卵而生契，先王以爲媒官嘉祥，常以燕來降之日祠高禖焉。説文解字曰：「眄，邪視也。南楚謂眄曰睇。」突，窟也。鳥亦有窟穴者，若鴝鵒之屬。「取」字誤，當爲「其」。與之，謂之也，與正月傳「其必與之獸」同義。内，房室也。漢書曰：「家有一堂二内。」○乙音軋，與「甲乙」之「乙」非一字。盧本「突」作「室」，「取」作「也」。摻，傳本作「操」，舊説魏晉間避曹氏諱，書

「操」多爲「摻」。入人，宋本譌「人人」，從傅氏注引關本改。**剥鱓。以爲鼓也。**【補】鱓，讀如詩「鼉鼓逢逢」，吕氏春秋曰「顓頊令鱓先爲樂倡，鱓乃偃浸，以其尾鼓其腹」是也。河魭江鱓，禹時貢之，見書大傳。鱓皮堅厚，可以冒鼓。考工記：「凡冒鼓，必以啟蟄之日。」以此經驗之，蓋謂蟄蟲咸動時也。說文解字曰：「鼓，春分之音。」**有鳴倉庚。倉庚者，商庚也。商庚者，長股也。**【補】有者，始有之也。長股者，黄鸝也，以爲蠶候。古語曰：「黄栗留，看我麥黄，葚熟不。」**榮芸。**【補】何以記也？著采芸者，未榮而采之。**時有見稊，始收。有見稊而後始收，是小正序也。小正之序時也皆若是也。稊者所爲豆實。**【補】張爾岐曰：「萌蘖之可食者，如筍蒲椿楷之屬。收，蓄也。」○稊，宋本譌「梯」。

三月。【補】此章經文凡十三事：參則伏，一也；攝桑，二也；委楊，三也；羵羊，四也；縠則鳴，五也；頒冰，六也；采識，七也；妾子始蠶，執養宫事，八也；祈麥實，九也；越有小旱，十也；田鼠化爲鴽，十一也；拂桐芭，十二也；鳴鳩，十三也。**參則伏。伏者，非亡之辭也。星無時而不見，我有不見之時，故曰「伏」云。**【補】參、辰不相比，三月之昏，心出於東，參没於西矣。○亡音無，宋本譌「忘」，從傅本改。**攝桑。桑攝而記之，急桑也。委楊。楊則苑而後記之。**【補】攝，讀如爾雅「葉書聶」，謂桑葉始生未舒之貌。委，垂也。楊，葉之垂者也。苑，茂也，國語曰「人皆集于苑」，讀當如「有菀者柳」之「菀」。桑所急也，故始生而記之；楊非所急也，故菀而後記之，用此見小正之重民衣也。○「桑」字，通解及傅本並不疊。舊本云：「委，一作『萎』。」金氏前編云：「舊注『萎』作『苑』。」按：傳「則苑」，諸本作「則花」，古文有「華」無「花」，即「苑」字形誤耳，今校改。**羵羊。羊有相還之時，其類羵羵然，**

記變爾。或曰：「韡，羝也。」【補】還，讀爲「環」，圜聚也。羊性寒而散，熱而聚，物之變也。或曰：「羝者，羝抵也。二月初俊羔至是始生角，相抵觸。」 毄則鳴。 毄，天螻也。【補】天螻者，螻蛄也，月令：「孟夏，螻蟈鳴。」蔡邕章句曰：「螻，螻蛄；蟈，蛙也。」然則三月螻鳴，亦候之蚤者，故其言之也曰「則」。 頒冰。 頒冰者，分冰以授大夫也。【補】春秋左傳曰：「火出而畢賦，自命夫、命婦至於老疾，無不受冰。」火出，於夏爲三月，於商爲四月，於周爲五月，故小正「三月頒冰」，周禮「夏頒冰」。 采識。 識，草也。【補】金履祥曰：「識，當作『蘵』。」爾雅「蘵，黄蒢」，注云：「蘵，葉似酸漿，花小而白，中心黄。江東以作菹食。」」廣森按：顔氏家訓云：「蘵，味苦，河北謂之龍葵。月令『孟夏，苦菜秀』，梁世講禮者以爲即此。」若然，此「采識」亦候之蚤於月令者。 妾子始蠶。 先妾而後子，何也？曰：事有漸也，言事自卑者始。 執養宫事。 執，操也。 養，長也。【補】子，女子子也。卑妾而尊子，何也？重嫡也。養，長養蠶也。宫，蠶宫也。祭義曰：「古者天子諸侯必有公桑蠶室，近川而爲之築宫，仞有三尺。」婦事莫重於蠶，故昏禮戒女詞云「夙夜無違宫事」。○「妾」上，傅本無「先」字。事自卑，宋本倒作「自卑事」，從黄本改。長，上聲。 祈麥實。 麥實者，五穀之先見者，故急祈而記之也。【補】蓋祈於廟。○「者」上，傅本無「實」字。 越有小旱。 越，于也。 記是時恒有小旱。【補】于、越，皆發語辭。小旱而記之，勤雨也，用此見小正之重民食也。 田鼠化爲鴽。 鴽，鵪也。 變而之善，故盡其辭也。 鴽爲鼠變而之不善，故不盡其辭也。【補】盡其辭則言化，不盡其辭則不言化。田鼠爲鴽，不復害稼，故善之也。鵪，鶉之類也。無斑者爲鵪，有斑者爲鶉。鶉有後趾，鵪無後趾，恒以是別之。公食大夫禮云「雉兔鶉鴽」，明鶉、鴽二物也。傳記或有言「田鼠化爲鶉」者。淮南子又云：「蝦蟆化鶉。」○駕，宋本譌「鴐」。拂桐芭。拂也者，拂也，桐芭之時也。或曰：「言桐芭始生，貌拂拂然也。」【補】芭，葩也。葩，華也。月令：「季春，桐始華。」蔡邕曰：「桐，木之後華者。」○傅本無「拂也者」三字。鳴鳩。言始相命也。先鳴而後鳩，何也？鳩者鳴而後知其鳩也。【補】鳩，鶻鵃也。青黑色，短尾多聲。○或據月令「鳴鳩拂其羽」，疑「拂」字本在「鳴鳩」之下，而「桐芭」自爲一事，亦似。

四月。【補】此章經文凡十事：昴則見，一也；初昏，南門正，二也；鳴札，三也；囿有見杏，四也；鳴蜮，五也；王萯莠，六也；取荼，七也；莠幽，八也；越有大旱，九也；執陟攻駒，十也。昴則見。【補】晨見也。左傳所謂「西陸朝覿」。初昏，南門正。南門者，星也，歲再見，壹正。蓋大正所取法也。【補】天官書曰：「亢爲疏廟，其南北兩大星曰南門。」月令：「仲夏，昏乃亢中。」小正躔度與月令恒差一氣，大正疑亦夏記時之書。此篇之事對彼爲小，故以「小正」名。周語引夏令曰：「九月除道，十月成梁。其時儆曰：收而場功，偫而畚挶，營室之中，土功其始。火之初見，期于司里。」豈即大正之遺與？鳴札。札者，寧縣也。鳴而後知之，故先鳴而後札。【補】札，小蟬鳴札札者也。札鳴而麥熟，方言謂之「麥蚻」。○爾雅注引此文云：「鳴蚻虎縣。」囿有見杏。囿者，山之燕者也。【補】杏始實也。其言山之燕者何？因山爲囿也。韭，菜也，宜於園者也。杏，木也，宜於山者也。鳴蜮。蜮也者，或曰：屈造之屬也。【補】此則月令「蟈鳴」是也。周官蟈氏，先鄭讀爲「蜮」，蜮，蝦蟆也。畢沅曰：「淮南子『鼓造辟兵』，高誘謂：『造亦蛾蟆。』又詩有『戚施』，説文作『鼀鼁』，『鼀』與『造』古聲相近，然則『造』即『鼀』字矣。」王萯莠。【補】莠，讀爲「秀」。不榮而實曰秀。小正皆用「莠」字，假借也。本草曰：「萯生田中，葉青刺人，有實。」鄭君箋詩疑「王萯」即「萯」，其注月令又疑「王萯」即「王瓜」，未審焉。○莠，月令注引此文作「秀」。**取荼。荼也者，以爲君薦蔣也。**【補】荼，茅秀也。周官掌荼：「掌以時聚荼。」儀禮：「用爲茵著。」廣雅曰：「薦，蔣席也。」蓋茵亦通稱焉。**越有大旱。記時爾。**【補】時有雩祀，故記之。**莠幽。**【補】張爾岐曰：「豳風『四月秀萯』，得非以萯、幽聲相近而誤與？」廣森按：萯，萯繞也，今遠志草。**執陟攻駒。執也者，始執駒也。執駒也者，離之去母也，執而升之君也。攻駒也者，教之服車，數舍之也。**【補】周禮：「春執駒，夏攻特。」鄭君曰：「執，猶拘也。通淫之時，駒弱，血氣未定，爲其乘匹傷之。」姜上均曰：「母，猶牝也。舍，休也，爲其小故也。馬二歲曰駒，三歲曰駣。」畢沅曰：「『陟』，疑當作『騭』，牡馬也。月令『執騰駒』，即所謂『執騭』矣。」廣森按：「執而升之君」者，中上言牡駒既離之去牝，即令升而爲君服車，但稍節其力耳。尊君駕，故以「升」言之，傳意亦未必以「升」訓「陟」，或因此「升」字遂妄加「陟，升也」一句，舊本所無，不可用。○數，音「疏數」之「數」。

五月。【補】此章經文凡十五事：參則見，一也；浮游有殷，二也；鴂則鳴，三也；時有養日，四也；乃瓜，五也；良蜩鳴，六也；匽之興，五日翕，望乃伏，七也；啟灌藍蓼，八也；鳩爲鷹，九也；唐蜩鳴，十也；初昏，大火中，十一也；煮梅，十二也；蓄蘭，十三也；菽糜，十四也；頒馬，將閒諸則，十五也。**參則見。參也者，伐星也，故盡其辭也。**【補】五月日在東井之末，參距日三十度，將旦，先出東方也。伐，三星，在參下。然古者或互名之。毛詩小星傳曰：「參，伐也。」考工記曰：「熊旗六斿，以象伐也。」謂參與伐連體而六星也，故曰「參也者，伐星也」。春秋傳曰：「伐爲大辰。」重之，是盡其辭。○伐，宋本譌「牧」，從傅本改。**浮游有殷。殷，衆也。浮游殷之時也。浮游者，渠略也，朝生而莫死。稱有何也？有見也。【補】浮游，蟲名。郭璞曰：「似蛣蜣，身狹而長，有角，黄黑色，叢生糞土中。」○浮游，朱本作「蜉蝣」，通解無「浮游殷之時也」六字。莫，去聲。鴂則鳴。鴂者，百鷯也。鳴者，相命也。其不辜之，句。時也。是善之，故盡其辭也。【補】百鷯者，伯勞也。伯勞者，伯趙也。恒以夏至來，冬至去，故少昊氏以鳥名官，伯趙氏司至也。善之者，善其知至也。辜，略也。古語稱大略曰「辜較」。不云「鳴鴂」而云「鴂則鳴」，是不略之也。不略之者，以記夏至之時也。春秋辭繁而不殺者，正也。小正辭盡而不辜者，善也。詩曰：「七月鳴鴂，八月載績。」離騷曰：「恐鵜鴂之先鳴兮，使夫百草爲之不芳。」蓋鴂鳴盛于秋，五月鳴之始也，始鳴而急記之，故言「則」也。凡言「則」者，盡其辭也。○百，傅本作「伯」。時有養日。養，長也。一則在本，一則在末，故其記曰「有養日」云也。【補】黄尚書曰：「此即月令所謂『日長至』也。夏陽故舉日，冬陰故舉夜。」廣森謂：一，猶或也，如春秋穀梁傳「一有一無」之「一」，言夏至之氣，或在月初，或在月終，無定日，故但以「有」言之。鄭君月令注云：「辰角見九月本也，天根見九月末也。」可見月初爲本，月終爲末，古時語如此。養之言羕也，韓詩曰：「江之羕矣。」○宋本「日」譌「白」。「有養日云也」譌「時養日之也」，通解作「時養日云也」，從傅氏注引舊本改。乃瓜。乃者，急瓜之辭也。瓜也者，始食瓜也。【補】豳風「七月食瓜」，五月其蚤熟者，故云「急瓜之辭」。○傅氏引別本云：「乃衣瓜。乃衣者，急衣之辭也。衣也者，始創衣也。」按：「衣」與「瓜」、「創」與「食」並字形相似而誤，黄本兩句兼存，失之。良蜩鳴。良蜩也者，五采具。【補】蔡德晉曰：「月令『仲夏，蟬始鳴』是也。」○良，爾雅字爲「蜋」，注引此文亦作「蜋」。匽之興，五日翕，望乃伏。其不言生而稱興，何也？不知其生之時，故曰

「興」。以其興也，故言之「興五日翕」也。望也者，月之望也。而伏云者，不知其死也，故謂之伏。五日也者，十五日也。翕也者，合也。伏也者，入而不見也。【補】匽，蟬首上有冠緌者。論衡曰：「蠐螬化爲復育，復育轉而爲蟬。」蟬者化而蜕也，故不知其生也。黄尚書曰：「淮南子云『蟬三十日而死』，謂既興十五日而鳴，又十五日而伏也。」廣森按：漢書音義云：「漢使東郡送梟，五月五日作梟羹。」高誘淮南子注云：「五月望，作梟羹。」由此言之，古云五月五日節者，本謂五月望也。傳以五日爲十五日，或因諸此，然似非經意。經言「乃伏」，傳言「而伏」，文亦錯焉。春秋之義，「乃」難乎「而」也。啟灌藍蓼。啟者，别也，陶而疏之也。灌者，聚生者也。記時也。【補】熊安生曰：「灌，謂叢生也，分移使之稀散。」月令「仲夏，令民無刈藍以染」，張爾岐曰：「種藍之法，先蒔于畦。生五六寸許，乃分别栽之，所謂『啟』也。」廣森謂：蓼，香菜可食者，亦於是月别之。淮南子曰：「蓼菜成行。」陶，芟也。疏，分也。灌，若「集于灌木」之「灌」。◯聚，盧本作「藂」。黄本無「記時也」三字。鳩爲鷹。【補】傳在正月。王制曰：「鳩化爲鷹，然後設罻羅。」説者以爲仲秋也，亦古今氣候之異。唐蜩鳴。唐蜩者，匽也。【補】既記其興矣，鳴又言之，何也？一則目治，一則耳治。◯「者」上，宋本衍「鳴」字，從黄本删。爾雅注引此文作「螗蜩者蝘」。初昏，大火中。大火者，心也。心中，種黍、菽、糜時也。【補】小正「五月心中」，合於堯典「日永星火，以正仲夏」，此虞、夏時曆也。月令「六月心中」，合於左傳「火中，寒暑乃退」，此周、秦時曆也。恒星東行，故古今差焉。書考靈曜曰：「主春者鳥星，昏中可以種稷。主夏者心星，昏中可以種黍。主秋者虚星，昏中可以種麥。主冬者昴星，昏中則入山，可以斬伐，具器械。」然此種黍乃晚黍也。或增「種黍菽糜」於經，非。是傳言經記「心中」者，所以著種黍食菽糜之時耳，與九月傳「鞠榮而樹麥」其例同也。於文，「糜芑」之「糜」从禾，「糜粥」之「糜」从米，此傳字爲「糜」，不爲「糜」，諸家以爲赤粱粟，抑失其訓。**煮梅。爲豆實也。**【補】煮而暴之，以爲乾藤也。此籩實也，云豆者，籩謂之竹豆。**蓄蘭。爲沐浴也。**【補】蓄之以待來歲上巳祓除釁浴。九歌曰：「浴蘭湯兮沐芳。」**菽糜。以在經中，又言之，**句。**時何也？是食矩，**句。**關而記之。**【補】黄尚書曰：「令民爲豆粥以辟暑氣。矩，法也。以爲食法之所關而記之也。」廣森謂：以、已通。已在經中者，食菽糜以心中爲候，經言「心中」，則菽糜已在其中矣。時，是也。昔光武帝舍無蔞亭，馮異上豆粥，是古食法有之。○糜，傳本作「縻」。「中」下，傳本及通解有「矣」字。舊本云：「矩關，一作『短閔』。」**頒馬。分夫婦之駒也。將閑諸則，或取離駒納之。**句。**則，法也。**【補】分夫婦之駒者，游牝之馬至是别之，止其妊育也。閑，閑也。詩曰：「比物四驪，閑之維則。」離駒，離母之駒也。馬六尺以下通稱駒，故其齒弱者，别稱離駒，亦取而納之法，教之駕焉。○舊本云：「夫婦，一作『夫卿』。」按：傳本作「大夫卿」。

六月。【補】此章經文凡三事：初昏，斗柄正在上，一也；煮桃，二也；鷹始摯，三也。**初昏，斗柄正在上。五月大火中，六月斗柄正在上，用此見斗柄之不在當心也，蓋當依。依，尾也。**【補】此斗柄謂斗衡也。正在上，謂正南也。六月之昏，尾中南方，衡當尾，故南指。天官書曰：「衡殷南斗。」言當尾者，尾與南斗相近。○在當，盧本作「正當」。**煮桃。桃也者，杝桃也。杝桃也者，山桃也。煮以爲豆實也。**【補】黄尚書曰：「桃實可食，杝桃之實不可食也。禮：豆實曰桃。桃諸無舉杝者，傳似小誤。」○杝，傳本作「梔」。**鷹始摯。始摯而言之何也？諱煞之辭也，故言摯云。**【補】黄尚書曰：「月令：『季夏，鷹乃學習；孟秋，鷹乃祭鳥，用始行戮。』始摯，即學習之謂也。於此一言之而後祭鳥、行戮皆不言，諱殺，不忍盡其辭也。君子於鳥之殺且不忍盡其辭，而況於人乎？」○「始摯」二字，傳本不疊。「煞」即「殺」字，隸變體也。「故」下，宋本脱「言」字，從傳本增。

七月。【補】此章經文凡十一事：莠雚葦，一也；狸子肇肆，二也；湟潦生苹，三也；爽死，四也；荓秀，五也；漢案户，六也；寒蟬鳴，七也；初昏，織女正東鄉，八也；時有霖雨，九也；灌荼，十也；斗柄縣在下則旦，十一也。莠雚葦。未秀則不爲雚葦，秀然後爲雚葦，故先言秀。【補】雚，似葦而小，中實，未秀則下言「菼薍」是也。於此發傳者，對「荓秀」後言「秀」。○雚葦字，篆作「萑」，隸省作「雈」。此經文爲「雚」，从艸雚省聲，與「雚雀」之「雚」異。狸子肇肆。肇，始也。肆，遂也。言其始遂也。其或曰：「肆殺也。」【補】廣森以爲「或曰」是也。肆，讀如禮「故書肆儀」。「肆殺」者，始習搏殺也。爾雅「貍子隸」，衆家作「肆」，倘亦取此義名之與？○狸，宋本譌「貍」。肆，依或説音「肆」，傳氏疑「其」字衍。愚謂：此與穀梁傳「其一曰」句法正同。湟潦生苹。湟，下處也。有湟然後有潦，有潦而後有苹草也。【補】苹，水上浮萍也。湟，隍也。有水曰池，無水曰隍。潦，行潦也。七月雨盛，湟之涸者亦爲潦，故曰「有湟然後有潦」。○傳本「生苹」下有「湟潦生苹也者」六字，「潦而」上無「有」字。爽死。爽也者，猶疏也。【補】「疏」者，「爽」之陰聲，故相轉注也。蔡德晉曰：「周禮『臣妾聚斂疏材』，此時疏材既死，則可收斂矣。」荓秀。荓也者，馬帚也。【補】郭璞曰：「荓，似蓍，可以爲埽彗。」○荓，宋本譌「苹」，從黄本改。「馬」上，宋本衍「有」字，從傳本删。漢案户。漢，天漢也。案户也者，直户也，言正南北也。【補】古者爲户於室東南隅，天漢昏見當户，則南北直而偏東也。斗在漢右，是時南正矣。漢自天津之間兩道相會，上屬大陵積水，其直如繩。○宋本脱「漢天」二字，從文選西征賦及月賦注引此文增。傳本作「漢也者河也」，通解及黄本從之。寒蟬鳴。

蜩也者，蝭蠑也。【補】蝭蠑，蝭蟧也，爾雅謂之「蜺」，屈原謂之「螿」，色青而小，秋風未至時，瘖不能鳴。初昏，織女正東鄉。【補】織女，兩距小星，恒鄉暱背之口。七月初昏，斗中，析木加午，則暱背加卯，故織女正東鄉。○鄉音嚮。時有霖雨。【補】春秋左傳曰：「凡雨自三日以往爲霖。」季夏大雨時行，初秋猶時有焉。灌荼。灌，聚也。荼，萑葦之莠，爲蔣褚之也。萑未莠爲菼，葦未莠爲蘆。【補】蔣，茵也。褚，讀如「上褚五十衣」之「褚」，謂以荼著茵中，今時人猶用蘆花也。將以褚蔣，故聚之。既記其秀之候，復詳人事也。菼，一名薍。蘆，一名葭。○聚，盧本作「藂」。「之莠」下，傅本有「也」字。褚，黄本作「禇」。未莠，宋本作「未秀」。按小正「秀」字皆借用「莠」，今從傅本。斗柄縣在下則旦。【補】三統曆：「立秋旦，畢八度中。處暑旦，井初度中。」參在井前，夏時星候較蚤，七月參已得旦中矣。唐一行推小正躔宿，以八月「參中則旦」爲失其傳，蓋本七月經文，寫者失之，誤綴下章之末，遂於此複衍「則旦」二字，當云「參中則旦，斗柄縣在下」。正月傳曰「言斗柄者，所以著參之中也」，足以明之矣。

八月。【補】此章經文凡九事：剥瓜，一也；玄校，二也；剥棗，三也；栗零，四也；丹鳥羞白鳥，五也；辰則伏，六也；鹿人從，七也；鴽爲鼠，八也；參中則旦，九也。然此句疑本在七月，説具前章。剥瓜。畜瓜之時也。【補】剥，盡取之也。五月食瓜不言剥，此其言剥何？瓜將盡矣，故取而蓄之。曷爲則必蓄之？詩曰：「疆場有瓜，是剥是菹，獻之皇祖。」瓜也者，所以爲豆薦也。禮：「天子樹瓜華。」○「畜瓜」上，傅本及通解有「剥瓜也者」四字。玄校。玄也者，黑也。校也者，若緑色然，婦人未嫁者衣之。【補】周禮「春暴練，夏纁玄」，月令「季夏，命婦官染采」，皆視此爲蚤。豳風曰「八月載績，載玄載黄」，蓋徵夏時染采以八月焉。黑而有赤曰玄。校，讀爲「絞」，禮有「絞衣」，鄭君云：「絞，蒼黄之色也。」廣森謂：緑之近蒼黄者，若俗所稱平果緑矣。未嫁者未成人，可以服間色。○校音肴。緑，傳本作「緣」。衣，去聲。**剝棗。剝也者，取也。栗零。零也者，降也。零而後取之，故不言剝也。**【補】剝棗，擊棗也，亦有盡義。禮：「籩豆之實，棗烝栗擇。」棗也者，早也；栗也者，慄也。早，夙也。慄，敬也。夫夙以敬，先王尚令名焉，故取之也時，謹記其時。○栗，宋本譌「粟」，傳本及通解作「桌」，篆文「栗」字。**丹鳥羞白鳥。丹鳥也者，謂丹良也。白鳥也者，謂閩蚋也。其謂之鳥者，重其養者也。有翼者爲鳥。羞也者，進也，不盡食也。**【補】皇侃説：「丹良，螢火也。其食蚊蚋，進而不盡食，若養羞然。」○宋本「丹鳥」、「白鳥」下兩「也」字並脱，從月令注引此文增。閩，宋本作「蚊」，從傳本改，與月令注合。按閩，説文本作「䖝」，亦「蚊」字也。鳥者，宋本譌「鳥也」，亦從月令注改。傳本於「也」上增「何」字。「翼者」之「者」及「進也」二字，月令注無，「羞也者」作「養也者」。又鄭君説此經，以爲九月，容所見本異。**辰則伏。辰也者，星也。伏也者，入而不見也。**【補】辰，鼉也。説文解字曰：「鼉，房星，爲民田時者也。」爾雅曰：「大辰，房心尾也。」小正謂房曰辰，謂心曰火。八月之昏，房先心而没，故於此言「辰則伏」，於九月乃言「内火」。○者，宋本譌「謂」。傳本於「謂」上增「者」字，盧本改「星」爲「心」，並非。**鹿人從者，從羣也。鹿之養也，離羣而善之。**句。**離而生，非所知時也，故記「從」不記「離」。君子之居幽也不言。或曰：人從。人從也者，大者於外，小者於内，率之也。**【補】鹿人，疑當作「鹿從」。蓋傳首呼經句也。古「從」字作「从」，妄者遂因下「或曰人從」而改耳。鹿性得美食，必呦呦相呼，是善養其離羣也。兩鹿曰離，三鹿曰羣。離，麗也，牝牡偶也。鹿偶而婳之時，非君子所知也。小正言

「著」不言「幽」，故不記其偶牝，記從羣而已。「或曰人從」，則傳謂別家經文有作「鹿人從」者。言鹿大小相率有序，若人之相從也。金氏以爲鹿人，官名；從，從禽也，尤不辭。○宋本「善」下衍「而」字。「或曰人」下脱「從」字，從傳本删增。

鴽爲鼠。【補】傳在三月。

九月。【補】此章經文凡九事：内火，一也；遰鴻鴈，二也；主夫出火，三也；陟玄鳥蟄，四也；熊羆貉貈鼶鼬則穴，五也；榮鞠，六也；王始裘，七也；辰繫于日，八也；雀入于海爲蛤，九也。**參中則旦。**○旦，大衍曆議引此文作「曙」，避唐諱改也。

内火。内火也者，大火。大火也者，心也。【補】春秋左傳曰：「古之火正，或食於心，或食於咮，以出内火。是故咮爲鶉火，心爲大火。」内，入也。九月之昏，心星伏也。○内音納。**遰鴻鴈。遰，往也。**【補】鴈以北方爲居，則北爲來，南爲往。**主夫出火。主夫也者，主以時縱火也。**【補】夫，如「夫圭田」之「夫」，治也。火伏則令民亦納火，有不以時縱火者，有司主治之。周禮爕萊之禁，其是與？**陟玄鳥蟄。陟，升也。玄鳥者，燕也。先言陟而後言蟄，何也？陟而後蟄也。**【補】金履祥曰：「古人重玄鳥，當其至而祠之。故其來也書『降』，其去也書『陟』，皆貴之也。蟄者，玄鳥去則多蟄於島岸間土穴中。」秦蕙田曰：「仲秋玄鳥歸，季秋之月始畢蟄也。」**熊、羆、貉、貈、鼶、鼬則穴。**【補】熊，山獸，似豕。羆，如熊，黄白文。貉，白豹，多力，食鐵。貈，狐屬，善睡。鼶，鼷鼠也，有螫毒。鼬，類鼠，赤黄而大，能捕鼠，郭璞曰「江東呼爲鼪」。六物皆畏寒冬伏者。○羆，宋本譌「罷」。貉貈，傳本作「豹貉」，宋本作「貊貉」。按説文韻譜：「貉，莫白切；貈，下各切」。後人以「貉」爲「貈」，又別造「貊」字，俗體乖謬，不合六書之正。「鼶鼬則穴」，宋本譌「鼬鼪則穴」，從爾雅注引此文改。**若蟄而榮鞠。鞠，草也。鞠榮而樹麥，時之急也。**【補】若蟄，若上燕及蟄獸皆蟄也。抑或「若」即「燕」字形誤。言「燕蟄而榮鞠」、「鞠榮而樹麥」，物候之相踵者也。此「榮鞠」之傳，但傳首未舉經句耳。下「王始裘」，亦不別出經句，可證矣。鞠，草之細也，其榮不足記，以爲麥候而記之。月令「仲秋，乃勸種麥。季秋，鞠有黄華」，與此異。○「榮鞠」下，通解增「樹麥」二字，非。**王始裘者，何也？衣裘之時也。**【補】其言始何也？獻裘前乎此矣，獻而未衣也，言是月之始衣之也。禮：「仲秋獻良裘，季秋獻功裘。」良裘者，王之裘也。功裘者，王所以賜也。古者九月授衣，功裘未授，不服良裘。臣之獻紅也，必先尊而後卑；君之爲惠也，熯必均乎下，於裘見之矣。單子曰「駟見而隕霜，隕霜而冬裘具」，月令「孟冬，天子始裘」，言乎寒之晚者也。○衣，去聲。**辰繫于日。**【補】辰，亦謂房星也。九月，日躔大火，龍尾伏辰，房在日前，如繫之然。**雀入于海爲蛤。蓋有矣，非常入也。**【補】雀，黄雀也。通卦驗曰：「立冬，賓雀入水爲蛤。小雪，熊羆入穴。」皆視此爲晚。

十月。【補】此章經文凡七事：豺祭獸，一也；初昏，二也；南門見，三也；黑鳥浴，四也；時有養夜，五也；雉入于淮爲蜃，六也；織女正北鄉則旦，七也。**豺祭獸。善其祭而後食之也。**【補】月令以爲九月。○黄本、盧本無「後」字。**初昏。**【補】昏，謂昏姻也。荀子曰：「霜降逆女，冰泮殺内。」故是月始令民昏姻，逮來歲春仲而止。毛詩「三星在天」，傳説以爲十月參星昏見，可以嫁娶，是也。此經無傳，又適與「南門見」相屬，大衍曆議遂疑十月定星方中，南門昏伏，不當言「見」，乃誤讀之故耳。**南門見。南門者，星名也。及此再見矣。**【補】此晨見也。不言「則見」者，南門以九月本始見，十月旦已在隅。小正凡記候之晚者，文無「則」也。**黑鳥浴者，何也？烏浴也者，飛乍高乍下也。**【補】小爾雅曰：「純黑而反哺者謂之烏，小而腹下白、不反哺者，謂之鴉。」浴者，言烏乘暄飛上下，若浴然。○傳本作「黑鳥浴。黑鳥者何也？烏也。浴也者，飛乍高乍下也」。時有養夜。養者，長也，若日之長也云。【補】黄尚書曰：「此時，夜之長如夏時日之長也。」廣森謂：冬至之氣在十一月將短至而急記之，君子愛日之意也。○宋本「有」下脱「養夜」二字，從黄本增。云，宋本譌「玄」，或屬下「雉」爲讀，非也，從傳本改。小正文句有「用也云」者，正月傳「蓋記時也云」，與此同。雉入于淮爲蜃。蜃者，蒲盧也。【補】蜃，大蛤也。國語曰：「移就蒲蠃於東海之濱。」蒲盧，猶蒲蠃也。或曰：「蒲盧是變化之名，故果蠃亦爲蒲盧。」○盧，宋本譌「蘆」，從傳本改。織女正北鄉則旦。織女，星名也。【補】十月，日在析木之津。析木東升，則陬訾正北，故織女亦北鄉，織女恒鄉陬訾者也。○旦，宋本譌「具」。

十有一月。【補】此章經文凡三事：王狩，陳筋革，嗇人不從，一也；於時月也，萬物不通，二也；隕麋角，三也。王狩。狩者，言王之時田，冬獵爲狩。【補】四時皆田，獨記「狩」者，冬氣殺伐，武事盛也。周禮曰：「中冬，教大閲，遂以狩田。」○「狩者」上，傳本有「王」字。黄本「王」上無「言」字，「田」下有「也」字。陳筋革。陳筋革者，省兵甲也。【補】筋，弓也。革，函也。因狩之時，料簡軍實。嗇人不從。不從者弗行。【補】弗行，不從王而行也。嗇人，嗇夫也，夏書曰「嗇夫馳，庶人走」，覲禮曰「嗇夫承命，告于天子」，蓋小臣給王使令者也，於狩無事，故不從。於時月也，萬物不通。【補】諸家以「於時月也」屬上絶之，失其讀也。時，是也。猶月令更端之事，每言「是月也」以發之。萬物不通，則月令所謂「天氣上騰，地氣下降，天地不通，閉塞而成冬」者也。隕麋角。隕，墜也。日冬至，陽氣至始動，諸向生皆蒙蒙符矣，故麋角隕，記時焉爾。【補】蔡德晉曰：「月令『仲冬，麋角解』

是也。」廣森謂：蒙蒙，萌生之貌。鄭君易注曰：「齊人謂萌爲蒙。」符，驗也。○墜，傅本作「隳」。日，人實反。篇中「日」，舊多作「曰」，寔「日」字也。唐石經書「日」皆爲「曰」，其音「聿」之「曰」，缺上以別之。

十有二月。【補】此章經文凡五事：鳴弋，一也；玄駒賁，二也；納卵蒜，三也；虞人入梁，四也；隕麋角，五也。

鳴弋。弋也者，禽也。先言鳴而後言弋者，何也？鳴而後知其弋也。【補】弋，未聞。類篇有「鳶」字，云「鳥名」，然不詳其狀。金氏云：「當作『鳶』。」按篆文「鳶」雖非从弋，但此記已經隸寫，或又轉誤而脱其半，亦近似。玄駒賁。玄駒也者，螘也。賁者何也？走於地中也。【補】螘大者曰駒，猶云「馬蚍蜉」也。方言曰：「蚍蜉，西南梁益之間謂之『玄蚼』。」古今注説：「河内人嘗見人馬數千萬，遊動往來，以火燒之，人皆是蚊蚋，馬皆是大螘，因名蚊曰黍民，螘曰玄駒。」誕哉言矣！賁，讀若三家詩「鶉之賁賁」。○「駒也者」上，傅本無「玄」字。納卵蒜。卵蒜也者，本如卵者也。納者何也？納之君也。【補】蔡德晉曰：「卵蒜，小蒜也，其根如卵。」○干禄字書云：「蒜，俗蒜字。」「何也」二字，黄本無。虞人入梁。虞人，官也。梁者，主設罔罟者也。【補】蔡德晉曰：「虞人，澤虞也；入梁，始漁也，月令『季冬，命漁師始漁』是也。」廣森按：周官𢿱人「掌以時𢿱爲梁」，鄭司農曰：「梁，水偃也。偃水爲關空，以笱承其空。詩曰『敝笱在梁』。」隕麋角。蓋陽氣旦睹也，故記之也。【補】姜上均曰：「旦睹，猶言明見也。向始動，今明見，始終之辭。」○旦，傅本作「且」。

凡十二章，凡二千四百七十字。今補。

卷三

保傅第四十八

殷爲天子三十餘世而周受之，凡三十一世。【補】國語曰：「商之饗國三十一王。」然史記自湯至紂唯三十世，所未詳也。○三十，漢書作「二十」，篇首更有「夏爲天子十有餘世而殷受之」一句。故以下「殷周」字，漢書並作「三代」。周爲天子三十餘世而秦受之，凡三十七世。秦爲天子二世而亡，人性非甚相遠也，孔子曰：「性相近。」○非，漢書作「不」。何殷、周有道之長而秦無道之暴？其故可知也。暴，卒疾也。○賈子新書「周」下有「之君」二字，「其」作「有」。

古之王者，太子乃生，固舉之禮。古即殷周時也。【補】顏籀曰：「乃，始也。」廣森謂：「舉之禮」，春秋左傳所謂「以太子生之禮舉之，接以太牢」是也。○乃，宋本譌「及」，從儀禮經傳通解改，漢書作「迺」，新書作「初」。之禮，漢書、新書並作「以禮」。使士負之，卜其吉也。有司參，夙興，端冕，見之南郊，見之天也。參職，謂三月朝也。端，正也。冕，服之正。【補】白虎通義曰：「使士負子於南郊，以桑弧蓬矢六射。」○參夙興，漢書、新書並作「齊肅」，通解云：「『參』乃『齊』字之誤，而注文『職』字亦誤。」見音現。過闕則下，敬君典法之處。【補】闕，象魏也。禮：

「天子外闕兩觀，諸侯内闕一觀。」下，下車也。昔荆莊王爲茅門之法，太子入朝，馬蹄踐霤，而戮其御。魯有茅闕門，則茅門者闕與？○闕，即「闕」字。**過廟則趨，**逕闕故下，望廟則趨。【補】古曲禮曰：「國君下宗廟，式齊牛。」「過廟」亦下，二文互耳。殷廟在闕内右，周廟在闕内左。**孝子之道也。故自爲赤子時，教固以行矣。**【補】顏籀曰：「赤子，言其新生未有眉髮，其色赤。」○漢書「時」作「而」，「以」作「已」。

昔者周成王幼在襁褓之中，召公爲太保，周公爲太傅，太公爲太師，武王崩，成王十有三也，而云「在襁褓之中」，言其小。【補】新書脩政語曰「成王年六歲即位」，故云襁褓。注言十有三者，書古文説，與賈子異也。據六歲即位，加以攝政七年，正合十有三歲之數。蓋誤以嗣王之初歲爲復子明辟之元年，故却少七年耳。但以保傅亦賈子書，援彼證此，於事則非，於文則當。○通解無「昔者」，云：「本篇作『昔者成王』，今從大戴。」是古本大戴無此二字。褓，漢書作「抱」。**保保其身體，**保，謂安守之。【補】文王世子曰：「保也者，慎其身以輔翼之，而歸諸道者也。」**傅傅其德義。**傅，猶敷也。【補】文王世子曰：「太傅審父子君臣之道以示之，少傅奉世子以觀太傅之德行而審諭之。」○其，漢書、新書並作「之」，盧本同。**師導之教順，**師、傅之教大同也，師主於訓道，傅即受而述之。書叙曰：「周公爲師，召公爲保，相成王爲左右也。」○順，漢書、新書並作「訓」，盧本同。**此三公之職也。**今尚書説：三公，司馬、司徒、司空也。古文尚書及周禮説與此同，故先儒論者多依此爲説也。**於是爲置三少，皆上大夫也，**卿也，謂之孤也。○少，去聲。**曰少保、少傅、少師，是與太子宴者也。**記者因成王幼稚，周公居攝，又以王少漸賢聖之訓，長終封禪之美，故據其成事同於太子，而始末叙之，取明殷周之隆師友爲先也。○宴，新書作「燕居」。**故**

孩提三公、三少固明孝仁禮義以導習之也。三少又親近，故孩提而教之。【補】言自孩提之時，三公、三少固已教之。盧君絶「故孩提」爲讀，非是。説文解字曰：「孩，古文『咳』，小兒笑也。」○「故」下，漢書有「迺」字。「提」下，漢書、新書並有「有識」二字。逐去邪人，不使見惡行。於是比選天下端士孝悌閑博有道術者，以輔翼之，使之與太子居處出入。【補】比選，校而擇之也。○行，去聲。漢書、新書「比」作「皆」，「閑博」作「博聞」，「輔」作「衛」。故太子乃目見正事，聞正言，行正道，左視右視、前後皆正人。○「目見」，高安本作「日見」，漢書作「生而見」。兩「視」字，漢書、新書並無。夫習與正人居，不能不正也。猶生長於楚，不能不楚言也。○漢書云：「夫習與正人居之，不能毋正。猶生長於齊，不能不齊言也。習與不正人居之，不能毋不正。猶生長於楚之地，不能不楚言也。」故擇其所嗜，必先受業，乃得嘗之。擇其所樂，必先有習，乃得爲之。恐其懈墮，故以所味好而誘之。○樂，魚教反。孔子曰：「少成若性，習貫之爲常。」言人性本雖無善，少教成之，若天性自然也。周書曰：「習之爲常，自氣血始。」○「性」上，漢書、新書有「天」字，元本同。「之爲常」，漢書、新書作「如自然」。此殷周之所以長有道也。其太子幼，擇師友亦然。○「道」上，宋本衍「常」字，從朱本删。漢書無此句。

及太子少長，知妃色，【補】顔籀曰：「妃色，妃匹之色。」○妃，新書作「好」。則入于小學。小者所學之宫也。古者太子八歲入小學，十五入大學也。○漢書、新書「學」上無「小」字，「小者」作「學者」，「宫」作「官」。學禮曰：「帝入東學，上親而貴仁，則親疏有序，如恩相及矣。帝入南學，上齒而貴信，則長幼有差，如民不誣矣。帝入西學，上賢而貴德，則聖智在位，而功不匱矣。帝入北學，上貴而尊爵，則貴賤有等，而下不踰矣。成王年十五，亦入諸學，觀禮布政，故引天子之禮以言之。四學者，東序、瞽宗、虞庠及四郊之學也。春氣溫養，故上親。夏物盛，小大殊，故上齒。秋物成實，故貴德。冬時物藏於地，唯象於天半見也，故上爵也。【補】天子之學，與明堂同制，故明堂、靈臺、辟雍謂之三雍。太學者，辟雍之中室也。虞名學爲庠，夏爲序，殷爲瞽宗，周人兼取之，以名其四堂。詩曰：「鎬京辟雍，自西自東，自南自北。」謂辟雍居其中，四學環之。東堂曰東序，一曰東膠，養國老在焉。西堂曰瞽宗，周禮「凡有道者有德者死，則以爲樂祖，祭于瞽宗」，故祭義云「祀先賢于西學」，合於此上賢貴德之事也。北堂曰上庠，北爲冬方，文王世子云「冬讀書」，書在上庠以此。南堂曰成均，乃周學之正名，故大司樂職言「掌成均之法」。五學先成均，猶五宮先明堂矣。易太初篇曰：「天子旦入東學，晝入南學，夕入西學，莫入北學。」○漢書、新書「如」作「而」，「匱」作「遺」。按：如，古通用爲「而」字，宋本譌「始」，從盧本改。帝入太學，承師問道。退習而端於太傅。太傅罰其不則，而達其不及，則德智長而理道得矣。」成王學並正於三公也，獨云「太傅」，舉中言。【補】顏籀曰：「則，法也。」○漢書、新書「端」作「考」，「達」作「匡」。理，漢書作「洽」。此五義者，既成於上，則百姓黎民化輯於下矣。【補】百姓，百官也。書曰：「辯章百姓。」○義，漢書、新書並作「學」。舊本云：「緝，一作『輯』。」學成洽就，此殷周之所以長有道也。○漢書無。及太子既冠成人，免於保傅之嚴，則有司過之史，有虧膳之宰。太子齒於學，有榎楚之威。成王雖幼，固與成人等，且王既冠。【補】荀子曰：「天子、諸侯子十九而冠。」虧，滅也。宰，膳夫也。文王世子云：「公與族燕，膳宰爲主人。」燕義云：「使宰夫爲獻主。」檀弓云：「蕢也，宰夫也，非刀匕是共。」國語云：「宰夫陳饗，膳宰監之。」

經傳多通言也。○司，漢書作「記」。虧，漢書、新書並作「徹」。宋本又於「虧」上衍出「徹」字，從太平御覽引此文删。太子有過，史必書之。史之義，不得不書過，不書過則死。過書而宰徹去膳。夫膳宰之義，不得不徹膳，不徹膳則死。○去，御覽作「其」。新書云：「天子有過，史必書之，史之義，不得書過則死；而宰收其膳，宰之義，不得收膳即死。」按：此記似言史、宰失其記過、徹膳之職，則有死刑。如彼文似言史、宰不得伸其職，則以死争之，意微殊也。於是有進善之旍，堯置之，令進善者立於旍下也。【補】「旍首」注：「析羽曰旍。」○旍，即「旌」字。「自太子有過」至「於是有」凡四十六字，漢書並無，下文兩「有」字亦無。有誹謗之木，堯設之，使書政之僁失也。【補】古今注曰：「誹謗木，今之華表木也。以横木交柱頭，形似桔槔。大路交衢悉施焉。」如淳漢書音義曰：「舊亭傳於四角面百步，築土四方，上有屋，屋上有柱，出高丈餘，有大板貫柱，四出，名曰桓表，縣所治，夾兩邊各一桓。陳宋之俗言『桓』聲如『和』，今猶謂之『和表』。」按：桓、和、華聲相近遞轉。魯有桓楹，即桓表也。西京賦云：「次和樹表。」蓋軍門前亦爲和表，因名和門，是皆誹謗木之遺象。有敢諫之鼓，舜置之，使諫者擊之以自聞也。【補】禹之令曰：「教寡人以道者，擊鼓。」周官太僕：「建路鼓于大寢之門外，以待達窮者與遽令。」鄭司農云：「若今時，上變事，擊鼓。」亦其意也。○白虎通義引此文云：「立進善之旌，縣誹謗之木，建招諫之鼓。」鼓夜誦詩。賈誼云：「敢諫之鼓，瞽史誦詩。」然「瞽」與「鼓」，聲誤也。「夜」、「史」爲字誤。【補】夜，非誤字也。漢書禮樂志曰：「立樂府，采詩夜誦。」○夜，宋本依注作「史」，從盧本改。工誦正諫。工，樂人也。瞽官長誦，謂隨其過誦詩以諷。大夫諫足之義，使於瞽史。○正，漢書、新書並作「箴」，下有「大夫進謀」四字。推注「大夫」云云，似正釋此句，豈今本脱與？然注亦有錯文，不可解。士傳、民語。【補】士傳，春秋左傳所謂「士傳言」，杜預曰「士卑，不得逕達，聞君過失，傳告大夫」是也。民語，傳所謂

「庶人謗」。**習與智長，故切而不攘。**量知授業，故雖勞，能受也。【補】古以「攘」爲「揖讓」字。曲禮曰：「左右攘辟。」不攘，言受教不辭也。○攘，漢書、新書並作「媿」。後漢桓郁傳引禮記云：「習與智長，則切而不勤。」**化與心成，故中道若性。**觀心施化，故變善如性也。【補】中，音訓並如「從容中道」之「中」。**是殷周所以長有道也。**○漢書無。

三代之禮，天子春朝朝日，秋暮夕月，祭日東壇，祭月西坎，以別內外，以端其位。【補】舊說春分朝日，秋分夕月。按公冠篇云：「以正月朔日迎日于東郊。」春秋莊公十八年：「春王三月，日有食之。」穀梁傳云：「不言日，不言朔，夜食也。何以知其夜食也？曰王者朝日。」由此言之，朝日於朔，夕月於望與？顏籀曰：「朝日以朝，夕月以暮，皆迎其初出也。」○漢書無「天子」二字。**所以明有別也。**教天下之臣也。○別，漢書、新書並作「敬」。**春秋入學，坐國老，執醬而親饋之，**仲春舍菜合儛，仲秋班學合聲，天子視學而遂養老。【補】國老，三老也。王制曰：「凡養老，有虞氏以燕禮，夏后氏以饗禮，殷人以食禮，周人脩而兼用之。」然此饋醬者，食禮也。漢辟雍儀曰：「三公設几，九卿正履，天子親袒割牲，執醬而饋，執爵而酳，祝鯁在前，祝饐在後。」**所以明有孝也。**教天下之子也。【補】祭義曰：「貴老，爲其近於親也。」**行中鸞和，**【補】行，車行也。鸞，和鈴也。○中，漢書、新書並作「以」。**步中采茨，趨中肆夏，**車亦應樂節，步又中珮聲，互言之也。爾雅曰：「堂上謂之行，門外謂之趨。」周禮及玉纅曰「行以肆夏，趨以采茨」，此云「步中采茨，趨中肆夏」，又云「行以采茨，趨以肆夏」，則於大寢之內奏采茨，朝廷之中奏肆夏與？周禮文誤也。【補】燕禮記曰：「賓及庭，奏肆夏。」郊特牲曰：「賓入大門，而奏肆夏。」肆夏奏於門內，以爾雅證之，不當言

「趨」，周禮文是也。采茨，逸詩篇名，或以爲齊夏。國語：「金奏肆夏、繁遏、渠。」呂叔玉説：「肆夏，時邁也。繁遏，執競也。渠，思文也。」○舊本云：「茨，一作『薺』。」按：漢書、新書作「齊」。**所以明有度也。**教天下儀也。**於禽獸見其生，不食其死；聞其聲，不嘗其肉，故遠庖廚，**玉繅曰：「凡血氣之類，弗身踐。」○新書「不食」作「不忍見」，「不嘗」作「不忍食」。**所以長恩且明有仁也。**皆先正於己。○長，上聲。**食以禮，**謂俎豆傳列及嗜之等。**徹以樂，**於飲食之間，又不忘禮樂。【補】周官膳夫：「王卒食，以樂徹于造。」魯詩傳曰：「天子食，日舉樂。諸侯不釋縣，大夫、士日琴瑟。」**失度，**失孝敬禮樂之度也。**則史書之，工誦之，三公進而讀之，宰夫減其膳，是天子不得爲非也。**○白虎通義引此文「減」作「徹」，「是」下有「以」字。**明堂之位曰：**【補】漢藝文志有明堂陰陽三十三篇，此出彼文，非今小戴記明堂位。**「篤仁而好學，多聞而道慎，天子疑則問，應而不窮者，謂之道。道者，導天子以道者也，常立於前，是周公也。**○道慎，御覽引此文作「順道」。**誠立而敢斷，**言能忠誠自立而果於斷割。**輔善而相義者，謂之充。充者，充天子之志也，常立於左，是太公也。絜廉而切直，匡過而諫邪者，謂之弼。弼者，拂天子之過者也，常立於右，是召公也。博聞强記，接給而善對者，謂之承。承者，承天子之遺忘者也，常立於後，是史佚也。」**接給，謂應所問而給也。史佚，周太史尹佚也。立道於前，承於後，置充於左，列諫於右，順名義也。道者有疑則問，故或謂之疑。充者輔善，故或謂之輔。【補】將順其美曰充，匡救其惡曰拂。接，讀爲「捷」，古今字也。春秋經「接菑」，左氏作「捷菑」。盛德注云：「太史爲左史，内史爲右史。」按：國語「訪于辛、尹」，謂辛甲、尹佚，並周史也。左傳以辛甲爲太史，則尹佚内史矣。周官内史「掌贊王命諸侯」，故書曰「作册佚誥〔一〕」。○相，去聲。絜音潔。「聞」下，新書有「而」字。故成王中立而聽朝，則四聖維之，是以慮無失計而舉無過事。【補】維，持也。虞書曰：「欽四鄰。」○「自食以禮」以下至此，漢書並無。殷周之前以長久者，其輔翼天子有此具也。○漢書「前」作「所」，「天」作「太」。

及秦不然，其俗固非貴辭讓也，所尚者告得也；賈誼云：「所上者告訐也。」然，「得」字之誤也。【補】得，捕獲也。書曰：「罪人斯得。」固非貴禮義也，所尚者刑罰也。故趙高傅胡亥而教之獄，趙高，宦者，秦中車府令。胡亥，始皇少子，二世也。○故，漢書作「使」。所習者，非斬劓人，則夷人三族也。【補】割鼻曰劓。夷，滅也。張晏曰：「三族，父母、兄弟、妻子也。」如淳曰：「父族、母族、妻族。」盧君後注依如説。故今日即位，明日射人。○「故」下，漢書有「胡亥」二字。忠諫者謂之誹謗，深爲計者謂之訞誣，昔伊尹諫夏桀，桀笑曰「子爲訞言矣」；莊辛諫襄王，襄王曰「先生爲楚國訞與」，是也。○訞誣，漢書、新書並作「妖言」。其視殺人，若艾草菅然。【補】顔籀曰：「艾，讀曰『刈』。菅，茅也。」○艾，盧本作「芟」。豈胡亥之性惡哉？彼其所以習導非其治故也。鄙語曰：「不習爲吏，如視已事。」觀前成事也。古諺云：「前事之不忘，後事之師也。」鄙，猶今言俗語然也。【補】顔籀曰：「已事，已往之事。」○漢書、新書並「導」下有「之者」二字，「治」作「理」，「語」

〔一〕「誥」，原作「告」，今據初刻本及尚書改。

作「諺」。如，新書作「而」。漢書作「視已成事」。又曰：「前車覆，後車誡。」夫殷周所以長久者，其已事可知也，然如不能從，是不法聖知也。秦世所以亟絶者，其轍迹可見也，然而不辭者，是前車覆而後車必覆也。【補】顔籀曰：「亟，急也。車迹曰轍。」○知音智。漢書、新書「如」作「而」，「辭」作「避」，末句作「是後車又將覆也」。

夫存亡之敗，治亂之機，其要在是矣。天下之命懸於天子，天子之善在於早諭教與選左右。○敗，漢書、新書並作「變」，盧本同。以下四「天」字，漢書、新書並作「太」。心未疑而先教諭，則化易成也。心未疑，謂未有所知時也。○疑，漢書、新書作「濫」。夫開於道術，知義理之指，則教之功也。○漢書「知義」作「智誼」，無「理」字，「功」作「力」，「已」上有「而」字。胡越之人，生而同聲，嗜慾不異；及其長而成俗也，絫數譯而不能相通，行雖有死不能相爲者，教習然也。生而同聲，及其長也，重譯而曉之，不能使言語相通；嗜慾不異，至於成俗，其所行雖有死之可畏，猶不相救爲者，皆教習使之然也。○絫，宋本譌「參」，從戴氏校本改，漢書作「累」。「雖有」作「者雖」，「不能」作「而不」。爲，去聲。故曰：選左右，早諭教，最急。夫教得而左右正，左右正則天子正矣，天子正而天下定矣。孟子曰：「君正莫不正也，君正而國定也。」○左右正，漢書、新書並不疊。書曰：「一人有慶，萬民賴之。」○萬，漢書、新書並作「兆」，與今吕刑文同。按淮南子主術訓亦引書「萬民賴之」，或古所見本異，朱本輒改「兆」字，未敢從。此時務也。時，猶是也。○通解作「此之謂也」。

天子不論先聖王之德，不知君國畜民之道，不見禮義之正，不察應事之理，不博古之典傳，不閑於威儀之數，詩、書、禮、樂無經，學業不法，凡是其屬太師之任也。【補】畜，養也。閑，習也。經，常也。○君國，宋本倒作「國君」，從御覽引此文改。新書「論」作「諭」，下有「於」字，「學」上有「天子」二字，末云「古者齊太公職之」。

天子無恩於父母，○新書作「不姻於親戚」。不惠於庶民，無禮於大臣，○舊本云：「無，一作『輕』。」不中於制獄，【補】制，斷也。魯論語曰：「片言可以制獄。」○制，御覽作「折」，通解作「刑」。新書云：「不忠於刑獄。」無經於百官，不哀於喪，不敬於祭，不信於諸侯，不誠於戎事，不誠於賞罰，不厚於德，不强於行，○誠，御覽作「議」。賜與侈於近臣，鄰愛於疏遠卑賤，【補】言賜近臣則濫，賜遠臣則吝，不知匪頒之式也。鄰，讀若孟氏易「以往遴」，古字假借，以「遴」爲「吝」，又轉爲「鄰」。子張問入官曰：「雖行必鄰。」○新書「近臣」上有「左右」二字，「鄰」作「丞」。不能懲忿窒欲，言不勝其情。易曰：「君子以懲忿窒欲。」不從太師之言，凡是其屬太傅之任也。○其，宋本譌「之」，從朱本改。新書「不從」上有「大行大禮大義大道」八字，「言」作「教」，末云「古者魯周公職之」。

天子處位不端，受業不敬，【補】處位，坐也。○此下，新書有「教誨諷誦詩書禮樂之不經不法不古」十五字。言語不序，聲音不中律，聲有準，乃中律。【補】鄭君樂記注云：「雜比曰音，單出曰聲。」進退節度無禮，節度，或爲「即席」。○新書云：「將學趨讓，進退節度不以禮。」升降揖讓無容，周旋俯仰視瞻無儀，安顧咳唾，○「安」字誤，新書云：「妄咳唾數顧。」趨行不得，趨，或爲「走」。色不比順，○比，音「協比」之「比」。隱琴瑟，隱，據也。言按禮樂之器。【補】隱，倚也，如「隱几」之「隱」。慢其雅器，且容褻也。○「瑟」上，新書有「肆」字。凡此其屬太保之任也。○新書云：「古者燕召公職之。」

天子宴瞻其學，少師與天子宴者也。○「瞻」字誤。新書云：「燕辟廢其學。」左右之習反其師，左右所習，不順於師也。【補】朱子曰：「學記所謂『燕朋逆其師』者也。」○反，新書作「詭」。答遠方諸侯不知文雅之辭，應羣臣左右不知已諾之正，【補】辭，若覲禮曰「非他，伯父寔來，予一人嘉之」，是其類也。已諾，猶然諾也。緩應曰諾，急應曰唯。○新書「侯」下有「遇貴大人」四字，「正」作「適」。「應」下，通解有「對」字。簡聞小誦，不傳不習，○傳，宋本譌「傅」，從通解及元本改，新書作「博」。「誦」下有「之」字。凡此其屬少師之任也。○新書云：「古者史佚職之。」

天子居處出入不以禮，冠帶衣服不以制，御器在側不以度，【補】御器，用器也。縱上下雜采不以章，惑於朱紫，不以典章。【補】上謂衣，下謂裳也。玉藻曰：「衣正色，裳間色。」○「縱」字衍，戴氏校本刪，新書作「雜采從美」。忿怒說喜不以義，賦與集讓不以節，【補】集，當爲「譙」，字形之誤。古讀「集」或亦如「譙」，小雅「是用不集」，與「咎」、「道」字爲韻。譙，責也。忿怒非義，則譙讓無節。說喜非義，則賦與無節。○說音悅。集，新書作「嚼」。凡此其屬少傅之任也。○「凡此」上，新書有「小行小禮小義小道不從少師之教」十四字。

天子宴私，安如易，自放縱也。○易，去聲。新書作「居處宴私安所易」。樂而湛，過於樂也。飲酒而

醉，食肉而餕，過其性也。○新書「飲」上有「夜漏屏人而數」六字，「餕」作「飽」。**飽而強，**強，猶強也。【補】若云强飲强食。○強，上聲。**飢而惏，**惏，貪殘也。**暑而暍，寒而嗽。**暍，傷暑也。○宋本「暍」譌「喝」，注文亦脱，從通解改補。**寢而莫宥，坐而莫侍，行而莫先莫後，**【補】周官保氏：「凡祭祀、賓客、會同、喪紀、軍旅，王舉則從。聽治亦如之。」**天子自爲開門户，**【補】昔應門晏析，則歌關雎以諷焉，故師保所謹。至於門户啟閉，見纖悉之必周也。○新書作「尚自爲開户」。**取玩好，**○「取」上，新書有「自」字。**自執器皿，**【補】春秋之義，尊者不親小事。**亟顧環面，**環，旋也。【補】亟，屢也。○亟，去例反。**御器之不舉不藏，凡此其屬少保之任也。**【補】舉，若「使舉是禮」之「舉」。凡御器必籍而記之，楬而書之。○「藏」下，新書有「拆毁喪傷」四字。

號呼歌謡聲音不中律，宴樂雅誦逆樂序，輕用雅誦也。凡禮不同，樂各有秩，苟從所好，亂其次聲，樂之失，任在太史者，樂應天也。國語曰：「吾非瞽史，焉知天道也。」【補】爾雅曰：「徒歌謂之謡。」古以「誦」爲「頌」字。逸詩曰：「勑爾衆工，奏爾悲誦。」樂序，若升歌笙間之等。盧君附會樂責太史之義，謬也。新書云：「凡此其屬詔工之任也。」記文脱耳。○號，平聲。新書「號」上有「干戚戈羽之舞，管籥琴瑟之會」十二字。逆，宋本譌「送」，通解及盧本作「送」，今據後「所求聲音非禮樂」句注校改。**不知日月之時節，**【補】太史「掌正歲年以序事」者也。昔殷之衰也，亡其甲子，内史向摯去之。**不知先王之諱與大國之忌，**周禮小史職曰：「若有事，則詔王之忌諱也。」【補】大國之忌，若誦訓所道方慝。○新書作「國之大忌」。**不知風雨雷電之眚，凡此其屬太史之任也。**○篇末云：「凡二二章。新别。」然今本不復分章，考案文義，當於此爲斷也。

易曰：「正其本，萬物理。失之毫釐，差之千里。故君子慎始也。」據易説言也。【補】易説，通卦驗文。春秋之元，詩之關雎，禮之冠、婚，易之乾、巛，皆慎始敬終云爾。元者氣之始也。夫婦，化之始也。冠婚，人之始也。乾巛，物之始也。獲麟，春秋終也。頌者，詩之終也。吉禮，禮之終也。未濟，易之終也。此其重始令終之義也。以言人道，當謹始而貴終也。○漢隸書寫「坤」皆爲「巛」，象坤卦三畫中斷。素誠繁成，○新書無「誠繁」二字。按：繁，「素」之誤而衍也；誠，「成」之誤而衍也。古書往往有似此者，緣校讎家鉛黄乙之，後人轉寫，遂兩存其本，不復識别。謹爲子孫娶妻嫁女，必擇孝悌世世有行義者。如是則其子孫慈孝，不敢婬暴，黨無不善，三族輔之。三族：父族、母族、妻族。○新書「娶」作「婚」。通解「妻」作「婦」，無「嫁女」二字。「義」上，朱本有「仁」字。慈孝，御覽引此文作「慈悌孝愛」。故曰：鳳皇生而有仁義之意，虎狼生而有貪戾之心。兩者不等，各以其母。嗚呼！戒之哉！無養乳虎，將傷天下。謂居號斯言。【補】商臣蠭目，食我豺聲，不慎其始，必禍其終也。○此古諺，「母」與「等」爲韻，「下」與「虎」爲韻。下，古讀如「苄」。母，古讀如「每」。廣韻十五海有「等」字，多改反。故曰素成。【補】素，平素也。生子賢否，慎之於母，是平日預成之也。

胎教之道，書之玉板，藏之金匱，置之宗廟，以爲後世戒。斯王業隆替之所由也，當重而祕之，故置於宗廟，藏以金匱也。【補】娶妻擇婦，既有素成之道矣。及其既妊，復有胎教之道。下引青史記文，即古玉板所書也。板，方也。編之曰策，不編曰方。聘禮記曰：「百名以上書於策，不及百名書於方。」凡國之大事，皆著於板。逸書：「周公陳大聚之法，冶而銘之金板。」太公有金板六弢。用玉之意，重亦同焉。金匱，書所謂金縢之匱也。鄭君説：「凡藏祕書，藏之於匱，必以金緘其表。」**青史氏之記曰：**一曰「青史子」。【補】漢藝文志：「青史子五十七篇，古史官記事也。」**古者胎教，王后腹之七月而就宴室，**宴室，郟室，次宴寢也，亦曰側室。自王后已下有子，月震、女史皆以金環止御。王后比七月就宴室，夫人、婦嬪即以三月就其側室，皆閉房而處也。王后以七月爲節者，君聽天下之内政。自諸侯已下妻同之也。○新書「教」下有「之道」二字。「腹」作「有身」，「宴」作「蔞」。**太師持銅而御户左，太宰持升而御户右。**太師，瞽者，宗伯之屬，下大夫。太宰，膳夫也，冢宰之屬，上士二人。言太宰，因諸侯之稱也。樂爲陽，故在左。飲食爲陰，故在右。升，所以斟。【補】銅，律管，以銅爲之。漢書曰：「凡律度量衡用銅者，所以同天下、齊風俗也。銅爲物之至精，不爲燥溼寒暑變其節，不爲風雨暴露改其形，是以用銅也。」云「升，所以斟」者，鄭君士冠禮注曰「勺尊升，所以斟酒」，然則持升者持勺，非量器也。○師，宋本譌「史」，從通解改。升，盧本依新書作「斗」，古字「升」、「斗」相似，新書寫誤耳。此下，新書有「太卜持蓍龜而御堂下，諸官皆以其職御於門内」十九字。**比及三月者，王后所求聲音非禮樂，則太師緼瑟而稱不習。**謂逆序，若淫聲。【補】韜瑟於囊曰緼。○新書「比」作「此」，無「及」字。「緼瑟」作「撫樂」。**所求滋味者非正味，則太宰倚升而言曰：「不敢以待王太子。」**謂非秩，若不時。緼瑟、倚升，示不用。○新書無「者」字，「倚升」作「荷斗」，「而言」作「而不敢煎調」。**太子生而泣，太師吹銅曰：「聲中某律。」**貴中月管。【補】官人篇曰：「心氣鄙戾者，其聲嘶醜；心氣寬柔者，其聲温好。」故泣聲剛柔清濁，以律辨之，知其性術焉。古者樂官吹軍聲以詔吉凶，鼓琴瑟以奠世繫，至漢猶傳吹律定姓之法。聲音之理微乎微矣。**太宰曰：「滋味上某。」**上某時味。【補】春上酸，夏上苦，秋上辛，冬上鹹。**然後卜名。**

上無取於天，謂昊旻之事。【補】曲禮曰：「不以日月。」下無取於墬，謂神州及社稷。【補】曲禮曰：「不以國。」〇墬，古文「地」。中無取於名山通谷，【補】曲禮曰：「不以山川。」凡此皆爲其難諱。無拂於鄉俗。言不苟易於鄉俗也。〇新書「無」並作「毋」，「拂」作「悖」。是故君子名難知而易諱也，此所以養恩之道。謂避後之諱。

古者年八歲而出就外舍，學小藝焉，履小節焉。束髮而就大學，學大藝焉，履大節焉。小學謂虎門師保之學也。大學，王宮之東者。束髮謂成童。白虎通曰「八歲入小學，十五入大學」是也。此太子之禮。尚書大傳曰：「公卿之太子、大夫元士嫡子，年十三始入小學，見小節而踐小義。年二十入大學，見大節而踐大義。」此世子入學之期也。又曰「十五年入小學，十八入大學」者，謂諸子姓晚成者，至十五入小學，其早成者十八入大學。內則曰「十年出就外傳，居宿於外，學書計」者，謂公卿已下教子於家也。【補】王制曰：「小學在公宮南之左，大學在郊。」郊，西郊也。辟雍在西郊，故詩言「西雍」。公宮南之左，則師保之學也。此天子諸侯同之。舊說天子小學在外，大學在內，似不然。盧注亦沿誤。〇「古者」下，通解有「王子」二字，非。注：「虎門，一作『庠門』。」居則習禮文，行則鳴珮玉，升車則聞和鸞之聲，是以非僻之心無自入也。在衡爲鸞，在軾爲和，【補】乘車一轅，轅端有橫木，長六尺六寸，以駕服馬者，謂之衡。車前板謂之軾。古者車皆立乘，道逢所尊敬，則俯憑其軾。韓詩內傳曰：「鸞在衡，和在軾前。」魯詩訓曰：「和，設軾者也。鸞，設衡者也。」並與此記同。毛詩傳云：「在軾曰和，在鑣曰鸞。」鄭君說：乘車置鸞於衡，田車置鸞於鑣。五經異義云：「經無明文，且殷周或異。」馬動而鸞鳴，鸞鳴而和應。聲曰和，和則敬，此御之節也。【補】禮有五御，鳴和鸞其一矣。〇「聲」上，御覽引此文有「其」字。上車以和鸞爲節，下車以珮玉爲度，上有蔥衡，下有雙璜、衝牙。衡，平也。半壁曰璜。衡在中，牙在傍。【補】蔥，玉青色者。禮：「再命黝衡，三命蔥衡。」鄭君玉藻注云：「衝牙居中央，以前後觸似衝牙，一玉耳。」皇侃説：衡居中央，牙是外畔兩邊之璜。與盧義同也。三禮舊圖曰：「衡長五寸，博一寸；璜徑二寸，衝牙長三寸。」○蔥，宋本譌「雙」，從通解改。玭珠以納其間，納於衡、璜、衝牙之閒。玭，亦作「蠙」。【補】説文解字曰：「淮水中出玭珠。玭，珠之有聲者。」○納，新書作「約」。琚瑀以雜之，總曰玭珠，而赤者曰琚，白者曰瑀。或曰：「瑀，美玉。琚，石次玉。」【補】言「琚瑀」即「玭珠」，非也。衡、璜、衝牙，珮之大名，其中仍雜貫他玉，故詩云「佩玉瓊琚」，又云「貽我佩玖」，皆雜珮也。行以采茨，趨以肆夏，步環中規，折還中矩，進則揖之，退則揚之，然後玉鏘鳴也。【補】步環尚圓，若般避時也。折還尚方，若揖曲時也。揖，小俯。揚，小仰。○還音旋。舊本云：「揖，一作『厭』。」古之爲路車也，蓋圓以象天，【補】此於路車言蓋，則鄭君説潦車有蓋、乘車無蓋，失之也。周官道右「王下，則以蓋從」，道車亦有蓋，明五路同矣。二十八橑以象列星，橑，蓋弓也。【補】屋上椽謂之撩，蓋弓似之，故名焉。軫方以象地，三十輻以象月，【補】軫，車底也。老子曰：「三十輻共一轂。」故仰則觀天文，俯則察地理，前視則睹鸞和之聲，側聽則觀四時之運。謂視輪也。車爲月。【補】鈴言視，輪言聽者，互文。此巾車教之道也。巾車，宗伯之屬，下大夫二人。自「青史氏」已下，太子之事也。○車，新書作「輿」，無「巾」字。

周后妃任成王於身，立而不跂，坐而不差，獨處而不倨，雖怒而不詈，胎教之謂也。太任孕文王，目不視惡色，耳不聽淫聲，口不起惡言，故君子謂太任爲能胎教也。古者婦人孕子之禮，寢不側，坐不邊，立不蹕，不食邪味，割不正不食，席不正不坐，目不視邪色，耳不聽淫聲，誦詩道正事，如此則形容端，心平正，才過人矣。任子之時，必慎所感。感於善則善，感於惡則惡也。【補】舉踵曰跂。○舊本云：「跂，一作『跛』。」「不差」下，新書有「笑而不喧」四字。文選西京賦注引此文云「獨坐不倨」。

成王生，仁者養之，謂乳母也。**孝者繈之，**謂保母也。**四賢傍之，**謂慈母及子師。【補】內則曰：「必求其寬裕慈惠、溫良恭敬、慎而寡言者，使爲子師，其次爲慈母，其次爲保母，皆居子室，他人無事不往。」**成王有知而選太公爲師、周公爲傅，此前有與計，**謂諸公也。○新書無「此」字。

而後有與慮也。是以封泰山而禪梁甫，朝諸侯而一天下。猶此觀之，王左右不可不練也。白虎通曰：「王者易姓而起，必升封太山，報告之義。天以高爲尊，地以厚爲德，故增太山之高以報天，附梁甫之厚以報地，明以成功事就，有益於天地，若高者加高而厚者增厚矣。」尚書中候曰：「昔者聖王功成道洽，符出，乃封太山。」禮緯曰：「刑法格藏，世作頌聲。封於太山，考績柴燎。禪於梁甫，刻石紀號。英炳巍巍，功平世教。」白虎通又曰：「王始起，日月尚促，德化未宣，獄訟未息，近不治，遠不安，故太平巡狩也。」案：古受命之君，太平然後行巡狩、封禪之事者，諒有義也。故管夷吾記凡封禪之君七十二家，至於三代，唯夏禹、殷湯、周成王而已。其封山之禮要於岱，禪地之義別以云繹，其故何也？以岱宗，東方之岳，非所易者。其於衆山，可因義取尚，故白虎通以繹繹者爲無窮之意，亭亭者爲德法審著。凡封禪之禮，固於恒霍。及繼體之君，獨言太山。及受命者，舉其始也。封謂負土石於太山之陰，爲壇而祭天也。禪謂除地於梁甫之陰，爲墠以祭地也。變墠爲禪，神之也。【補】封禪者，帝王巡守之事，書曰「封十有二山」，禮曰「因名山升中于天」，即此也。且其名始見於管子，則三代固有之，但不若漢世方士神奇之説耳。梁甫，泰山旁小山，疑即新甫也。管子云「成王禪社首」，此云「禪梁甫」，傳聞之異。練，擇也。○猶，新書作「由」，古字通用。王，新書作「立」。

昔者禹以夏王，桀以夏亡。湯以殷王，紂以殷亡。闔廬以吴戰勝無敵，夫差以見禽於越。夫差内不納子胥之忠諫，外結怨於諸侯，無德罷百姓，故終縊於句踐也。文公以晉國霸，而厲公以見殺於匠黎之宫。厲公有鄢陵之會，而驕暴無道，及遊於匠黎氏之家，爲欒書、中行偃劫而幽之，諸侯百姓不哀救，三月而死也。○殺音弑。古殺、弑同讀。春秋傳「吾將弑季氏」，是殺下亦爲「弑」；坊記「殺其君之子奚齊」，是弑上亦爲「殺」。黎，新書作「麗」。威王以齊强於天下，而簡公以弑於檀。檀，臺名也。簡公，悼公之子，齊侯壬也。威王，陳敬仲之後，田常之六世孫，田和之孫也。田常弑簡公，至和爲齊侯，其孫號稱王，大强於天下。○盧氏云：「『檀』字下，舊刻『一有槀字』四小字。槀，乃『臺』字之誤，注釋『檀，臺名也』，則正文本無『臺』字可知矣。舊本仍增一『臺』字於正文，並誤。」穆公以秦顯名尊號，二世以刺於望夷之宫。穆公，秦伯任好也，德公之少子，宣公之季弟。其孫孝公曰：「昔我穆公，自岐之間，脩德行武，東平晉亂，以河爲界；西霸戎翟，地廣千里。天子致伯，諸侯畢賀。」顯名尊號謂此也。望夷宫，在長陵西北長平觀，東臨涇水，作之以望北夷。二世嘗夢白虎齧其左驂，殺之，心不樂，乃問占夢者，卜言涇水爲祟。二世就望夷之宫而祠焉。趙高爲丞相，二世以天下兵寇之事而責之，趙懼誅，遂使其壻閻樂將士卒殺之望夷宫之右。○「顯」上，宋本脱「秦」字，從戴氏校本增。其所以君王同而功迹不等者，所任異也。君謂齊晉，王謂夏殷。故成王處繦抱之中朝諸侯，周公用事也；武靈王五十而弑沙丘，任李兑也。武靈王，肅侯之子，趙武王也。舍其太子章而立王子何，自號爲主父。後有太子難，李兑圍之於沙丘，終餓於沙宫也。沙丘，今在趙郡鍾臺之南也。○抱，新書作「袌」。**齊桓公得管仲，九合諸侯，**國語曰：「兵車之屬六，乘車之會三。」【補】韋昭注曰：「屬亦會也。兵車之會，謂魯莊十三年會于北杏、十四年會于鄄、十五年復會于鄄、魯僖元年會于檉、十三年會于鹹、十六年會于淮也。乘車之會，謂僖三年會于陽穀、五年會于首止、九年會于葵丘，凡九也。」**一匡天下，**匡，正也。謂陽穀之會，施四教於諸侯。【補】廣森謂：匡天下者，指言召陵之役，尊周怗荆。**再爲義王。**陽穀與召陵也。【補】謂首止尊世子，葵丘尊周公，再明王義也。召陵、首止、葵丘，管子所謂「三匡天子」。○新書云：「稱爲義主。」**失管仲，任豎刁、狄牙，身死不葬而爲天下笑。一人之身，榮辱具施焉者，在所任也。**葬之爲言藏也。管仲死，桓公任豎刁、狄牙，使專國政。桓公卒，二子各欲立其所傅之公子，而諸子並争，國亂無主。桓公屍在牀，積六十七日。十二月乙亥，其子無詭立，乃棺赴焉。七日辛巳夜殯，至九月而後葬矣。【補】豎刁即寺人貂，狄牙即易牙。**故魏有公子無忌而削地復得，**公子無忌，信陵君也。時魏地多爲秦所并削，安釐王二十六年，秦昭王卒，三十年，信陵君率五國之兵攻秦而敗之，復得其地。**趙得藺相如而秦不敢出，**藺相如，趙惠文王之相也。嘗以和氏之璧使於秦，完璧而歸。及澠池之會，又偪秦王爲趙王擊缶，是以秦人憚焉。故曰：趙有藺相如，强秦不敢闚兵阱陘。○新書「得」作「任」，「秦」下有「兵」字。**安陵任周瞻而國人獨立，**諸記多爲唐雎。又賈子胎教與此同。安，或爲「隔」。或云：「秦破韓滅魏而隔陵君獨以五十里國存者，周瞻、唐雎之力。」【補】「周」形近「唐」，「瞻」形近「雎」，並轉寫之誤。安陵，魏所封小國也。戰國策云：「安陵君使唐雎使於秦，秦王謂唐雎曰：『寡人以五百里之地易安陵，安陵君不聽寡人，何也？』對曰：『安陵君受地於先王而守之，雖千里，不敢易也。』挺劍而起，秦王色撓，長跪而謝之,曰:『韓、魏滅亡而安陵以五十里之地存者,徒以有先生也。』」是其事矣。○「獨」上,元本有「不」字。**楚有申包胥而昭王反復,**昭王爲闔廬敗於柏莒,而越在草莽,包胥棄糧跣走,請救於秦,遂得甲車千乘,步卒十萬,敗吳師于濁上,王反而國存。【補】按:左傳:「秦使子蒲、子虎以車五百乘救楚,大敗夫槩王于沂。」此云「千乘」及「濁上」,並依淮南子爲説也。濁上,高誘以爲江水之上。**齊有田單,襄王得其國。**襄王,閔王之子法章也。初,齊之敗,楚使淖齒將兵救齊,因相閔王,淖齒遂殺閔王,其子法章變易姓名,爲莒太史家庸。齒去,莒中齊亡臣相聚求閔王之子,欲立之。於是莒人共立法章爲襄王也,以保莒城,而布告齊國曰:「王既立,在於莒也。」襄王五年,而田單以即墨之師攻破燕軍,迎襄王於莒,入臨淄,齊故地盡復屬齊,封田單爲安平君。○田,新書作「陳」。**由是觀之,無賢佐俊士而能成功立名、安危繼絶者,未之有也。**○元本無「佐」字。

是以國不務大而務得民心,佐不務多而務得賢臣。得民心者民從之,有賢佐者士歸之。文王請除炮烙之刑而殷民從,昔紂爲長夜之飲,百姓怨望,諸侯有叛之者,紂乃重刑辟,有炮烙之法。文王出牖里,求以洛西之地請除炮烙之刑,紂乃許之。【補】吕氏春秋曰:「紂命文王稱西伯,賜之千里之地,文王辭曰:『願爲民請炮烙之刑。』」**湯去張網者之三面而二垂至,**湯嘗出田,見野張網四面,祝曰:「自下上四方,皆入吾網。」湯曰:「噫! 盡之矣。」乃去其三面,而祝曰:「欲左左,欲右右,不用命者乃入吾網。」諸侯聞之,曰:「湯德至矣,乃及禽獸。」於是朝商者三十國。二垂謂天地之際,言通感處遠。淮南子曰:「文王砥德脩政,二垂至。」**越王不穨舊冢而吳人服。**蓋句踐也。【補】蓋句踐脩政,思報吳時也。其後越人伐衞,掘褚師定子之墓,焚之于平莊之上,非不穨舊家之義矣。是以「鮮克有終」，詩人戒焉。○家，宋本譌「家」，從元本改。以其前爲慎於人也。皆得民心也。○新書「前」作「所」，「慎」作「順」，並當從之。慎、順古多通用，易「君子以順德」，九師爲「慎德」；詩「應侯順德」，淮南子亦引作「慎德」。故同聲則異而相應，意合則未見而相親。賢者立於本朝，而天下之豪相率而趨之也。從其類也。故詩有「伐木」之歌，易有「拔茅」之喻也。新書「異」上有「處」字，「豪」作「士」。何以知其然也？管仲者，桓公之讎也。乾時之役，管仲射桓公，中其鉤。鮑叔以爲賢於己，而進之桓公，七十言說乃聽，遂使桓公除仇讎之心，而委之國政焉。桓公垂拱無事而朝諸侯，鮑叔之力也。垂拱，言無所指麾者也。管仲之所以北走桓公而無自危之心者，同聲於鮑也。齊在魯北。○「鮑」下，新書有「叔」字。衛靈公之時，蘧伯玉賢而不用，迷子瑕不肖而任事，彌，當聲誤爲「迷」也。因言賢者歿，猶得士也。○迷，新書作「彌」。史鰌患之，數言蘧伯玉賢，而不聽，病且死，謂其子曰：「我即死，言死於今。一曰：即，就。治喪於北堂。【補】房中半以北曰北堂。禮：死於適室，小斂於户内，俟於兩楹之間，大斂於阼，殯於西階上。今將殯側階，示不以禮也。吾生不能進蘧伯玉而退迷子瑕，是不能正君者，死不當成禮。而置屍於北堂，於我足矣。」而，猶汝矣。○新書「君」下有「也生不能正君」六字，「而」上有「死」字。注文舊脱在篇末，從戴氏校本移於此。靈公往弔，【補】喪禮：「君於大夫視大斂，有加則視小斂。」問其故，其子以父言聞，靈公造然失容，造然，驚惨之貌。○新書作「戚然易容而寤」。按：古「戚」、「造」二字異形同聲，韓非子「舜見瞽叟，其容造焉」，孟子作「蹙」；詩小明以「戚」與「奥」爲韻；周官「眡瞭鼓鼙」，杜子春讀爲「憂戚」

之「戚」，掌固注則云「杜子春讀爲『造次』之『造』」，明古音「戚」與「造」同也。曰：「吾失矣。」立召蘧伯玉而貴之，進之爲卿。○貴，新書作「進」。召迷子瑕而退之，○宋本脱「之」字，從戴氏校本增。徙喪於堂，成禮而後去。成禮，復正室。衛國以治，史鰌之力也。夫生進賢而退不肖，死且未止，又以屍諫，可謂忠不衰矣。故論語曰：「直哉！史魚。」紂殺王子比干而箕子被髮陽狂，比干諫而死，箕子曰：「知不用而言，愚也。殺其身以彰君之惡名，不忠也。二者不可，然且爲之，不祥莫大焉。」解衣被髮爲狂而去之。【補】箕子，紂諸父，名胥餘。○陽，新書作「徉」。靈公殺泄冶而鄧元去陳，以族從。凡諸侯之卿大夫有功德者，則命之立族，使其子嗣之，以守宗廟。鄧元知陳之必亡，故以族去。昔宫之奇諫虞，不從，亦族行之。○新書「靈」上有「陳」字，「從」作「徙」。自是之後，殷并於周，陳亡於楚，以其殺比干與泄冶，而失箕子與鄧元也。紂以文王十二年殺比干，十三年爲武王滅。陳靈公魯宣九年殺泄冶，十一年而楚子縣焉。【補】此言失賢者危亡也。盧云「文王十二年殺比干」者，依先儒説，文王改元，九年崩，武王嗣之，仍稱文王受命之十年也。伏生及太史公皆謂文王受命，一年斷虞芮之訟，二年伐邘，三年伐密須，四年伐犬夷，五年伐耆，六年伐崇，七年而崩。武王脩文王緒業，九年東觀兵，至于孟津，還師，歸。居二年，聞紂殺王子比干，囚箕子，乃東伐紂，故大誓序曰：『惟十有一年，武王伐紂，一月戊午，師度于孟津。』唯劉歆三統曆以爲文王受命九年，似見真古文書而云然者，但據序無十三年之文，今書則晚出東晉，未敢深信也。文王世子曰：『文王九十七乃終，武王九十三而終。』正義引大戴禮云：『文王十五而生武王。』今記文逸，然淮南子亦有此語，計文王崩時，武王年八十三矣。又五年而克殷，又五年而崩。多方曰：『天惟五年，須暇之子孫。』謂服喪三年，觀兵還居二年也。更不得如宋儒言武王嗣侯十三年而後伐紂之事。」燕昭王得郭隗而鄒衍、

樂毅以齊至，昭王，易王之子，燕王平也，能師事郭隗而爲之立宮室，於是□□□□□□□□□□□□□□□。以齊至者，昭王欲脩先君之怨，爲齊以求士也。韓詩外傳云：「以魏齊至之。」○「以齊至」，新書作「自齊魏至」。注缺文，以燕世家考之，當作「於是鄒衍自齊往，樂毅自魏往，劇辛自趙往」。宋本於缺處複刻「脩先」至「外傳」十五字，誤。「以齊」舊作「以有」，亦誤。**於是舉兵而攻齊，棲閔王於莒。**閔王，威王之孫，宣王之子，齊王地也。閔王三十年，昭王與晉楚合謀而伐齊，齊師大敗，樂毅爲上將，遂入臨淄。閔王出奔於衛，衛不安，去之鄒魯，又不納焉，遂去於莒也。**燕支地計衆不與齊均也，然如所以能申意至於此者，由得士也。**支，猶計也。昭王曰：「孤極知燕小，力不足以報也，然得賢士，與之共國，以雪先恥，孤之願也。」【補】此言得賢者安存也。○新書「支」作「度」，「如」作「而」，「申」作「信」。**故無常安之國，無宜治之民。**【補】宜治，言其性偏近於治，與稱「婦人宜子」之「宜」同意。○說苑作「恒治」。**得賢者安存，失賢者危亡，自古及今，未有不然者也。**故韓詩外傳曰：「賢者之所在，其君未嘗不尊，其國未嘗不安也。」○安存，新書作「顯昌」。

明鏡者所以察形也，往古者所以知今也。詩云：「殷鑒不遠，在夏后之世。」○新書「察」作「照」，無兩「者」字。**夫知惡古之危亡，不務襲迹於其所以安存，則未有異於却走而求及於前人也。**【補】却，退也。○夫，盧本作「今」。「危亡」上，新書有「所以」二字。**太公知之，故興微子之後而封比干之墓。**興微子之後，封比干之墓，見於本紀。樂記云：「太公者，公共之也。」○興，新書作「國」。**夫聖人之於當世存者乎，其不失可知也。**【補】新書云：「夫聖人之於聖者之死尚如此其厚也，況當世存者乎？其弗失可知矣。」文視此爲備。此篇上章言宗社之本在於太子，貴甄簡左右以導習之。雖爲貳君，猶有所尊；雖爲天子，猶有拂士，是殷周所由久安乂也。下章申言教太子者必慎之於妃匹之始，端之於衽席之上，重之以震夙之禮，而又臨以師保，佐以聖賢，乃能終底太平，歷過其卜。故上陳三代，下究六國，推夫古今興廢之迹，未有不得賢而昌、失賢而亡者。繫之傅職，以爲帝王之極範，儲嗣之炳戒。劉向稱賈生通達國體，雖古之伊管，未能遠過，豈不諒哉！

凡二章。新別。凡三千五百五十四字。今少四百十四字。

卷四

曾子立事第四十九

曾子曰：「君子攻其惡，計其失。求其過，省其身。彊其所不能，去私欲，從事於義，可謂學矣。君子愛日以學，【補】學如不及，唯日不足。及時以行，難者弗辟，易者弗從，唯義所在。○辟音避。日旦就業，夕而自省，思以歿其身，亦可謂守業矣。君子學必由其業，故業必請之。【補】不攻異端也。問必以其序，問而不決，承閒觀色而復之，復，白也。【補】復，再問也。雖不說，亦不彊争也。雖不說，未解，不彊争。【補】說，如「相說以解」之「說」。君子既學之，患其不博也；既博之，患其不習也；既習之，患其無知也；【補】習者温故，知者知新。既知之，患其不能行也；既能行之，貴其能讓也。貴不以己能而競於人。君子之學，致此五者而已矣。五者謂患其不博、不習、無知、不能行、能以讓。

君子博學而孱守之，孱，小貌。不務大。微言而篤行之，行必先人，言必後人，君子欲訥於言而敏於行。君子終身守此悒悒。悒悒，憂念也。行無求數有名，事無求數有成。數，猶促速。○數音促。身言之，後人揚之；身行之，後人秉之。非法不言，言則爲人稱之；非德不行，行則爲人安之。○注「安」，疑「守」字之誤。君子終身守此憚憚。憚憚，憂惶也。君子不絶小，不殄微也；殄，亦絶也。行自微也，不微人；人知之，則願也；人不知，苟吾自知也。【補】屈原曰：「不吾知其亦已兮，苟余情其信芳。」君子終身守此勿勿也。勿勿，猶勉勉。○勿音没。君子禍之爲患，辱之爲畏，見善恐不得與焉，見不善者恐其及己也。論語曰：「見善如不及，見惡如探湯。」○與音預。是故君子疑以終身。疑善之不與，惡之及己也。君子見利思辱，見惡思詬，詬，恥也。嗜慾思恥，忿怒思患，故愚惑者朝忿忘身。君子終身守此戰戰也。

君子慮勝氣，血氣勝則害身，故君子有三戒。思而後動，論而後行，行必思言之，貴其可談言。言之必思復之，論語曰：「信近於義，言可復也。」思復之必思無悔言，思唯可復。亦可謂慎矣。人信其言，從之以行；以言不虛。人信其行，從之以復；易曰：「終日乾乾，反復其道。」復宜其類，詩云：「宜爾室家，樂爾妻帑。」類宜其年，詩云：「樂只君子，萬壽無期。」亦可謂外内合矣。【補】人信君子之言者，以其言之必從而行之也。人信君子之行者，以其今日行之，明日復行之，而前後相類也。久而驗之，至於積年所行無弗類者，可謂外内合一，無虛假矣。君子疑則不言，未問則不言，兩問則不行其難者。【補】人以兩端來問，則擇其易行者告之。君子患難除之，財色遠之，流言滅之。【補】荀子曰：「流丸止於甌臾，流言止於智者。」禍之所由生，自孅孅也，是故君子夙絶之。【補】孅孅，小也。夙，早也。金人之銘曰：「涓涓不壅，終爲江河。」

毫末不札，將尋斧柯。」

君子己善，亦樂人之善也。己能，亦樂人之能也。己雖不能，亦不以援人。【補】不引人以自解。君子好人之爲善而弗趣也，不促速之，恐其倦也。○趣音促。惡人之爲不善而弗疾也，【補】疾，謂惡之已甚。疾其過而不補也，補，謂改也。○尋下云「補則不改」，似此注「改」字誤。戴氏校本作「謂文也」。飾其美而不伐也。顔淵曰：「願無伐善。」伐則不益，補則不改矣。君子不先人以惡，不疑人以不信。謂不億、不信，不逆詐。不説人之過，説，解説也。【補】彼有過者，方畏人非議，我從而爲之辭説，則彼將無意於改，是成人之過矣，故君子不爲也。不揚人之過，厚也；不説人之過，忠也。成人之美，存往者，在來者。在，猶存也。【補】按爾雅：存、在，皆察也。察人往行來行，知其過改否。朝有過，夕改則與之；夕有過，朝改則與之。君子義則有常，善則有鄰，德不孤。見其一，冀其二；見其小，冀其大。苟有德焉，亦不求盈於人也。言器之也。【補】雖冀人爲善之心無窮，然其人止有小德、一善者亦不責難求備也。君子不絶人之歡，不盡人之禮。通飲食之饋，序其歡也。簡服物之禮，令其忠也。來者不豫，往者不慎也。慎，故於物來者不猶豫，往者無所慎。【補】豫，謂未來而推度之也。慎，古通以爲順字，順猶遂也。事已往者無所繫戀，不必期於遂成之。君子之接物，因境順應云爾。去之不謗，以義去之。就之不賂，以道往也。亦可謂忠矣。君子恭而不難，安而不舒，遜而不諂，寬而不縱，惠而不儉，直而不徑，徑行夷狄之道。亦可謂知矣。○舊本云：「知，一作『無私』。」

君子入人之國，不稱其諱，不犯其禁，諱，國諱。禁，國禁。【補】故獻子識於具敖，孟氏問於麋鹿。不服華色之服，服，法服。不稱懼愓之言。故曰：與其奢也寧儉，與其倨也寧句。倨，猶慢也。句以喻敬。【補】此以數術喻，倨言過，句言不及。凡三角過於矩爲倨，不及矩爲句。古曰倨、句，今曰鈍、鋭。○句音鉤。可言而不信，寧無言也。君子終日言，不在尤之中。小人一言，終身爲罪。君子亂言而弗殖，夙絶之。○「而」，疑衍字。神言弗致也，怪力亂神，子所不語。道遠日益云。衆信弗主，道遠日益，積習之也。不主謂僉議所同，不爲主。「云」絶句，荀子大略作「矣」。靈言弗與，【補】靈言，靈異之言。與，許也。人言不信不和，不合忠信之道。【補】和，讀「唱和」之「和」。君子不唱流言，不折辭，言不苟。折，窮人辭也。不陳人以其所能，言必有主，行必有法。依前言往行也。親人必有方，方，猶常也。多知而無親，無所親行。【補】知，所知也。言汎愛衆而不能親仁。博學而無方，好多而無定者，君子弗與也。君子多知而擇焉，博學而算焉。【補】算，選也。多言而慎焉，多言者，謂時事煩殺也。言雖多而皆慎焉。博學而無行，進給而不讓，好直而徑，儉而好侄者，君子不與也。侄，塞也。言好直即太徑，爲儉又太逼塞於下也。○徑，即徑字。史記上林賦「徑陵赴險」，字亦从人。侄音窒，高安本作「懫」。夸而無恥，彊而無憚，好勇而忍人者，君子不與也。亟達而無守，亟，數也。數自達而無所守。【補】亟，急也。急於求通達，所云「邦家必聞」者也。好名而無體，無容體。忿怒而爲惡，不以爲惡。或曰：「無惡而怒。」○爲，戴氏校本改「無」。足恭而口聖，而無常位者，君子弗與也。【補】足恭，便辟爲恭也。口聖，大言自聖也。巧言令色能小行，而篤難於仁矣。【補】篤難，甚難也。嗜酤酒、好謳歌巷遊而鄉居者乎，吾無望焉耳。無可望也。尚書大傳曰：「古者聖帝之治天下也，五十已下非蒸社不敢遊飲，唯六十已上遊飲也。」【補】酒一宿熟者曰酤。或謂之鷄鳴酒。○居，高安本作「飲」。出入不時，言語不序，安易而樂暴，懼之而不恐，説之而不聽，雖有聖人，亦無若何矣。臨事而不敬，惰於從事。居喪而不哀，祭祀而不畏，不畏其神。朝廷而不恭，則吾無由知之矣。三十、四十之間而無藝，即無藝矣；五十而不以善聞，則無聞矣；終可知。○宋本脱「則無聞」三字，從盧本增。七十而無德，雖有微過，亦可以勉矣。言其過不大也。【補】勉，當爲「免」。言不足責。其少不諷誦，其壯不論議，其老不教誨，亦可謂無業之人矣。少稱不弟焉，恥也；壯稱無德焉，辱也；老稱無禮焉，罪也；過而不能改，倦也；倦，傾病人。○注「人」當作「也」。行而不能遂，恥也；謂不能終也。慕善人而不與焉，辱也；○與音預。弗知而不問焉，固也；固，專固也。説而不能，窮也；喜怒異慮，惑也；【補】愛之欲其生，惡之欲其死，是惑也。不能行而言之，誣也；非其事而居之，矯也；道言而飾其辭，虛也；謂道聽來言，文飾其辭也。無益而厚受禄，竊也；好道煩言，亂也；殺人而不戚焉，賊也。○厚受，盧本作「食厚」。

人言不善而不違，色順之也。近於説其言；説，古通以爲「悦」字。説其言，殆於以身近之也；殆，危也。言危於以身近之。殆於以身近之，殆於身之矣。危害於身。【補】此解失之。殆，幾也。悦之則幾於近之，近之則幾於身爲之。人言善而色葸焉，近於不説其言；葸焉，不悦繹之貌。【補】葸，畏難也。不説其言，殆於以身近之也；殆於以身近之，殆於身之矣。遠，當字誤爲「近」。【補】不悦善言，則亦幾於以身近不善矣，其去身爲不善者亦幾希矣。此深言樂善之當速，違惡之當嚴也。○宋本注作「『近』，當字誤爲『遠』」，譌。此於諸家注體宜云：「近」字誤，當爲「遠」。唯盧君文例先出所破字，下爲某者，本經字也，前後皆然，然愚意此「近」字似不誤。故目者心之浮也，言者行之指也，作於中則播於外也。心行見於言目也。○則，元本作「而」。故曰：以其見者，占其隱者。謂心目也。○見音現。故曰：聽其言也，可以知其所好矣。觀説之流，可以知其術也。流謂部分。術，心術也。久而復之，可以知其信矣。【補】復，如「言可復也」之「復」。觀其所愛親，可以知其人矣。臨懼之而觀其不恐也，怒之而觀其不惛也，喜之而觀其不誣也，惛，亂也。誣，妄也。近諸色而觀其不踰也，飲食之而觀其有常也，利之而觀其能讓也，居哀而觀其貞也，文王曰：「省其喪，觀其貞良也。」○「貞也」上，宋本脱「其」字，從朱本增。居約而觀其不營也，勤勞之而觀其不擾人也。○勤，宋本譌「動」，從元本改。

君子之於不善也，身勿爲能也，色勿爲不可能也。無奈形於色也。色也勿爲可能也，心思勿爲不可能也。【補】言君子之屏去不善，無所勉强於心色之間，是人所難能也。太上樂善，太上，德之最上者，謂其心不爲也。其次安之，其次，德之次者，謂其色不爲也。其下亦能自彊。謂其身不爲。太上謂五帝，其次謂三王，其下謂五霸。孟子曰：「堯舜性之，湯武身之，五霸假之。」仁者樂道，上者率其性也。智者利道，次者利而爲之。愚者從，弱者畏。不愚不弱，執誣以彊，亦可謂棄民矣。自執而誣於善。【補】此「彊」，讀「屈彊」之「彊」。太上不生惡，無爲過之意也。其次而能夙絶之也，有意而隨絶之。○「次」下當有「生」字。其下復而能改也。既爲而能改之。【補】復，貳也。夙絶之，則不貳過也。貳而改之，猶無過也。復而不改，殞身覆家，大者傾覆社稷。是故君子出言以鄂鄂。鄂鄂，辨厲也。論語曰：「其言之不怍，其後爲之難。」○文與今論語異。朱本、高安本改「不怍」〔一〕，非〔二〕。行身以戰戰，亦殆免於罪矣。○免，宋本譌「勉」，從元本改。是故君子爲小由爲大也。常思正也。○由，古通以爲「猶」字。居由仕也，故曰：父母爲嚴君，子孫爲臣民也。備則未爲備也，恒謙虛也，而勿慮存焉。不忘危也。【補】推家而致之國，事有小大，人有衆寡，其道亦未備也。然能齊其家而國有勿慮難治之理，存乎此矣。事父可以事君，事兄可以事師長，使子猶使臣也，使弟猶使承嗣也。承嗣，謂冢子也。【補】承，丞也。春秋左傳曰：「請承。」嗣，讀爲「司」。丞司者，官之偏貳，故弟視之。臣則私臣，自所謁除也，可以子視之。能取朋友者，亦能取所予從政者矣；賜與其宮室，亦猶慶賞於國也；忿怒其臣妾，亦猶用刑罰於萬民也。【補】宮室，謂家人也。○「所予」之「予」當爲「與」，「賜與」之「與」當爲「予」，寫者互之。是故爲善必自内始也，内人怨之，雖外人亦不能立

〔一〕「改」，初刻本、畿輔叢書本作「作」。
〔二〕「非」，初刻本、畿輔叢書本作「妄改」。

也。大學曰：「欲治其國，先齊其家。」居家治，則移官亦理也。居上位而不淫，臨事而栗者，鮮不濟矣。淫，大。【補】栗，敬。先憂事者後樂事，先樂事者後憂事。昔者天子日旦思其四海之內，戰戰唯恐不能乂；乂，治也。諸侯日旦思其四封之內，戰戰唯恐失損之；大夫士日旦思其官，戰戰唯恐不能勝；庶人日旦思其事，戰戰唯恐刑罰之至也。是故臨事而栗者，鮮不濟矣。禍福唯人，宜其慎也。是以易有「履虎」之言，詩有「臨淵」之誡。○勝，平聲。

君子之於子也，愛而勿面也，不形於面。使而勿貌也，不以貌勞徠之。導之以道而勿强也。宫中雍雍，外焉肅肅，兄弟憘憘，朋友切切。論語曰：「朋友切切偲偲，兄弟怡怡也。」遠者以貌，近者以情。【補】所疏尚文，所親尚質。友以立其所能，而遠其所不能。苟無失其所守，亦可與終身矣。」

凡一千七百六十字。今多二十七字。

曾子本孝第五十

曾子曰：「忠者，其孝之本與。【補】孝貴忠誠，無飾僞也。孝子不登高，不履危，敬父母之遺體，故跬步未敢忘其親。庳亦弗憑，【補】庳，卑也。弗憑卑者，不臨深也。○庳，宋本譌「痺」。不苟笑，不苟訾，【補】訾，毁也。隱不命，人有隱僻，不訐之也。臨不指，凡居上，不爲惑衆。故不在尤之中也。孝子惡言死焉，死且不行。流言止焉，美言興焉。故惡言不出於口，煩言不及於己。【補】不以横逆加人，則惡聲亦不至。

故孝子之事親也，居易以俟命，處安易之道以聽命也。不興險行以徼幸。孝子游之，暴人違之，就其常也。春秋左傳曰：「其。」○注有缺文。出門而使不以，或爲父母憂也。不爲事，或貽憂於父母也。險塗隘巷，不求先焉，以愛其身，以不敢忘其親也。身者，親之枝也，可不敬乎？孝子之使人也，不敢肆行，不敢自專也。【補】使人以恕也。父死三年，不敢改父之道。故曰：「三年無改於父之道，可謂孝矣。」【補】無改者，三年之内常若父存，若居不主奥、行不由阼、立不當隧之類。又能事父之朋友，又能率朋友以助敬也。使敬其父母也。

君子之孝也，以正致諫。謂卿大夫。士之孝也，以德從命。【補】言以德者親之命有失德，亦致諫，不以曲從爲孝。庶人之孝也，以力惡食。分地、任力、致甘美。【補】惡食，言養以甘美，自食其惡者也。任善不敢臣三德。謂王者之孝。三德，三老也。白虎通曰：「不臣三老，崇孝。」故孝子於親也，生則有義以輔之，諭於道。○子，宋本譌「之」，從高安本改。死則哀以莅焉，莅，臨。祭祀則莅之以敬，如此而成於孝子也。」

凡二百三十四字。今補。

曾子立孝第五十一

曾子曰：「君子立孝，其忠之用，禮之貴。有忠與禮，孝道立。故爲人子而不能孝其父者，不敢言人父不能畜其子者。爲人弟而不能承其兄者，不敢言人兄不能順其弟者。爲人臣而不能事其君者，不敢言人君不能使其臣者也。不可以己能而責人之不能，況以所不能。○順，盧本作「訓」，下同。故與父言，言畜子。與子言，言孝父。與兄言，言順弟。與弟言，言承兄。與君言，言使臣。與臣言，言事君。士相見禮曰：「與君言，言使臣；與大夫言，言事君；與老者言，言使弟子；與幼者言，言孝父兄；與衆言，言慈祥；與莅官者言，言忠信也。」○今儀禮文「慈祥」上亦有「忠信」字，敖繼公集説據此注以爲衍也。

君子之孝也，忠愛以敬，反是亂也。盡力而有禮，莊敬而安之，微諫不倦，【補】微諫，幾諫也。不倦，熟諫也。聽從而不怠，懽欣忠信，咎故不生，可謂孝矣。盡力無禮，則小人也。豈小人而已哉，乃犬馬之養。致敬而不忠，則不入也。【補】不入，不得乎親也。敬而未安，是色莊也。嚴威儼恪，非所以事親也。是故禮以將其力，敬以入其忠，飲食移味，隨所欲也。居處温愉，【補】孝子必有和氣愉色。著心於此，濟其志也。【補】此者如上所言也，居心於此，以成其孝之志。

子曰：『可入也，吾任其過。吾知其能自取過。【補】此言微諫之道，過則稱己也。入謂納其言。○入，宋本譌「人」，從戴氏校本改，下同。不可入也，吾辭其罪。」【補】諫若不從，又爲之辭説，使親若無罪然。所謂「子爲父隱」。詩云『有子七人，莫慰母心』，子之辭也。衛詩凱風之末章也，七子自責任過之辭。『夙興夜寐，無忝爾所生』，言不自舍也。小雅小宛之四章也，申可以入之義也。不恥其親，君子之孝也。【補】解詩之言「所生」者，謂父母也。不使父母有可恥之行，所謂「無忝」也。是故未有君而忠臣可知者，孝子之謂也；未有長而順下可知者，弟弟之謂也；孝經曰：「以孝事君則忠，以敬事長則順。」【補】臣以人不非其君爲能忠，子以人不間其父母爲能孝弟，弟亦思不恥其兄也。未有治而能仕可知者，先脩之謂也。故曰：孝子善事君，弟弟善事長。君子一孝一弟，可謂知終矣。」【補】孝終於事君，弟終於事長，君子以其孝弟，知其能終。

凡三章。新别。凡三百二十四字。今多二字。疑「子曰」衍文。

曾子大孝第五十二

曾子曰：「孝有三：大孝尊親，其次不辱，【補】不辱親。其下能養。」○養，去聲。篇内同。公明儀問於曾子曰：「夫子可謂孝乎？」公明儀，曾子弟子。曾子曰：「是何言與？是何言與？君子之所謂孝者，先意承志，諭父母於道。凡言與事，親未意，則先善舉之；親若有志，則敬而奉之。○於道，元本作「以道」。參直養者也，安能爲孝乎？【補】直，猶特也。身者親之遺體也。行親之遺體，敢不敬乎？○親，小戴作「父母」。「身者」上別出「曾子曰」。故居處不莊非孝也，事君不忠非孝也，莅官不敬非孝也，朋友不信非孝也，○信，吕氏春秋作「篤」。戰陣無勇非孝也。五者不遂，災及乎身，敢不敬乎？【補】鄭君曰：「遂，猶成也。」○舊本云：「身，一作『親』。」按小戴作「烖及於親」。故烹熟鮮香，嘗而進之，非孝也，養也。○舊本云：「鮮，一作『羶』。」按：小戴作「亨孰羶薌，嘗而薦之」。君子之所謂孝者，國人皆稱願焉，曰：『幸哉！有子如此，所謂孝也。』○小戴無「皆」字，「焉」作「然」，「也」下有「已」字。民之本教曰孝，孝經曰：「夫孝，德之本也，教之所由生也。」○民，小戴作「衆」。其行之曰養。謂致衣食、省安否。養可能也，敬爲難；敬可能也，安爲難；以忠禮將也。安可能也，久爲難；久可能也，卒爲難。○小戴及吕氏春秋並無「久爲」以下七字。父母既殁，慎行其身，不遺父母惡名，可謂能終也。謂能卒也。○舊本云：「慎，一作『順』。」按：吕氏春秋作「敬」。夫仁者，仁此者也；義者，宜此者也；【補】古文「仁義」之「義」本作「誼」。凡小學皆以形聲相訓詁，故「誼」爲「宜」也。忠者，中此者也；信者，信此者也；禮者，體此者也；【補】分布於事，各有條理之謂禮。故禮者，體也。墨子經説曰：「體分於兼也，若二之一，疋之端也。」○體，小戴、吕氏春秋並作「履」。行者，行此者也；彊者，彊此者也。樂自順此生，刑自反此作。○反，吕氏春秋作「逆」。夫孝者，天下之大經也。○小戴無此句。夫孝，置之而塞於天地，衡之而衡於四海，置，猶立也。衡，猶横也。○小戴上「衡」作「溥」，下「衡」作「横」。施諸後世而無朝夕，言常行也。【補】施，延也。○施，以豉反。推而放諸東海而準，推而放諸西海而準，推而放諸南海而準，推而放諸北海而準。九夷、八蠻、七戎、六狄謂之四海。放，猶至；準，猶平也。詩云『自西自東，自南自北，無思不服』，此之謂也。大雅文王有聲之六章也。孝有三：大孝不匱，詩云「孝子不匱，永錫爾類」也。中孝用勞，勞，猶功也。小孝用力。博施備物，可謂不匱矣。【補】此王者之孝，德教加於百姓，形於四海，博施之謂也。四海之內，各以其職來祭，備物之謂也。尊仁安義，可謂用勞矣。【補】大夫士之孝。慈愛忘勞，可謂用力矣。【補】庶人之孝。○「慈」上，小戴有「思」字。愛，宋本譌「受」。父母愛之，喜而不忘；父母惡之，懼而無怨；○喜，小戴作「嘉」。父母有過，諫而不逆；當柔聲下氣也。父母既殁，以哀祀之加之，如此謂禮終矣。」哀謂服之三年，祀謂春秋享之。○小戴云：「必求仁者之粟以祀之，此之謂禮終。」

樂正子春下堂而傷其足，傷瘳，○小戴脱此二字。數月不出，猶有憂色。門弟子問曰：「夫子傷足瘳矣，數月不出，猶有憂色，何也？」○傷，小戴作「之」。樂正子春曰：「善如爾之問也。○小戴疊此句。吾聞之曾子，曾子聞諸夫子，曰：『天之所生，地之所養，人爲大矣。○小戴作「無人爲大」。父母全而生之，子全而歸之，可謂孝矣。孝經曰：「天地之性，人爲貴。人之行，莫大於孝也。」不虧其體，○小戴下有「不辱其身」句。可謂全矣。』故君子頃步之不敢忘也，跬，當聲誤爲「頃」。【補】小爾雅曰：「跬，一舉足也。倍跬謂之步。」字本从足圭聲，亦或爲「蹞」，以唐韻言之，耿、迥之陰聲即轉入紙、蟹也。○小戴「之」作「而」，「忘」下有「孝」字。吕氏春秋云：「君子無行，咫步而忘之。」今予忘夫孝之道矣，予是以有憂色。」故君子一舉足，不敢忘父母；一出言，不敢忘父母。○小戴無「故君子」三字。一舉足，不敢忘父母，故道而不徑，不由徑也。舟而不游，【補】浮行水上曰游，潛行水中曰泳。不敢以先父母之遺體行殆也。殆，危也。【補】孝行覽云：「曾子曰：『父母生之，子弗敢殺；父母置之，子弗敢廢；父母全之，子弗敢闕。故舟而不游，道而不徑，能全支體，以守宗廟，可謂孝矣。』」一出言，不敢忘父母，是故惡言不出於口，忿言不及於己。○及於己，今小戴作「反於身」，唐定本「反」亦爲「及」。然后不辱其身，不憂其親，則可謂孝矣。○小戴無「然后」字、「則」字，「憂」作「羞」。

草木以時伐焉，禽獸以時殺焉。夫子曰：「伐一木，殺一獸，不以其時，非孝也。」夫子，孔子。○小戴「草」作「樹」，「伐一木」作「斷一樹」。

凡三章。新別。凡六百五十五字。今多二十八字。按「草木」以下二十八字，小戴原在「此之謂也」下，疑大戴舊本脱此章，故未計入字數。後人從別本校補，遂附之篇末，不與前文相屬。

曾子事父母第五十三

單居離問於曾子，曰：「事父母有道乎？」單居離，曾子弟子也。曾子曰：「有。愛而敬。父母之行，若中道則從，若不中道則諫，諫而不用，行之如由己。且俯從所行，而思諫道也。【補】如由己，使若父母之過由己致之者。立孝云「不可入也，吾辭其罪」，義相備也。○中，去聲，篇内皆同。從而不諫，非孝也。同父母之非，不匡諫。諫而不從，亦非孝也。徒以義諫而行不從。【補】從，順也。無犯者，事親之義也。雖臣之於君，亦務引諸當道，非徒自沽直而已。故春秋賢曹羈，以爲能順諫也。孝子之諫，達善而不敢争辨。争辨者，作亂之所由興也。内則曰：「父母有過，下氣怡色，柔聲以諫。諫若不入，起敬起孝，説則復諫。」【補】達善，以善言達於親也。由己爲無咎則寧，謂順諫。由己爲賢人作亂。謂争辨「賢」與「無咎」互相足。【補】言諭親於道，使無大咎，則可以安也。將責難陳善，使其親由己而爲賢人，則失無犯之義。孝子無私樂，父母所憂憂之，父母所樂樂之。孝子唯巧變，故父母安之。若夫坐如尸，立如齊，弗訊不言，齊謂祭祀時。訊，問也。言必齊色，嚴敬其色。○上「齊」音齋，此「齊」如字。此成人之善者也，未得爲人子之道也。」爲人父之事。【補】莊子曰：「以敬孝易，以愛孝難。」

單居離問曰：「事兄有道乎？」曾子曰：「有。尊事之，以爲己望也。謂儀象也。○尊事，通解作「尊視」。兄事之，不遺其言。奉其所令。兄之行若中道，則兄事之；兄之行若不中道，則養之。養，猶隱之。【補】如「中也養不中」之「養」。養之内，不養於外，則是越之也；養之外，不養於内，則是疏之也。是故君子内外養之也。」【補】越，過也。言以能賢加其兄。一曰：「越，謂『視若越人』，亦疏之也。」

單居離問曰：「使弟有道乎？」曾子曰：「有。嘉事不失時也。謂冠娶也。弟之行若中道，則正以使之；正以使之以弟道。弟之行若不中道，則兄事之。且以兄禮敬之。詘事兄之道若不可，然后舍之矣。」屈事兄之道，然猶不變，則怒罰之。

曾子曰：「夫禮，大之由也，不與小之自也。言大者得自由也。【補】自亦由也。言禮貴由其大者，不謂能由其小者。與，謂也。小正傳曰：「其必與之獸。」飲食以齒，以長幼也。力事不讓，辱事不齒，【補】不自以齒長辭辱事也。執觴觚杯豆而不醉，觚，器也。實之曰觴。杯，盤盎盆盞之總名也。豆，醬器。以木曰豆，以瓦曰登。【補】觚實二升，豆實倍之。言不醉者，亦謂以豆盛酒。考工記曰：「飲一豆酒。」和歌而不哀。【補】傳曰：「哀樂而樂哀，皆喪心也。故君子哭則不歌，歌則不哀。」夫弟者，○此三字，當在「飲食以齒」之上。不衡坐，不苟越，不干逆色。【補】曲禮曰：「並坐不横肱。」又曰：「先生書策，琴瑟在前，坐而遷之，戒勿越。」干，犯也。逆色，怒色。趨翔周旋，俛仰從命，【補】行而張拱曰翔。不見於顔色，【補】言勞而無慍。未成於弟也。」【補】禮：「不與小之自。」以上諸事，皆禮之小者，故未成於弟之道也。

凡三百六十一字。今補。

卷五

曾子制言上第五十四

曾子曰：「夫行也者，行禮之謂也。夫禮，貴者敬焉，老者孝焉，幼者慈焉，少者友焉，賤者惠焉。此禮也，行之則行也，立之則義也。今之所謂行者，犯其上，危其下，衡道而彊立之。衡，横也。○「夫行」、「則行」、「謂行」，去聲。天下無道，故若；且自如也。【補】故若，猶言如故。天下有道，則有司之所求也。言爲法吏所收誅也。【補】求，拘罪人也。淮南子曰：「求不孝不悌戮暴傲悍而罰之。」故君子不貴興道之士，而貴有恥之士也。若由富貴興道者與貧賤，吾恐其或失也；若由貧賤興道者與富貴，吾恐其嬴驕也。夫有恥之士，富而不以道則恥之，貧而不以道則恥之。或，猶惑也。【補】富貴不淫，或要譽也。貧賤不懾，或慢人也。恥不以道，然後貧富無易志。○與，平聲。嬴，宋本譌「羸」，從高安本改。弟子無曰：『不我知也。』鄙夫鄙婦相會于廧陰，可謂密矣，明日則或揚其言矣。中庸曰：「莫見於隱，莫顯於微，故君子慎其獨也。」○廧，隸書「牆」字。故士執仁與義而明行之，未篤故也，胡爲其莫之聞也？【補】執，守也。殺六畜不當，及親，吾信之矣；凡殺有時，禮也。【補】不能愛物則不能仁民，不仁於民者，亦將不仁於親也。○當，去聲。**使民不時，失國，吾信之矣。**【補】皆以小及大。**蓬生麻中，不扶自直；白沙在泥，與之皆黑。**古說云：「言扶化之者衆。」【補】善惡無常，唯人所習。故魯詩干旄傳曰：「譬猶練絲，染之藍則青，染之朱則赤也。」**是故人之相與也，譬如舟車然，相濟達也。己先則援之，彼先則推之。**【補】前者引後者，後者推前者。故曰：莫爲之前，雖美不彰；莫爲之後，雖盛不傳。**是故人非人不濟，馬非馬不走，土非土不高，水非水不流。**【補】各從其類也。**君子之爲弟也，行則爲人負，**分重合輕，班白不任，弟達於道路也。**無席則寢其趾，**寢，猶止也。言裁自容也。【補】寢於尊者之席末，猶所云「坐於足」。**使之爲夫人則否。**夫人，行無禮也。○古音「負」、「否」皆與「趾」合韻。**近市無賈，**無廛邸也。○賈音古。**在田無野，**田無廬也。○野，古通以爲「墅」字。**行無據旅，**守直道，無所私。【補】據，安也。旅，逆旅也。言行無常舍。○旅，元本作「依」，誤。**苟若此，則夫杖可因篤焉。**言行如此，則其所杖者皆可因厚焉。【補】因，親也。**富以苟，不如貧以譽；**貧則常也，義不可無。**生以辱，不如死以榮。**見危致命，死之榮也。**辱可避，避之而已矣；及其不可避也，君子視死若歸。**不苟免也。【補】董仲舒說春秋齊頃公不死於位，以曾子此義責之。**父母之讎，不與同生；**生辱之，不可避也。曲禮曰：「父之讎，弗與同戴天。」**兄弟之讎，不與聚國；**檀弓曰：「昆弟之讎，仕不與共國。」其從父兄弟，則不爲魁也。」**朋友之讎，不與聚鄉；**曲禮曰：「朋友之讎不同國，失厚矣。」【補】同師曰朋，同執曰友。其下有相見、相問、相揖、相趨，親疏異焉。君子皆謂面朋、面友，不讎其讎也。**族人之讎，不與聚鄰。**族人者，謂絶屬者。**良賈深藏如虚，君子有盛教如無。」**言珍寶深藏若虚，君子懷德若愚也。

弟子問於曾子，曰：「夫士何如，則可以爲達矣？」曾子曰：「不能則學，疑則問，欲行則比賢。雖有險道，循行達矣。【補】比，親也。道雖險而行則循其常，無弗達者。今之弟子病下人，不知事賢，恥不知而又不問。好責於人而不知自反也。【補】病，病之也。下人，下於人也。子張問達，子曰：「慮以下人。」欲作，則其知不足，是以惑闇。惑闇終其世而已矣，是謂窮民也。」【補】重言「惑闇」，甚之也。

曾子門弟子或將之晉，曰：「吾無知焉。」【補】無相知者。曾子曰：「何必然，往矣。有知焉謂之友，曰友之也。無知焉謂之主。且客之而已。【補】若「主顔讎由」之「主」。且夫君子執仁立志，先行後言，千里之外皆爲兄弟。故曰：君子何患無兄弟也。苟是之不爲，則雖汝親，庸孰能親汝乎？」庸，用也。孰，誰也。【補】與答子張問行同意。

凡三章。新別。凡五百七十字。今少六字。

曾子制言中第五十五

曾子曰：「君子進則能達，退則能静，豈貴其能達哉？貴其有功也。豈貴其能静哉？貴其能守也。夫唯進之何功，退之何守，問君子進退其功守如何。是故君子進退有二觀焉。言有二等可觀。故君子進則能益上之譽而損下之憂。謂其功也。不得志，不安貴位，不懷厚禄。

負耜而行道，凍餓而守仁，謂其守也。○懷，宋本譌「博」，又以注誤入正文，並從大典及盧本改。則君子之義也。其功守之義。○此注舊亦誤入正文，今校改。有知之，則願也；莫之知，苟吾自知也。○之知，大典作「知之」。吾不仁其人，雖獨也，吾弗親也。人而不仁，不足友也。故周公曰：「不如我者吾不與處，損我者也；與我等，吾不與處，無益我者也；吾所與處者，必賢於我。」故君子不假貴而取寵，不因人之貴，苟求寵愛也。不比譽而取食，不校名譽以求禄也。【補】比，附也。盜附虛聲，以干禄也。直行而取禮，行正則見禮也。比說而取友，言脩己以事人。○舊本云：「取，一作『交』。」有說我則願也，莫我說苟吾自說也。說，讀爲「悦」字。故君子無悒悒於貧，無勿勿於賤，○勿勿，戴氏校本作「忽忽」。無憚憚於不聞，憚憚，憂惶也。布衣不完，蔬食不飽，蓬户穴牖，日孜孜上仁。【補】上，尚也。○蔬，元本作「疏」。舊本云：「孜，一作『孳』。」知我，吾無訢訢；不知我，吾無悒悒。是以君子直言直行，不宛言而取富，不屈行而取位。【補】宛，曲也。仁之見逐，智之見殺，固不難；詘身而爲不仁，宛言而爲不智，則君子弗爲也。小人在朝，多逐害於仁智者。君子之人，不枉言行而懷其禄也。○仁，宋本譌「畏」，從戴氏校本改。君子雖言不受，必忠，曰道；雖行不受，必忠，曰仁；謂發施言行於君之前，實善而君不納，然猶忠誠勉行，可謂仁道也。雖諫不受，必忠，曰智。猶忠誠而詳之〔一〕。天下無道，循道而行，衡塗而僨，衡，横也。僨，僵也。

〔一〕「詳」，學海堂經解本、畿輔叢書本皆作「諫」，是。

手足不揜，四支不被。手足即四支，説者申慇懃耳。詩云：「行有死人，尚或墐之。」○注二十一字，宋本譌入正文，從大典改。此則非士之罪也，有士者之羞也。【補】有士不用，則君之恥。○「則」字，宋本倒在「此」上，從大典改。

是故君子以仁爲尊，天下之爲富何爲富？則仁爲富也；天下之爲貴何爲貴？則仁爲貴也。○舊本云：「一作『君子天下之爲仁，則以仁爲尊也；天下之爲富，則以仁爲富也；天下之爲貴，則以仁爲貴也』。」昔者，舜匹夫也，土地之厚則得而有之，人徒之衆則得而使之，舜唯仁得之也。是故君子將説富貴，必勉於仁也。【補】君子未嘗説富貴也，爲此語者，猶禄在其中之意。○唯仁，宋本譌「唯以」，從大典改。昔者伯夷、叔齊死於溝澮之間，其仁成名於天下。伯夷、叔齊，孤竹君之子。初無父母，後交讓國，遂退北海之濱，而終死於首陽。【補】言君子雖不富貴，亦勉於仁，以足上意也。少陽篇曰：「伯夷名允，叔齊名智。」夫二子者，居河濟之間，非有土地之厚、貨粟之富也，言爲文章，行爲表綴於天下。【補】首陽山，在蒲坂河曲中，其南王屋，濟水所出，故云「河濟之間」。表綴，言爲人準望也。凡樹臬以著位曰表，舞列之表曰綴。○表，宋本譌「喪」。是故君子思仁義，晝則忘食，夜則忘寐，日旦就業，夕而自省，以歿其身，亦可謂守業矣。」○歿，宋本譌「役」。

凡四百八十字。今少一字。

曾子制言下第五十六

曾子曰：「天下有道，則君子訢然以交同；天下無道，則衡言不革。衡，平也。言不苟合也。【補】革，改也。平言，不危言也。然亦無改其所守，故君子和而介。諸侯不聽，則不干其土；聽而不賢，則不踐其朝。【補】不賢，不以爲賢而用之。是以君子不犯禁而入人境，及郊問禁請命。○入人，宋本謁「入人」，從盧本改。注六字舊誤入正文，從戴氏校本改。不避患而出危邑，師敗不苟免也。○宋本「避」謁「通」，「邑」謁「色」，並從戴氏校本改。則秉德之士不讇矣。故君子不讇富貴，以爲己説；不乘貧賤，以居己尊。【補】乘，陵也。○説音悦。凡行不義，則吾不事；不仁，則吾不長。奉相仁義，則吾與之聚羣；相，助也。○長，上聲。相，去聲。注舊在「嚮爾」下，失其句讀。嚮爾寇盜，則吾與慮。【補】人有與寇盜親邇者，則爲憂之。國有道，則突若入焉；詩云「鴥彼晨風，鬱彼北林」也。○「突」字誤，依注當爲「鴥」。國無道，則突若出焉。如大鳥奮翼而去也。如此之謂義。

夫有世義者哉，義，宜。【補】有世，猶言有時也。義者哉，當爲「禍栽」之「栽」，與「仁者殆」對文。仁者殆，恭者不入，殆，危也。仁者危之，恭者又不受也。○「仁」上，宋本衍「曰」字，從大典删。愼者不見使，【補】使，用也。正直者則邇於刑，弗違則殆於罪。邇，近。違，去。是故君子錯在高山之上、深澤之汙，聚橡栗藜藿而食之，生耕稼以老十室之邑。藜，藿；藿，豆。【補】錯，居也。言無道則隱也。小爾雅曰：「柞之實謂之橡。」是故，昔者禹見耕者五耦而式，過十室之邑則下，爲秉德之士存焉。」不侮之也。【補】曲禮曰：「入里必式。」鄭君以爲「不誣十室」。○式，宋本譌「武」。

凡二百二十八字。今補。

曾子疾病第五十七

曾子疾病，疾困曰病。曾元抑首，曾華抱足。元、華，其子。【補】檀弓曰：「曾子寢疾病，曾元、曾申坐於足。」據申字子西，則「華」字當作「申」，形似故誤耳。曾子曰：「微乎！吾無夫顏氏之言，吾何以語汝哉？然而君子之務盡有之矣。【補】微乎，歎辭。顏氏，子淵也。○語，去聲。盡，大典作「蓋」。夫華繁而實寡者天也，言多而行寡者人也。鷹鶽以山爲卑而曾巢其上，魚鼈黿鼉以淵爲淺而蹷穴其中，卒其所以得之者餌也。生生之厚，動之死地也。【補】曾，重也。蹷，窟也。○曾，大典作「增」。是故君子苟無以利害義，則辱何由至哉？親戚不說，不敢外交；近者不親，不敢求遠；小者不審，不敢言大。【補】古者謂父母爲親戚。春秋左傳伍尚曰：「親戚爲戮。」故人之生也，百歲之中有疾病焉，有老幼焉，故君子思其不可復者而先施焉。○有老，宋本譌「者老」。「可」字，宋本脱，從大典增。親戚既殁，雖欲孝，誰爲孝？年既耆艾，雖欲弟，誰爲弟？故孝有不及，弟有不時，其此之謂與？【補】六十曰耆，五十曰艾。言不遠身，言之主也；行不遠身，行之本也。言有主，行有本，謂之有聞矣。知身是言行之基，可謂聞矣。君子尊其所聞，則高明矣；行其所聞，則廣大矣。高明廣大，不在於他，在加之志而已矣。○董仲舒對策引此文云：「行其所知。」與君子游，苾乎如入蘭芷之室，久而不聞則與之化矣；○久，宋本作「入」。與小人游，貸乎如入鮑魚之肆，久而不聞則與之化矣。離騷曰：「經鮑魚肆而失香也〔一〕。」○貸音貣。文選辨命論注引此文作「臭」。肆，宋本作「次」，從大典改。辨命論注亦爲「肆」字。是故君子慎其所去就。○辨命論注「就」下有「者也」二字。與君子游，如長日加益而不自知也。如日之長，雖日加益而不自知也。與小人游，如履薄冰，每履而下，幾何而不陷乎哉？吾不見好學盛而不衰者矣，吾不見好教如食疾子者矣，言未見好教欲人之受，如餔疾子也。【補】子疾新愈，冀其能食，而又餔之有節。如善誘人者，誨之不倦而又必以漸也。○食音飤。「子」下，宋本脱「者」字，從大典增。吾不見日省而月考之其友者矣，吾不見孜孜而與來而改者矣。」謂擇善而改非也。【補】與來，樂聞善言，來者與之也。

凡三百八十五字。今補。

〔一〕按：「離騷」當爲「七諫」之誤，原文作「過鮑肆而失香」。

曾子天圓第五十八

單居離問於曾子，曰：「天圓而地方者，誠有之乎？」曾子曰：「離！而聞之云乎？」而，猶汝也。汝聞則言之也。單居離曰：「弟子不察，此以敢問也。」曾子曰：「天之所生上首，地之所生下首，上首之謂圓，下首之謂方。人首圓足方，因繫之天地，因謂天地爲方圓也。周髀曰：「方屬地，圓屬天，天圓地方也。」淮南子曰：「天之圓，不中規。地之方，不中矩。」白虎通曰：「天，鎮也，其道曰圓。地，諦也，其道曰方。」一曰：圓謂水也。【補】上首謂動物，下首謂植物，易文言曰「本乎天者親上，本乎地者親下」是也。圓形動，故動物象之。方體静，故植物象之。凡圓環而三，方周而四，是爲天地奇偶之數。如誠天圓而地方，則是四角之不揜也。【補】渾天之象，天地皆渾圓如丸。天旋於外，地止於内，水繞地而流，人附地而行。雖自北極至於南極，首恒戴天，足恒履地，如蟻行案底，初不知有側立之時、倒懸之患。世人據齊州爲地平，指所未見者爲地下，此拘墟之識耳。昔者黄帝問於岐伯曰：「地之爲下，否乎？」岐伯曰：「地爲人之下。太虚之中，大氣舉之。」然則地圓之理，古聖發之矣。蓋天家言天如倚笠，地法覆槃。按荀子云：「槃圓而水圓，盂方而水方。」知槃者圓器，是亦説地爲圓形也。且來，吾語汝。參嘗聞之夫子曰：天道曰圓，地道曰方。道曰方圓耳，非形也。【補】吕氏春秋曰：「何以説天道之圓也？精氣一上一下，圜周復雜，無所稽留，故曰『天道圓』。何以説地道之方也？萬物殊類殊形，皆有分職，不能相爲，故曰『地道方』。」方曰幽，而圓曰明。方者陰義，而圓者陽理，故以名天地也。明者吐氣者也，是故外景。景，古通以爲「影」字。外景者，陽道施也。幽者含氣者也，是故内景。内景者，陰道含藏也。故火日外景，火氣陽也。○宋本脱此注。而金水内景。金質陰也。【補】荀子曰：「濁明外景，清明内景。」吐氣者施，而含氣者化，是以陽施而陰化也。施，賦也。化，體生。陽之精氣曰神，陰之精氣曰靈。神靈者，品物之本也，神爲魂，靈爲魄，魂魄，陰陽之精，有生之本也。及其死也，魂氣上升於天爲神，體魄下降於地爲鬼，各反其所自出也。○「者」上，宋本脱「靈」字，從朱本增。而禮樂仁義之祖也，樂由陽來，禮由陰作。仁近樂，義近禮，故陰陽爲祖也。而善否治亂所興作也。陰陽之氣各從其所，則静矣。○從，宋本譌「静」，從高安本改。偏則風，謂氣勝負。俱則靁，交則電，自仲春至仲秋，陰陽交泰，故雷電也。亂則霧，【補】爾雅曰：「天氣下地不應曰雺，地氣發天不應曰霧。」和則雨。偏則風而和則雨，此謂一時之氣也。至若春多雨，則時所宜也。陽氣勝則散爲雨露，陰氣勝則凝爲霜雪。陽之專氣爲雹，陰之專氣爲霰，霰、雹者，一氣之化也。陽氣在雨，温暖如湯；陰氣薄之，不相入，轉而爲雹。陰氣在雨，凝滯爲雪；陽氣薄之，不相入，散而爲霰。故春秋穀梁説曰：「雹者，陰脅陽之象；霰者，陽脅陰之符也。」【補】易中孚傳曰：「降陽爲風，降陰爲雨。昇氣上，降氣微。是故陽還其風必暴，陰還其雨亦暴。降陽下迎，陰起合和，而陽氣自上薄之，則爲雷。陰陽和合，其電燿燿也，其光長而雷殷殷也。温爲尊，寒爲卑，故尊見卑益自尊，卑見尊益自卑，則寒温決絶矣。」

毛蟲毛而後生，羽蟲羽而後生，毛羽之蟲，陽氣之所生也。介蟲介而後生，鱗蟲鱗而後生，介鱗之蟲，陰氣之所生也。言陰陽所生者，舉其多也。【補】動物皆天之所生，天氣又自分陰分陽。毛羽外見，故陽；介鱗水伏，故陰也。**唯人爲倮匈而後生也，**倮匈，謂無毛羽與鱗介也。**陰陽之精也。**人受陰陽純粹之精，有生之貴也。凡倮蟲，則亦兼陰陽氣而生也。【補】人倮匈而生，謂之倮蟲。五方之民殊形異性，故云「倮蟲之屬三百六十而聖人爲之長」。月令注以虎豹之類淺毛者皆爲倮蟲，廣森所疑。**毛蟲之精者曰麟，羽蟲之精者曰鳳，介蟲之精者曰龜，鱗蟲之精者曰龍，倮蟲之精者曰聖人。**龜、龍、麟、鳳，所謂四靈。**龍非風不舉，龜非火不兆，此皆陰陽之際也。**龜、龍爲陰，風、火爲陽，陰陽會也。【補】兆謂以火灼龜，兆吉凶也。管子曰：「龜生于水，發之于火，於是爲萬物先，爲禍福正。」白虎通義曰：「龜非火不兆，以陽動陰也。」○「兆」下，大典多「鳳非梧不棲，麟非藪不止」二句。際，元本作「會」。**兹四者，所以聖人役之也。**謂爲之瑞。【補】役，使也。聖人以四靈爲畜也。古春秋左氏説：「龍爲木，鳳爲火，麟爲土，白虎爲金，神龜爲水，王者脩其母則致其子，故視明禮脩而麟至，思睿信立而白虎擾，言從義成而神龜在沼，聽聰知正而名川出龍，貌恭體仁則鳳皇來儀。」○「役」字，宋本倒在「聖人」上，從元本改。**是故聖人爲天地主，爲山川主，爲鬼神主，爲宗廟主。**鬼神，百神也。因外祀，故在宗廟之上也。【補】主，祭主也。**聖人慎守日月之數，以察星辰之行，以序四時之順逆，謂之曆。**審十二月分數於昏旦，定辰宿之中見與伏，以驗時節之僽否。**截十二管，以索八音之上下清濁，謂之律也。**八音，八卦之音。以律定八風之高下清濁，而准配金石絲竹也。【補】索，求也。管短則音上而清，管長則音下而濁。八卦之音，乾爲石，坎爲革，艮爲匏，震爲竹，巽爲木，離爲絲，坤爲土，兑爲金也。○索，宋本譌「宗」，從高安本改。**律居陰而治陽，**因地主氣。**曆居陽而治陰，**因天主事。**律曆迭相治也，其間不容髪。**曆以治時，律以候氣，其致一也。【補】揚子雲曰：「上曆施之，下律和之。」**聖人立五禮以爲民望，**五禮其別三十六，生民之紀在焉。**制五衰以別親疏，**【補】五服謂之五衰。衰，差也，所以衰分親屬。**和五聲之樂以導民氣，**致樂以治心也。**合五味之調以察民情，**察，猶別也。【補】樂以養陽，食以養陰，凡酸入肝，苦入心，甘入脾，辛入肺，鹹入腎。五味失調，則各偏一藏，故五情之發，亦不得其正。**正五色之位，**【補】位青於東，朱於南，白於西，黑於北，黄位中焉。**成五穀之名，**五穀：黍、稷、麻、麥、菽也。【補】月令：「春食麥，夏食菽，季夏食稷，秋食麻，冬食黍。」注依此文也。鄭君説：豫州穀宜五種，有稻無麻。**序五牲之先後貴賤，**五牲：牛、羊、豕、犬、雞。先後，謂四時所尚也。【補】牛，土畜，司徒奉之；雞，木畜，宗伯奉之；羊，火畜，司馬奉之；犬，金畜，司寇奉之；豕，水畜，司空奉之。周禮與五行傳所説同也。月令以羊爲木、雞爲火。**諸侯之祭牲，牛曰太牢；**天子之大夫亦太牢。太牢，天子之牲角握，諸侯角尺，大夫索牛也。【補】太牢舉牛以該羊豕，少牢舉羊亦該豕也。國語曰：「士食魚炙，祀以特牲。大夫舉以特牲，祀以少牢；卿舉以少牢，祀以特牛；諸侯舉以特牛，祀以太牢；天子舉以太牢，祀以會。」○宋本脱「牲」字，從朱本增。**大夫之祭牲，羊曰少牢；**天子之士，亦少牢也。**士之祭牲，特豕曰饋食；**不言特牲，其文已著，又與大夫互相足也。**無祿者稷饋，稷饋者無尸，無尸者厭也。**庶人無常牲，故以稷爲主。【補】祭殤者無尸，有陰厭、陽厭。庶人薦，不立尸，其禮亦准焉。**宗廟曰芻豢，**牛羊曰芻，犬豕曰豢。**山川曰犧牷，**色純曰犧，體完曰牷。宗廟言豢，山川言牲，互文也。山川謂岳瀆，以方色角尺，其餘用尨索之。**割列禳瘞，是有五牲。**割，割牲也。列，疈辜也。禳，面禳也。瘞，埋也。【補】割者，披磔牲以祭。蓋疈辜近之。月令曰：「大割祠于公社及門閭。」列，陳也。

陳牲而不瘞，若祭山庋縣是也。○禳，宋本譌「穰」，從盧本改。此之謂品物之本，禮樂之祖，善否治亂之所由興作也。」【補】自「律曆」以下，備言聖人法天地之事。

凡五百九十一字。今補。

卷六

武王踐阼第五十九

武王踐阼三日，既王之後。【補】邢子才曰：「君位在阼階，故有武王踐阼篇。」云「既王之後」者，銘詞有「所監不遠，視邇所代」，又王自稱「予一人」，故盧君知之也。竹書：「紂四十一年，西伯昌薨。四十二年，西伯發受丹書于吕尚。」按居喪之禮，升降不由阼階，況武王喪終觀兵，猶自稱太子發，安得文王薨之逾年遂踐阼階、當君位乎？汲郡古文出於依託，非可取驗。召士大夫而問焉，曰：「惡有藏之約行之，行萬世可以爲子孫常者乎？」惡，猶於何也。言於何有約言而行之，乃行萬世而猶得其福。○惡音烏。常，通解及王氏注本作「恒」，後同。諸大夫對曰：「未得聞也。」然後召師尚父而問焉，曰：「昔黄帝、顓頊之道存乎？句。意亦忽不可得見與？」言忽然謂不可得見。【補】意，古通以爲「抑」字。熹平石經論語曰：「意與之與？」○宋本脱「昔」字，從學記注引此文增。按正義唐本有「昔」字，無「黄」字。師尚父曰：「在丹書。王欲聞之，則齊矣。」【補】丹書，古策府之遺典。舊説以爲赤雀所銜瑞書，誕也。○齊音齋。王齊三日，端冕，師尚父亦端冕，奉書而入，負屏而立。端，正也。樹謂之屏。【補】禮：「天子外屏，諸侯内屏。」此文尚父即入門，負屏，北面，王乃下路寢堂，則屏在路門内也。鄭志云：「鎬京宮室，因諸侯之制更不改作。」於是可信矣。○宋本脱「齊」字，而「王」字倒在「三日」之下，從學記注增改。

王下堂，南面而立。師尚父曰：「先王之道不北面。」王行西，折而南，東面而立，師尚父西面，道書之言曰：【補】人君尊東，故王自就西方之位。學記曰：「大學之禮，雖詔於天子，無北面。」○學記正義以爲「而南」之「南」及上「師尚父亦端冕」六字，並鄭君所加。按今記文有之，與唐本異。敬勝怠者吉，怠勝敬者滅，義勝欲者從，欲勝義者凶。○正義引此書「吉」作「强」，「滅」作「亡」，別引瑞書文爲「吉」、「滅」字也。凡事不强則枉，弗敬則不正，枉者滅廢，敬者萬世。凡事不能自强去執於此則枉也。【補】强，勉也。言不勉於自立，則不能直道而行也。注意未曉。○此皆韻語。强，上聲，與「枉」協。「敬」與「正」協，「廢」與「世」協。弗，正義作「不」。藏之約行之，行可以爲子孫常者，此言之謂也。問先帝之道，庶聞要約之旨，故對此而已。且臣聞之，以仁得之，以仁守之，其量百世。以不仁得之，以仁守之，其量十世。以仁得之，以仁守之；以不仁得之，以仁守之，皆謂創基之君。十、百世，謂子孫無咎譽者於十、百之外，天命即善與民，其廢立大節依於此。○「以不仁得之，以仁守之」，正義作「以仁得之，以不仁守之」。以不仁得之，以不仁守之，必及其世。謂止於其身也。○及，正義作「傾」。

王聞書之言，惕若恐懼，退而爲戒書，託於物以自警戒也。○「惕若恐懼」，正義作「惕然若懼」。通解無「退」字。於席之四端爲銘焉，於机爲銘焉，○机，通解作「几」。按左傳「投之以机」，亦以「机」爲「几」字。於鑑爲銘焉，於盥盤爲銘焉，於楹爲銘焉，於杖爲銘焉，於帶爲銘焉，於履屨爲銘焉，於觴豆爲銘焉，於户爲銘焉，於牖爲銘焉，於劒爲銘焉，於弓爲銘焉，於矛爲銘焉。【補】盥盤，洗手器。古者以匜沃盥，其下有盤承水也。韓詩説：「酒器一升曰爵，二升曰觚，三升曰觶，四升曰角，五升曰散，總名曰爵，實之曰觴。」

席前左端之銘曰：「安樂必敬。」安不忘危。前右端之銘曰：「無行可悔。」當恭敬朝夕，故以懷安爲悔也。後左端之銘曰：「一反一側，亦不可以忘。」言雖反側之間，不可以忘道也。○王注云：「以忘，一作『不志』。」按：席四銘通爲一章，當從「志」字，方與上「悔」、下「代」合韻。後右端之銘曰：「所監不遠，視邇所代。」周監不遠，近在有殷之世。○邇，王本作「爾」。

机之銘曰：「皇皇惟敬，口生听，听，恥也。言爲君子榮辱之主，可不慎乎。听，听詈也。○注「听」有兩訓，疑記文本作「听生听」，故盧意謂君有听恥之言，則致人之听詈也。王本「敬」下多「口口生敬」四字，恐後人所加。口戕口。」言口能害口也。机者，人君出令所依，故以言語爲戒也。

鑑之銘曰：「見爾前，慮爾後。」【補】照鏡者不能見肩背，故以是寓戒。

盥盤之銘曰：「與其溺於人也，寧溺於淵。溺於淵猶可游也，溺於人不可救也。」曰知所亡，學者之功；溺於民庶，大人之禍。故或以自新取戒，或以游溺爲鑑也。○古讀「淵」如「因」。詩「秉心塞淵」，亦與「人」爲韻。

楹之銘曰：「毋曰胡殘，其禍將然；毋曰胡害，其禍將大；毋曰胡傷，其禍將長。」夫爲室者，慎其楹。君天下者，難其相也。

杖之銘曰：「惡乎危於忿疐？惡，於何也。忿者，危之道。怒甲及乙，又危之甚。杖扶危，故以危戒也。**惡乎失道於嗜慾？**杖依道而行之。○嗜慾，當作「慾嗜」，與疐、貴合韻。**惡乎相忘於富貴？」**言身杖相資也。因失道相忘，乃嗜慾安樂之戒也。

帶之銘曰：「火滅脩容，慎戒必恭，恭則壽。」雖夜解息，其容不可以苟。帶於寢先釋，故因言之也。【補】以壽言者，於寢戒色過。

履屨之銘曰：「慎之勞，勞則富。」行慎躬勞，躬勞終福，論慎履，亦財不費也。屨在下尤勞辱，因爲此戒。「勞」與「富」音義兩施互取焉。【補】楚子之箴亦曰：「民生在勤，勤則不匱也。」○注意以「慎之勞」與下「戒之憍」爲韻；富，方又反，與「恭則壽」亦通韻，故云「兩施互取」矣。屨字，宋本倒在「履」上，從通解改。

觴豆之銘曰：「食自杖，食自杖，戒之憍，憍則逃。」無求醉飽，自杖而已。【補】憍，驕也。逃，如「民逃其上」之「逃」。

户之銘曰：「夫名難得而易失，無懃弗志，而曰我知之乎？無懃弗及，而曰我杖之乎？志，識也。杖立不能懲其駑怠，而自謂杖成功無可就，故終失其名也。【補】杖，朱子謂別本作「枝」，今以韻讀之，當從「枝」字。志，記也。枝，支也。雖若已知，不懃則忘，弗能記也。雖若可支，不懃則墮，弗能及也。**擾阻以泥之，若風將至，必先摇摇。**摇摇，無所託。言有風雨則先困。【補】泥之，似謂墐户也。然「擾阻」則未詳。**雖有**

聖人，不能爲謀也。」諭人行亦然。

牖之銘曰：「隨天之時，任也。【補】牖開塞以時。○「天」下，宋本脱「之」字，從通解增。**以地之財。**質也。○「以」字，宋本誤爲「上」，注從通解改。**敬祀皇天，敬以先時。」**先祭時而敬齋。【補】朱子曰：「牖下，齋祭之處也。」

劒之銘曰：「帶之以爲服，動必行德，行德則興，倍德則崩。」以順誅也。○古讀「服」如「僰」，詩下武四章、泮水五章並與「德」爲韻。

弓之銘曰：「屈伸之義，廢興之行，無忘自過。」言得時也。【補】一張一弛，文武之道。於弓取訓焉。○義，从我諧聲，古音與「過」協。漢忠惠父碑「悲蓼義之不報」，以「義」爲「莪」也。「廢興之行」，一作「廢之行之」。

矛之銘曰：「造矛造矛，少間弗忍，終身之羞。」重言「造矛」，見造矛之不易也。言少間之不忍，則爲終身羞矣。君子於殺之中禮，恕存焉。【補】少間，猶須臾也。一朝之忿，匹夫之勇，君子戒之。

予一人所聞，以戒後世子孫。「貽厥孫謀，以燕翼子」，武王之詩也。【補】右銘凡十七章。按蔡邕銘論云：「武王踐阼，咨于太師，作席、几、楹、杖、器、械之銘十有八章。」未知記軼其一，抑蔡説誤也。太公金匱陰謀又有武王觴銘曰：「樂極則悲，沈湎致非，社稷爲危。」鏡銘曰：「以鏡自照見形容，以人自照見吉凶。」冠銘曰：「寵以著首，將身不正，遺爲德咎。」衣銘曰：「桑蠶苦，女工難，得新捐故，後必寒。」書几曰：「安無忘危，存無忘亡。孰惟二者，必後無凶。」書杖曰：「輔人無苟，扶人無咎。」書履曰：「行必慮正，無懷僥倖。」書户曰：「出畏之，入懼之。」書牖曰：「闚望審，且念所得，可思所忘。」書劒曰：「常以服兵而行道德，行則福，廢則覆。」書車曰：「自致者急，載人者緩。取欲無度，自致而反。」書井曰：「原泉滑滑，連旱則絶。取事有常，賦斂有節。」書門曰：「敬遇賓客，貴賤無二。」書鑰曰：「昏謹守，深察譌。」書筆曰：「毫毛茂茂，陷水可脱，陷文不活。」書硯曰：「石墨相著而黑，邪心讒言無得汙白。」書箠曰：「馬不可極，民不可劇。馬極則蹶，民劇則敗。」書刀曰：「刀利皚皚，無爲汝開。」書鋒曰：「忍之須臾，乃全汝軀。」以上唯書劒一章，與此文句雖異，意旨大同。其餘詞多淺易，似後人依類廣造，非是篇之倫矣。

凡三百六十五字。「三百」當是「六百」之誤。

衛將軍文子第六十

衛將軍文子問於子貢，曰：文子，衛卿也，名彌牟。子貢，端木賜也，衛人，衛之相也。【補】世本曰：「衛靈公生昭子郢，郢生文子木。」左傳以爲彌牟也。○宋本唯篇首「貢」字作「贛」。「吾聞夫子之施教也，先以詩世，論語曰：「先進於禮樂，野人也；後進於禮樂，君子也。」【補】詩世者，誦其詩，論其世也。周禮曰：「諷誦詩世奠繫。」道者孝悌，【補】道，導也。者，讀爲「諸」，古音相近，通用之。詛楚文「諸侯」字爲「者侯」。説之以義而觀諸體，成之以文德。【補】體，禮也。論語曰：「興於詩，立於禮，成於樂。」故教先詩，次禮樂也。蓋入室升堂，七十有餘人。言能受教者，謂七十二子也。○「入室升堂」，宋本作「受教者」，因注而誤也，從文選閒居賦注引此文改。聞之孰爲賢也？」子貢對，辭以不知。

文子曰：「吾子學焉，何謂不知也？」子貢對曰：「賢人無妄，知賢則難。【補】賢人，稱人之賢也。無妄，言不苟譽。故君子曰『智莫難於知人』，此以難也。」書曰：「知人則哲，惟帝其難之。」文子曰：「若夫知賢，人莫不難。吾子親游焉，是敢問也。」子貢對曰：「夫子之門人，蓋三就焉。謂大成、次成、小成也。賜有逮及焉，有未及焉，不得辯知也。」未及者，謂先就夫子而或止或退，未得及己見也。或以子貢違夫子之後有新來者也。【補】辯，偏也，讀如「辯殺」之「辯」。

文子曰：「吾子之所及，請問其行也。」子貢對曰：「夙興夜寐，諷誦崇禮，行不貳過，稱言不苟，是顔淵之行也。顔回，魯人，字子淵也。○誦，朱本作「詩」。孔子説之以詩，詩云：『媚兹一人，應侯順德。永言孝思，孝思惟則。』大雅下武之四章也。「媚兹一人」，謂御于天子而蒙寵愛。「應侯順德」，逢國君能成其德。「孝思惟則」，此文在前章，兼以説之，故連言也。【補】篇中引詩皆斷章取義。故國一逢有德之君，世受顯命，不失厥名，以御于天子以申之。於諸侯受爵命，未盡其能。【補】御，進也。在貧如客，言安貧也。使其臣如藉，藉，借也。如借力然也。不遷怒，不探怨，【補】人有匿怨，不逆探之。不録舊罪，是冉雍之行也。冉雍，魯人也，字仲弓。孔子曰：『有土君子，有衆使也，有刑用也，然後怒；匹夫之怒，惟以亡其身。』使，舉也。夫子因其性不好怒，故説妄怒之敗也。書曰「惟辟作威」也。詩云『靡不有初，鮮克有終』，以告之。大雅蕩首章也。言冉雍能終其行也。

不畏强禦，不侮矜寡，○矜音鰥。其言曰性，其言惟陳其性，不苟虚妄。都其富哉，仲由亦於政事，故能備治其都也。任其戎，○一讀「哉任其戎」爲句。哉，古通以爲「材」字。是仲由之行也。仲由，衛人也，字子路，一字季路，大夫也。【補】子路，卞人，爲衛大夫，注有誤文。**夫子知未以文也，**節其勇也。○「未」字，宋本倒在「知」上，從朱本改。**曰：『詩云「受小共大共，爲下國恂蒙。何天之寵，傅奏其勇」。夫强乎武哉，文不勝其質。』**殷頌長發之五章也，頌湯伐桀除災之事。恂，信也。言下國信蒙其富。詩爲「駿厖」，或古有二文，或以義賦。寵傅，又爲「龍敷」。【補】夫，目子路也。言好勇質直，未文以禮樂。○宋本脱「曰」字，從朱本增。舊本云：「共，一作『拱』。」

恭老恤孤，不忘賓旅，好學省物而不懃，物，猶事也。事省則不懃也。**是冉求之行也。**冉求，字子有，冉雍之子，爲季氏之宰。【補】冉有，仲弓之族。按古家語及弟子傳，求、雍並少孔子二十九歲，明非父子也，注誤。○宋本脱「也」字。**孔子因而語之，曰：『好學則智，恤孤則惠，恭老則近禮，克篤恭以天下，其稱之也，宜爲國老。』**宜爲國之尊也，言任爲卿相也。【補】克，能也。以天下行之於天下也。周禮三公稱老。春秋左傳曰：「子爲國老。」

志通而好禮，擯相兩君之事，篤雅其有禮節也，是公西赤之行也。公西赤，魯人也，字子華。**孔子曰：『禮儀三百，可勉能也；**禮經三百，可勉學而能知。**威儀三千，則難也。』**能躬行三千之威儀則難，而公西赤能躬行也。【補】此教子華之語，故下問「何謂也」。注因廣言其能躬行耳，非本文意。**公西赤問曰：『何謂也？』孔子曰：『貌以擯禮，禮以擯辭，是之謂也。』**禮待貌而行，辭得禮而發。言貌所以擯贊三千之儀也。**主人**言行此主在於人。**聞之以成。**公西赤聞之以成。家語云：「衆人聞之爲成。」主，或聲誤也。【補】

此通爲一句，言威儀三千，主人聞之足以成其禮也。當對文有「賓聞之」云云，而今脱佚耳。孔子之語人也，曰：『當賓客之事則通矣。』謂門人曰：『二三子，欲學賓客之禮者，於赤也。』【補】「則通矣」者，爲不足之辭。故語孟武伯曰：「可使與賓客言也，不知其仁也。」

滿而不滿，實如虚，過之如不及，先生難之；云先生猶有難之，亦所謂「先子之所畏」也。【補】曾子曰：「以能問於不能，以多問於寡。」故下文稱其弟也。○過，宋本訛「通」。不學其貌，【補】不貌爲君子。竟其德，敦其言，【補】竟，盡也。敦，厚也。於人也無所不信，【補】故下文稱其忠與信也。其橋大人也，橋，高也。高大之人也。常以皓皓，是以眉壽，皓皓，虚曠無長生久視之意，是長生久視之術。【補】「橋」蓋字誤。大人，父之稱也。言曾子能養志，常使皓皓，無所憂怒，不損其性，以壽父母，故下文稱其孝也。按弟子傳曾子少孔子四十六歲，此文子問時年未三十，不得以壽言之。知「眉壽」者謂曾皙也。是曾參之行也。曾參，魯之南武城人也，字子輿。齊聘以相，楚迎以令尹，晉迎以上卿，皆不應其命也。孔子曰：『孝，德之始也；天道曰至德，地道曰敏德，人道曰孝德。四代曰：「有天德，有地德。」夫學天地之德者，皆以無私爲能也。動而樂施者，天德也；安而待化者，地德也。故天之德有廣狹矣，自餘禮義忠信已下，皆爲人德。因事則爲禮，厚其行則爲孝也。弟，德之序也；信，德之厚也；忠，德之正也。』參也中夫四德者矣，故以此稱之也。○中，去聲。故，宋本訛「哉」，從元本改。

業功不伐，貴位不善，【補】善，自喜也。不侮可侮，不佚可佚，不侮可侮者，不佚可佚者，仁之至也。不敖無告，天民之窮無所告者，不陵敖之也。○敖音傲。是顓孫之行也。顓孫師，陳人也，字子張。孔子言之曰：『其不伐，則猶可能也；其不弊百姓者，則仁也。【補】弊，傷也。詩云：「愷悌君子，民之父母。」』大雅泂酌之首章也。夫子以其仁爲大也。【補】大，美大之也。春秋傳曰：「君子大其不鼓不成列。」

學以深，能深致隱賾也。厲以斷，性嚴厲而能斷決。七十篇説子夏云：「爲人性不宏，好精微，時人無以尚也。」送迎必敬，上友下交，銀乎如斷，是卜商之行也。卜商，衛人，字子夏，爲魏文侯師。銀，廉鍔也。如斷，言便能。子張曰：「子夏之門人，灑掃應對、進退出入則可也。」【補】銀，猶斷斷也。如斷，有限制也。子夏交友，可者與之，不可者拒之，故子貢云然。○乎，宋本訛「手」，從戴氏校本改。孔子曰：『詩云「式夷式已，無小人殆」。小雅節之四章。殆，近也。【補】夷，平也。殆，危也。無友小人，以取危險。而商也其可謂不險也。』言其鄰於德也。

貴之不喜，賤之不怒，苟於民利矣，廉於其事上也，以佐其下，惟在利民。春秋左傳曰：「上思利民，忠也。」佐，助也。【補】廉，省也。言苟利於民者，必損上以益下。是澹臺滅明之行也。澹臺滅明，魯之東武城人也，字子羽，魯大夫。孔子曰：『獨貴獨富，君子恥之，夫也中之矣。』【補】夫，目滅明也。

先成其慮，及事而用之，是故不忘，是言偃之行也。言偃，魯人也，字子游，爲武城宰也。【補】弟子傳曰：「言偃，吳人。」孔子曰：『欲能則學，欲知則問，欲善則訊，欲給則豫，當如是，偃也得之矣。』【補】訊，亦問也。給，捷也。先成其慮，豫也。及事而用之，故給。中庸曰：「凡事豫則立。」○善，大典作「行」。「是」字，宋本倒在「如」上，從朱本改。

獨居思仁，公言言義，其聞詩也，一日三復白圭之玷，是南宮縚之行也。南宮縚，魯人也，字子容。○「聞」下，宋本有「之」字，從周官司儀注引此文删。 夫子信其仁，以爲異姓。謂以兄之子妻之也。周禮司儀職曰：「時揖異姓，土揖庶姓。」家語曰：「以爲異士。」言殊異之士，似妄也。

自見孔子入户，未嘗越屨，凡在於室，卑者之屨皆陳於户外，故雖後至而不越焉。 往來過人不履影，不越人之履，不履人之影，謙慎之至也。 開蟄不殺，方長不折，執親之喪未嘗見齒，【補】哂則齒見，笑則矧見。 是高柴之行也。高柴，齊人也，字子羔，爲郕宰。 孔子曰：「高柴執親之喪，則難能也。開蟄不殺，則天道也。方長不折，則恕也。恕則仁也，湯恭以恕，是以日躋也。」北事於葛，恭也；教網者兕，恕也。詩殷頌曰：「聖敬日躋。」此賜之所親覩也。 吾子有命而訊，賜則不足以知賢。」

文子曰：「吾聞之也，國有道則賢人興焉，中人用焉，百姓歸焉。 若吾子之語審茂，則一諸侯之相也，亦未逢明君也。」茂，盛也。一，皆也。【補】審茂，信美也。

子貢既與衛將軍文子言，適魯，見孔子，曰：「衛將軍問二三子之行，於賜也不一而三，賜也辭不獲命，以所見者對矣，見其行也。 未知中否，請嘗以告。」請嘗以對者告也。 孔子曰：「言之。」子貢以其質告，孔子既聞之，笑曰：「賜！ 女偉爲知人。 賜！」質，由實也。偉爲知人，言大爲知人也。再言賜者，善之。 子貢對曰：「賜也焉能知人，此賜之所親覩也。」孔子曰：「是女所親也。吾語女耳之所未聞、目之所未見、思之所未至、智之所未及者乎？」子貢曰：「賜得願聞之也。」言未至、未及者，謂其德廣厚也。○「得」下，宋本衍「則」字，從大典删。

孔子曰：「不克不忌，不念舊惡，蓋伯夷、叔齊之行也。克，好勝人；忌，有惡於人也。論語曰：「伯夷、叔齊不念舊惡，怨是用希也。」

晉平公問於祁徯，曰：『羊舌大夫，晉國之良大夫也，其行如何？』平公，悼公之子晉侯也。祁徯，祁午也。羊舌肸，羊舌職之父。【補】祁徯，午之父也。職，肸之父也。注並誤。然此羊舌大夫，未審何指也。左傳「晉申生伐東山皋落氏，羊舌大夫爲尉」，則又職之父。祁徯對，辭曰：『不知也。』公曰：『吾聞女少長乎其所，女其閹知之。』言居處之同者恒相爲也。【補】閹，猶奄也，言盡知之。○長，上聲。祁徯對曰：『其幼也恭而遜，恥而不使其過宿也。【補】過而能恥，恥而能改，無宿留也。其爲侯大夫也，悉善而謙，其端也。主於善謙而正。【補】「侯」字誤，蓋「候大夫也」。晉官有候正、候奄。悉，盡也。盡善而謙，是其端也。句。其爲公車尉也，信而好直，句。其功也。公車尉，公行也，詩云「殊異於公行」也。【補】晉有公行、軞車之官，並以公族庶子爲之。左傳：「叔向曰：肸之宗十一族，唯羊舌氏在而已。」則羊舌亦公族，故得爲公車尉也。舊説羊舌先姓李，有人盜羊而遺以頭，受而埋之。及盜事發，乃出羊頭，明己不食，唯識其舌存，因號爲羊舌氏。異聞之傳，近詭戾焉。至於其爲和容也，温良而好禮，博聞而時出，句。其志也。』和容，主賓客也。【補】時出，謂出言有時。公曰：『嚮者問女，女何曰弗知也？』祁徯對曰：『每位改變，未知所止，是以不知。』蓋羊舌大夫之行也。

畏天而敬人，服義而行信，孝乎父而恭於兄，好從善而斆往，蓋趙文子之行也。晉大夫趙武也。【補】文子觀乎九原，亦斆往之事。

其事君也不敢愛其死，不茍免於難也。然亦不亡其身，不死於不義也。○亡，元本作「忘」。謀其身不遺其友，君陳則進，不陳則行而退，陳謂陳其德教。蓋隨武子之行也。晉大夫也。世掌刑官，後受隨、范。會，名也。季，字也。武，謚也。

其爲人之淵泉也，多聞而難誕也，不內，辭足以沒世；國家有道，其言足以生；國家無道，其默足以容，【補】淵泉，深靜也。難誕，不可欺也。○內音納。生，史記索隱引此文作「興」。蓋桐提伯華之行也。晉大夫羊舌赤也，邑於桐提。【補】桐提，左傳字爲「銅鞮」。羊舌氏之田有三縣，伯華食銅鞮，叔向食楊氏，季夙食平陽也。子曰：「銅鞮伯華而無死，天下其有定矣。其幼也敏而好學，其壯也有勇而不屈，其老也有道而能以下人。」語在説苑。

外寬而內直，自設於隱栝之中，能以禮自鞏直也。孔子曰：「隱栝之旁多曲木也。」【補】揉曲者曰隱，正方者曰栝。直己而不直於人，【補】能曲以下人。○宋本脱「於」字，從元本增。以善存亡汲汲，【補】言終身勉於善。蓋蘧伯玉之行也。衛大夫蘧瑗也。

孝子慈幼，允德稟義，○子，戴氏校本作「老」。約貨去怨，【補】行不放於利，則寡怨矣。蓋柳下惠之行也。魯士師展禽也，食采於柳下。惠，謚也。其言曰：『君雖不量於臣，臣不可以不量於君。』

【補】少儀曰：「事君者量而後入。」○宋本作「量於其君」，從元本删「其」字。

是故君擇臣而使之，臣擇君而事之，有道順君，無道横命，【補】横命者，君曰可，臣曰否，不曲從君之命。蓋晏平仲之行也。齊大夫晏嬰也。○宋本脱「蓋」字，從楊氏大訓增。

德恭而行信，終日言，不在尤之内，在尤之外，貧而樂也，蓋老萊子之行也。楚人，隱者也。○索隱引大戴記云：「蹈忠而行信，終日言不在尤之内，國無道，處賤不悶，貧而能樂，蓋老萊子之行。」按此文與今家語同也。

易行以俟天命，居下位而不援其上，○易，去聲。觀於四方也不忘其親，苟思其親不盡其樂，【補】觀於四方，謂從亡時也。以不能學爲己終身之憂，蓋介山子推之行也。」晉大夫介之推也。離騷曰：「封介山而爲之禁兮，報大德之優游。」【補】王逸章句曰：「介子推從行，道乏糧，割股肉以食文公。文公得國，賞諸從行者，失忘子推，子推遂逃介山隱。文公覺寤，追而求之，子推遂不肯出。文公因燒其山，子推抱樹燒而死。」

凡一千五百八十四字。今補。

卷七

五帝德第六十二

宰我問於孔子，曰：「昔者予聞諸榮伊，言黄帝三百年，請問黄帝者人邪？抑非人邪？何以至於三百年乎？」【補】榮伊，人名。○言，宋本譌「令」，從史記索隱引此文改。索隱「者」作「何」，二「邪」並作「也」，樂記正義亦引作「也」，無「者」字。孔子曰：「予！禹、湯、文、武、成王、周公可勝觀邪，夫黄帝尚矣，女何以爲？【補】此六君，子已不能盡知，黄帝久遠，何以問爲？先生難言之。」【補】上古之事，長者猶不能詳也。太史公曰：「百家言黄帝，其文不雅馴，薦紳先生難言之。」宰我曰：「上世之傳，隱微之說，卒業之辨，【補】卒，終也。業，事也。終事，猶已事也。闇昏忽之意，【補】言荒忽不可明也。列子曰：「三皇之事若存若亡，五帝之事若覺若夢，三王之事若隱若顯。」○戴氏校本删「昏」字。非君子之道也，則予之問也固矣。」【補】固，陋也。

孔子曰：「黄帝，少典之子也，【補】司馬貞曰：「少典者，諸侯國號，非人名也。國語云『少典取有蟜氏女而生炎帝』，然則炎帝亦少典之子，中間凡隔八帝，五百餘年，黄帝即少典氏後代之子孫。賈逵亦以左傳『高陽氏有才子八人』，謂其後代子孫而稱爲子，是也。」**曰軒轅。**【補】帝王世紀曰：「長於姬水，因以爲姓。居軒轅之丘，因以爲名。」**生而神靈，弱而能言，幼而彗齊，長而敦敏，成而聰明。**【補】○彗，勤也。齊，疾也。書大傳曰：「多聞而齊給。」○彗，高安本作「慧」，史記作「徇」。案：索隱：「大戴別本或爲『叡』字。」**治五氣，**【補】五行之氣。周禮曰：「以五氣養之。」**設五量，**【補】黃鐘之實千二百黍而成龠，龠兩爲合，合十爲升，升十爲斗，斗十爲斛，是謂五量。○史記作「藝五種」。**撫萬民，度四方，**【補】度地宅民。**教熊羆貔貅豹虎，以與赤帝戰于版泉之野，三戰然後得行其志。**【補】貔執夷。司馬貞曰：「此六者猛獸，可以教戰。周禮有『服不氏』，掌教擾猛獸也。」赤帝，神農氏之後。版泉，地在上谷。○宋本脱「貅」字，從太平御覽引此文增。史記「豹」作「貙」，「赤」作「炎」，「版」作「阪」，無「行」字。**黃帝黼黻衣，大帶，黼裳，乘龍，扆雲，**【補】周禮曰：「馬八尺以上爲龍。」扆，制如後世綈素屏風，其上蓋畫雲氣。昔者黃帝受景雲之瑞，故以雲紀官，又以爲扆也。周制，天子斧扆。○帝，疑衍文，戴氏校本删。扆，御覽作「駕」。**以順天地之紀，幽明之故，**○故，史記作「占」。**死生之説，存亡之難。**【補】若内經、素問之屬，○難，去聲。**時播百穀屮木，**【補】時播，順時所宜也。説文解字曰：「屮，讀若徹。古文或以爲『艸』字。」案：是篇本古文書，多古音古訓，故五帝本紀言「不離乎古文」。**故教化淳鳥獸昆蟲。**【補】史記云「淳化鳥獸蟲蛾」，此衍「故教」字耳。**曆離日月星辰，**【補】離，讀如「月離」之「離」，謂七政行所次也。世本曰：「大撓作甲子，容成作曆。」皆黃帝臣。○曆離，史記作「旁羅」。**極畋土石金玉，**【補】畋，治也。極言至於四遠。○極畋，史記作「水波」。**勞心力耳目，節用水火材物。**○「勞」下，史記有「勤」字，此文脱，御覽作「旁動」。**生而民得其利百年，死而**

民畏其神百年，亡而民用其教百年，故曰三百年。」【補】山海經曰：「射者不敢西嚮，畏軒轅之臺。」所謂「畏其神」也。亡，死之久也。案：帝王世紀：「黄帝在位百年而崩，子少昊受之，又百年而崩，顓頊受之。於子之世稱死，於孫之世稱亡。」○得其利，樂記正義作「利其德」。

宰我：「請問帝顓頊？」○「我」下，戴氏校本增「曰」字。孔子曰：「五帝用記，三王用度。【補】記，傳籍所記也。三王近，可以見其法度。○記，元本作「説」。女欲一日辯聞古昔之説，躁哉予也。」【補】辯，徧也。宰我曰：「昔者予也聞諸夫子曰：『小子無有宿問。』」【補】疑則問，無更宿。孔子曰：「顓頊，黄帝之孫，昌意之子也，曰高陽。【補】宋衷曰：「高陽，有天下號也。」洪淵以有謀，疏通而知事，○洪，史記作「静」。養財以任地，【補】任，如「任土作貢」之「任」。謂別其貫利，以盡地力。○財，史記作「材」，宋本亦爲「材」，從索隱引此文改。履時以象天，【補】履，行也。○履，史記作「載」。依鬼神以制義，治氣以教民，絜誠以祭祀。○民，史記作「化」。乘龍而至四海，北至于幽陵，南至于交趾，西濟于流沙，東至于蟠木。【補】幽陵，幽都也。漢地理志〔一〕：「居延澤，在居延縣東北，古文以爲流沙。」濟，涉也。西境遠，或涉流沙之外，故變言之。王制：「九州之域，西不盡流沙。」三王德薄，所至彌近。海外經曰：「東海中有山焉，名曰度索。上有大桃樹，屈蟠三千里。」裴駰謂蟠木即此也。○濟，史記亦作「至」。動静之物，大小之神，日月所照，莫不砥礪。」【補】砥礪，喻平均

〔一〕「理」，原作「里」，今據畿輔叢書本改。

也。礪之精者謂之砥。○砥礪，宋本譌「祗勵」，從朱本改。史記作「砥屬」，索隱亦云：「大戴爲『砥礪』也。」

宰我曰：「請問帝嚳？」○嚳，三代世表作「俈」。孔子曰：「玄囂之孫，蟜極之子也，【補】黄帝之曾孫也。太史公曰：「自黄帝至舜禹，皆同姓，而異其國號，以章明德。」曰高辛。【補】宋衷曰：「高辛，地名，因以爲號。」生而神靈，自言其名。博施利物，不於其身。聰以知遠，明以察微，順天之義，知民之𢙇。仁而威，惠而信，修身而天下服。【補】𢙇，痛也，讀如「勤恤民隱」之「隱」。○博，史記作「普」。𢙇，高安本作「隱」，諸本依史記作「急」，今從宋本之舊。取地之財而節用之，撫教萬民而利誨之，【補】撫以利之，教以誨之。曆日月而迎送之，明鬼神而敬事之。【補】寅賓出日曰迎，寅餞納日曰送。祭法曰：「帝嚳能序星辰以著衆。」其色郁郁，其德嶷嶷。○索隱云：「大戴禮『郁』作『穆』，『嶷』作『俟』。」案：今記文與史記同，彼唐時所見本異。其動也時，其服也士。【補】服士之服，尚質儉也。春夏乘龍，秋冬乘馬。【補】龍，亦謂馬也。於易震爲龍，乾爲馬。春乘木氣，秋乘金氣，夏陽從春，冬陰從秋。黄黼黻衣，執中而獲天下。○史記云：「帝嚳溉執中而徧天下。」日月所照，風雨所至，莫不從順。」○順，史記作「服」。

宰我曰：「請問帝堯。」孔子曰：「高辛之子也，曰放勳。【補】放勳，號也。堯、舜、禹爲名，放勳、重華、文命皆其號，故孟子稱「放勳曰」，又云「放勳乃徂落」，王肅以爲書美堯之辭者，謬也。肅造家語，遂更此文曰陶唐，以實其説，良爲拙僞。其仁如天，其知如神。就之如日，望之如雲。【補】如日者其色温也，如雲者其容盛也。富而不驕，貴而不豫。【補】豫，樂也。○豫，史記作「舒」。黄黼黻衣，丹車白馬。○史記云：

「黄收純衣，彤車乘白馬。」伯夷主禮，【補】鄭語曰：「姜，伯夷之後也。伯夷能禮於神，以佐堯者也。」龍夔教舞，【補】王肅曰：「舜時，夔典樂，龍作納言。」然則堯時，龍亦典樂。○夔，宋本譌「憂」。舉舜、彭祖而任之，【補】彭祖，陸終氏之三子籛也。昔堯舉彭祖于斟雉，湯識伊尹于緣鵠，故曰「立賢無方」。四時先民治之。【補】謂分命羲和敬授人時。流共工于幽州，以變北狄；放驩兜于崇山，以變南蠻；殺三苗于三危，以變西戎；殛鯀于羽山，以變東夷。【補】此四凶族：窮奇、渾敦、饕餮、檮杌。春秋左傳曰：「舜臣堯，投諸四夷，以禦魑魅。」言變戎狄者，所以示警，使徙善也。殺，竄字之誤。古文尚書曰：「竄三苗。」竄之言竄也。三危，山名。括地志曰：「山有三峯，故曰三危。在沙州燉煌縣東南三十里。」羽山，禹貢所謂羽畎也。殛，亦放也。天問曰：「永遏在羽山，夫何三年不施。」洪範曰「鯀則殛死」者，言其終死殛所，非謂誅殺之。○史記「州」作「陵」，「殺」作「遷」。其言不貳，其德不回，四海之内，舟輿所至，莫不説夷。」【補】回，邪也。夷，安也。詩曰：「亦不夷懌。」○説音悦。

宰我曰：「請問帝舜。」孔子曰：「蟜牛之孫，瞽叟之子也，曰重華。○蟜，史記作「橋」。好學孝友，聞于四海。陶稼事親，【補】本紀曰：「舜耕歷山，歷山之人皆讓畔；陶河濱，河濱器皆不苦窳。」○稼，宋本譌「家」，朱本、盧本作「漁」，從御覽引此文改。寬裕温良，敦敏而知時，畏天而愛民，恤遠而親親，○宋本「敦敏」作「教敦」，「知時」下衍「畏天而知時」五字。親親，朱本作「親近」。承受大命，【補】受堯禪命。依于倪皇。【補】「倪」字誤，當爲「儀」。儀皇即舜妃娥皇。吕氏春秋以尚儀爲常娥。儀、娥，並从我諧聲，古音同借也。依，爲所依法也。書曰：「觀厥刑于二女。」叡明通知，爲天下王。【補】爲天下所歸往。使禹敷土，主名山川，以利於民。【補】敷，分也，分九州之土。爾雅曰：「自釋地以下至九河，皆禹所名也。」○名，宋本譌「明」，從元本改。使后稷播種，務勤嘉穀，以作飲食。【補】后稷，棄之官也。國語曰：「稷爲天官。」羲和掌曆，敬授民時。【補】羲和，重黎之後。羲氏掌天，和氏掌地，其四子分掌四時。舜因堯之舊。使益行火，以辟山萊。【補】益，字大費，女脩之孫，皋陶之子也，爲舜虞。劉向曰：「皋子生五歲而佐禹。」○萊，宋本譌「菜」。伯夷主禮，以節天下。夔作樂，以歌籥舞，和以鐘鼓。【補】籥舞，羽舞也。古者唯有文舞，至湯以武功受命，始爲干戚之舞。詩毛説籥六孔，鄭司農云三孔，廣雅云七孔。皋陶作士，忠信疏通，知民之情。【補】士，刑官也。唐虞曰士，夏曰大理，殷周曰司寇。書今文説虞六卿，一后稷、二司徒、三秩宗、四司馬、五作士、六共工。以作士爲官名，失之。契作司徒，教民孝友，敬政率經。【補】率，循；經，常也。其言不惑，其德不慝，舉賢而天下平，南撫交趾、大、教、【補】大，大人，汪芒氏之國也。教，教民也，其爲人黑，山海經有焉。司馬貞曰：「此言帝舜之德，皆撫及四方夷人，故先以『撫』字總之。」○舊本云：「大，一作『放』。」案：説苑作「大發」，史記作「北發」。鮮支、渠廋、氐羌。【補】鮮支、渠廋，禹貢所言析支、渠搜者也。此西方所撫國名，不言西者，書大傳曰「西方者，鮮方也」，言鮮支則西已見。史記云「西戎析枝」，後漢書謂之賜支。鄭君説鮮白之鮮，齊魯之間聲近「斯」，故析支轉爲賜支，又爲鮮支，鮮支猶西支矣。隋書西域傳曰：「鏺汗國都葱嶺之西五百餘里，古渠搜國也。」漢隴西有氐道、羌道，山海經曰：「氐羌，乞姓。」北山戎、發、息慎。【補】此北方所撫國名。山戎，葷粥也。發，北發也，王會謂之「發人」。息慎，肅慎也。古文百篇有賄肅慎之命，鄭君書爲息慎。後漢書曰：「挹婁，古肅慎之國也，在夫餘東北千餘里，東濱大海，南與北沃沮接，不知其北所極。」○説苑云：「北至山戎、肅愼。」**東長、鳥夷、羽民。**【補】此東方所撫國名。長，長夷也。禹貢「島夷皮服」，古文爲鳥夷，鄭君曰：「東方之民，搏食鳥獸者。」歸藏開筮曰〔一〕：「羽民之狀，鳥喙赤目而白首。」○説苑云：「東至長夷、島夷。」**舜之少也，惡頓勞苦，二十以孝聞乎天下，三十在位，嗣帝所，五十乃死，葬于蒼梧之野。」**【補】三十在位者，舜相堯二十有八載，通避南河三載，爲三十也。帝所，猶詩言「公所」，春秋言「王所」。嗣，繼也，繼堯爲天子也。案：今尚書舜年一百十歲，依此記前後唯百歲耳。漆書古文曰：「舜生三十，登庸二十，在位五十載。」本紀曰：「舜年二十以孝聞，年三十堯舉之，年五十攝行天子事，年五十八堯崩，年六十一代堯踐帝位，三十九年南巡守，崩于蒼梧之野，葬於江南九嶷，是爲零陵。」並與此百歲之數合也。史言「南巡守」者，書所謂「陟方乃死」也。祭法曰：「舜勤衆事而野死。」檀弓曰：「舜葬于蒼梧之野。蓋三妃未之從也。」山海經曰：「赤水之東有蒼梧之野，舜與叔均之所葬也。」古文舊傳徵驗非一，宋儒疑之，諒爲未達。○下，古音「户」。野，古音「墅」。此篇前後文，皆可以韻讀之。

宰我曰：「請問禹？」孔子曰：「高陽之孫，鯀之子也，曰文命。【補】高陽，顓頊之後，爲高陽氏之君者也。三統曆曰：「顓頊五世而生鯀。」此爲近之。傳云「檮杌世濟其惡」，則鯀之前已歷數世。自顓頊至舜七世，禹小於舜，不應反爲其孫，故知高陽非即顓頊。但上古質略，鯀父以前既無令德，名字不著，通稱高陽云爾。鄭君説虞書「三帛」云：「高陽之後用赤繒，高辛之後用黑繒。」得明堯時有高陽氏，亦猶唐郊存於帝媯之年，有虞賓於少康之世，故命曆序曰：「少昊傳八世，顓頊傳九世，帝嚳傳十世。」稽覽圖曰：「黄帝一千五百二十年，少昊四百年，顓頊五百年，帝嚳三百

〔一〕「開」，又作「啓」，當是漢代避諱所改。

五十年。」皆謂帝者之後，降爲諸侯，不改其國氏者也。**敏給克濟，其德不回，其仁可親，其言可信，**【補】濟，成也。○史記「濟」作「勤」，「回」作「違」。**聲爲律，身爲度，**【補】聲之高下與律相中。身爲度，則「布手知尺，舒肘知尋」是焉。**稱以上士。**【補】稱爲上德之士。○史記作「稱以出」。**亹亹穆穆，爲綱爲紀。巡九州，通九道，**【補】九州之道也。虞人之箴曰：「芒芒禹跡，畫爲九州，經啟九道。」○巡，史記作「開」。**陂九澤，度九山。**【補】陂，障也。禹貢曰：「九山刊旅，九澤既陂。」說禹貢者以汧、壺口、底柱、太行、西傾、熊耳、嶓冢、內方、岷爲九山。雷首、大野、彭蠡、震澤、雲夢、滎播、菏澤、孟諸、豬野爲九澤。周禮職方：「揚州澤藪具區，山鎮會稽。荆州澤藪雲瞢，山鎮衡。豫州澤藪圃田，山鎮華。青州澤藪望諸，山鎮沂。兖州澤藪大野，山鎮岱。雍州澤藪弦蒲，山鎮嶽。幽州澤藪貕養，山鎮醫無閭。冀州澤藪楊紆，山鎮霍。并州澤藪昭餘祁，山鎮恒。」淮南子：「九藪曰具區、雲瞢、陽紆、大陸、圃田、孟諸、海隅、鉅鹿、昭余。九山曰會稽、太山、王屋、首山、太華、岐山、太行、羊腸、孟門。」左傳：「九州之險曰四嶽、三塗、陽城、太室、荆山、中南。」爾雅：「九府曰醫無閭、會稽、梁山、華山、霍山、崑崙、幽都、斥山、岱岳。」凡九山、九澤之名，諸書錯舉不同，今以九山通謂九州之山，九澤通謂九州之澤，必指其地以目其數，非達論矣。**爲神主，爲民父母。左準繩，右規矩，履四時，據四海，平九州，戴九天。**【補】廣雅曰：「九天：東方昦天，東南陽天，南方赤天，西南朱天，西方成天，西北幽天，北方玄天，東北變天，中央鈞天。」**明耳目，治天下。舉皋陶與益，以贊其身。**【補】贊，佐也。**舉干戈以征不享、不道無德之民，**【補】不享，若防風氏。不道無德，若有苗。○道，朱本、盧本作「庭」。德，宋本譌「道」，從元本改。**四海之內，舟車所至，莫不賓服。」**【補】賓，來朝也。呂氏春秋曰：「禹東至榑木之地，日出、九津、青羌之野，攢樹之所，揩天之山，鳥谷、青丘之鄉，黑齒之國。南至交趾、孫樸、續樠之國，丹粟、漆樹、沸水、漂漂、九陽之山，羽人、裸民之處，不死之鄉；西至三危之國，巫山之下，飲露吸氣之民，積金之山，共肱、一臂、三面之鄉；北至人正之國，夏海之窮，衡山之上，犬戎之國，夸父之野，禺强之所，積水、積石之山。」

孔子曰：「予！大者如說，民說至矣。予也非其人也。」【補】民，猶人也。說人事大者如是至矣，非其人不足以說之。宰我曰：「予也不足，句。誠也，句。敬聞命矣。」【補】言予誠不足以說五帝之德，但受命而識之。他日，宰我以語人，有爲道諸夫子之所。【補】或以宰我說五帝之事告夫子。孔子曰：「吾欲以顔色取人，於滅明邪改之；吾欲以語言取人，於予邪改之；吾欲以容貌取人，於師邪改之。」【補】弟子傳曰：「澹臺滅明狀貌甚惡，欲事孔子，孔子以爲材薄。既已受業，退而修行，孔子聞之曰：『吾以言取人，失之宰予；以貌取人，失之子羽。』」言以言貌取人，或失之賢，或失之否，詞同而旨異。王肅家語輒反之曰：「子羽有君子之容而行不勝其貌。」望文構造，毀誣賢哲，可嗤憫也。宰我聞之，懼不敢見。

凡一千一百三十五字。今補。

帝繫第六十三

少典産軒轅，是爲黃帝。【補】産，生也。古者謂子孫爲子姓，姓之言生也。故是篇本其族姓所自出，皆謂之産。以代年校之，往往非父子繼世。郭景純亦云：「山海經諸言生者，多謂其苗裔，未必是親所産也。」黃帝産玄囂，玄囂產蟜極，蟜極產高辛，是爲帝嚳。帝嚳產放勛，是爲帝堯。○蟜，古今人表作「僑」。

黄帝產昌意，昌意產高陽，是爲帝顓頊。顓頊產窮蟬，窮蟬產敬康，敬康產句芒，句芒產蟜牛，蟜牛產瞽叟，瞽叟產重華，是爲帝舜，及產象敖。【補】象爲人傲很，因以爲號。劉景升與袁譚書云「昆弟之嫌，未若重華之於象敖」，因此文也。○蟬，世本作「係」。芒，史記及人表作「望」。瞽，人表作「鼓」。產象，宋本譌「象產」，從祭法正義引此文改。顓頊產鯀，鯀產文命，是爲禹。【補】漢書稱帝繫曰：「顓頊五世而生鯀。」今文無五世，簡之脱爛存焉。山海經曰：「黄帝生駱明，駱明生白馬，白馬是爲鯀。」

黄帝居軒轅之丘，【補】海外西經曰：「軒轅之丘在軒轅國北，鸞鳥自歌，鳳鳥自舞。」娶于西陵氏之子，謂之嫘祖氏，產青陽及昌意。【補】國語曰：「黄帝之子二十五人，唯青陽與夷鼓皆爲己姓。青陽，方雷氏之甥也。夷鼓，彤魚氏之甥也。其同生而異姓者，四母之子别爲十二姓，姬、酉、祁、己、滕、蔵、任、荀、僖、姞、儇、依是也。唯青陽與倉林氏同于黄帝，故皆爲姬姓。」若然，黄帝子有兩青陽。三統曆曰：「少昊曰清，清者，黄帝之子清陽也。」是方雷氏所出己姓青陽也。此文嫘祖之子，是姬姓青陽，即玄囂也，昌意則倉林氏也。○戴氏校本依前後文例叠出「西陵氏」，下「娶于散宜氏」、「娶于帝堯」，亦並增叠之。嫘，人表作「絫」，國語注引此文作「纍」。青陽降居泜水，昌意降居若水。【補】司馬貞曰：「降，下也。言帝子爲諸侯也。泜水，淯水也，在蜀，非漢靳陳餘泜水。若水亦出蜀旄牛徼外，其下流爲瀘江。」吕氏春秋曰：「顓頊生自若水。」○泜音氏，史記作「江」。昌意娶于蜀山氏，蜀山氏之子謂之昌濮氏，產顓頊。【補】山海經曰：「黄帝妻雷祖生昌意，昌意降處若水，生韓流。韓流取淖子曰阿女，生帝顓頊。」

彼以顓頊爲昌意之孫，與此文異也。韓流，竹書又爲「乾荒」。○蜀，世本作「濁」。濮，史記作「僕」。**顓頊娶于滕隍氏，滕隍氏奔之子謂之女祿氏，産老童。老童娶于竭水氏，竭水氏之子謂之高緺氏，産重黎及吴回。**【補】奔，蓋滕隍氏之君名。山海經曰：「顓頊生老童，老童生重及黎。帝令重獻上天，令黎卬下地。」然則重、黎二人也。顓頊之世，重爲南正司天，黎爲火正司地。少昊氏亦有子曰重，爲木正。古人自有同名者，非此南正之重也。楚世家云：「高陽生稱，稱生卷章，卷章生重黎。」又以重黎爲一人，並失其實。黎無子，以弟吴回爲後，復居火正，故後世祀黎神爲祝融，吴回之神爲回祿。○「滕」下，宋本脱「隍」字，從楚詞章句引此文增。滕，章句作「騰」，路史引作「勝奔氏」。緺，宋本譌「絧」，從盧本改。世本云：「老童娶于根水氏，謂之驕福。」人表作「嬌極」。

吴回氏産陸終，陸終氏娶于鬼方氏。鬼方氏之妹謂之女隤氏，【補】鬼方，西落鬼戎。宋衷曰：「於漢，則先零羌是也。」○隤，世本作「嬇」，人表作「潰」。**産六子，孕而不粥，三年，啟其左脅，六人出焉。**【補】干寶曰：「先儒學士多疑此事，譙允南作古史考以爲作者妄記，廢而不論，然案六子之世，子孫有國，升降六代，數千年間，迭至霸王，天將興之，必有尤物乎？若夫前志所傳，修己背坼而生禹，簡狄胸剖而生契，歷代久遠，莫足相證。近魏黄初五年，汝南屈雍妻王氏，生男兒，從右胳下水腹上出，而平和自若。數月創合，母子無恙。以今況古，固知注記者之不妄也。天地云爲，陰陽變化，安可守之一端，概以常理？」○粥音育。世本云：「剖其左脅，獲三人焉；剖其右脅，獲三人焉。」**其一曰樊，是爲昆吾；**【補】昆吾，樊所封國名，於夏爲伯。湯伐桀，并滅之。凡陸終之後八姓，己姓諸國昆吾、蘇、顧、温、董，董姓别爲鬷夷、豢龍。**其二曰惠連，是爲參胡；**【補】宋衷曰：「參胡，國名，斟姓，無後。」**其三曰籛，是爲彭祖；**【補】彭姓之祖也。彭姓諸國，大彭、豕韋、諸稽，别爲舟人、秃姓。大彭歷事虞夏，於商爲伯，武丁之世滅之，故曰彭祖八百歲，謂彭國八百年而亡，非實籛不死也。○世本作「籛鏗」。**其四曰萊言，是爲云鄶人；**【補】云，妘姓也。妘姓諸國，鄶、鄔、路、偪、陽，唯鄶人實處祝融故墟，左史戎夫之記曰：「昔有鄶君嗇儉，滅爵損禄，上下不臨，禁罰不行，重氏伐之，鄶君以亡。」此古鄶國也。周興滅國，繼絶世，復封萊言之裔於鄶，詩有檜風焉。○世本「萊」作「求」，無「云」字。鄶，史記作「會」。**其五曰安，是爲曹姓；其六曰季連，是爲芈姓。**【補】安、連之後，古未有國，至周始封之邾、楚，故但言其姓。**季連産付祖氏，付祖氏産穴熊，九世至于渠。**【補】楚世家云：「附沮生穴熊，其後中微，弗能紀其世。周文王之世，季連之苗裔曰鬻熊。」廣森謂：鬻熊即穴熊，聲讀之異，史誤分之。穴熊子事文王，蚤卒。其孫以熊爲氏，是爲熊麗，歷熊狂、熊繹、熊艾、熊䵣、熊勝、熊楊至熊渠，凡九世也。但穴熊上距季連，劣及千歲，所云「産」者，亦非父子繼世。杜預以爲鬻熊，祝融之十二世孫。○穴，宋本譌「内」，從戴氏校本改。**婁緐出自熊渠，有子三人，其孟之名爲無康，爲句亶王；其中之名爲紅，爲鄂王；其季之名爲疵，爲戚章王。**【補】婁緐，未詳，或當爲夔越。國語曰：「芈姓夔越，不足命也。」夔出自紅，越出自疵。紅，世家所謂摯紅也。無康蚤死，無後。熊渠卒，楚人廢摯紅而立其弟延摯，紅遂竄于夔，紅嘗爲鄂王，故夔人稱之曰「我先王熊摯」也。世家曰：「少子執疵爲越章王。」越即越章也。此文云「戚章」，字形之誤。○中音仲。世本無「無」字，「康」作「庸」，「亶」作「袒」，「戚」作「就」。

昆吾者，衛氏也。【補】氏，是也。謂昆吾之國，於周爲衛，禮所謂「因國」也。衛莊公夢見人登昆吾之觀，是昆吾故都在其地。楚靈王曰：「昔我皇祖伯父昆吾舊許是宅。」説者以爲夏之末，昆吾遷于許。○氏，世本作「是」。下五句同。案覲禮「太史是右」，注云：「古文『是』爲『氏』。」漢書地理志「氏爲莊公」，師古曰：「氏與是同，古通用字。」**參胡**

者，韓氏也。【補】韓，武王子所封侯國，在馮翊梁山之野。彭祖者，彭氏也。【補】春秋時，彭爲宋邑。○世本云「彭城」是也。云鄶人者，鄭氏也。【補】鄭武公兼虢、鄶之地，號爲新鄭。春秋左傳曰：「鄭，祝融之虚也。」曹姓者，邾氏也。【補】武王封安之裔孫俠于邾，春秋初進爵爲子，後改號鄒。宋景公之時，大夫邢史言邾當王天下，其後曹氏遂帝有魏，故傳曰：「祝融能昭顯天地之光明，以生柔嘉材者也。」夫成天地之大功者，其子孫未嘗不章也。季連者，楚氏也。【補】熊繹始封于荆，至熊通僭王，改國曰楚。

帝嚳卜其四妃之子而皆有天下。【補】鄭君曰：「帝嚳立四妃，象后妃四星。」○宋本「卜」譌「十」，「四妃」譌「妃嚳」，從檀弓及詩生民正義引此文改，正義無「而」字。上妃，有邰氏之女也，曰姜嫄氏，産后稷；次妃，有娀氏之女也，曰簡狄氏，産契；【補】有邰、有娀並姜姓國名。山海經曰：「帝俊生后稷。」俊即嚳也。中候苗興曰：「契之卵生，稷之迹乳。」○生民正義云：「上妃有邰氏之女曰姜嫄，而生后稷；次妃有娀氏之女曰簡狄，而生契。」檀弓正義「上」作「長」，無「而」字。契，宋本譌「棄」。嫄，元本作「原」。人表「狄」作「逷」，「契」作「卨」。次妃曰陳豐氏，産帝堯；次妃曰陬訾氏，産帝摯。【補】陳豐、娵訾皆國名。星土衛爲陬訾，蓋古陬訾氏居衛地，猶亥爲豕韋，子爲顓頊之虚，並以國名其次也。五帝本紀曰：「帝嚳崩而摯代立。帝摯立，不善，崩而弟放勳立。」○豐，宋本譌「隆」，從檀弓正義及漢書引此文改。生民正義云：「次妃陳鋒氏之女曰慶都，生帝堯；下妃娵訾之女曰常儀，生摯。」檀弓正義作「次妃陬氏之女曰常宜」。

帝堯娶于散宜氏之子，謂之女皇氏。帝舜娶于帝堯之子，謂之女匽氏。【補】丹朱、商均皆未爲帝，故不言所産。○匽，人表作「嫛」，帝王世紀作「英」。鯀娶于有莘氏，有莘氏之子謂之女志氏，産文命。禹娶于塗山氏，塗山氏之子謂之女憍氏，産啟。【補】有莘，國在陳留。塗山，國在壽春。或云：「女憍方孕而化爲石，破其北方，是生啟。」○有莘氏、塗山氏，元本並不疊。莘，人表作「㜪」。憍，世本作「嬌」，人表作「趫」。

凡五百七字。今補。

勸學第六十四

君子曰：「學不可以已矣。」青取之於藍而青於藍，水則爲冰而寒於水。【補】楊倞曰：「以喻學則才過其本性也。」○取，荀子作「出」。木直而中繩，輮而爲輪，其曲中規，枯暴不復挺者，輮使之然也。【補】喻學能改其質也。輮，以火柔之也。考工記有「揉牙」。楊倞曰：「暴，乾；挺，直也。」○枯暴，荀子作「雖有槁暴」。

是故不升高山，不知天之高也。不臨深谿，不知地之厚也。不聞先王之遺道，不知學問之大也。○道，荀子作「言」。于越戎貉之子，生而同聲，長而異俗者，教使之然也。【補】于，發聲。于越，猶春秋「於越」。一曰：「于，吳也。」○于，荀子作「干」。是故木從繩則直，金就礪則利。君子博學如日參己焉，故知明則行無過。【補】如，而也。參己者，學乎兩端，以己參之。○如，宋本譌「知」，從盧本改。荀子云：「博學而日參省乎己，則知明而行無過矣。」詩云：「嗟爾君子，無恒安息。靖恭爾位，好是正直。神之聽之，介爾景福。」【補】楊倞曰：「詩小雅小明之篇。靖，謀。介，助。景，大也。」神莫大於化道，福莫長於无咎。【補】孟子曰：「化而不可知之謂神。」咎，過也。學則免於咎。○无咎，荀子作「無禍」。

孔子曰：「吾嘗終日思矣，不如須臾之所學；吾嘗跂而望之，不如升高而博見也。」【補】跂望喻思，升高喻學。説苑以此爲子思子之言。○荀子無「孔子曰」。升高而招，非臂之長也，而見者遠；順風而呼，非聲加疾也，而聞者著；假車馬者，非利足也，而致千里；假舟檝者，非能水也，而絶江海。【補】順流曰溯，衡流曰絶。○「足」下，宋本脱「也」字。荀子「之」作「加」，「著」作「彰」，「海」作「河」，後同。君子之性非異也，而善假於物也。【補】假於朋友懿行，以成其學。○荀子「性」作「生」，無「之」字。

南方有鳥，名曰蝘鳩，以羽爲巢，編之以髮，繫之葦苕，風至苕折，子死卵破，巢非不完也，所繫者然也。【補】蝘鳩，鷦鷯。鷦鷯，桃蟲也。楊倞曰：「苕，葦之秀也。」今巧婦鳥之巢至精密，多繫於葦竹之上。○蝘，荀子作「蒙」。西方有木，名曰射干，莖長四寸，生於高山之上，而臨百仞之淵，木莖非能長也，所立者然也。【補】楊倞曰：「射干，一名烏翣。陶弘景云〔一〕：『花白莖長，如射人之執竿。』阮公詩云『射干臨層城』，是生於高處也。」仞，鄭君曰七尺也，小爾雅云四尺，趙岐云八尺。廣森按：祭義曰：「築宮仞有三尺。」古者

〔一〕「弘」，原避清乾隆諱作「宏」，今回改，下同，不再出校。

五板而堵，板廣八尺，高二尺，一堵之牆高丈，仞有三尺，合於一丈，鄭義爲長。應劭漢書音義云：「仞五尺六寸也。」亦依仞七尺言之。周八寸當漢尺。○而，宋本譌「西」。「淵」字，宋本脱，從宋本增。蓬生麻中，不扶自直。蘭氏之根，懷氏之苞，漸之滫中，君子不近，庶人不服，質非不美也，所漸者然也。【補】氏，語詞。懷，讀爲「櫰」。爾雅曰：「櫰，槐大葉而黑。」苞，本也。荀子云：「蘭槐之根是爲芷。」楊倞曰：「滫，溺也。言雖香草，浸漬於溺中，則可惡也。」○滫中，宋本譌「滫夫」，從元本改。漸，平聲。是故君子靖居恭學，脩身致志，○八字荀子無。處必擇鄉，游必就士，所以防僻邪而道中正也。○道，宋本譌「通」，從元本改，荀子作「近」。

物類之從，必有所由。榮辱之來，各象其德。【補】吉德致榮，凶德致辱。○從，宋本譌「徒」，從元本改。荀子「從」作「起」，「由」作「始」，「各」作「必」。肉腐出蟲，魚枯生蠹。殆教亡身，禍災乃作。【補】物自敗，蟲入之。人自侮，殃及之。○荀子作「怠慢忘身」。作，則故反，與「蠹」爲韻。强自取折，柔自取束。邪穢在身，怨之所構。【補】物剛則易折，柔則易束，所自取也。構怨於人，則致邪穢，亦所自取也。○折，荀子作「柱」。束，古音嗽，與「構」爲韻。布薪若一，火就燥；平地若一，水就濕。【補】言薪雖均，燥者易焚；水雖同，濕者易鍾也。○布，荀子作「施」。草木疇生，禽獸羣居，物各從其類也。【補】疇，亦類也。是故正鵠張而弓矢至焉，林木茂而斧斤至焉，樹成蔭而鳥息焉，醯酸而蜹聚焉。故言有召禍，行有招辱，君子慎其所立焉。【補】正、鵠，皆侯中的也。采布爲正，賓射以之。棲皮爲鵠，大射以之。釋名曰：「醯多汁者曰醓。」或以醓爲醋，非也。古者無醋，和酸以梅。醯酸，謂味爽也。蜹，列子所謂「醯雞」。○舊本云：「正，一作

『質』。」荀子「正鵠」作「質的」，「鳥」上有「衆」字，末「焉」作「乎」。

積土成山，風雨興焉；積水成川，蛟龍生焉；積善成德，神明自得，聖心備矣。○得，宋本譌「傳」，從文選典引注引此文改。備矣，荀子作「循焉」。**是故不積跬步，無以致千里；不積小流，無以成江海。騏驥一躒，不能千里；駑馬無極，功在不舍。**【補】躒，跨也。無極，行不止也。五穀不熟，不如荑稗；雖有忠信，不如好學。○荀子「跬」作「蹞」，「躒」作「躍」，「千里」作「十步」，「無極」作「十駕」。**楔而舍之，朽木不折；楔而不舍，金石可鏤。**【補】楔，讀爲「契」，刻也。○楔，荀子作「鍥」。宋本「朽」譌「杇」，「折」譌「知」。

夫螾無爪牙之利，筋脉之强，上食晞土，下飲黄泉者，用心一也。【補】螾，蚯蚓也。晞，乾也。孟子曰：「上食稿壤。」○螾，宋本譌「蟥」，從元本改。荀子「脉」作「骨」，「晞」作「埃」。**蟹二螯八足，非虵鉭之穴而無所寄託者，用心躁也。**【補】陸龜蒙蟹志曰：「蟹始窟穴于沮洳中，稻之登也，率執一穗以朝其魁，然後從其所之。蚤夜觱沸，指江而奔，既入于江，則形質寖大于舊。自江復趨于海。」太玄鋭初一：「蟹之郭索，後蚓黄泉。」測曰：「蟹之郭索，心不一也。」○荀子云：「蟹六跪而二螯。」今目驗之，蟹實八足，彼文誤也。鉭，宋本譌「鉏」，從盧本改，荀子作「蟺」。

是故無憤憤之志者，無昭昭之明；無緜緜之事者，無赫赫之功。【補】憤憤，志之勇也。緜緜，功之純也。○荀子「憤」作「冥」，「緜」作「惛」。**行歧塗者不至，事兩君者不容。**【補】爾雅曰：「二達謂之歧旁。」○歧，宋本譌「跂」，從戴氏校本改。荀子作「衢道」。**目不能兩視而明，耳不能兩聽而聰。**○荀子無二「能」字。**螣蛇無足而騰，**【補】郭璞曰：「螣蛇，龍類也，能興雲霧而遊其中。」淮南云「蟒蛇」。○螣，宋本譌「騰」，從高安本改。騰，荀子作「飛」。**鼫鼠五伎而窮。**【補】楊倞曰：「五伎謂能飛不能上屋，能緣不能窮木，能游不能渡谷，能穴不能掩身，能走不能先人。」言伎能雖多而不能如螣蛇專一，故窮。○鼫，荀子作「梧」。**詩云：「鳲鳩在桑，其子七兮。淑人君子，其儀一兮。其儀一兮，心若結兮。」君子其結於一也。**【補】楊倞曰：「詩曹風鳲鳩之篇。毛萇云：『鳲鳩，秸鞠也。鳲鳩之養七子，旦從上而下，夕從下而上，平均如一。』善人君子，其執義亦當如鳲鳩之一，執義一則用心堅固，故曰『心如結』也。」○若，荀子作「如」。

昔者瓠巴鼓瑟而沈魚出聽，【補】高誘曰：「瓠巴，楚人。」○沈，荀子作「流」。**伯牙鼓琴而六馬仰秣，**【補】春秋公羊説：「天子六馬。」鄭君駁異義曰：「周禮校人：『掌王馬之政。乘馬一師四圉。』四馬爲乘。康王之誥云：『皆布乘黄朱。』漢世天子駕六，非常法也。」廣森案：詩有駟騵、四驪、四黄、四牡，無駕六之文，干旄「良馬六之」，言聘賢者以馬爲儀，亦非駕數。漢以前傳記言六馬者，即謂校人六馬之物，不謂一車所駕。○琴，宋本譌「瑟」，從盧本改。**夫聲無細而不聞，行無隱而不形。**【補】誠於中，形於外。**玉居山而木潤，淵生珠而岸不枯。爲善而不積乎，豈有不至哉？**【補】爲善或不積耳，積則未有不至於成者。自篇首盡此，荀卿勸學本文也。别其條趣，凡爲五端。第一，「君子曰」已下，言性與習移，質由學化。第二，「孔子曰」已下，言德必有鄰，善必有師，慎其所與，無涅而緇。第三，「物類之從」已下，言言爲樞機，行爲坊表，遠恥之萌，絶禍之兆。第四，「積土成山」已下，言遵道而行，積小高大，壹志者成，攻異斯害。第五，「昔者瓠巴鼓瑟」已下，又言學之成效，以申誘勵，詩曰「鼓鐘于宫，聲聞于外」者也。○至，荀子作「聞」，朱本同。乎，元本作「辱」。

孔子曰：「野哉！君子不可以不學，見人不可以不飾。【補】雖有學焉，不飾則野。○野，説苑作「鯉」，以爲誨泗水侯辭也。不飾無貌，無貌不敬，不敬無禮，無禮不立。夫遠而有光者飾也，近而逾明者學也。【補】檀弓曰：「盡飾之道，斯其行者遠矣。」譬之如洿邪，水潦灟焉，莞蒲生焉。從上觀之，誰知其非源泉也？【補】洿邪，地之窳者也〔一〕。史記曰：「汙邪滿車。」灟，注也。莞，苻蘺也。源泉喻學，水潦、莞蒲喻飾。珠者，陰之陽也，故勝火；玉者，陽之陰也，故勝水。其化如神。【補】前文有珠玉，故旁及之。珠稟於月爲陰，其光爲陽。玉生於山爲陽，其質爲陰也。淮南子：「水圓折者有珠，方折者有玉。」高誘注云：「圓折者陽也，珠，陰中之陽。方折者陰也，玉，陽中之陰。」楚語曰：「珠足以禦火災。」玉之勝水未聞。○陽之，管子作「陰之」。藝文類聚引此文「之」上並有「中」字。故天子藏珠玉，諸侯藏金石，大夫畜犬馬，百姓藏布帛。【補】禮器曰：「家不藏圭。」不然，則强者能守之，知者能秉之，賤其所貴，而貴其所賤。【補】上下無制，則民皆賤菽粟而貴珠玉。○秉，管子作「牧」。不然，矜寡孤獨不得焉。【補】言珠玉金石，强知者有之，則貧者不得。君藏之，則與民同利。○管子云：「鰥寡獨老，不與得焉。」子貢曰：「君子見大川必觀，何也？」孔子曰：「夫水者，君子比德焉。偏與之而無私，似德。【補】上德不德。○偏，宋本譌「偏」。荀子云：「大偏與諸生而無爲也，似德。」所及者生，所不及者死，似仁。○荀子無。其流行庳下倨句皆

〔一〕「窳」，原作「窊」，今據初刻本改。

循其理，似義。【補】水流曲折，順地之理。考工記曰：「凡溝逆地防，謂之不行。」〇庳，宋本譌「痺」。荀子「行庳」作「也埤」，「倨句皆」作「裾拘必」。其赴百仞之谿不疑，似勇。〇荀子「谿」作「谷」，「疑」作「懼」，上有「其洸洸乎不淈盡，似道；若有決行之，其應佚若聲響」二十字。淺者流行，深淵不測，似智。〇荀子無。弱約危通，似察。【補】危，聲誤。荀子云：「淖約微達。」楊倞曰：「雖至柔弱而浸淫微通，達於物，似察之見細微也。」受惡不讓，似貞苞裹。【補】貞，蓋衍字。苞裹，納也。言川澤納汙也。説苑云：「似包蒙。」〇裹，舊誤作「裏」，今校改。荀子無此句。不清以入，鮮潔以出，似善化。【補】楊倞曰：「萬物出入於水，則必鮮潔，似善化者之使人去惡就美也。」〇宋本「以」、「似」二字互錯，從盧本改。荀子云：「以出以入，就鮮絜。」必〇此衍字。出量必平，似正。盈不求概，似度。萬折必以東西，似意。【補】楊倞曰：「概，平斗斛之木也。」考工記曰：「概而不稅。」言水盈滿，不待概而自平也。「西」字衍。荀子云：「其萬折也必東，似志。」〇荀子「出」作「主」，「正」作「法」，「度」作「正」，説苑爲「度」字。此文舊脱爛，唯存「度」上「广」，合於「萬」字之首，譌成「厲」字，今從戴氏校本改。是以見大川必觀焉。」〇「見」上，高安本有「君子」二字。

凡一千八十二字。今補。

卷八

子張問入官第六十五

子張問入官於孔子，【補】入官，仕也。孔子曰：「安身取譽爲難也。」子張曰：「安身取譽如何？」孔子曰：「有善勿專，專，謂自納於己。教不能勿搢，未若家語爲「勿怠」也。進，或聲誤爲「搢」，勿進，嫌其倦也。【補】字當爲「晉」，進也。言教不陵節。已過勿發，【補】王肅曰：「人已過誤，無所傷害，勿發揚。」失言勿踦，踦，邪也。出言既失，勿爲邪途以成之。不善辭勿遂，人言不中，勿貳遂之。【補】遂，順過也。出辭不善，勿因而順之。行事勿留。凡行政事，勿稽留之。君子入官，自行此六路者，則身安譽至而政從矣。上六者可以自通，故稱路也。且夫忿數者，獄之所由生也；○數，音「促數」之「數」。距諫者，慮之所以塞也；慢易者，禮之所以失也；墮怠者，時之所以後也；奢侈者，財之所以不足也；儉則有餘，奢則不足。專者，事之所以不成也；歷者，獄之所由生也。歷，歷亂也。君子入官，除七路者，則身安譽至而政從矣。七者，亦致亡之道也。

故君子南面臨官，大城而公治之，大城，列國。公，無私也。精知而略行之，精知者，當先是二路。

略行者，謂度時而施。【補】鄭君緇衣注曰：「精知熟慮於衆也。」案：二路謂所行、所除。合是忠信，考是大倫，存是美惡，而進是利，而除是害，而無求其報焉，而民情可得也。能合是六路之忠信，及進除七路之利害，施焉而不求報，則民情不失矣。【補】存，察也。故臨之無抗民之志，勝之無犯民之言，勝，謂民辭情短。量之無狡民之辭，狡，害也。恒言無害也。【補】民之情僞，能測量之，而無欺狡鉤距之術。養之無擾於時，【補】孟子曰：「百畝之田，勿奪其時。」愛之勿寬於刑。【補】猛以濟寬，令乃行也。昔吴漢將死，光武帝問所欲言，漢曰：「願陛下慎無赦而已。」若此，則身安譽至而民自得也。○若，宋本譌「言」，從戴氏校本改。

故君子南面臨官，所見邇，故明不可弊也；言所見先求於近者。中庸曰：「舜其大知也與！舜好問而好察邇言也。」【補】所不見者，無強爲明，則明之用不窮也。所求邇，故不勞而得也；言所求自近始，故詩云：「無田甫田，勞心忉忉。」所以治者約，故不用衆而譽至也。【補】守約而施博。法象在內，故不遠；言內有法象，則百姓亦有禮度。【補】在內，求諸己也。君子作事可法，德行可象。源泉不竭，故天下積也；積謂歸湊也。【補】泉不竭，則衆水歸之；澤不竭，則衆民歸之。而木不寡短長，人得其量，故治而不亂。量而用之。以泉木二用諭君子之政。【補】而，如也。君子之使人器之各得其用，故庶事治而不亂。譬如木然，材不寡則或短或長，隨量而取也。故六者貫乎心，藏乎志，形乎色，發乎聲。若此，則身安而譽至，而民自得也。志者，心之府也。聲，言也。【補】六者，「所見邇」以下六事。

故君子南面臨官，不治則亂至，民錯亂也。亂至則爭，爭之至，又反於亂。亂，反亂也。是故寬裕以容其民，慈愛以優柔之，而民自得也已。故躬行者，政之始也；身行之也。調悅者，情之道也。言調悅者，治人情之道也。善政行易，則民不怨；先王善政能躬行之，使平易，則民悅。言調悅，則民不辨法；謂不争也。周禮曰："凡辨法者考焉。"仁在身，則民顯以佚之也。【補】民譽之則顯，民安之則佚。財利之生微矣，貪以不得。【補】以貪爲利，則民之生財益微，故不得利。○微，宋本譌「徵」，從楊氏大訓改。善政必簡矣，初聞善政必記之。苟以亂之；【補】初行善政必簡易，久而倦，倦而苟，苟則散亂。善言必聽矣，聞善言始亦聽之也。詳以失之；後政不行，詳爲陋失。○詳，依注音「佯」。史記「佯狂」字爲「詳」也。規諫日至，煩以不聽矣。詩曰「老夫灌灌，小子蹻蹻」也。【補】詳以失之，則規諫者衆，後且煩厭，善言不聽矣。言之善者，在所日聞；行之善者，在所能爲。君子言之善者，在於終日言之。君子行之善者，在其能躬行。記聽而失之，則無益於言行也。故上者，民之儀也；有司執政，民之表也；邇臣便辟者，羣臣僕之倫也。倫，理也。言是羣臣、羣僕之綱理也。【補】儀，法也。便辟，左右給使令者也。○「政」下，大訓有「者」字。故儀不正則民失誓，表弊則百姓亂，邇臣便辟不正廉，而羣臣服汙矣。誓，勅也。服，事也。汙，濫也。言私謁也。【補】弊，仆也，如「狩田弊旗」之「弊」。故不可不慎乎三倫矣。【補】三者，儀也、表也、倫也。○慎，元本作「懼」。故君子修身，反道察説，而邇道之服存焉。修身當本於道而省其説，則近道之事存。【補】察説，所謂「好察邇言」也。是故夫工女必自擇絲麻，良工必自擇齎材。周禮巾車職曰："毀折入齎于職幣。」家語爲「完材」也。○鄭司農周官解詁曰：「禮家定『齎』作『資』。」鄭君曰：「齎、資同耳，其字以『齊』、『次』爲聲，從貝變易。」賢君良上必自擇左右始，故佚諸取人，勞於治事；勞於取人，佚於治事。郭象曰：「主上無爲於日事，而有爲於用臣。」○始，戴氏校本改爲「是故」之「是」。故君子欲譽則謹其所便，欲名則謹於左右。便，所便習。【補】所便，邇臣便辟也。左右，有司執政也。故上者，辟如緣木者務高，而畏下者滋甚。言在民上者譬若此。淮南子曰：「君子之居民上也，譬以腐索御良馬。」【補】升木者易傎，居上者易傾，高而不畏，則亢龍之悔至。○辟音譬。六馬之離，必於四面之衢；衢，四達道。民之離道，必於上之佚政也。【補】政佚則二三其令，若歧路之惑也。故上者尊嚴而絶，【補】尊絶於上，情不相比也。百姓者卑賤而神。孟子曰：「民爲貴，社稷次之，君爲輕也。」民而愛之則存，惡之則亡也。

故君子南面臨官，貴而不驕，富恭有本能圖，本謂身也。謂能謀其身也。修業居久而譚，譚，誕也，謂安縱也。【補】居久，居之無倦也。譚，大也。易曰：「可久則賢人之德，可大則賢人之業。」情邇暢而極乎遠，察一而關于多，一物治而萬物不亂者，以身爲本者也。【補】關，通也。物，事也。孟子曰：「天下之本在國，國之本在家，家之本在身。」故君子莅民，不可以不知民之性，達諸民之情。性爲仁義禮智之等，情爲喜怒愛惡之屬。性者生之質，情者人之欲。詩云：「天生烝民，有物有則。」既知其以生有習，然後民特從命也。生，謂性也。習，調節也。【補】以，已也。民生而有性，已生之後復有習俗，因其習而治之，則民易從。故世舉則民親之，政均則民無怨。世舉言治。故君子莅民，不臨以高，不道以遠，不責民之所不能。【補】責以高遠，則民不能。今臨之明王之成功，則民嚴而不迎也。明王之民，比屋可封。苟欲齊之，則憚而不能迎致主命。【補】此「臨以高」之失。道以數年之業，則民疾，疾則辟矣。使成數年之業，則民困矣。【補】此「道以遠」之失。○辟音避。故古者冕而前旒，所以蔽明也；黈紞塞耳，所以弇聰也。案：此記禮緯含文嘉以懸紞垂旒爲閑姦聲、弇亂色，今云「惑視聽」，則瑱、瑱之設兼此二事也。黈，莊子爲「黈」，黃也。故與莊子及著詩之義，則人君以黃紞充耳，大夫用素，皆尚以玉也。然毛、王徒以石飾玉，及鄭謂充耳爲玉，名義乖錯，故未詳。【補】禮圖冕後亦有旒，不合蔽明之義。漢公卿冕旒，皆有前無後也。玉篇曰：「黈，黃色也。紞，綿也。」以綿爲充耳，垂冕兩旁，其下綴玉，謂之瑱。懸紞之緌謂之紞。天子玄紞，諸侯黃，大夫青，士素。○黈，宋本譌「統」，元本譌「紸」，從玉篇引此文改。紞，即「纊」字。弇，文選薦士表注引此文作「揜」。故水至清則無魚，人至察則無徒。【補】東方朔曰：「明有所不見，聰有所不聞，舉大德，赦小過，無求備于一人之義也。」故枉而直之，使自得之；民有邪枉，教之使自得也。孟子曰：「匡之直之，使自得之。」優而柔之，使自求之；謂寬教之。○而，文選洞簫賦注引此文作「之」。揆而度之，使自索之。謂量民之才而施教之。民有小罪，必以其善以赦其過，【補】以其昔日之善，赦其今日之過。如死使之生其善也。其善也，若死而使之復生也。是以上下親而不離。故惠者，政之始也。政不正，則不可教也；不習，則民不可使也。故君子欲言之見信也者，莫若先虛其內也；謂內外相應。【補】虛其內，無私隱也。欲政之速行也者，莫若以身先之也；欲民之速服也者，莫若以道御之也。故不先以身，雖行必鄰也；不以道御之，雖服必强矣；鄰，郄。○鄰，去聲，大訓作「僯」。强，上聲。故非忠信，則無可以取親於百姓矣。此忠信，寡於言〔一〕，行相顧也。上無此條者，以言行不違，在忠信之間。外內不相應，則無可以取信者矣。四者，治民之統也。」四者，謂「以身先」及「以道御之」、「忠信」及「內外相應」。

凡一千六十五字。今少二十三字。

盛德第六十六

聖王之盛德，人民不疾，六畜不疫，五穀不災，陰陽順序，故人物不害也。諸侯無兵而正，小民無刑而治，蠻夷懷服。國語曰：「先王耀德不觀兵。」古者天子常以季冬考德，以觀治亂得失。辨其法政也。【補】考德，考諸侯之德。

凡德盛者治也，德不盛者亂也；德盛者得之也，德不盛者失之也。是故君子考德，而天下之治亂得失，可坐廟堂之上而知也。言不出户庭而周知海內之善惡也。德盛則修法，德不盛則飾政，法，德法。政，禁令。【補】飾者，增修之。法政而德不衰，故曰王也。王者往也，民所歸也。凡人民疾、六畜疫、五穀災者，生於天道不順；天道不順，生於明堂不飾。故有天災，則飾明堂

〔一〕「寡」，初刻本作「寬」，疑誤。

也。淮南子云：「明堂之廟，行明堂之令，以調陰陽之氣，而知四時之節，以辟疾之災也。」○「生於天」下，宋本脱「道不順」三字，從隋書宇文愷明堂議引此文增。

凡民之爲姦邪竊盜、歷法妄行者，生於不足；亂法者生於不知足。【補】歷，亂也。子張問入官曰：「歷者，獄之所由生也。」○歷，宋本作「靡」。不足，生於無度量也。無度量，則小者偷墮，大者侈靡而不知足。偷，苟且。墮，解墮。【補】小，不及制也，若魯人幣終幅；大，侈於制也，若陳氏量加一。故有度量則民足，民足則無爲姦邪竊盜、歷法妄行者。故有姦邪竊盜、歷法妄行之獄，則飾度量也。【補】周官質人：「掌稽市之書契，同其度量，壹其淳制，巡而考之。」月令：「日夜分，則同度量。」

凡不孝，生於不仁愛也；不仁愛，生於喪祭之禮不明。喪祭之禮，所以教仁愛也。致愛，故能致喪祭。春秋祭祀之不絶，致思慕之心也。孝經曰：「春秋祭祀，以時思之也。」夫祭祀，致饋養之道也。死且思慕饋養，況於生而存乎？故曰：喪祭之禮明，則民孝矣。故有不孝之獄，則飾喪祭之禮也。經解曰：「喪祭之禮廢，則君臣之恩薄〔一〕，而倍死亡生者衆。」○宋本脱末「也」字。

凡弑上，生於義不明。義者，所以等貴賤、明尊卑。貴賤有序，民尊上敬長矣。民尊上敬長，而弑者寡有之也。朝聘之禮，所以明義也。故有弑獄，則飾朝聘之禮也。經解曰：

〔一〕「君臣」，學海堂經解本、畿輔叢書本皆作「臣子」，是。

「朝聘之禮廢，則君臣之義失，諸侯之行惡，而倍畔侵陵之敗起也。」

凡鬭辨，生於相侵陵也；相侵陵，生於長幼無序。○此下有脱文。而教以敬讓也。故有鬭辨之獄，則飾鄉飲酒之禮也。經解曰：「鄉飲酒之禮廢，則長幼之序失，而争鬭之獄煩。」

凡婬亂，生於男女無别、夫婦無義。昏禮享聘者，所以别男女、明夫婦之義也。享謂享婦及召闔也。【補】聘，聘女也。天子以穀圭，諸侯以大璋，大夫、士有儷皮、束帛。召闔，字誤，曲禮曰「爲酒食以召鄉黨僚友」，注或謂此。故有婬亂之獄，則飾昏禮享聘也。經解曰：「婚姻之禮廢，則夫婦之道苦，而淫辟之罪多。」

故曰：刑罰之所從生有源，不務塞其源而務刑殺之，是爲民設陷以賊之也。禮察曰：「禮禁將然之前，法施已然之後也。」【補】陷，坎也。賊，害也。猶孟子言「爲阱於國中」。刑罰之源，生於嗜慾好惡不節。總言百姓犯刑罰之所由。故明堂，天法也；天，神所在也。王者於此則天無私勤施之法。禮度，德法也。禮謂三百三千也。唯有仁德也。【補】禮謂喪祭、朝聘、昏、鄉。度謂度量。禮者，德也。度者，法也。所以御民之嗜慾好惡，以慎天法，以成德法也。天地不可成，順之而已，其禮度則使成之。○慎，古通以爲「順」字。刑法者，所以威不行德法者也。天道遠，不責之；德法不行，則罰之。【補】刑象秋殺，亦所以慎天法。故季冬聽獄論刑者，所以正法也。歲終聽不德之刑，爲正德法而論也。【補】周官小司寇：「歲終則令羣士計獄弊訟，登中于天府。」○注舊在「法正論」下，失其句讀。法正，論吏公行之。【補】法既正，然後論吏之良者，使是故古者天子，孟春論吏德行能功，考羣臣之德行。【補】周官冢宰：「歲終，則令百官府各正其治，受其會，聽其致事，而詔王廢置。三歲則大計羣吏而誅賞之。」○「能」下，宋本衍「理」字，從朱本删。然朱本注在「德行」下，亦沿宋本之誤。「德行能功」，即下文四者。注偏舉「德行」，讀者遂於「德行」斷句，失之。 能得德法者爲有德，謂内外善也。○宋本脱「得」字，從朱本增。 能行德法者爲有行，謂能皆行。 能理德法者爲有能，謂能綜理之而又弗盡行。 能成德法者爲有功。謂内外成之而未能善也。 故論吏而法行，事治而功成。季冬正法，孟春論吏，治國之要也。春論班賞，冬考量刑，則莫不懲勸矣。 德法者，御民之銜勒也。吏者，轡也。 刑者，筴也。 天子，御者。【補】馬銜口曰銜，絡頭曰勒。御者居中，故以比天子。○宋本脱「勒」字，盧本據通典引此文增。 内史、太史，左右手也。太史、内史皆宗伯之屬。太史，下大夫二人；内史，中大夫一人，俱親王之官也。書曰「太史友」、「内史友」，云「内史、太史，左右手」，則太史爲左史、内史爲右史焉。 古者以法爲銜勒，以官爲轡，以刑爲筴，以人爲手，故御天下數百年而不懈墮。史，當字誤爲「人」。 善御馬者，正銜勒，齊轡筴，均馬力，和馬心，故口無聲，手不搖，筴不用，而馬爲行也。 善御民者，正其德法，飭其官而均民力，和民心，故聽言不出於口，刑不用而民治。【補】聽言，聽訟之言。 是以民德美之。 夫民善其德，必稱其人，故今之人稱五帝、三王者依然若猶存者，其法誠德，法，天法也。○德，當作「得」。 其德誠厚。謂禮度也。 夫民思其德，必稱其人，朝夕祝之，升聞於皇天，上帝歆焉，故永其世而豐其年。 不能御民者，棄其德法，譬猶御馬，棄轡勒而專以筴御馬，馬必傷，車必敗；無德法而專以刑法御民，民必走，國必亡。故淮南子曰：「舜無佚民，造父無佚馬。」○民必，宋本譌「民心」，從元本改。亡德法，民心無所法循，迷惑失道，謂民。上必以爲亂無道。謂君。苟以爲亂無道，刑罰必不克，又不能中。成其無道，上下俱無道。【補】民迷惑失道，是下無道也。上以爲亂無道，從而刑之，是上又無道。故今之稱惡者，必比之於夏桀、殷紂何也？曰：法誠不德，其德誠薄。夫民惡之，必朝夕祝之，升聞於皇天，上帝不歆焉，故水旱並興，災害生焉。【補】上祝，禂也。此祝，詛也。古者美惡不嫌同名。故曰：德法者，御民之本也。

古之御政以治天下者，冢宰之官以成道，司徒之官以成德，天道發施，故爲道；地理含藏，故主德。道德者，包五性内外之稱也。天地之官尊，故總焉。宗伯之官以成仁，木爲仁也。司馬之官以成聖，聖，通也。夏氣物充達，又征伐者所以平通天下。司寇之官以成義，金爲義。司空之官以成禮，不主智者，已兼司馬。凡宗社之設、城郭之度、宫室之量、典服之制，皆官所職也。○注「官」上，疑脱「冬」字。故六官以爲轡，司會均入以爲軜，軜在軾前，斂六轡之餘。詩云：「鋈以觼軜。」司會，冢宰之屬，中大夫二人。會，計也。主天下之大計。王制曰：「司會以歲之成，質於天子也。」【補】毛詩小戎傳曰：「軜驂，内轡也。凡乘馬八轡，御者唯執六轡，以兩驂内轡納於軾前也。」故曰：御四馬者，執六轡；御天地與人與事者，亦有六政。六政謂道、德、仁、聖、禮、義也。○宋本「故」下脱「曰」字，「馬」下脱「者」字，從孝經序疏引此文增。是故善御者正身同轡，詩云：「六轡既均。」均馬力，齊馬心，唯其所引而之，不違於節，故任其馳。以取長道遠行可以之，【補】之，往急疾可以御。言皆從人心也。○注舊在「急疾」下，亦失其句讀。天地與人事，此四者聖人之所乘也。四者：天地與人與事。是故天子御者，太史、内史，左右手也；六官亦六轡也。天子三公，合以執六官，三公無官，佐王論道而已。均五政，齊五法，以御四者，故亦唯其所引而之。五政謂天子、公、卿、大夫、士。五法謂仁、義、禮、智、信。【補】五政，明堂五時之政也。五法，即「飭度量」以下五事。以之道則國治，治典經邦國。以之德則國安，教典安邦國。○宋本脱此注。以之仁則國和，禮典和邦國。以之聖則國平，政典平邦國。以之義則國成，刑典詰邦國。以之禮則國定，體國經野，事官之職。○案下文「貧則飭司空」，此爲對文，似「定」當作「富」，字形之誤也。據楊炯遂州長江縣夫子廟碑用此記，亦云「以之禮而國定」，則唐時本已然。此御政之體也。過，失也。人情莫不有過，過而改之，是不過也。【補】改過，下言「飭六官」是也[一]。是故官屬不理，分職不明，法政不一，百事失紀，曰亂也，亂則飭冢宰。地宜不殖，財物不蕃，萬民飢寒，教訓失道，風俗淫僻，百姓流亡，人民散敗，曰危也，危則飭司徒。父子不親，長幼無序，君臣上下相乖，曰不和也，不和則飭宗伯。賢能失官爵，功勞失賞禄，爵禄失則士卒疾怨，兵弱不用，曰不平也，不平則飭司馬。刑罰不中，暴亂姦邪不勝，曰不成也，不成則飭司寇。百度不審，立事失理，財物失量，曰貧也，貧則飭司空。冢宰

[一]「言」，初刻本作「文」。

掌六典，司徒掌十二教，宗伯掌五禮，司馬掌九伐，司寇掌五刑。小宰職曰：「一曰治職，以平邦國，以均萬民，以節財用。二曰教職，以安邦國，以寧萬民，以懷賓客。三曰禮職，以和邦國，以諧萬民，以事鬼神。四曰政職，以服邦國，以正萬民，以聚百物。五曰刑職，以詰邦國，以糾萬民，以除盜賊。六曰事職，以富邦國，以養萬民，以生百物。」司馬之屬司勳「掌六鄉之賞田，以等其功」。又司士之官「掌羣吏之數，以詔其爵禄」。凡度量財物，考工猶有其事。【補】地宜，五土所宜生也。不用，不用命也。勝，如「勝殘去殺」之「勝」。○蕃，宋本譌「審」，從盧本改。**故曰：御者同是車馬，或以取千里，或數百里者，所進退緩急異也。治者同是法，或以治，或以亂者，亦所進退緩急異也。**【補】進賢退不肖，緩刑法，急禮度，所由適於治也，反是則亂。

明堂者，古有之也。明堂之作，其代未得而詳也。案：淮南子言神農之世，祀於明堂。明堂有蓋，四方至。漢武帝時，有獻黄帝明堂圖者，四面無壁，中有一殿。然其由或始於此也。**凡九室，一室而有四户八牖，凡三十六户七十二牖。**【補】此據漢明堂言之。東京賦曰「八達九房」，薛綜注：「堂後有九室，所以異於周制。」鄭君曰：「九室三十六户七十二牖，似秦相吕不韋作春秋時，説者所益，非古制也。」案：古明堂五室，畫方九區，四正爲堂，四隅爲室，中央曰太廟太室，南曰明堂，北曰玄堂，東曰青陽，西曰總章。東北水室，東南木室，西南火室，西北金室。吕氏春秋曰「周明堂金在其後」，此之謂也。鄭君説考工記五室不合卦行之位，竊更正之，亦别有圖論。○下「凡」字，宋本脱，從儀禮經傳通解增。**以茅蓋屋，**茅，取其潔質也。【補】春秋左傳曰：「清廟茅屋。」**上圓下方。**【補】此亦後代之制。考工記曰：「四阿重屋。」古明堂檐有四阿，明非上圓。**明堂者，所以明諸侯尊卑。**明堂，非所以朝諸侯。

於祀也，諸侯亦備焉。【補】昔者周公朝諸侯於明堂之位，記有顯文，何云「非所以朝」也？**外水曰辟雍。**韓詩説：「辟圓如璧，雍以水。」不言「圓」言「辟」者，取辟有德；不言辟水言雍，雍，和也。【補】古唯學有辟雍耳。記因太學、明堂同制，遂雜言之。漢世以明堂、靈臺、太學爲三雍宮也。**南蠻、東夷、北狄、西戎。**言四海之君，於祭也各以其方，列於水外。○「南」上，御覽引此文有「列」字。**明堂月令：**於明堂之中，施十二月之令。【補】明堂月令者，古明堂陰陽篇名。自「赤綴」以下，引其文也。所説獨與周明堂制度多相合。**赤綴户也，**綴，飾也。【補】小招「網户朱綴」，王逸章句曰：「綴，緣也。」以朱緣户，唯明堂有之。故諸侯受九錫，乃得朱户以居。**白綴牖也，**【補】考工記曰：「窗白盛。」**二九四七五三六一八，**記用九室，謂法龜文，故取此數，以明其制也。【補】九宫之數，二在西南，八在東北，九在正南，一在正北，四在東南，六在西北，七在正西，三在正東，五位乎中，土室象之。四正之堂，合於遁甲：一爲水，其神天蓬；三爲木，其神軒轅；七爲金，其神咸池；九爲火，其神天乙。四隅之室，合於太一：二爲大威火，四爲高叢木，六爲太蔟金，八爲地主水也。是故觀於明堂，以知六儀之祥，節八風之行，順時察方，授政頒常，若稽者昌，威侮者亡。**堂高三丈，**【補】此謂檐棨之高，非階崇也。三丈者，一雉也。古者五板爲堵，板長八尺，高二尺。春秋公羊説：「五堵爲雉。」此度長之雉也。古周禮及左氏説：「三堵爲雉。」此度高之雉也。堵高一丈，長四丈。雉高三丈，長二十丈。○丈，宋本譌「尺」，從元本改。與許叔重五經異義引此文合。**東西九仞，南北七筵，**【補】仞，七尺也。筵，九尺也。九仞、七筵，變文言之，實皆六丈三尺，其堂正方。考工記云「東西九筵」，似彼文爲誤。夏堂十四步，殷堂七尋，周人侈於殷、小於夏焉。四堂之深廣同，通計堂基面方一百八十九尺。○仞，宋本譌「筵」，從異義引此文改。**上圓下**

方，九室十二堂，室四户，户二牖。【補】此述周制，當云「五室」，因上文有「九室」，字誤耳。篆文五爲乂，與九相混。十二堂者，堂各有左右个，凡四堂八个，合之爲十二也。太室之户，四通四正之堂，當太室户牖，前入廉深，故謂之太廟。廟者，邈也。四隅之室，户牖外至階上，是爲个。木室南之前曰明堂左个，東之前曰青陽右个；水室東之前曰青陽左个，北之前曰玄堂右个；金室北之前曰玄堂左个，西之前曰總章右个；火室西之前曰總章左个，南之前曰明堂右个。个在堂之兩旁，若儀禮廟寢有東堂、西堂。隅室直个之後，若東堂、西堂後有夾室矣。○異義引此文云：「四堂十二室。」**其宫方三百步，在近郊，近郊三十里。**淳于登說：「明堂在國之陽三里之外、七里之内，丙巳之地。」韓詩說：「明堂在南方七里之郊。」然三十里無所取也。再言方圓及户牖之數亦煩重。【補】覲禮曰：「諸侯朝于天子，爲宫方三百步，四門壇十有二尋，深四尺，加方明于其上。」在近郊者，似謂此也。以其堂祀方明，故或名明堂。荀子：「築明堂于塞外而朝諸侯。」楊倞注亦以爲方明壇也。**或以爲明堂者，文王之廟也。**明堂與文王之廟不爲同處，或説謬也。【補】周公作洛，立文武之廟，制如明堂，謂之文世室、武世室。夏曰世室，周曰明堂，異名而同實也。故孝經曰：「宗祀文王于明堂。」或說不謬。

朱草日生一葉，至十五日生十五葉，十六日一葉落，終而復始也。孝經援神契曰：「朱草生，蓂莢孳，嘉禾成，蓮蒲生。」蓂莢，堯時俠階而生，以記朔也。朱草可食，王者慈仁則生，其形無記朔之狀，蓋説不詳。【補】尚書中候曰：「堯德匪懈，朱草生郊。」白虎通義曰：「朱草者，赤草也，可以染絳，別尊卑也。」**周時德澤洽和，蒿茂，大以爲宫柱，名爲蒿宫也。**晏子春秋曰：「明堂之制，下之潤濕不及也，上之寒暑不入也。木工不鏤，示民知節也。然或以蒿爲柱，表其儉質也。」明堂別有圖論，不復詳焉。【補】拾遺記曰：「條陽山中出神蓬，如蒿，長十丈，周初國人獻之，周以爲宮柱，所謂蒿宮也。」**此天子之路寢也，**路寢亦爲此制。**不齊不居其室。**【補】天子四仲之月居於堂，孟季之月居於个，閏月居於門，唯齊乃居於室。○室，宋本譌「屋」，從通解改。齊音齋。**待朝在南宮，**將視朝時。【補】明堂有四門，南宮者，南門之堂也。**揖朝出其南門。**周禮司士職曰：「正朝之位，辨其貴賤之等。王南向，三公北面東上，孤東面北上，卿大夫西面北上。王族故士、虎士在路門之右，南面東上。太僕、太右、太僕從者在路門之左，南面西上。司士擯，孤卿特揖，大夫以其等旅揖，士旁三揖，王還揖門左，揖門右。太僕前，正視朝位〔一〕。王入內，皆退也〔二〕。」【補】南門，所謂路門也。天子三朝：路寢之庭曰燕朝，路門外應門內曰治朝，應門外臯門內曰外朝。

凡二章。凡一千六百一十八字。今補。

〔一〕「正視朝位」四字，周禮注疏原爲注文。
〔二〕「皆」，初刻本作「乃」。

卷九

千乘第六十七

公曰：「千乘之國，【補】周禮：「大國三軍，次國二軍，小國一軍。」千乘者，侯伯二軍之賦。古以五百乘爲軍，詩采芑曰「其車三千」，謂天子六軍也。魯，侯爵，爲次國，故僖公之頌云「公車千乘」，其後襄公始作三軍，昭公時復罷之。受命于天子，通其四疆，教其書社，【補】左傳曰：「書社五百。」商子曰：「里有書社。」史記索隱以爲：「古者二十五家爲里，里則各立社。書社者，書其社之人名於籍也。」脩其灌廟，【補】灌，社壝也。社有灌木，因以爲名。墨子曰：「建國必擇木之脩茂者，以爲叢位。」吕氏春秋曰：「問其叢社大祠。」古者皆謂社爲叢。毛詩傳云：「灌木，叢木也。」然則社之言「灌」，與「藂」同義。○脩，宋本譌「循」，從高安本改。建其宗主，【補】公子繼世爲宗，大夫繼世爲主。○宋本脱「宗」字，從朱本增。設其四佐，列其五官，【補】四佐，卿也。諸侯得置孤一人，與三卿爲四也。五官，大夫也。王制：「諸侯之上大夫卿，下大夫五人。」正義曰：「司徒之下置小卿二人，一是小宰，一是小司徒。司空之下亦置二小卿，一是小司寇，一是小司空。司馬之下惟置一小卿，小司馬也。」處其朝市，【補】匠人營國，面朝後市。

爲仁如何？」【補】以仁爲國則何如？子曰：「不仁。國不化。」公曰：「何如之謂仁〔一〕？」子曰：「不淫於色。」【補】哀公爲妾齊衰，蓋多内嬖，故以爲戒。

子曰：【補】楊簡曰：「良久而又言，故再書『子曰』。」「立妃設如太廟，【補】妃，適妻也。如太廟，言尊適也。然乃中治。【補】然後内治。中治不相陵，不相陵，斯庶嬪遠。【補】庶嬪，衆妾也。遠，彰也，上下之分彰。遠則事上静，静斯潔信。【補】禮：諸侯娶九女，夫人居中宫，右媵居西宫，左媵居東宫，姪娣各從其居，接御於君也，五日則徧：姪娣兩兩而御，次左右媵，次夫人專夕。女史書其日月，銀環以進之，金環以退之。叙陰禮，息陰訟，如是之謂静。詩曰：「静女其孌，貽我彤管。」在中朝，大夫必慎以恭；出會謀事，必敬以慎言，長幼小大必中度。【補】中朝，内宫之朝也。中朝大夫，若司宫、内宰之屬。中度，言幼無陵長，小無加大。此國家之所以崇也。【補】崇，尊也。立子設如宗社，【補】子，世子也。如宗社，言無易樹子。○宋本脱「如」字，從大訓增。宗社先示威，威明顯見，【補】明世子之威，使衆著知尊畏。辨爵集德。【補】凡立世子，必辨其爵之貴賤，合其德之賢否，而擇貴者、賢者立之。春秋公羊傳曰：「立適以長不以賢，立子以貴不以長。」左氏傳曰：「年鈞以德，德鈞以卜也。」是以母弟官子，咸有臣志，【補】諸侯之尊，兄弟不得以屬通。雖母弟，猶有臣志於世子，故莫敢覬覦也。楊簡曰：「官子者，羣臣之子。」莫敢援於外大夫，中婦私謁不行。【補】援於外大夫，若成風私事季友、敬

〔一〕「謂」，畿輔叢書本同，學海堂經解本作「爲」，爲、謂古通。

贏私事公子遂是也。謁，告也。毛詩序曰：「后妃內有進賢之志，而無險詖私謁之心。」○行，元本作「得」。**此所以使五官治、執事政也。**【補】政，古通以爲「正」字。**夫政以教百姓，百姓齊以嘉善，故蠱佞不生，此之謂良民。國有道則民昌，此國家之所以大遂也。**【補】齊，同也。遂，順也。**卿設如大門，大門顯美，小大尊卑中度，**【補】大門美，則衆室得其度；上卿賢，則衆職得其理。**開明閉幽，內祿出災，以順天道，近者閑焉，遠者稽焉。**【補】開明，進賢也。閉幽，沮佞也。祿，福也。閑，正也。此皆以門喻。○內音納。**君發禁，宰受而行之，**【補】鄭君聘禮注曰：「宰，上卿，貳君事者也。諸侯謂司徒爲宰。」○宋本脱「受」字，從大訓增。**以時通于地，**【補】楊簡曰：「地者，地政也，謂農穀也。農時最不可失，故言時。」**散布于小理，**【補】理，治也。小治，猶小政也。**天之災祥、地寶豐省，及民共饗其祿、共任其災，此國家之所以和也。**【補】地寶，穀也。詩曰：「稼穡維寶。」豐，豐年。省，凶年。楊簡曰：「有祥則與民共饗其祿，有災則與民共受其災。憂樂與民同之，不自豐而不恤下，則上下和矣。」**國有四輔，輔，卿也。**【補】四輔，皆小卿也。下所陳司徒、司馬、司寇、司空是也。**卿設如四體，**【補】孟子曰：「君之視臣如手足。」**毋易事，**【補】久於其事則事治，毋更易之。**毋假名，**【補】子曰：「唯器與名不可以假人。」**毋重食。**【補】食，祿也。時三家富於國，故云。**凡事尚賢進能，使知事，爵不世，**【補】古者有世祿，無世位，故春秋譏尹氏也。**能官之不愆。**【補】大夫不世，苟有能者，必官之，無失人。○宋本脱「官」字，從大訓增。**凡民戴名以能，**【補】有其能而後居其名。**食力以時，**【補】勤於農時，以自食其力。**成以事立，**○尋句例，「立」字當在「以事」之上。**此所以使民讓也。民咸孝弟而安讓，此以怨省**

而亂不作也，此國之所以長也。○「國」下，高安本有「家」字。下無用則國家富，上有義則國家治，【補】無用者抑下之，有義者尊上之。長有禮則民不争，立有神則國家敬，兼而愛之則民無怨心，以爲無命則民不偷。【補】民以爲有命在天，則必偷惰，不致人事。故曰：「民可使由之，不可使知之。」○無命，戴氏校本改「典令」。昔者先王立此六者而樹之德，此國家所以茂也。○立，盧本作「本」。「家」下，高安本有「之」字。設其四佐而官之，【補】此四佐，即上四輔。○設，宋本譌「誤」。司徒典春，【補】司徒，地官，諸侯無宗伯兼治春官之事，故三官皆云「司」，唯此云「典」，典者，領其職也。以教民之不時、不若、不令。【補】若，順。令，善也。○「時」上，宋本衍「則」字，從御覽引此文删。成長幼老疾孤寡，以時通于四疆。【補】周禮曰：「國中自七尺以及六十，野自六尺以及六十有五，皆征之。老者、疾者皆舍。」有闔而不通，有煩而不治，則民不樂生，不利衣食。【補】闔，民情抑滯也。凡民之藏貯以及山川之神明加于民者，發圖功謀。【補】月令：「孟冬，命司徒巡行積聚，兼及山川之祀者。」典春官故也。圖亦謀也。○圖，宋本譌「國」，從盧本改。舊本云：「一作同。」齋戒必敬，會時必節，【補】會時，若「龍見而雩」之類。日曆巫祝，執伎以守官，俟命而作。【補】日曆，太史、馮相之屬。命，君命也。作，行也。祈王年，禱民命及畜穀、蜚征、庶虞、草。【補】云「王年」者，篇中或廣言王政，猶「答顔淵問爲邦」也。禱畜，裯牲、裯馬是也。禱穀，順豐年、逆時雨是也。蜚征，飛走之物。馬融廣成頌曰：「繯橐四野之飛征。」蜚，古文「飛」字。庶虞，記凡三見，後文云「方冬三月，庶虞藏」，四代云「庶虞動，蜚征作」，檢尋其義，似謂蟄蟲也。虞官掌若上下草木鳥獸，故以稱之。草，稂莠害稼者也。皆禱之者。若蜡詞云：

「昆蟲無作，草木歸其澤。」○「草」下，疑脱「木」字。方春三月，緩施生育，動作百物。○施音弛。於時有事，享于皇祖皇考。【補】周禮曰：「以祠，春享先王；以禴，夏享先王。」朝孤子八人，以成春事。【補】孤子，死君事者之子。郊特牲曰：「春享孤子。」昔齊顔庚死于隰之役，陳成子屬孤子，三日朝，設乘車兩馬，繫五邑焉，召顔庚之子而賜之，是其事也。必八人者，就春數也。太玄經曰：「一六爲水，二七爲火，三八爲木，四九爲金，五五爲土。」司馬司夏，以教士車甲。凡士執伎論功，脩四衛，强股肱，質射御，【補】士，戰士。四衛，四境也。質，決也。才武聰慧，治衆長卒，可以爲儀綴於國，出可以爲率，誘於軍旅。【補】聰慧，能有謀也。長卒，爲衆卒之長。綴，表也。誘，勸也。○上「可」字，宋本譌「所」，從大訓改。四方諸侯之遊士，國中賢、餘、秀興閲焉。【補】遊士，異國之士來寓者也。賢，鄉之賢士升于司徒者。餘，卿大夫之餘子。秀，司徒所論秀士也。國有大閲，皆致其衆焉。興，起也。猶周禮言「作六軍之士」。方夏三月，養長秀，蕃庶物。於時有事，享于皇祖皇考，爵士之有慶者七人，以成夏事。【補】月令：「孟夏之月，慶賜遂行，行爵出禄。」司寇司秋，以聽獄訟，治民之煩亂，執權變民中。【補】權其輕重，變而通之，以求民之中。凡民之不刑萌本以安閒。【補】刑，法也。凡民之爲不法，其萌皆本於安閒無所事，則慆淫非僻之心生。○宋本「萌」譌「崩」，「安」譌「要」，並從大訓改。作起不敬，以欺惑憧愚。【補】造作不畏法之事，以惑愚民。作於財賄、六畜、五穀曰盜。【補】周官士師：「掌邦之八成，六曰爲邦盜。」以下罪名凡八，似當彼「八成」也。誘居室家，有君子曰義。子女專曰媄。【補】誘居室家，詐奪人産也。子女專，擅人子女也。有君子曰義，未詳。此於八成，當彼「撟邦令」、「犯邦令」。飭五兵及木石曰賊。【補】五兵之名。案周五陣：春牝陣，弓爲前行；夏方陣，戟爲前行；季夏圓陣，矛爲前行；秋牡陣，劍爲前行；冬伏陣，楯爲前行。淮南子説：「春兵矛，夏兵戟，季夏兵劍，秋兵戈，冬兵鎩。」揚雄説：「木爲矛，金爲鉞，火爲戈，水爲楯，土爲弓矢。」春秋穀梁傳：「陳五兵五鼓。」徐邈云：「矛在東，戟在南，鉞在西，楯在北，弓矢在中央。」禮記隱義云：「東方戟，南方矛，西方弩，北方楯，中央鼓。」周官司兵「掌五兵五盾」，先鄭云：「五兵者，戈、殳、戟、酋矛、夷矛。」後鄭云：「是車之五兵。步卒之五兵，則無夷矛而有弓矢。」廣森謂：周禮及穀梁傳五兵之外，别有楯、鼓，則諸家數楯與鼓者非也。司馬法曰：「弓矢圍，殳矛守，戈戟助，凡五兵，長以衛短，短以救長。」當定從鄭君義。木，槍桲之屬也。石，礌礮之屬也。八成，二曰「邦賊」。以中情出，小曰閒，大曰講，【補】以中情出，謂以國中情實探泄於外者，以小事出曰閒，以大事出曰講。講，讀曰「構」。戰國策「交構」之字皆爲「講」。閒，邦諜也。構，邦汋也。利辭以亂屬曰讒，【補】利辭，利口之辭。亂屬，間亂戚屬也。此八成所謂「爲邦誣」。以財投長曰貸。【補】投，與也。長，若「大事從其長」之「長」。以財賄交長官，所謂「爲邦偂」。○貸音貣。凡犯天子之禁，陳刑制辟，以追國民之不率上教者。【補】凡犯上禁八事，則用刑辟也。追，窮捕之也。周禮曰：「唯田與追胥竭作。」○國，大訓作「罔」。夫是故一家三夫道行，三人飲食，哀樂平，無獄。【補】匹夫之家，上父下子，是三夫也。三人，其母、妻及子婦也。男子作於外，婦人贍於家，故曰「三人飲食」。○飲，朱本作「餘」。方秋三月，收斂以時，於時有事，嘗新于皇祖皇考，【補】秋享曰嘗。食農夫九人，以成秋事。【補】新穀即登，息田夫也。月令：「孟冬，勞農以休息之。」此或於季秋之末。司空司冬，以制度制地事，準揆山林，規表衍沃。

【補】準揆，度其形勢也。規表，識其經界也。古者制地九等，衍沃上上，山林下下，舉以包其中也。下平曰衍，有流曰沃。衍沃之地，九夫爲井。隰皐之地，九夫爲牧，二牧而當一井。原防之地，九夫爲町，三町而當一井。衍豬之地，九夫爲規，四規而當一井。彊潦之地，九夫爲數，五數而當一井。淳鹵之地，九夫爲表，六表而當一井。京陵之地，九夫爲辨，七辨而當一井。藪澤之地，九夫爲鳩，八鳩而當一井。山林之地，九夫爲度，九度而當一井。畜水行衰濯浸，以節四時之事。【補】衰，殺也。水行不畜則竭，濯浸不衰則疾。考工記曰：「凡行奠水，磬折以三五。」○衰濯，御覽引此文作「表灌」。治地遠近，以任民力，以節民食[一]。【補】遠近，若周法治鄉以上劑，治遂以下劑。

太古食壯之食，攻老之事。」【補】壯者食多，老者事少。論語曰：「爲力不同科，古之道也。」公曰：「功事不少而餱糧不多乎？」子曰：「太古之民，秀長以壽者食也。在今之民，羸醜以胔者事也。【補】胔，死腐也。太古無游民，【補】游民，惰游不治生業者。食節事時，【補】食雖多而得其節，故不費。事雖少而勤其時，故不廢。民各安其居，樂其宫室，服事信上，上下交信，地移民在。【補】言民不棄上也。昔古公杖策，豳民歸岐；紀侯大去，從之者四年乃畢，故曰地移而民在。○大訓無「室」字，「宫」作「官」，下「其宫」同。今之世，上治不平，民治不和，百姓不安其居，不樂其宫，老疾用財，壯狡用力，於茲民游，薄事貪食，於茲民憂。【補】於茲，猶於是也。古者殷書爲成男成女名屬，升于公門。【補】殷，衆也。殷書，蓋户籍之名。成，成人者也。名，名字。屬，親屬。周官司民：「掌萬民之數，自生齒以上皆書於版，異其男

[一]「食」，原作「事」，今據畿輔叢書本及宋本太平御覽所引改。

女，歲登下其死生，及三年大比，以萬民之數詔司寇。司寇及孟冬祀司民之日，獻其數于王，王拜受之，登于天府。」此以氣食得節，作事得時，勸有功，【補】氣，廪也。今俗以此爲雲氣字，更造「餼」行之。○「勸」上，大訓有「民」字。夏服君事不及暍，冬服君事不及凍，【補】暍，傷暑也。淮南子曰：「武王蔭暍人於樾下。」是故年穀不成，天之饑饉，道無殣者。【補】言民有餘蓄也。餓死爲殣。春秋左傳曰：「道殣相望。」在今之世，男女屬散，名不升於公門。此以氣食不節，作事不成，天之饑饉，於時委民，不得以疾死。【補】時，是也。委，棄也。言將以凍餓死也。此上答哀公問辭，下文乃終言司空之事。○成，大訓作「時」。是故立民之居，必於中國之休地，因寒暑之和，六畜育焉，五穀宜焉。【補】休，美也。周官大司徒曰：「日至之景尺有五寸，謂之地中，天地之所合也，四時之所交也，風雨之所會也，陰陽之所和也。然則百物阜安，乃建王國焉。」職方氏曰：「豫州畜宜六擾，穀宜五種。」辨輕重，制剛柔，和五味，以節食時事。東辟之民曰夷，精以僥。至于大遠，有不火食者矣。南辟之民曰蠻，信以朴。至于大遠，有不火食者矣。西辟之民曰戎，勁以剛。至于大遠，有不火食者矣。北辟之民曰狄，肥以戾。至于大遠，有不火食者矣。【補】辟，偏也。僥，僞也。大遠，極遠也。四者析之爲異，散文亦通。故春秋經曰「齊侯伐北戎」，詩曰「因時百蠻，奄受北國」也。王制於戎狄言「不粒食」。○辟音僻。及中國之民曰五方之民，咸有安居和味，咸有實用利器。○宋本脱上「咸」字，「居」譌「民」，從大訓增改。知通之，【補】通其言語。信令之，【補】信著於民，故足以使令之。及量地度居，有城郭，立朝市，地以度邑，邑以度民，【補】度，讀曰「宅」。尚書「宅西」、

「五流有宅」、「三危既宅」，古文並爲「度」。宅，居也。言地以居邑，邑以居民也。○「度邑」之「邑」，宋本倒在「有城郭」上，從戴氏校本改。以觀安危，距封後利，先慮久固，【補】九里曰距，五十里曰封。此言營國也。春秋之時，晉人將居郇瑕，沃饒而近鹽，韓獻子以爲不可，是後利之義。依固可守，爲奥可久，【補】阻山爲固，阻水爲奥。能節四時之事，霜露時降。方冬三月，草木落，庶虞藏，五穀必入于倉。【補】必入，言無有露積。○入，元本作「畜」。於時有事，蒸于皇祖皇考，【補】冬享曰蒸。蒸，進也。息國老六人，以成冬事。【補】息，亦食禮之屬。鄉飲酒曰：「息司正、國老、卿大夫致仕者。」民咸知孤寡之必不末也，【補】末，後也。謂「春朝孤子」。○末，宋本譌「未」，盧本作「失」，從大訓及元本改。咸知有大功之必進等也，【補】謂夏爵士。咸知用勞力之必以時息也，【補】謂秋冬食農息老。推而内之水火，入也弗之顧矣，○内音納。入，宋本譌「人」，從盧本改。而況有强適在前、有君長正之者乎？」【補】言可以即戎矣。適，讀曰「敵」，燕義「莫敢適」之義也。史記田單傳「適人開户」，並假借以爲「敵」字。公曰：「善哉！」

凡一千三百七十七字。今補。

四代第六十八

公曰：「四代之政刑，論其明者，可以爲法乎？」子曰：「何哉？四代之政刑，皆可法也。」【補】楊簡曰：「四代，虞夏商周也。」公曰：「以我行之，其可乎？」子曰：「否，不可。臣願君之立知，而以觀聞也。【補】言公不能行，但可守其所知，以觀其所聞。四代之政刑，君若用之，則緩急將有所不節，【補】四代之法，損益因時。若並用之，則文質寬猛，必不得其中。不節，君將約之；約之，卒將棄法，棄法是無以爲國家也。」【補】約，省也。法煩則省之，省之甚則廢。

公曰：「巧匠輔繩而斲，胡爲其棄法也？」【補】輔，依也。子曰：「心未之度，習未之狎，此以數踰而棄法也。【補】於四代之政刑，思之未審，習之未熟，則數過其法。夫規矩、準繩、鈞衡，此昔者先王之所以爲天下也。小以及大，近以知遠，今日行之，可以知古，可以察今，其此耶。【補】此六法之用也。鈞，權也。小大近遠，若重差互視之術。周髀經曰：「圓出於方，方出於矩，故折矩以爲句廣三、股脩四、徑隅五，禹之所以治天下者，此數之所生也。」水、火、金、木、土、穀，此謂六府，【補】六者，民所取財用也，若府藏然。廢一不可，進一不可，【補】不可損益。民並用之。今日行之，可以知古，可以察今，其此耶。【補】此六府之用。昔夏商之未興也，伯夷謂此二帝之眇。」【補】伯夷，虞史也。二帝，堯舜也。眇，小也。伯夷嘗言此六法、六府爲堯舜之小政。○二，大訓及盧本作「三」，戴氏校本依後篇改「三常」。

公曰：「長國治民，恒幹論政之大體以教民；【補】幹，統也，讀如劉向傳「幹尚書」之「幹」。辨歷大道，以時地性，興民之陽德，以教民事；【補】周禮曰：「以地產作陽德，以和樂防之。」上服周室之典，以順事天子，脩政勤禮，以交諸侯，大節無廢，小眇其後乎？」子曰：「否，不可後也。詩云『東有開明』，【補】金星附日而見，昏曰長庚，晨曰開明。今詩字爲「啟明」，此記或漢避孝景諱改。於時雞三號，

【補】春秋説：「夏以寅爲朔，殷以鷄鳴爲朔，周以夜半爲朔。」以興庶虞，庶虞動，蜚征作，○大訓不疊「庶虞」。嗇民執功，【補】嗇民，農夫也。功，田功也。書曰：「辨秩東作。」百草咸淳，【補】咸，感也。淳，和也。感和氣而生也。地傾水流之。【補】春凍釋，水流傾溉百物。是以天子盛服，朝日于東堂。【補】盛服，衮冕服也。國語曰：「大采朝日。」東堂，明堂東門之堂也〔一〕。天子以正月朔日迎日東郊，反而禮日東堂，是謂「春朝朝日」也。每月之朔，亦朝日於路寢東門〔二〕，其服殺，用玄端。以教敬，示威于天下也。【補】饗、禘皆所以爲威敬。唯言「朝日」者，舉見眇小不可後。是以祭祀昭有神明，燕食昭有慈愛，宗廟之事昭有義，率禮朝廷昭有五官，無廢甲胄之戒昭果毅以聽，【補】春秋左傳曰：「戎昭果毅以聽之之謂禮。殺敵爲果，致果爲毅。」天子曰崩，諸侯曰薨，大夫曰卒，士曰不禄，庶人曰死，昭哀。【補】鄭君曲禮注曰：「異死名者，爲人褻其無知，若猶不同然也。自上顛壞曰崩。薨，顛壞之聲。卒，終也。不禄，不終其禄。死之言澌也，精神澌盡也。」哀愛無失節，是以父慈子孝，兄愛弟教，此昔先王之所先施於民也。【補】施教於民，以此爲先。君而後此，則爲國家失本矣。」

公曰：「善哉！子察教我也。」【補】楊簡曰：「察，詳切也。」子曰：「鄉也君之言善執國之節也。

〔一〕「門」，畿輔叢書本同，學海堂經解本作「面」，是。
〔二〕「路寢」，畿輔叢書本同，學海堂經解本作「東堂」。

【補】謂公所言時地性、教陽德、事天子、交諸侯，亦守國之大節。○鄉音向。君先眇，而後善中備以君之言，可以知古，可以察今，奐然而興民壹始。」【補】能先慎其小者，而後以君所言備行之，則治興矣。奐然，新貌。言與民更始。○之，宋本譌「子」，從大訓改。

公曰：「是非吾言也，吾一聞於師也。」【補】一，皆也。子吁焉其色，曰：「嘻！君行道矣。」公曰：「道耶？」子曰：「道也。」○元本作「道由子而道也」。公曰：「吾未能知人，未能取人。」子曰：「君何爲不觀器視才？」公曰：「視可明乎？」子曰：「可以表儀。」【補】楊簡曰：「表，外也。即其外之儀狀，可以知其中。」公曰：「願學之。」子曰：「平原大藪，瞻其草之高豐茂者，必有怪鳥獸居之。【補】草喻表儀，鳥獸喻德。且草可財也，【補】其草，中爲薪材，又喻表儀，即可取也。財，古通以爲材字。如艾而夷之，其地必宜五穀。【補】夷，如「芟夷」之「夷」。地喻質美。○艾音刈。高山多林，必有怪虎豹蕃孕焉；深淵大川，必有蛟龍焉。民亦如之，君察之，此可以見器見才矣。」公曰：「吾猶未也。」子曰：「羣然，戚然，頤然，睪然，踖然，柱然，抽然，首然，僉然，湛然，淵淵然，淑淑然，齊齊然，節節然，穆穆然，皇皇然，【補】羣然，可親。戚然，可畏。頤，安也。睪，深思之貌。家語曰：「睪然高望而遠眺。」踖然，足容。柱然，身容。抽然，手容。首然，頭容。僉然，和也。湛然，靜也。淵淵，深也。淑淑，美也。齊齊，敬也。節節，飭也。穆穆，純也。皇皇，大也。凡此皆人之儀。○戚，宋本譌「戚」，從大訓改。見才色脩聲不視，【補】才色，美色。脩聲，曼聲。聞怪物怪命不改志，【補】異色異言，聞而不驚，言能靜。○怪命，宋本謁「恪命」，從大訓改。舌不更氣，【補】慎言之至，口氣出入，皆有常度。君見之舉也，得之取也，有事事也。【補】人能如此者，君見則舉之，得則取之，有事當任之。事必與食，食必與位，無相越踰。【補】與之祿位，必稱其事，無食浮於人，人浮於食。昔虞舜天德，嗣堯取相十有六人如此。【補】天德，盧君解在少閒。十六相，謂八元、八愷。公曰：「嘻！美哉。子道廣矣。」曰：「由德徑徑，吾恐惛而不能用也。何以哉？」【補】「曰由德徑徑」，未詳，或當屬「何以哉」之下。蓋公言惛不能用，子答以用之由德，故下文公問圖德也。

公曰：「請問圖德何尚？」子曰：「聖，知之華也；知，仁之實也；仁，信之器也；信，義之重也；義，利之本也。委利生孽。」【補】委，積也。不尚義而積利則生害。公曰：「嘻！言之至也。道天地，以民輔之，聖人何尚？」【補】以，與也。子曰：「有天德、有地德、有人德，此謂三德。【補】洪範三德：「一曰正直，二曰剛克，三曰柔克。」剛，天德也。柔，地德也。正直，人德也。三德率行，乃有陰陽。陽曰德，陰曰刑。」【補】春陽爲德，秋陰爲刑，天之經也；山剛積德，水柔積刑，地之形也；聖人法焉。故德以仁生，刑以義成。公曰：「善哉！再聞此矣。【補】前聞取人之法，今再聞此言。陽德何出？」子曰：「陽德出禮，禮出刑，【補】禮不能治，然後齊之以刑。刑出慮，慮則節事於近，而揚聲於遠。」【補】楊簡曰：「刑不可以不慎，故出慮；慮刑，則事有節而不妄，仁聲遠聞。」公曰：「善哉！載事何以？」【補】載，行也。子曰：「德以監位，位以充局，局以觀功，功以養民，民於此乎上。」【補】監，莅也。官有分職曰局。春秋左傳曰：「離局，姦也。」上，尚也。公曰：「禄不可後乎？」子曰：「食爲味，味爲氣，○宋本脱此字。氣爲志，發志爲言，發言定名，名以出信，信載義而行之，禄不可後也。」【補】名謂貴賤之號。

公曰：「所謂民與天地相參者何謂也？」子曰：「天道以視，【補】在上，人仰而瞻之。地道以履，【補】在下，人踐而行之。人道以稽，【補】稽，同也。同之天地。廢一曰失統，恐不長饗國。」公愀然其色。子曰：「君藏玉，惟慎用之。雖慎敬而弗愛，【補】愛，吝也。民亦如之。【補】用人亦當慎之，而弗愛爵禄。執事無貳，五官有差，【補】差，等也。○貳，大訓作「貸」，古通用字。喜無並愛，卑無加尊，淺無測深，小無招大，【補】招，讀如「招人過」之「招」。葉公之顧命曰：「無以嬖御士疾莊士大夫卿士。」此謂楣機。【補】此取人之要，若門有楣，若弩有機。楣，門上梁，受樞者也。機，弩牙也。楣機，賓薦不蒙。【補】楣機既得，則賢者皆見賓禮薦用，無所蒙蔽。昔舜徵，薦此道於堯，堯親用之，不亂上下。」

公曰：「請問民徵？」【補】驗人善惡之法。子曰：「無以爲也，難行。」【補】行之惟艱，無以問爲。公曰：「願學之，幾必能。」【補】幾，期也。子曰：「貪於味不讓妨於政，願富不久妨於政，【補】不久，無恒也。慕寵假貴妨於政，【補】曾子曰：「君子不假貴而取寵。」治民惡衆妨於政，【補】謂威虐其衆。爲父不慈妨於政，爲子不孝妨於政，大縱耳目妨於政，【補】縱耳目之欲。好色失志妨於政，好見小利妨於政，【補】論語曰：「見小利，則大事不成。」變從無節妨於政，【補】變古易常，去此從彼，若安石用新法之流。○此「妨於政」，宋本脱，從高安本增。撓弱不立妨於政，剛毅犯神妨於政。【補】鬼神敬而遠之，犯則不敬，過節則瀆。幼勿與衆，【補】幼穉者勿使莅衆。克勿與比，【補】忌克者勿與相親比。依勿與謀，【補】依違者不足與謀。放勿與游，【補】放縱者不可與游處。徼勿與事。【補】子貢曰：「惡徼以爲知者。」臣聞之弗薦，非事君也。君聞之弗用，以亂厥德。【補】聞，聞上觀人之法也。薦，謂陳於君。○薦，宋本譌「慶」，從大訓改，下同。臣將薦其簡者。【補】更進言取人簡約之法。蓋人有可知者焉：貌色聲衆有美焉，必有美質在其中者矣；貌色聲衆有惡焉，必有惡質在其中者矣。【補】衆，皆也。此所謂以其表儀觀器視才。此者伯夷之所後出也。」○者，高安本作「皆」。「後出」，似字誤。

子曰：「伯夷建國建政，脩國脩政。」【補】造始曰建，增舊曰脩。○「夷」下，大訓有「曰」字。舊本云：「脩，一作『循』。」公曰：「善哉！」

凡一千二百九十字。今補。

虞戴德第六十九

公曰：「昔有虞，戴德何以？【補】問民戴舜之德，何以致之？深慮何及？高舉安取？」【補】其慮遠也何所及，其高法也何所取。子曰：「君以聞之，唯丘無以更也。君之聞如未成也，【補】如，而也。君聞之而未備。○「君以」之「以」，大訓作「已」。案：「以」篆文本爲「㠯」，隸變爲「已」，秦刻石「㠯」旁加「人」，隸變爲今「以」字，故諸書或用「已」，或用「以」，寔皆一字。黄帝慕脩之，曰明，【補】舜能慕黄帝之法而述脩之，故稱明也。樂記曰：「述者之謂明。」○舊本云：「脩，一作『循』。」法于天明，開施教于民，【補】言法天之明道，以開布政教于百姓也。春秋左傳曰：「則天之明。」行此以上，明于天化也，物必起。是故民命而弗改也。」【補】起，猶中庸云「明則動，動則變」。

公曰：「善哉！以天教于民，可以班乎？」【補】班，齊也。子曰：「可哉。雖可而弗由，此以上知，所以行斧鉞也。【補】雖可教而民或弗從，故上知之君不能無刑誅也。○知，去聲。父之於子，天也；君之於臣，天也。有子不事父，有臣不事君，是非反天而到行耶？故有子不事父，不順；有臣不事君，必刃。【補】不順，治以㐬子之刑也。說文解字曰：「㐬，不順忽出也。從到古文『子』。易曰：『㐬如其來如，焚如，死如，棄如。』」言子不順父，其刑焚也。周禮：「凡殺其親者，焚之。」刃，殺也。○到，即「倒」字。案「倒」本無人傍，説文新附。順天作刑，地生庶物。【補】天尊而地親，義順天，仁順地。是故聖人之教于民也，率天如祖地，能用民德，是以高舉不過天，深慮不過地，【補】如，而也。質知而好仁〔一〕，能用民力。此以三常之禮明，而名不蹇。禮失則壞，名失則惛。【補】三常，天地人之常道。名，命號也。蹇，過也。是故上古不諱，正天名也；【補】從天之質。天子之宮四通，正地事也；【補】明堂路寢

〔一〕「知」，畿輔叢書本同，學海堂經解本作「直」。

闢四門，達四方。白虎通義曰：「門四出何？以通方也。故禮三朝記曰：『天子之宫四通。』」○宫，宋本譌「官」，從白虎通所引改，今白虎通亦無此文，見太平御覽。**天子御珽，諸侯御荼，大夫服笏，正民德也；**【補】凡位不同，服各有異。唯言圭笏，舉一隅耳。玉藻曰：「天子搢珽，方正於天下也。諸侯荼，前詘後直，讓於天子也。大夫前詘後詘，無所不讓也。」相玉書云：「珽玉六寸，明自炤。」或以爲天子執冒四寸。篆文丣、𠨷字相似，珽即冒矣。荼，杼也。諸侯圭博三寸，杼上左右各寸半。大夫笏中博三寸，上下皆杼六分而去一。**斂此三者而一舉之，戴天履地，以順民事。**【補】斂，總也。舉，行也。**天子告朔於諸侯，率天道而敬行之，以示威於天下也。**【補】何氏春秋傳解詁曰：「諸侯受十二月朔政于天子，藏于太祖廟，每月朔朝廟，使大夫南面奉天子命，君北面而受之。」**諸侯内貢於天子，率名斆地實也。**【補】斆，讀爲「效」，致也。春秋穀梁傳曰：「古者諸侯時獻於天子，以其國之所有。」○内音納。**是以不至必誅，**【補】誅，責也。孟子曰：「一不朝則貶其爵，再不朝則削其地，三不朝則六師移之。」**諸侯相見，卿爲介。**【補】公九介，侯伯七介，子男五介。唯上介，卿也。○介，宋本譌「分」，從盧本改。古書「介」爲「仌」，與「分」相似。「卿」上，御覽引此文有「治」字。**以其教士畢行，**【補】教士，貢士也。射義曰：「諸侯歲獻貢士于天子，天子試之于射宫。」舊説：「大國三人，次國二人，小國一人。」**使仁守，**【補】春秋穀梁傳曰：「知者慮，義者行，仁者守，有此三者，然後可以出會。」楊士勛説：「知者爲司徒，義者爲司馬，仁者爲司空也。」○「仁」下，御覽有「者」字。**會朝于天子。天子以歲二月爲壇于東郊。**【補】壇，射宫也。東郊，就陽位也。考工記曰：「張皮侯而棲鵠，則春以功。」功，貢也。小行人「令諸侯春入貢」，於入貢時，遂貢教士，若後世計偕，天子因與之射，以觀其能否也。

漢五行志曰：「春而大射，以順陽氣。」建五色，設五兵，【補】春秋穀梁傳曰：「天子救日，置五麾，陳五兵。」然五色，亦謂麾也。覲禮曰：「公侯伯子男，皆就其旂而立。」具五味，【補】將射，必先行饗禮。陳六律吕，奏五聲，【補】以樂爲射節。王奏騶虞九終，諸侯貍首七終，大夫采蘋、士采蘩五終。○吕，舊誤作「品」，今校改。聽明教，【補】明教，誓也。大射儀：「司射西面，誓之曰：『公射大侯，大夫射參，士射干。射者非其侯，中之不獲。卑者與尊者爲耦，不異侯。』太史許諾。」此諸侯之詞，王禮未聞。置離，【補】離，耦也。王射以六耦，諸侯四耦，大夫士三耦。凡二人偶曰離。曲禮曰：「離坐離立。」漢律曰：「離載下帷。」楚公子圍使二人執戈，謂之「離衞」。抗大侯規鵠，【補】抗，張也。大侯，虎侯也。規，度也。鵠，侯中棲皮也。王大射，以貍步張三侯，虎侯九十，熊侯七十，豹侯五十。虎侯之崇，見鵠于熊，熊見鵠于豹，豹下不及地武。豎物，【補】豎，立也。物，獲旌也。鄉射記曰：「各以其物獲。」○豎，宋本譌「堅」，從大訓改。九卿佐三公，三公佐天子，天子踐位，諸侯各以其屬就位，【補】其位，射人有之。三公北面，孤東面，卿大夫西面。諸侯在朝，則皆北面。乃升諸侯之教士。○宋本叠出「諸侯」，從御覽删。教士執弓挾矢，揖讓而升，【補】縮矢于弦，側持之曰執。横矢于弣，方持之曰挾。○挾音浹。履物以射。【補】物，以丹若墨度地午畫之，縱三尺，横尺二寸。上射於右，下射於左。鄉射記曰：「物長如笴，其間容弓。」鄭君曰：「射時所立處也。謂之物者，物猶事也，君子所有事也。」其地心端色容正，○「地」字衍。時以斆伎，【補】容比於禮，節比於樂，謂之時。伎，能也。時有慶以地，不時有讓以地。【補】慶，賞也。讓，責也。射義曰：「數有慶而益地，數有讓而削地。」

天下之有道也，有天子存；國之有道也，君得其正；家之不亂也，有仁父存。是故聖人之教于民也，以其近而見者，稽其遠而明者。【補】故觀于射，而知諸侯之習不習於禮樂也。天事曰明，地事曰昌，【補】明照物，昌育物。人事曰比兩以慶。【補】兩即天地也。慶，善也。言合天地之道以爲善。○古讀「明」如「盲」，「慶」如「羌」，與「昌」爲韻。違此三者，謂之愚民。愚民曰姦，姦必誅。是以天下平而國家治，民亦無貸。○貸音忒。居小不約，居大則治，衆則集，寡則繆。【補】小，小國。大，大國。衆寡，謂民多少也。約，困也。繆，古通以爲「穆」字。集、繆，皆和也。孟子章指曰：「上下和親，君臣集穆。」祀則得福，以征則服。【補】子曰：「我戰則克，祭則受福，蓋得其道矣。」此唯官民之上德也。」【補】官民，猶言君人也。管子曰：「爲人君者，脩官上之道。」

公曰：「三代之相授，必更制典物，道乎？」【補】謂若正朔三而改，文質再而復。子曰：「否。猷德。【補】猷，古通以爲「由」字。德，謂五行之德。言三代更制，各由其德，異德相變，同德則否。舜與黄帝皆土德，故慕脩之，不更制也。保保惛乎前，以小繼大，變民示也。」【補】保保，當爲桀紂，字形之誤。言桀紂惛亂，湯武以諸侯繼天子，故必變易前制，以新民視也。今之字以目視物作「視」，以物示人作「示」，古不别用。鄭君昏禮注曰：「『視』乃正字，今文作『示』，俗誤行之。」詩鹿鳴箋曰：「『視』，古『示』字也。」然則漢時人當用「視」者，多省「見」爲小「示」字。公曰：「善哉！子之察教我也。」子曰：「丘於君唯無言，言必盡。【補】不言則已，言無不盡。於他人則否。」公曰：「教他人則如何？」子曰：「否。丘則不能。昔商老彭及仲傀政之教大夫，官之教士，技之教庶人，【補】包咸曰：「老彭，殷賢大夫。」仲傀，即湯左相仲虺，史記作中𦊆，荀子作中教大夫以爲政，士以服官，庶人以執技，蓋子之教如此，謙言非己所能，竊比於老彭、仲傀。傳曰「先聖王之傳恭，猶不敢專，稱曰自古，古曰在昔，昔曰先民」，此之謂也。**揚則抑，抑則揚，**【補】楊簡曰：「揚則太過，故必抑之；抑則不及，故必揚之，皆使無失中。」**綴以德行，不任以言。**【補】綴，表也。**庶人以言，猶以夏后氏之袝懷袍褐也，行不越境。」**【補】袝，盛服也。袍，大襦。褐，毛布，賤者之服也。喻人之以言者，雖飾於外，無實於內，其行不遠。○「庶」上，大訓有「任」字。

公曰：「善哉！我則問政，子事教我。」【補】楊簡曰：「子乃事事教我。」**子曰：「君問已參黄帝之制，制之大禮也。」公曰：「先聖之道，斯爲美乎？」子曰：「斯爲美。雖有美者，必偏屬於斯。**【補】偏，亦屬也。春秋左傳曰：「舉其偏。」**昭天之福，迎之以祥；作地之穡，制之以昌；興民之德，守之以長。」**【補】祥，善也。終言率天祖地，以順民事。○穡，宋本譌「福」，從大訓改。**公曰：「善哉！」**

凡七百八十字。「八十」，當是「六十」之誤。

誥志第七十

公曰：「誥志無荒，以會民義，【補】楊簡曰：「誥者，所以誥諭臣民之典令；志者，所以記録庶事之書志〔一〕。」齋

〔一〕「録」，初刻本、畿輔叢書本同，學海堂經解本作「載」。

戒必敬，會時必節，犧牲必全，齊盛必潔，上下禋祀，外内無失節，其可以省怨遠災乎？」○齊盛音粢成。子曰：「丘未知其可以省怨也。」公曰：「然則何以事神？」子曰：「以禮會時。夫民見其禮，則上下不援，不援則樂，樂斯毋憂，以此怨省而亂不作也。【補】魯人之祭也，宫縣而白牡，設朱干，擊玉磬，僭天子之禮；季氏亦歌雍，舞八佾；陪臣陽虎從祀僖公。此民不見禮，上下相援之驗也，故以是戒之。不援則樂，猶「均無貧，和無寡，安無傾」之意。○「援」上兩「不」字，宋本並脱，從大訓增。毋，戴氏校本改「無」。以此，大訓作「此以」。夫禮，會其四時，四孟、四季、五牲、五穀順至，必時其節也。丘未知其可以爲遠災也。」○大訓「節」下無「也」字，「以」下無「爲」字。

公曰：「然則爲此何以？」子曰：「知仁合則天地成，天地成則庶物時，庶物時則民財儆，【補】儆，聚也。方言曰：「凡會物謂之儆。」○儆，宋本譌「敬」，注云：「一作『欲』。」從大訓改。民財儆以時作，時作則節事，節事以動衆，則有極；【補】作，用也。極，中也。○宋本叠出「動衆」，從大訓删。有極以使民則勸，勸則有功，有功則無怨，無怨則嗣世久，世久唯聖人。宋本不叠出「世久」，從大訓增。是故政以勝衆，非以陵衆；衆以勝事，非以傷事；事以靖民，非以徵民。【補】勝，任也。靖，治也。徵，徵發煩擾之。○勝，平聲。故地廣而民衆，非以爲災，長之禄也。【補】嗣世長久之福也。丘聞周太史曰：【補】曾子問篇每云：「吾聞諸老聃。」史記曰：「老子，周守藏室之史也。」『政不率天，下不由人，則凡事易壞而難成。』○下，史記作「又」，大訓無。虞史伯夷曰：【補】引之言率天之事。『明，孟也。幽，幼也。

【補】孟,長也。明爲陽,幽爲陰。陽先陰後,長幼之義。**明幽,雌雄也。雌雄迭興而順至,正之統也。」日歸于西,起明于東;月歸于東,起明于西。**【補】禮器曰:「大明生于東,月生于西。」參同契説納甲術云:「三日出爲爽,震庚受西方。八日兑受丁,上弦平如繩。十五乾體就,盛滿甲東方。」此謂「月起明于西,歸于東」也。**虞夏之曆,正建于孟春。**【補】以朔旦立春,七政俱起營室,爲曆元,與周曆起冬至者異也。○晉書引此文「正」在「建」下。**於時冰泮發蟄,百草權輿,瑞雉無釋,**【補】權輿,始也。史記曆書云:「百草奮興,秭鳺先滜。」「無釋」,並形誤。周易「無咎」字爲「无」,與「先」相近。滜,鳴也,小正所謂「雉震呴」。**物乃歲俱生于東,以順四時,卒于冬方。**【補】言萬物與歲俱起于春、盡于冬也。冬方,北方也。○以,史記作「次」。方,宋本譌「萬」,因「万」之轉也,從大訓改,盧本依史記作「分」。**於時鷄三號,卒明。**【補】徐廣曰:「卒,斯也。」司馬貞曰:「三號,三鳴也。夜至鷄三鳴則天曉,乃始爲正月一日,言異歲也。」**載于青色,撫十二月節,卒于丑,**【補】載,始也。青,春色也。張守節曰:「撫,猶循也。」**日月成歲。**【補】中數曰歲,朔數曰年。**曆再閏以順天道,此謂虞汁月。**【補】五歲再閏,則一巡守。協時月正日,以順天道,此謂有虞氏汁月之法。汁,亦協也。○汁音叶。「虞」上,宋本衍「歲」字,從大訓删,高安本作「歲餘計月」。**天曰作明,日與惟天是戴;地曰作昌,日與惟地是事;人曰作樂,日與惟民是嬉。**【補】日,猶日日也。嬉,猶熙熙也。與,語辭。**民之動能,不遠厥事;民之悲色,不遠厥德。**【補】悲色,當爲「斐色」,言好色不淫也。斐,即「妃」字。蜀都賦曰:「娉江斐。」○能,古音「耐」,與「事」爲韻。**此謂表裹時合,物之所生而蕃昌之道如此。**【補】表裹,内外也。民事勤於外,婦不淫於内,則能生財蕃昌。○表裏，大訓作「表表裏裏」。天生物，地養物，物備興而時用常節，曰聖人。○時，大訓及高安本作「日」。主祭於天曰天子。天子崩，步于四川，代于四山。【補】步者，禜説之祭名。周禮「春秋祭酺」，故書爲「步」。漢祀有人鬼之步、蝝螟之步。四川，江、淮、河、濟也。四山，衡、岱、恒、華也。代，代其材也。檀弓曰：「虞人致百祀之木，可以爲棺椁者斬之。」○代，宋本譌「伐」，從大訓改。卒葬曰帝。【補】卒葬，終葬也。曲禮曰：「措之廟，立之主，曰帝。」天作仁，地作富，人作治，樂治不倦，財富時節，是故聖人嗣則治。文王治以俟時，【補】俟時，謂服事殷也。乾元序制記曰：「文王用其不倦，武發脩其質素。」湯治以伐亂，禹治以移衆，衆服以立天下。【補】移衆化民也。緇衣曰：「禹立三年，百姓以仁遂焉。」堯貴以樂治，【補】無爲而治。時舉舜。舜治以德使力，【補】時，是也。在國統民如恕，在家撫官而國，【補】如，而也。而，如也。君統民而能恕，大夫撫私臣如在國。安之勿變，勸之勿沮，民咸廢惡如進良；上誘善而行罰，百姓盡於仁而遂安之，此古之明制之治天下也。【補】誘，進也。○誘，大訓作「撫」。仁者爲聖，貴次，力次，美次，射御次，【補】聖人先德而後爵，尚功而賤藝，故貴不如仁，力不如貴，美不如力，射御不如美也。美謂才美。古之治天下者必聖人。聖人有國，則日月不食。【補】日月之道，經緯同度，於是有食。曆法象之，常可推而知。然人事愆于下，天譴見于上，則有頻食，有不以朔食，有不入交限而食。聖人有國，日月不食者，非無食也，七政順行，二儀貞明，無不當食而食者耳。星辰不孛，【補】孛，彗類。春秋經曰：「有星孛于大辰。」○孛，宋本譌「勃」，從大訓及高安本改，與文選賢良詔注引此文合。朱本、盧本有「隕」字。「勃海」屬下讀，謬也。海不運，【補】運，改其道也。若瀄言移，河言徙。**河不滿溢，川澤不竭，山不崩解，陵不施。**【補】解，圻也。施，讀爲「阤」，小崩也。○施，賢良詔注作「絶」。「施」下，宋本、盧本衍「谷」字。**川谷不處，深淵不涸，**【補】楊簡曰：「處，止也，壅而止也。」○谷，宋本譌「浴」，從戴氏校本改。大訓作「洛」，亦誤。涸，太平御覽引此文作「涌」。**於時龍至不閉，鳳降忘翼，鷙獸忘攫，爪鳥忘距，**【補】不閉，不絶也。忘翼，不飛去也。鷙獸，貔貅之屬。爪鳥，鷹隼之屬。忘攫、忘距，皆言不搏殺。○忘，大訓並作「亡」。**蜂蠆不螫嬰兒，**【補】蠍短尾者謂之蠆。**蚉蝱不食夭駒，**【補】說文解字曰：「蝱，齧人飛蟲也。」凡物幼曰夭，馬幼曰駒。○蚉，「蚊」字。**雒出服，河出圖。**【補】雒，洛水也。舊說光武都洛陽，以漢火德，畏水，始用「雒」字。服，馬也。詩曰：「兩服上襄。」衛有馬名「啟服」。圖書靈異之物。不必河恒出馬，雒恒出龜，故於雒言服，亦互見之。漢五行志曰：「虙羲氏繼天而王，受河圖，則而畫之，八卦是也。禹治洪水，賜雒書，法而陳之，洪範是也。」先儒皆以洪範「五行」以下至「六極」，即龜書本文。天生神物，自然成字，希世之符，非可以常理徵測。晉時僞古文傳興，始云「龜列于背，有數至于九」，宋人因創列黑白點位以爲雒書，又取五行生成之數以爲河圖，尤失其實。盧君說明堂九室云「法龜文」，亦由惑信古文，取異前哲。**自上世以來，莫不降仁。**【補】所陳諸瑞，自古以來，無不降於仁者。**國家之昌，國家之臧，信仁。是故不賞不罰，如民咸盡力。車不建戈，遠邇咸服，**【補】如，而也。兵車建戈於輢，乘車則否。○服，古音「𤰈」。**胤使來往，地賓畢極。**【補】楊簡曰：「胤，繼也。使者相繼往來。」廣森謂：地賓，讀如詩「率土之濱」，言無遠弗至也。**無怨無惡，率惟懿德。**【補】洪範曰：「無有作惡，遵王之路。」**此無空禮、無空名，**【補】禮以仁行之，名以仁居之。**賢人並憂，**

殘毒以時省，【補】憂，讀爲「優」。今文尚書曰：「優賢揚歷。」省，察而去之也。〇大訓無「毒」字。舉良良，舉善善。【補】舉良則民莫不良，舉善則民莫不善。恤民使仁，日數仁賓也。」【補】楊簡曰：「凡四方之賓來數於王庭者，亦皆仁人也。」

凡七百七十七字。今補。

卷十

文王官人第七十一

王曰：「太師！【補】逸周書曰：「成王訪周公以民事，周公陳六徵以觀察之，作官人。」此記題爲文王官人，則「王曰」者謂文王也，太師蓋尚父也，與彼不合。慎維深思，內觀民務，察度情僞，謂視中觀隱也。變官民能，歷其才藝，試以衆位，歷觀其才也。女惟敬哉！女何慎乎非倫？倫，理次也，宜所慎。【補】言非倫則何所慎也。猶呂刑云「何擇非人」。倫有七屬，屬有九用，用有六徵：○徵，宋本譌「微」，從元本改。一曰觀誠，二曰考志，三曰視中，四曰觀色，五曰觀隱，六曰揆德。」其說在下。○周書「志」作「言」，「中」作「聲」。

王曰：「於乎！女因方以觀之。【補】總下六事。富貴者，觀其禮施也；觀其禮及其施。曲禮曰：「積而能散。」○「禮」上，周書有「有」字。貧窮者，觀其有德守也；觀其德與其守。孔子曰：「君子固窮。」嬖寵者，觀其不驕奢也；隱約者，觀其不懾懼也；曲禮曰：「富貴而知好禮，則不驕不淫。貧賤而知好禮，則志不懾。」其少，觀其恭敬好學而能弟也；其壯，觀其潔廉務行而勝其私也；其老，觀其意憲慎强其所不足而不踰也；孔子射矍相之國，蓋觀者如堵墻，使公罔之裘、序點揚觶而語。公罔之裘揚觶而語，曰：「幼壯孝弟，耆耋好禮，不從流俗，修身以俟死者，不在此位也。」蓋去者半，處者半。序點又揚觶而語，曰：「好學不倦，好禮不變，旄期稱道不亂者，不在此位也。」蓋勮有存者。【補】憲，法也。學記曰：「發慮憲。」所不足，老者力不足也。○周書云：「其老者，觀其思慎而口彊；其所不定者，觀其不踰。」父子之間，觀其孝慈也；兄弟之間，觀其和友也；君臣之閒，觀其忠惠也；父慈、子孝、兄友、弟和、君惠、臣忠也。鄉黨之間，觀其信憚也；信而敬憚。○憚，周書作「誠」。省其居處，觀其義方；省其喪哀，觀其貞良；○立事注引此文作「省其喪，觀其貞良」也。省其出入，觀其交友；省其交友，觀其任廉。任，以信相親也。考之以觀其信，絜之以觀其知，【補】絜，度也。莊子曰：「絜之百圍。」○絜，宋本譌「挈」，從元本改。周書云：「設之以謀。」示之難以觀其勇，煩之以觀其治，○「煩之」下，周書有「以事」二字。淹之以利以觀其不貪，【補】儒行：「淹之以樂好。」鄭君曰：「淹謂浸漬之。」藍之以樂以觀其不寧，藍，猶濫也。【補】寧，傷也。春秋左傳曰：「不有寧也。」○周書「藍」作「濫」，「寧」作「荒」。喜之以物以觀其不輕，怒之以觀其重，【補】喜怒不形，則内重不輕佻也。○周書無「以物」字、「不」字。醉之以觀其不失也，縱之以觀其常，○周書云：「醉之酒以觀其恭，從之色以觀其常。」遠使之以觀其不貳，邇之以觀其不倦，【補】小人近之則不遜，遠之則怨。○周書無「使」字，「邇」作「昵」，「倦」作「狎」。探取其志以觀其情，考其陰陽以觀其誠，陰陽，謂隱顯也。覆其微言以觀其信，【補】覆，讀如「言可復也」之「復」。微言，小言也。小者亦信，大者可知。○周書「其微」作「徵其」，「信」作「精」。

曲省其行以觀其備成。○「成」字衍，周書無。此之謂觀誠也。【補】吕不韋書八觀六驗之法，蓋取諸此。

二曰：方與之言，以觀其志。志殷如浚，殷，盛也。浚，蓋「深」字。【補】如，而也。○如浚，周書作「以淵」。其氣寬以柔，○周書云：「其器寬以悌。」其色儉而不諂，其禮先人，其言後人，見其所不足，曰日益者也。言日就也。如臨人以色，高人以氣，賢人以言，○如，周書作「好」。防其不足，不欲見之。【補】防，蔽也。○「其」下，周書有「所」字。伐其所能，曰日損者也。○伐，周書作「發」。其貌直而不侮，其言正而不私，○侮，宋本譌「傷」，從元本改。周書作「止」。不飾其美，不隱其惡，不防其過，如日月之食。曰有質者也。【補】質，實也。其貌固嘔，其言工巧，嘔，以躭色下人，謂形柔而人苟。○周書「固」作「曲」，「嘔」作「媚」，戴氏校本改「嫗」。飾其見物，務其小徵，有浮淺之事，則工飾之，而務尚其小成。○徵，宋本譌「微」，周書作「證」。以故自說，言以事自解說。曰無質者也。喜怒以物而色不作，煩亂之而志不營，營，猶亂也。○周書「作」作「變」，「之」作「以事」，下同。深道以利而心不移，道也者，導也。臨懾以威而氣不卑，曰平心而固守者也。喜怒以物而變易知，煩亂之而志不裕，示之以利而易移，臨懾以威而易懾，曰鄙心而勢氣者也。【補】勢氣，猶傳言客氣。○下「臨懾」，宋本譌「臨攝」，周書「變」上有「心」字，無「知」字，「裕」作「治」，「示」作「導」，「易移」作「心遷移」，「易懾」作「氣慄懼」，「勢」作「假」，盧本亦作「假」。執之以物而遬決，驚之以卒而度料，言引之以卒然之事，而能應時度焉。○決驚，宋本倒作「驚決」，從戴氏校本改。周書「執」作「設」，「料」作「應」。不學而性辨，曰有慮者也。【補】性辨，生而能辨也。○周書云：「不文而辯。」難投以物，難説以言，物，事。〇周書「投」作「決」，「言」作「守」。知一如不可以解也，言因一端。【補】如，而也。〇周書云：「一而不可變。」困而不知其止，無辨而自慎，【補】慎，古通以爲「順」字。保傅曰：「以其前爲慎於人也。」自順謂順非也。曰愚怒者也。謂闇狠也。〇怒，盧本作「戇」。營之以物而不虞，虞，度也。至則攻辨之，不豫計度。〇虞，周書作「誤」。犯之以卒而不懼，置義而不可遷，〇之，宋本譌「人」，「懼」上脱「不」字，從盧本增改。臨之以貨色而不可營，〇貨，宋本譌「貸」。不可營，周書作「不過」。曰潔廉而果敢者也。果敢，謂不虞不懼也。潔廉，謂不營於貨色。置義而不可遷則兼之也。〇周書無「潔廉而」三字。易移以言，存志不能守錮，【補】錮，堅也。〇周書云：「志不能固。」已諾無斷，言止慎，諾於人又不能自裁斷。曰弱志者也。順與之弗爲喜，非奪之弗爲怒，沈静而寡言，多稽而儉貌，曰質静者也。稽，考也。辨言而不固行，【補】言僞而辨，又不果行。〇周書云：「屏言弗顧。」有道而先困，自慎而不讓，當如强之，【補】當，任也。言强任之。〇周書云：「自順而弗護，非是而彊之。」曰始妬誣者也。謂始妬賢誣善。〇「始」字，疑與「妬」相似而衍，戴氏校本删。微清而能發，謂攻發幽隤也。〇微，宋本譌「徵」，「清」當作「隤」，周書無此字，戴氏校本改「情」。察度而能盡，曰治志者也。華如誣，〇如，周書作「而」。巧言、令色、足恭，一也，皆以無爲有者也。孔子曰：「巧言令色，鮮矣仁。」此之爲考志也。考度其志。〇爲，戴氏校本改「謂」。

三曰：誠在其中，此見於外，此，上之諸志。【補】此，斯也。〇此，周書作「必」。以其見占其隱，案其陽察其陰。以其細占其大，據其小省其大。○此十二字，與下文相複，周書無之。以其聲處其氣，聽處其聲氣也。○氣，周書作「實」。初氣生物，與物在於胞胎。○生，宋本譌「主」，從盧本改。物生有聲，聲有剛有柔，有濁有清，有好有惡，咸發於聲也。心氣華誕者，其聲流散；心氣順信者，其聲順節；心氣鄙戾者，其聲斯醜；心氣寬柔者，其聲温好。嘶，當聲誤爲「斯」。春秋左傳曰：「蜂目豺聲，忍人也。」夫音之美惡，尚通於金石，而況於身乎？○斯，宋本依註作「嘶」，從盧本改。案：内則注：「沙猶斯也。」正義曰：「斯，謂酸嘶。古之『嘶』字，單作『斯』耳。」若然，「斯醜」亦非聲誤。信氣中易，【補】中正平易。義氣時舒，義者剛，其氣亦充，故舒縱也。智氣簡備，簡，通。○智，周書作「和」。勇氣壯直。聽其聲，處其氣，考其所爲，觀其所由，察其所安，○周書無此句。以前後文義例之，似後人因論語妄加。以其前占其後，以前行占後行。以其見占其隱，以其小占其大，此之謂視中也。

四曰：民有五性，喜、怒、欲、懼、憂也。喜、怒、欲、懼、憂，以其俱生於人而有常，故亦謂之性也。此五者之性，人心兼盡。○性，周書作「氣」。喜氣内畜，雖欲隱之，陽喜必見；怒氣内畜，雖欲隱之，陽怒必見；欲氣内畜，雖欲隱之，陽欲必見；懼氣内畜，雖欲隱之，陽懼必見；憂悲之氣内畜，雖欲隱之，陽憂必見。五氣誠于中，發形于外，民情不隱也。○「不」下，周書有「可」字。喜色由然以生，由，當爲「油」。油然，新生好貌。怒色拂然以侮，欲色嘔然以偷，偷，苟且也。言惟求悦人。懼色薄然以下，憂悲之色纍然而静。玉藻曰：「喪容纍纍也。」○纍，周書作「瞿」。誠智必有難盡之色，誠仁必有可尊之色，誠勇必有難懾之色，誠忠必有可親之色，誠潔必有難污之色，誠靜必有可信之色，【補】難懾，接給不窮也。表記曰：「君子衰絰，則有哀色；端冕，則有敬色；甲冑，則有不可犯之色。」質色皓然固以安，僞色縵然亂以煩，【補】皓，顯也。縵，紛也。雖欲故之中色不聽也，言雖欲故隱之於中而無奈色見於外，故子夏問孝，子曰：「色難。」是以君子戒慎，不失色於人也。○故，周書作「改」。雖變可知，此之謂觀色也。

五曰：生民有霒陽，言人含陰陽之氣，生而有知，有知故生機僞也。○霒，宋本譌「靈」，從元本改。案説文「霒」正「陰」字，从雲今聲。人有多隱其情，飾其僞，以賴於物，以攻其名也。【補】賴，託也。攻，爲也。○周書無「有」字。有隱於仁質者，○質，周書作「賢」。有隱於知理者，有隱於文藝者，有隱於廉勇者，有隱於忠孝者，有隱於交友者，如此者不可不察也。小施而好大得，小讓而好大事，○「事」字誤，周書作「争」。言願以爲質，「愿」，當聲誤爲「願」也。僞愛以爲忠，面寬而貌慈，假節以示之，假節，假仁質之節。故其行以攻其名，故其行者，故爲是行。○周書「故」作「尊」，「行」作「得」，「攻」作「改」。如此者隱於仁質也。推前惡，忠府知物焉，謂有詢義之攻其所不知者，則推援於人，而待以爲忠府，而形貌又如曉然也。【補】忠府，當爲「思附」，字形之誤。知物，猶知人也。推求人之舊惡而非訐之，因思自附於知人者也。首成功，少其所不足，謂有先功者因首之，有不足者因薄之，詐以爲知。慮誠不及，佯爲不言；內誠不足，色示有餘；故知以動人，自順而不讓，及其所不知正也，觀人之動，因執爲意，而不推讓於人也。錯辭而不遂，莫知其情，本非其意，故辭情不終。詩云：「蛇蛇碩言，出自口矣。」○周書無「故知以動人」及「莫知其情」九字。如是者隱於知理者也。素動人以言，謂先偏習之，及於衆前，爲方欲陳説也。【補】素，空也。涉物而不終，務廣聞而不究其言也。問則不對，詳爲不窮，○詳，朱本作「佯」，古通用字。色示有餘，有道而自順用之，物窮則爲深，妄言深遠。○有，周書作「假」。如此者隱於文藝者也。廉言以爲氣，苟作廉言，以見佚氣自然。○周書作「口言以爲廉」。驕厲以爲勇，内恐外悴，無所不至，言苟自驕厲，持以爲勇，終必恐懾，而更至恭佞也。○悴，元本作「悖」。周書「驕」作「矯」，「悴」作「誇」，無末四字。敬再其説，以詐臨人，○敬再，字誤，周書作「亟稱」。如此者隱於廉勇者也。自事其親，好以告人，乞言勞醉，而面於敬愛，醉，言悴也。【補】乞，求也。求人言其勞悴，以爲孝名也。飾其見物，故得其名，名揚於外，不誠於内，伐名以事其親戚，【補】伐，誇也。親戚，父母也。曾子曰：「親戚既殁。」以故取利，以如此故要取其利。分白其名，以私其身，【補】君子善則歸親，過則歸己。分白其名者，蓋反之也。○周書云：「自以名私其身。」如此者隱於忠孝者也。陰行以取名，陰行，謂竊求諸人也。比周以相譽，迭相親比，交相談譽。明知賢可以徵，與左右不同而交，交必重己，言知其賢而不與交，交必取其重己者也。○周書「與」作「而」，叠出「不同」字。心説之而身不近之，身近之而實不至，而懽忠不盡，懽忠盡見於衆而貌克，雖盡其忠懽，及衆人之前，猶相克争。【補】克，勝也。與人懽忠，暴見於外而誠不至，故貌勝其情也。如此者隱於交友者也。此之謂觀隱也。

六曰：言行不類，終始相悖，陰陽克易，【補】內外能變。外內不合，雖有隱節見行，曰非誠質者也。隱節，隱於仁質之等。【補】隱，揜其短也。見，暴其長也。○隱，周書作「假」。其言甚忠，其行甚平，其志無私，施不在多，【補】君子周急不繼富，是以施不務多而務審其所施。靜而寡類，不好狎。莊而安人，曰有仁心者也。○宋本「莊」譌「壯」，「仁」譌「行」，從盧本改。周書曰：「言忠行夷，爭靡及私，口弗求及，情忠而寬，貌莊而安，曰有仁者也。」事變而能治，物善而能說，浚窮而能達，錯身立方而能遂，曰廣志者也。浚，深也。○廣，周書作「有」。少言如行，恭儉以讓，有知而不伐，有施而不置，不形於心色也。○置，周書作「德」。曰慎謙良者也。○周書無「慎」字。微忽之言，久而可復，謂微細及忽然之語。幽閒之行，獨而不克，克，好勝人也。行其亡如其存，謂奉先君及祖考之教令。【補】此不必謂事祖考，凡於人皆然。昔延陵季子過徐，徐君悅其佩劍，以將有上國之事未獻也。還聘，徐君已死，季子曰：「吾心許之矣。」解劍掛於墓樹而去。所謂行亡如存者歟？曰順信者也。貴富雖尊，恭儉而能施，衆强嚴威，有禮而不驕，曰有德者也。○周書無「雖尊」「衆强」四字。隱約而不懾，安樂而不奢，勤勞之不變，喜怒之如度晰，晰，明也。有喜怒之來，能置量度而明焉。○周書「之」作「而」，「如」作「有」，無「晰」字。曰守也。○周書云：「曰有守者也。」置方而不毀，不瓦合也。○置，周書作「直」。廉潔而不戾，立强而無私，曰經者也。【補】經，常也。○「經」下，朱本、高安本有「正」字。周書云：「曰有經者也。」正静以待命，命，期命。不召不至，不問不言，言不過行，行不過道，曰沈靜者也。【補】儒行曰：「席上之珍以待聘，夙夜强學以待問。」忠愛以事其親，歡欣以敬之，盡力而不面敬，以安人以名，故不生焉，【補】「安」字誤，當爲「要」。言不貌爲恭敬，僞以要名，故名亦不揚於外。○周書云：「驩以盡力而不回，敬以盡力而不□。」「名」字，戴氏校本倒在「故」下。曰忠孝者也。【補】忠孝，猶誠孝也。合志如同方，共其憂而任其難，行忠信而不相疑，迷隱遠而不相舍，曰至友者也。○如，周書作「而」。「迷隱遠」似誤，當爲「殊隱達」。心色辭氣，其入人甚俞；甚俞，言無已。○周書云：「其人甚偷。」進退工故，其與人甚巧；工，能也。○周書云：「進退多巧。」其就人甚速，其叛人甚易，曰位志者也。位志者，言其不一，如爵位及人志也。位有高卑，人各有志也。飲食以親，貨賄以交，接利以合，故得望譽征利，而依隱於物，曰貪鄙者也。妄，當聲誤爲「望」。征，行也。隱，據也。質不斷，辭不至，言心既不能裁斷，而辭又不及。少其所不足，謀而不已，曰僞詐者也。言行亟變，從容謬易，安然反覆。○亟，去例反，下同。好惡無常，行身不類，曰無誠志者也。○周書「類」作「篤」，無「志」字。小知而不大決，小能而不大成，顧小物而不知大論，亟變而多私，曰華誕者也。○周書「顧」作「規」，「論」作「倫」。王制「必即天論」，亦以「論」爲「倫」。規諫而不類，道行而不平，曰巧名者也。云能規諫而反不類，言以道行復不平也。○巧，周書作「竊」。故事阻者不夷，【補】事阻，猶行險也。夷，平也。畸鬼者不仁，恃禱祀而不自修也。【補】畸，倚也。面譽者不忠，飾貌者不情，隱節者不平，隱節者，亦謂六隱之等。多私者不義，揚言者寡信，此之謂揆德。」謂揆度於德也。○周書文止此。

王曰：「太師，女推其往言，以揆其來行；聽其來言，以省其往行。孔子曰：「始吾於人，聽其言而信其行；今吾於人，聽其言而觀其行也。」○「省」下，宋本脱「其」字，從論衡答佞篇引此文增。觀其陽，以考其陰；察其內，以揆其外。是故隱節者可知，僞飾無情者可辨，質誠居善者可得，忠惠守義者可見也。」○論衡「隱節」作「詐善設節」，「忠惠守義」作「含忠守節」。

王曰：「於乎敬哉！女何慎乎非心？何慎乎非人？言當內慎其心，外慎於人。人有六徵。六徵既成，以觀九用。九用既立，一曰取平仁而有慮者，二曰取慈惠而有理者，三曰取直愍而忠正者，四曰取順直而察聽者，五曰取臨事而絜正者，六曰取慎察而絜廉者，七曰取好謀而知務者，八曰取接給而廣中者，九曰取猛毅而度斷者。此之謂九用也。接給，謂應所問而對。廣中，謂博於聞識也。○仁，宋本譌「人」。接音捷。舊本云：「愍，一作『質』。好，一作『巧』。」平仁而有慮者，使是治國家而長百姓。國，諸侯。家，采邑。慈惠而有理者，使是長鄉邑而治父子。鄉，鄉遂。邑，公邑。直愍而忠正者，使是莅百官而察善否。於周禮則治官。慎直而察聽者，使是長民之獄訟，出納辭令。於周禮則刑官。【補】出納辭令，則周官「掌臣民之復逆者」是也。○慎、順古通用字。臨事而絜正者，使是守內藏而治出入。於周禮則天官。【補】司會之屬。慎察而絜廉者，使是分財臨貨，主賞賜。於周禮則司禄、司勳。好謀而知務者，使治壤地而長百工。於周禮則遂人、匠車之等。○好，宋本作「巧」，從朱本改。「使」下，戴氏校本增「是」字。接給而廣中者，使是治諸侯而待賓客。於周禮則行人、掌客。猛毅而度斷者，使是治軍事爲邊境。於周禮則政官也。因方而用之，此之謂官能也。

九用有徵，乃任七屬。【補】屬，繫也。周官太宰：「以九兩繫邦國之民。」此七屬，即九兩之事。一曰國則任貴。周禮曰：「長以貴得民。」【補】此於九兩，當「牧以地得民」。牧，有國者也。二曰鄉則任貞。幹事曰貞。周禮曰「吏以治得民」也。三曰官則任長。周禮曰：「大事聽其長，小事則專達。」【補】此所謂「長以貴得民」。四曰學則任師。周禮曰：「師以賢得民。」【補】不言友，兼之。五曰族則任宗。周禮曰：「宗以族得民。」【補】宗，大宗，收族者也。六曰家則任主。易曰：「家有嚴君焉。」父母之謂也。【補】是則九兩之主以利得民者也。大夫稱主。晉語曰：「三世仕家，君之；再世以下，主之。」七曰先則任賢。」【補】儒以道得民。

正月，王親命七屬之人，曰：「於乎！慎維深思，内觀民務，本慎在人。【補】所慎之本，在於用人。○宋本脱「思」字，從大典增。女平心去私，慎用六證，六證，六徵。論辨九用，以交一人，予亦不私。一人，文王自謂也。女廢朕命，亂我法，罪致不赦，三戒然後及論。」三戒之後亂法者，則有司課其罪。王親受而考之，然後論成。【補】考，黜陟之也。管夷吾治齊，正月之朝五屬大夫復事，擇是寡功者而讁之，一再則宥，三則不赦，乃因效於此。

凡十一章。自「王曰太師」已上五章，舊別之。

凡二千四百二十三字。今補。

諸侯遷廟第七十二

成廟將遷之新廟，謂親過高祖則毁廟，以昭穆遷之。春秋穀梁傳曰：「作主壞廟有時日，於練焉壞廟。壞廟之道，易檐可也，改塗可也。」范寧云：「納新神，故示有加焉。」鄭玄士虞禮記注曰：「練而後遷也。」禮志云：「遷廟者，更釁其廟而移故主焉。」案此篇成廟之文，與穀梁相傳也。君前徙三日齋，祝、宗人及從者皆齋。徙之日，君玄服，從者皆玄服。周禮司服職曰：「公之服，自衮冕而下，如王之服；侯伯之服，自鷩冕而下，如公之服；子男之服，自毳冕而下，如侯伯之服；孤之服，自絺冕而下，如子男之服；卿大夫之服〔一〕，自玄冕而下，如孤之服。」玉藻曰：「君命屈狄，再命褘衣。」内司服職曰：「辨内外命婦之服，鞠衣、展衣、緣衣、素紗。」其於祭也，君與夫人皆申其服。祭統曰「公衮冕立于阼，夫人副褘立于東房」是也。臣及命婦助祭於君，皆盡其服；自祭於家，咸降一等，陰爵不敢申也。雜記曰「大夫冕而祭於公，弁而祭於己；士弁而祭於公，冠而祭於己」，特牲饋食禮曰「主婦纚笄，宵衣，立於房中」，是也。

〔一〕「卿」，學海堂經解本據周禮補，今從之。

然鄭氏頓貶公侯，使一同玄冕，以祭於己，非其差也。且諸侯專國，禮樂車服，王命有之，何獨抑其服乎？玉藻曰：「玄端以祭，裨冕以朝。」孫炎云：「端，當爲冕。玄冕，祭服之下也。其祭先君，亦裨冕矣。」孫説爲合。今未即吉，故略同爵弁也。「君命屈狄」與「再命褘衣」者，謂其夫爲君，則命其妻以屈狄，加再等之命則上公，夫人乃褘衣。孫、鄭等改鞠衣，非也。又云「一命展衣」者，此則申子男臣妻之服耳。言小國臣妻一命者亦展衣，不命者則亦椽衣。玄又分公卿大夫及其妻爲三等，而升降其服。經云「孤絺冕，卿大夫玄冕」，何爲易之？又令小國之卿及内子更同列國之卿，孤絺冕與鞠衣，錯易其次，尤非宜耶？【補】玄服，冠端玄也。練而遷廟，吉事之始，故假吉服易衰絰也。不申祭服者，未純乎吉也。其齋，蓋服素端。禮「爵弁緇衣」，注以玄服爲爵弁，誤矣。盧君於此廣説禮服名制，今亦附論之。周禮：「王享先王則衮冕，享先公則鷩冕，從尸之服也。」若然，諸侯廟事皆當與尸同服。士虞記曰「尸服卒者之上服」，則主人亦申其上服。玉藻「諸侯玄端以祭」者，凡冕服皆玄，其幅皆端，通五等言之。孫叔然猶沿鄭義，破端爲冕，及以裨冕爲鷩、毳之等，皆非是。荀子曰「大夫裨冕」，曾子問曰「太宰、太宗、太祝，皆裨冕」，蓋裨冕即玄冕。裨之言卑也，冕服之最卑者。覲禮「侯氏裨冕」，降從大夫之服，與乘墨車爲稱也。凡婦服，其等與男子同。褘衣視衮冕，記每言「君衮冕，夫人副褘」是也。揄狄視鷩冕，闕狄視毳冕，鄭君云「侯伯之夫人揄狄，子男之夫人闕狄」是也。鞠衣視絺冕，鄭君云「其夫孤也，則服鞠衣」是也。襢衣視玄冕，税衣視爵弁，喪大記曰「復，大夫以玄赬，世婦以襢衣，士以爵弁，士妻以税衣」是也。展衣視皮弁，詩曰「瑳兮瑳兮，其之展也」，展衣色白，與皮弁素積色相應。尚書大傳：「后夫人將侍於君前，釋朝服。」注云：「朝服，展衣。天子朝服皮弁，故后朝服展衣也。」錫衣視冠弁，諸侯大夫以冠弁爲朝服，少牢饋食禮「主人朝服，主婦被錫衣侈袂」是也。宵衣視玄端，特牲饋食「主人冠端玄，主婦纚笄宵衣」是也。其下又有椽衣，當男子袗玄。士喪襲有椽衣，疏云：「此玄端連衣裳，與婦人椽衣同也。」鄭君唯據王后六服，以襢與展、税與椽並合一名。案：昏禮「壻爵弁，女次純衣纁袡」。「子羔之襲也，繭衣裳與稅衣纁袡爲一」，曾子譏其婦服，則稅衣者，純衣也，爵弁亦純衣，明同等矣。錫即緆字，燕禮「冪用絺若錫」，今文爲緆，説文解字曰：「緆，細布也。」主人朝服用布，錫衣亦用布爲宜，舊改讀「髲髢」。廣森疑焉。

從至于廟，廟，殯宫。【補】殯宫稱廟者，鬼神之也。雜記曰：「至于廟門，不毁墻，遂入，適所殯。」**羣臣如朝位，**列於廟門外，如路門之位。【補】諸侯殯於路寢，殯宫門外，即路門治朝之位。**君入，立于阼階下，西向。有司如朝位。**立于門内，如門外之位。【補】羣臣俟于門外，唯有司執事者入。此朝位，門内燕朝之位。**宗人擯，舉手曰：「有司具，請升。」**○具，宋本譌「其」，從盧本改。**君升，**【補】升自阼。**祝奉幣從，在左，北面。**祝主辭，故在左。神將遷，故出在户牖間，南面矣。【補】釋幣一束，束五兩，玄三纁二；純四咫，制丈八尺。少儀曰：「贊幣自左。」**再拜，興，祝聲三，曰：「孝嗣侯某，敢以嘉幣，告于皇考某侯，**言嗣以遷代，不言國，未忍有之也。【補】聲者，噫歆，警覺神也。某，名也；某侯，謚也。曲禮：「玉曰嘉玉，幣曰量幣。」云「嘉幣」者，散文通矣。**成廟將徙，敢告。」**卒不奠幣者，禮畢矣。於此將有事於新廟。**君及祝再拜，興，祝曰：「請導。」君降，立于階下。奉衣服者皆奉以從祝。**不言奉主而稱奉衣服者，以毁易祖考，誠人神之不忍。從祝者，祝所以導神也。言皆者，衣服非一稱。周禮守祧職曰：「掌先王先公之廟祧，其遺衣服藏焉。」【補】不言奉主者，禮：喪主於虞，吉主於練。殯宫所事者，桑主也。練而入新廟，然後作栗主，埳室西墉藏之。是時未有練主，又不當遷虞主以往，故但奉衣服，依其神而已。祝導有還鄉之節，若虞禮前尸然。**奉衣服者降堂，君及在位者皆辟也。**【補】降堂，自西階降也。神道尚右。○辟音避。後同。**奉衣服者至碑，君從**〔一〕**，有司皆以次從。**【補】碑之節三分庭一，在北。**出廟門，奉衣服者升車，乃步。**【補】步，車行也。書曰：「王朝步自周，則至于豐。」**君升車，從者皆就車也。**皆就車，謂乘貳車者。**凡出入門及大溝渠，祝下擯。**神車，祝爲右，故於步處則下。【補】乘車尊左，故祥車曠左。奉衣服者有神象，得在左，則祝爲右矣。凡君之車右，門閭、溝渠必步。

至于新廟，筵于户牖間，始自外來，故先於堂。**樽于西序下，**四時之祭，在室，筵隩中；在堂，筵序下。是以設樽恒於東方。今唯布南面之席，故置樽於西，以因其便矣。【補】蓋樽以兩甒，玄酒在南。**脯醢陳于房中。**房，西房也，諸侯左右房也。【補】脯以籩，醢以豆，陳之于北墉下與。**設洗當東榮，南北以堂深。**記因卿士，當言東霤。【補】盥槃謂之洗。漢禮器制度曰：「天子黄金，諸侯白金，大夫以銅，士以鐵。」榮，屋翼也。洗北距堂，若階上距户牖之度。○宋本脱「以」字，從儀禮經傳通解增。**有司皆先入，如朝位。祝導奉衣服者乃入，君從奉衣服者入門左，在位者皆辟也。**門左，門西。【補】入門西者，將升西階也。出以東爲左，西爲右；入以東爲右，西爲左。**奉衣服者升堂，皆反位，君從升。奠衣服于席上，祝奠幣于几東。君北向，祝在左，贊者盥，升，適房薦脯醢。**【補】贊者，佐助執事者。公食大夫記曰：「上贊，下大夫也。」其升亦由西階。自房取脯醢，兼執之，出，坐奠于筵前。**君盥酌，奠于薦西，反位。**【補】薦西，奠於右也。特牲饋食禮：「酌奠，

〔一〕「從」，畿輔叢書本同。初刻本、學海堂經解本作「及」，蓋涉上文「君及」而誤。

奠于鉶南。」彼東面之席，鉶南亦薦右矣。聘禮：「釋奠于禰，雖無尸，猶一人舉爵。」此奠不舉者，未即吉也。昔者魯昭公練而舉酬行旅，非禮也。君及祝再拜，興，祝聲三，曰：「孝嗣侯某，敢用嘉幣，告于皇考某侯，今月吉日，可以徙于新廟，敢告。」再拜。○今，吴氏逸經作「令」。君就東廂，西面；祝就西廂，東面。東西俟也。祝就西廂，因其便也。【補】廂者，兩序之外，夾室前堂也。在位者，皆反走辟。走，疾趨也。【補】堂下辟者，蓋就東西壁。如食間，【補】隱之，如尸食十三飯之頃。擯者舉手，曰：「請反位。」君反位，祝從在左。卿大夫及衆有司諸在位者，皆反位。祝聲三，曰：「孝嗣侯某，潔爲而明薦之享。」詩云：「吉蠲爲饎，是用孝享。」【補】虞禮饗辭曰：「圭爲而哀薦之。」圭，亦潔也。君及祝再拜，君反位。東郊之位。祝徹，反位。西郊之位。【補】卷幣實于笲，埋之階間。擯者曰：「遷廟事畢，請就燕。」【補】燕，閒也。君出廟門，卿大夫有司執事者皆出廟門，告事畢。事謂内主、藏衣服、斂幣、徹几筵之等。【補】廟半以後曰寢，衣服所藏也。乃曰：「擇日而祭焉。」所以安神。【補】是小祥之祭。

凡四百四十八字。今補。

諸侯釁廟第七十三

成廟，釁之以羊。廟新成而釁者，尊而神之。祭器名者，成則釁之以豭也。○釁之，雜記正義引此文作「則釁」。君玄服，立于寢門内，南向，【補】路寢門内之庭，所謂内朝也。國語曰：「合神事於内朝。」祝、宗人、宰夫、雍人皆玄服，以神事，故亦同爵弁。小戴：「君朝服者，謂不與也。」【補】此玄服亦玄端也。爵弁、純衣，事神之服。既請命，將入廟，乃易之耳。雍人，若周官「内饔」、「外饔」，「掌割亨者」。宗人曰：「請命以釁某廟。」君曰：「諾。」遂入。○命，宋本譌「令」，從雜記正義引此文改。雍人拭羊。拭，挩。【補】雜記曰：「宗人視之。」乃行，入廟門，碑南，北面東上。居上者宰夫也。宰夫，攝主也。○東，宋本譌「同」。雍人舉羊，升屋自中，中屋南面，刲羊，血流于前，乃降。【補】自中，由東西霤之間也。中屋履危，當棟上也。刲，割也。

門以雞，有司當門北面，有司，宰夫、祝、宗人也。雍人割雞屋下，當門。郟室，割雞于室中，有司亦北面也。郟室，門郟之室，一曰東西廂也。釁東西室，有司猶北面，統於廟也。雜記曰：「雍人舉羊，升屋自中，中屋南面，刲羊，血流于前，乃降。門、郟室，皆用雞。先門而後郟室，其衈皆於屋下。割雞，門，當門；郟室，中室，有司皆鄉室而立，門則有司當門北面。」案小戴「割雞亦於屋上」，記者不同耳。此不言「衈」，略也。【補】郟室，東西堂之室也。前堂曰廂，後室曰郟。

既事，宗人告事畢，皆退。【補】鄭君曰：「告者，告宰夫。」反命于君。君寢門中，南向，宗人曰：「釁某廟事畢。」君曰：「諾。」宗人請就宴，君揖之，乃退。○向，宋本作「面」。宴，盧本作「燕」。

凡一百四十五字。今補。

卷十一

小辨第七十四

公曰：「寡人欲學小辨以觀於政，其可乎？」小辨，爲小辨給也〔一〕。子曰：「否，不可。社稷之主愛日。曾子曰：「君子愛日以學。」書云：「日夜不違也。」日不可得，句。學不可以辨，不可輕有所學。○「辨」上，大訓有「小」字。注舊在「學」字下，失其讀。是故昔者先王學齊大道，以觀於政；天子學樂辨風，別四方之風也。【補】天子巡守，命太師陳詩，以觀民風。制禮以行政；政，禁令也。諸侯學禮，辨官政以行事，以尊事天子；官政不錯，則百事不紊也。大夫學德，別義矜行以事君；別，猶辨也。矜，猶慎也。士學順，學順成之道。辨言以遂志；致命遂志，士之節也。庶人聽長辨禁，農以行力。辨禁，識刑憲也。【補】聽長，從上之令也。如此猶恐不濟，奈何其小辨乎？」

公曰：「不辨，則何以爲政？」子曰：「辨而不小。夫小辨破言，小言破義，小義破道，

〔一〕「爲」，初刻本、畿輔叢書本、學海堂經解本皆作「謂」。爲、謂古通用。

【補】破，傷也。　道小不通，【補】致遠恐泥。　通道必簡。簡，約也。言約而有統。易曰：「乾以易知，坤以簡能。」○戴氏校本曰：「淮南泰族篇引孔子曰：『小辨破言，小利破義，小藝破道，小見不達，大禮必簡。』」與此少異。　是故循弦以觀於樂，足以辨風矣。爾雅以觀於古，足以辨言矣。爾，近也。謂依於雅、頌。孔子曰：「詩可以言，可以怨，邇之事父，遠之事君，多識鳥獸草木之名也。」【補】爾雅，即今爾雅書也。釋詁一篇，周公所作。詁者，古也，所以詁訓言語，通古今之殊異，故足以辨言。揚子雲云：「孔子教魯哀公學爾雅，謂此記也。」傳言以象，反舌皆至，可謂簡矣。【補】象，周官「象胥」也，「掌蠻夷閩貉戎狄之國，使傳王之言而諭説焉」。反舌，南方國名。其人舌本在前。言四方之言有象譯存，非君所辨也。君將學之，則非簡易之道。　夫道不簡則不行，不行則不樂。易曰：「簡則易從，易從則有功，有功則可大，可大則賢人之業。」夫亦固十棋之變，由不可既也，而況天下之言乎？公於十棋之中變數尚不可盡，天下之言其可窮乎？故至道以不言爲辨。【補】亦，蓋古文借爲「奕」字。由，猶也。既，盡也。言奕者於十著之内勝負之變固猶不能盡，況天下廣遠可勝辨乎？○棋，宋本譌「祺」，從大訓改。

子曰：「微子之言，吾壹樂辨言。」【補】微，無也。壹，專也。檀弓曰：「壹不知夫喪之踊。」子曰：「辨言之樂，不若治政之樂。辨言之樂不下席，治政之樂皇於四海。【補】皇，大也。夫政善則民説，民説則歸之如流水，親之如父母。諸侯初入而後臣之，安用辨言？」【補】入，來歸附也。公曰：「然則，吾何學而可？」子曰：「行禮樂而力忠信，其君其習可乎？」○宋本脱「行」字，從大訓增。「君」上，戴氏校本删「其」字。公曰：「多與我言忠信，而不可以入患。」備與我言忠信，而使不入於患。

【補】多，如「多語寡人辰」之「多」。子曰：「毋乃既明忠信之備而口倦其君，則不可。謂言而不行。【補】口倦，言之厭也。而有明忠信之備，而又能行之，則可立待也。【補】「而有」，舊屬上讀，非是。而，如也。如有能明忠信之備而行之者，則治效立見也。君朝而行忠信，百官承事，忠滿於中而發於外，刑於民而放於四海，天下其孰能患之。」言所推無不準。【補】刑，法也。放，至也。公曰：「請學忠信之備。」子曰：「唯社稷之主實知忠信。若丘也，綴學之徒，安知忠信？」【補】綴學，捃拾聞見以爲學也。聖人謙，不率爾而對。

公曰：「非吾子問之而焉也？」焉問之乎？子三辭，將對，公曰：「彊避。」謂避彊也。一曰：公以夫子三辭，欲避左右之彊者也。【補】彊，人名，時侍公側。公疑子有隱言，恐聞於三家，故令之避。子曰：「彊侍。丘聞大道不隱，言不可隱蔽也。丘言之，君發之於朝，行之於國，一國之人莫不知，何一之彊避？【補】人盡知之，何獨避一彊？丘聞之，忠有九知，知忠必知中，能內思自盡也。知中必知恕，能自盡知，故能知人。○中，宋本譌「忠」。知恕必知外，內恕故外能處於度物也。知外必知德，○外，宋本倒在「知」上。知德必知政，知政必知官，知官必知事，知事必知患，知患必知備。若動而無備，患而弗知，死亡而弗知，安與知忠信？」【補】楊簡曰：「安謂之知忠信？」內思畢心曰知中，【補】畢心，盡心也。○心，宋本譌「必」，從戴氏校本改。中以應實曰知恕，內恕外度曰知外，外內參意曰知德，德以柔政曰知政，【補】柔，和也。○宋本脱下「德」字。正義辨方曰知官，官治物則曰知事，事戒不虞曰知備。於知事而越言知備者，因義言之，足明於上也。毋患曰樂，【補】毋，古通以爲「無」字。傳曰：「思則有備，有備無患。」樂義曰終。」【補】令終也。

凡六百十一字。今補。

用兵第七十五

公曰：「用兵者，其由不祥乎？」祥，善。子曰：「胡爲其不祥也？聖人之用兵也，以禁殘止暴於天下也。言非利金攘土，將以存亡繼絶、平天下之亂也。及後世貪者之用兵也，以刈百姓、危國家也。」刈，翦。

公曰：「古之戎兵，何世安起？」子曰：「傷害之生久矣，與民皆生。」人含五常之氣生，有喜則和親，怒則離害，其相害者皆由兵也。【補】呂氏春秋曰：「古聖王有義兵而無有偃兵，兵之所自來者上矣，與始有民俱。」〇戎，大訓作「用」。公曰：「蚩尤作兵與？」子曰：「否。蚩尤，庶人之貪者也，云「蚩尤，古之諸侯」，或妄耳。一曰：「衆人之貪者也。」〇貪，周禮疏引此文作「强」。「一曰」已下，似後校書者所加，非注語。及利無義，不顧厥親，以喪厥身。【補】及利，汲汲於利也。春秋傳曰：「及，猶汲汲也。」蚩尤惛慾而無厭者也，何器之能作？【補】厭，足也。管子曰：「蚩尤受盧山之金而作五兵。」呂氏春秋曰：「蚩尤非作兵也，利其械矣。」然則蚩尤嘗作兵器，非始造軍法者。鄭君肆師注云：「貉，師祭也，其神蓋蚩尤。或曰黄帝。」廣森以爲當祭黄帝，不祭蚩尤。○周禮疏「器」作「兵」,「作」作「造」。蜂蠆挾螫凶如蜂蠆之挾毒也。而生,見害謂黄帝殺之于涿鹿之野。而校,以衛厥身者也。止教習干戈,自衛身,非作者也。【補】此非説蚩尤也。注失其讀,當以「蜂蠆挾螫而生」爲句,「見害而校」爲句,言蜂蠆生而挾毒,見害己者則與之校,所以衛其身也。喻聖人作兵,亦所以自衛也。人生有喜怒,故兵之作,與民皆生,聖人利用而弭之。【補】用兵之利而止其害。○弭,宋本譌「彌」,從盧本改。亂人興之,喪厥身。詩云:『魚在在藻,厥志在餌。』由心在於利,用兵以取危。蓋逸詩也。『鮮民之生矣,不如死之久矣。』小雅蓼莪之三章也,亦困於兵革之詩也。『校德不塞,嗣武于孫子。』言用上二章,但用兵革喪除其德,不以塞亂而徒傳續武事于子孫者也。【補】今商頌「受命不殆,在武丁孫子」,與此形聲相近,然語義不類。三引詩無「又云」之文,以韻讀之,「餌」、「矣」、「子」皆相協,古音「久」、「如」、「已」亦得合韻。疑本逸詩,通爲一章,「鮮民」二言,特偶同蓼莪耳。○于孫,宋本譌「孫武」,從元本改。聖人愛百姓而憂海内,及後世之人思其德,必稱其人。故今之道堯、舜、禹、湯、文、武者,猶威致王今若存。○其人,宋本譌「其仁」,從大訓改。此文與盛德大同。致王,當作「至于」。夫民思其德,必稱其人,朝夕祝之,升聞皇天,上神歆焉,故永其世而豐其年也。夏桀、商紂贏暴於天下,暴極不辜,殺戮無罪,詩云:「無罪無辜,亂如此憮。」○贏,宋本訛「羸」,從大訓改。不祥於天,【補】天所不善。粒食之民,布散厥親,雖諸夏莫能相養。疏遠國老,幼色是與,而暴慢是親,言疏遠老成而與幼色者,若楚恭王遠申叔時而用子反也。讒貸處穀,千乘曰:「以財投長曰貸。」穀,禄也。法言法行處辟,辟,罪辟也。殀替天道,逆亂四時,【補】替,廢也。禮樂不行，而幼風是御，任童幼之人，使專政。曆失制，君臣昏亂，時候錯緒。攝提失方，攝提左右六星，與斗應相直，恒指中氣。尚書中候曰：「攝提移居。」鄒大無紀，邦，當字誤爲「鄒」，或深聲爲鄒也。【補】鄒，讀從「正月爲陬」之「陬」。史記曰：「孟陬殄滅，攝提無紀。」「大」亦「失」字之誤。不告朔於諸侯，周禮太史職曰：「正歲年以序事，頒之于官府及都鄙，頒告朔于邦國也。」玉瑞不行，玉者，所以等神祇，别人事，其用重焉。【補】諸侯命圭謂之瑞。瑞者耑也，所以示耑信也。虞書曰：「揖五瑞。」諸侯力政，不朝於天子，言以威力侵争。周書曰：「力政則無讓，無讓則無禮，無禮雖得所好，民皆樂之乎？」六蠻四夷，交伐於中國。周禮職方氏「四夷、八蠻、七閩、九貉、五戎、六狄」，此周所伏四海其種落之數也。明堂位曰「九夷、八蠻、六戎、五狄」，此朝明堂時來者國數也。爾雅曰「九夷、八狄、七戎、六蠻」，其夏之所伏與。殷之夷國，東方十、南方六、西方九、北方十有三。然鄭玄以四夷爲四方，九貉爲九夷，又引爾雅其數不同，及六四文闕而不定，是終使學者疑於所聞也。【補】殷之夷國，據王會「商四方獻令」知也。云鄭「引爾雅其數不同」者，詩蓼蕭箋引九夷、八狄、七戎、六蠻謂之四海，職方氏注作九夷、八蠻、六戎、五狄。案李巡爾雅注本「謂之四海」下，更有「八蠻在南方，六戎在西方，五狄在北方」，鄭君約其文言之，然四方之國，經、記皆辜舉大數，爾雅亦未必指謂夏也。於是降之災，水旱臻焉，霜雪大滿，甘露不降，百草殨黄，【補】殨，蔫也。蔫，萎也。五穀不升，民多夭疾，六畜䭐背，瘁，當字誤爲「䭐」也。瘁，病也。背，瘦也。○背，即「脊」字。凡从肉者，隸變皆爲「月」，宋本訛「目」，從大訓改。此大上之不論不議也。帝皇之世無災疫，故百姓不議。殀傷厥身，失墜天下，夫天下之報殃於無德者，必與其民。」故書曰：「天明威，自我民明威也。」○楊氏以「夫天下」

之「下」爲衍字。公懼焉，曰：「在民上者，可以無懼乎哉？」

凡四百四十四字。今補。

少閒第七十六

公曰：「今日少閒，我請言情於子。」子愀焉變色，遷席而辭曰：「君不可以言情於臣。臣請言情於君，君則不可。」【補】閒，暇也。遷席，前坐也。楊簡曰：「魯君之所不樂者，三家强而已矣。夫子知其不可言，故變色而辭。」公曰：「師之而不言情焉，其私不同。」言己師禮事夫子，故不使言情也，其私人不同於此也。子曰：「否。臣事君而不言情於君，則不臣；君而言情於臣，則不君。○「君而」下，宋本衍「不」字，從大訓删。有臣而不臣，猶可；有君而不君，民無所錯手足。」【補】諷哀公不君，將致孫國。

公曰：「吾度其上下咸通之；使上下皆達也。權其輕重居之；謂事役及刑罰。准民之色，目既見之；鼓民之聲，耳既聞之；動民之德，心既和之；通民之欲，兼而壹之。言皆稱百姓之欲也。【補】鼓，訓「鼓動」之「鼓」。愛民親賢而教不能，民庶説乎？」子曰：「説則説矣，可以爲家，不可以爲國。」公曰：「可以爲家，胡爲不可以爲國？國之民，家之民也。」子曰：「國之民，誠家之民也，然其名異，不可同也。【補】君有國，大夫有家，名位異等。同名同食曰同等，名位不同，禮亦異數。【補】食，禄也。○食，朱本作「位」。唯不同等，民以知極。周禮大司徒職曰：「以儀辨等，則民不越也。」

故天子昭有神於天地之間，以示威於天下也；祭法曰：「有天下者事百神。」諸侯脩禮於封內，以事天子；大夫脩官守職，以事其君；士脩四衞，執技論力，以聽乎大夫；四衞，四方之職。曲禮曰：「地廣大，荒而不治，此亦士之辱也。」庶人仰視天文，俯視地理，力時使，以聽乎父母。孝經曰：「用天之道，分地之利，謹身節用，以養父母，此庶人之孝者也。」此唯不同等，民以可治也。」【補】楊簡曰：「明魯無等，難治。」

公曰：「善哉！上與下不同乎？」子曰：「將以時同時不同。言有可同、不可同也。上謂之閑，下謂之多疾。不正之政，君謂閑，民謂之多疾，同所惡也。【補】禮之不同等，自上制之，所以防閑僭踰也。自下視之，則惡其害己。君時同於民，布政也；施善政也。【補】因民之所利而利之，君同於民心也。民時同於君，服聽也。【補】服役聽命，唯君所使，民同於君心也。上下相報而終於施。施，恩施也〔一〕。【補】上施善政，則下報以服聽。○報，高安本作「服」。大猶已成，發其小者；遠猶已成，發其近者。遠大之謀，緣近小始。○猶，即「猷」字，本从犬旁酋，左形右聲，後人或著犬於右。將行重器，先其輕者。將持重器，必先効輕者，亦以諭政也。先清而後濁者，天地也。清濁，謂陰陽也。天政曰正，地政曰生，人政曰辨。辨，別。【補】陰陽正則物生，上下別則政成。苟本正，則華英必得其節以秀孚矣。言專陽則正，華英得陰陽之

〔一〕「施」，初刻本作「惠」。

孚秀也。【補】吐葩曰秀，發稊曰孚。節，秀孚之候也。○本，朱本作「專」。此官民之道也。」官人當取終始。

公曰：「善哉！請少復進焉。」子曰：「昔堯取人以狀，觀其容狀施發。○以，宋本訛「民」，從大訓及高安本改。舜取人以色，禹取人以言，湯取人以聲，文王取人以度。觀其志度。此四代五王之取人以治天下如此。」四代據文距殷。或曰：「文王取人以度四代，謂兼之也。」○戴氏校本删句首「此」字。公曰：「嘻！善之不同也。」嘻，歎惜之聲。公謂五王取人，德有不同也。子曰：「何爲其不同也？」公曰：「同乎？」子曰：「同。」公曰：「人狀可知乎？」問四代以人狀得善之事。子曰：「不可知也。」公曰：「五王取人，各有以舉之，胡爲人之不可知也？」子曰：「五王取人，比而視，相而望，【補】近視之，遠望之。○比，去聲。五王取人各以己焉，是以同狀。」聖王通而虚己，故於求人，雖言色不同，而善惡無異。【補】各以己者，己聖，故能知人之賢否也。中庸曰：「取人以身。」公曰：「以子相人何如？」子曰：「否。丘則不能。言不能如五王。五王取人，丘也傳聞之，以委於君，丘則否。能傳聞而已，不能如也。【補】注失其解，言五王取人之法，傳聞如是，以致於君。若子之取人則否。四代曰：「貌色聲，衆有美焉，必有美質在其中者矣。」是異於五王貌色聲偏取其一也。○注首「能」字，宋本混入正文，從盧本改。亦又不能。」又不能備聞也。【補】此乃謙言不能如五王知人。

公曰：「我聞子之言始蒙矣。」自言蒙亂。子曰：「由君居之，成於純，胡爲其蒙也？由，用也。言能居之則成純，何爲其蒙也？【補】居之無倦曰純。雖古之治天下者，豈生於異州哉？【補】言非生於異地，明人皆可爲堯舜也。**昔虞舜以天德嗣堯，**凡質以天德，文以地德。禮緯含文嘉曰：「殷授天而王，周據地而王也。」**布功散德制禮，朔方幽都來服，南撫交趾，出入日月，莫不率俾。**俾，使。**西王母來獻其白琯，**西王母，神也，其狀如人。琯，所以候氣。漢明帝時，於舜廟下得玉琯一枚也。【補】爾雅曰：「觚竹、北户、西王母、日下謂之四荒。」然則西王母，國名也。荀子曰：「禹學乎西王國。」白琯，所謂昭華之琯也。風俗通義曰：「章帝時，零陵文學奚景於泠道舜祠下得笙白玉琯。知古以玉爲管，後乃易之以竹耳。」注明帝誤。○「白」下，文選賢良詔注引此文有「玉」字。**粒食之民，昭然明視。**【補】楊簡曰：「昭然明見舜之功德。」**民明教，通于四海，**民明於教，夷夏同風。**海外肅慎、北發、渠搜、氐羌來服。**北發，北狄，地名。其地出迅足鹿。周武王時，肅慎貢楛矢文麈，渠搜貢露犬，氐羌貢鸞鳥也。【補】注並據王會爲説也。漢書音義晉灼曰：「王恢傳『北發月支，可得而臣』，似國名也。」臣瓚曰：「三朝記云『北發渠搜，南撫交趾』，此舉北，以南爲對也。」師古曰：「北發，非國名也。言北方即可徵發渠搜而役屬之。」今尋記文，北發不與南撫屬對，瓚説非是。○氏，宋本譌「玄」，從盧本改。**舜崩，有禹代興，禹卒受命，乃遷邑姚姓于陳。**遷邑姚姓于陳，謂改封虞氏之後于陳，因使氏焉。春秋左傳曰：「胙之以土，命之氏。」【補】陳者，因周所封言之。其實夏時，舜之後仍邑于虞，故傳稱「少康逃奔有虞，虞思妻之以二姚也」。○宋本脱「崩」字，從大訓增。**作物配天，脩德使力，**【補】作物，制作典物也。使力，若盡力溝洫之事。**民明教，通于四海，海之外肅慎、北發、渠搜、氐羌來服。禹崩十有七世，乃有末孫桀即位，**【補】禹傳啟、太康、仲康、相、少康、杼、槐、芒、泄、不降、扃、廑、孔甲、皋、發，至桀十七世。**桀不率先王之明德，乃荒耽于酒，淫泆于**

桀，德昏政亂，作宮室高臺。淮南子云：「桀爲璇宮、瑤臺、象筯、玉杯也。」○宋本脱「室」字，從朱本增。汙池土察，汙，窪也。察，深也。言洞地爲池也。【補】「察」之字从宀，土察，蓋窟室之屬與。以民爲虐，逞其濫酷。粒食之民，惛焉幾亡，乃有商履代興。履，湯名。論語曰：「履敢用玄牡。」王侯世家曰〔一〕：「湯名天乙。」白虎通曰：「湯王之後，更定名爲子孫法，本名履也。」商履循禮法以觀天子，天子不説，則嫌於死。成湯怒，至於亂。【補】嫌於死，謂鈞臺之囚也。成湯卒受天命，不忍天下粒食之民刈戮，不得以疾死，故乃放移夏桀，散亡其佐，伐之於南巢，放之於夏宮，而去其臣佐。乃遷姒姓於杞，封夏后氏之後於杞，亦命氏焉。發厥明德，順民天心，嗇地作物，配天制典慈民，發其明德而順天之心。嗇，收也。【補】嗇地，任地宜而稼穡之。咸合諸侯，作八政，命於總章。八政，洪範所云是也。總章，重屋之西堂。於此命事，取萬物之成功也。【補】周人尚赤，吉午，先明堂。殷人尚白，吉酉，先總章。服禹功以脩舜緒，爲副于天。【補】副，猶詩言「克配上帝」也。粒食之民，昭然明視，民明教，通于四海，海之外肅慎、北發、渠搜、氐羌來服。成湯卒崩，殷德小破，二十有二世，乃有武丁即位，【補】湯傳外丙、中壬、太甲、沃丁、太庚、小甲、雍己、太戊、中丁、外壬、河亶甲、祖乙、祖辛、沃甲、祖丁、南庚、陽甲、盤庚、小辛、小乙，至武丁二十二世。開先祖之府，取其明法，以爲君臣上下之節，殷民更服。○服，宋本譌「眩」，從大訓改。近者説，遠者至，粒

〔一〕「家」，諸本多作「本」，是。

食之民，昭然明視。武丁，小乙之子。盤庚之時，有雊雉之變，懼而修德，重興殷道，號爲高宗。○注「庚」之下有脱字。案：殷本紀：「武丁，盤庚之兄子也。」武丁卒崩，殷德大破，九世乃有末孫紂即位。【補】自武丁歷祖庚、祖甲、廩辛、庚丁、武乙、太丁、帝乙，至紂九世。○卒，宋本譌「年」，從大訓改。紂不率先王之明德，乃上祖夏桀，行荒耽于酒，淫泆于樂，德昏政亂，作宮室、高臺，謂傾宮、鹿臺之等也。汙池土察，以爲民虐，○上文以民爲虐，亦當依此作「爲民」。粒食之民，忽然幾亡，乃有周昌霸，諸侯以佐之，紂不説諸侯之聽於周昌，則嫌於死，【補】霸，長也，謂爲西伯也。牖里之囚，亦嫌於死。○則，宋本譌「別」。乃退伐崇、許、魏，以客事天子。許、魏，不在五伐，蓋時小伐也。客事天子，謂忍而臣之也。【補】五伐者，崇、密、邘、黎、犬夷，事具大傳。文王卒受天命，作物配天制典，用行三明，親親尚賢，【補】三明，天地人之顯道。○典，舊誤作「無」，今校改。民明教，通于四海，海之外肅慎、北發、渠搜、氐羌來服。君其志焉！或傒將至也。」君，哀公也。言今周衰之甚，有繼之者將至也。

公曰：「大哉！子之教我政也。列五王之德，煩煩如繁諸乎？」煩，衆也。如繁者，言如萬物之繁蕪也。○如，讀爲「而」。諸，讀爲「者」。子曰：「君無譽臣，臣之言未盡，請盡臣之言，君如財之。」【補】財，讀爲「財成天地」之「財」。漢書皆以「財」爲「裁察」字。曰：「於此有功匠焉，王非獨善，言有師保。○功、工同。有利器焉，言有先王之禮度也。有措扶焉，謂殷肱之良也。【補】措扶，當爲「錯鈇」，匠所用也。

以時令其藏必周密，發如用之。易曰：「藏器於身，待時而發。」可以知古，可以察今，可以事親，可以事君，可用于生，又用之死，吉凶並興，禍福相生。言識其並興及相生之義。老子曰：「禍兮福所倚，福兮禍所伏也。」卒反生福，大德配天。」終爲福德以配於天。【補】居安思危則生福也。公愀然其色，變容色也。曰：「難立哉？」子曰：「臣願君之立知，如以觀聞也。觀君博聞以立知焉。○如，朱本作「而」。觀聞，宋本譌「閒觀」，從朱本改。時天之氣，用地之財，以生殺於民。民之死，不可以教。」謂辜極可以苟免也。【補】民之死也，必不可以教而後殺之。

公曰：「我行之，其可乎？」子曰：「唯此在君。言行此在君也。君曰足，臣恐其不足；未足而君謂足，則臣恐未足，告以不足也。君曰不足，臣恐其足。實足可行，而君曰不足，則臣云足，所謂可否也。○宋本脱「臣恐其足」一句，從戴氏校本增。舉其前必舉其後，舉其左必舉其右，君既教矣，安能無善？」君道之，則民應以善。【補】言民之從教，如後之隨前、右之應左。公吁焉其色，曰：「大哉！子之教我制也。政之豐也，如未之成也。」○未，宋本譌「木」，從大訓及元本改。子曰：「君知未成，言未盡也。【補】言君知之未備者，由臣言之未盡也。凡草木，根軷傷則枝葉必偏枯，敗，當字誤爲「軷」。○偏，高安本、盧本作「徧」。偏枯是爲不實。○此「偏」字，宋本亦作「偏」。穀亦如之。民以君爲本。○此「穀」字及下注首「穀」字，皆似「政」字之誤。上失政，大及小人畜穀。」穀敗失，則傷及人物。【補】「小人」字當倒置之，言失政之害，大則及人，小則及畜穀。

公曰：「所謂失政者，若夏商之謂乎？」子曰：「否。若夏商者，天奪之魄，不生德焉。」言天地絶夏商之餘民，乃興周之續。春秋左氏傳：「天奪其魄。」有生之魄〔一〕。公曰：「然則何以謂失政？」子曰：「所謂失政者，疆蔞未虧，言疆域與草木皆未易於常也。○蔞，戴氏校本作「藪」。人民未變，鬼神未亡，民神猶依附之。水土未絪，絪，猶亂。韓詩外傳曰：「陰陽相勝，氛祲絪氲也。」糟者猶糟，實者猶實，糟以喻惡，實以喻善。亦言善惡之物仍錯亂也。玉者猶玉，玉以喻善人，言尚賢其賢。血者猶血，酒者猶酒，血，憂色也。酒以諭樂，猶憂其可憂而樂其所樂。優以繼湛，政出自家門，此之謂失政也。湛，猶忍也。言天下安然，人物不亂，方優佚樂，繼之出其忍政也。【補】湛，湛也。君方優游湛樂，而政出於大夫之門，是乃上失其政也。此指謂三家也。非天是反，人自反。【補】君制於臣，反復上下之常道。○自，宋本譌「是」，從朱本改。臣故曰：君無言情於臣，君無假人器，君無假人名。」春秋左傳曰「唯器與名，不可以假人」者也。公曰：「善哉！」

凡一千五百十一字。今補。

〔一〕「之」，疑是「亡」之訛。

卷十二

朝事第七十七

古者聖王明義，以别貴賤，以序尊卑，以體上下，然後民知尊君敬上，而忠順之行備矣。是故古者天子之官，有典命官掌諸侯之儀，大行人掌諸侯之儀，以等其爵，故貴賤有别，尊卑有序，上下有差也。典命諸侯之五儀、諸臣之五等，以定其爵，故貴賤有别，尊卑有序，上下有差也。【補】典命，春官之屬。大行人，秋官之屬。鄭君曰：「五儀，公侯伯子男之儀。五等，謂孤以下四命、三命、再命、一命、不命也。」○此文錯誤，當云「有典命官掌諸侯之五儀、諸臣之五等，以定其爵；大行人掌諸侯之儀，以等其爵，故貴賤有别，尊卑有序，上下有差也」。餘二十字並衍。命上公，九命爲伯，其國家、宫室、車旗、衣服、禮儀，皆以九爲節。諸侯諸伯七命，其國家、宫室、車旗、衣服、禮儀，皆以七爲節。子男五命，其國家、宫室、車旗、衣服、禮儀，皆以五爲節。【補】春秋傳曰：「天子三公稱公，王者之後稱公，其餘大國稱侯。」鄭君曰：「國家，國之所居，謂城方也。公之城蓋方九里，宫方九百步。侯伯之城蓋方七里，宫方七百步。子男之城蓋方五里，宫方五百步。」○九命，宋本訛「九卿」。旗，周禮作「旗」。王之三公八命，其卿六命，其大夫四命，及其封也皆加一等，其國家、宮室、車旗、衣服、禮儀亦如之。【補】畿内諸臣，命以偶數。詩曰：「豈曰無衣六兮。」謂王卿六命也。封，受地出封也。孟子云：「天子之卿受地視侯，大夫受地視伯，元士受地視子男。」與此不合。鄭君曰：「王之上士三命，中士再命，下士一命。」封也，周禮作「出封」。凡諸侯之適子，省於天子，攝君則下其君之禮一等，未省則以皮帛繼子男。【補】省，善也，如「省于其君」之「省」。天子善之，命之攝君，加異其禮。鄭君箴膏肓曰：「父有老耄罷病，子代理其政，預王事。」所謂「攝君」也。「以皮帛」者，比於孤卿也。春秋曹世子射姑來朝，賓之以上卿，是其未省者。○省，周禮作「誓」。公之孤四命以皮帛，視小國之君。【補】鄭司農曰：「九命上公，得置孤卿一人。春秋傳曰：『列國之卿，當小國之君。』固周制也。」廣森謂：小國之君蓋附庸也。帛者，玄纁束也。書「三帛」傳云：「諸侯世子執纁，公之孤執玄，附庸之君執黄。」於經未聞。鄭君大宗伯注曰：「束帛而表以皮爲之飾，天子之孤飾摯以虎皮，公之孤飾摯以豹皮與。」其卿三命，其大夫再命，士一命，其宮室、車旗、衣服、禮儀，各視其命之數。侯伯之卿大夫、士亦如之。子男之卿再命，其大夫一命，其士不命，其宮室、車旗、衣服、禮儀，各如其命之數。【補】大夫一命韍衣，士雖一命亦無冕，以爵弁爲上服。云「各視命數」者，約舉之也。王制曰：「小國之卿與下大夫一命。」似説異代之制。

禮：大行人以九儀别諸侯之命，等諸臣之爵，以同域國之禮而行其賓主。【補】大宗伯以九儀之命正邦國之位，一命受職，再命受服，三命受位，四命受器，五命賜則，六命賜官，七命賜國，八命作牧，九命作伯。五命以上，諸侯之命也。四命以下，諸臣之爵也。○周禮「别」作「辨」，「域」作「邦」，「行」作「待」，「主」作「客」。域國，似此避漢諱改之。**上公之禮，執桓圭九寸，繅藉九寸，**【補】桓，楹也。圭上刻雙植象之。繅藉，以韋衣木藉玉者也。聘禮記曰：「所以朝天子。」圭與繅皆九寸，剡上寸半，厚半寸，博三寸。繅三采六等：朱、白、蒼。**冕服九章，**【補】虞書十二章之次：日、月、星辰、山、龍、華蟲、宗彝、藻、火、粉米、黼、黻。衮冕九章，自山而下。謂之衮者，於文从公从衣，公之衣也。鄭君説周升龍於山，升火於宗彝，然衮冕，荀子謂之山冕，則九章首山矣。**建常九斿，**【補】鄭君曰：「常，旌旗也。斿，其屬縿垂者也。」考工記曰：「龍旂九斿。」**樊纓九就，**【補】周官巾車曰：「金路，鉤，樊纓九就，建大旂，以賓，同姓以封。」樊，馬腹帶。纓，鞅也。鄭君曰：「以罽飾之，每一處五采，備爲一就。就，成也。」**貳車九乘，**【補】貳車，副車也。乘車之副曰貳，田車之副曰佐，戎車之副曰倅。少儀云：「貳車者，諸侯七乘，上大夫五乘，下大夫三乘。」亦異代之制。周時大國貳車九乘，故秦滅九國，兼其車服，大駕屬車有八十一乘也。**介九人，禮九牢，**【補】鄭君曰：「禮，大禮饔餼也。三牲備爲一牢。」廣森案：九牢者，飪一牢、腥四牢、牽四牢。**其朝位賓主之間九十步，饗禮九獻，食禮九舉。**【補】賓主之間，擯介傳命所立處也。鄭君曰：「九舉，舉牲體九飯也。」**諸侯之禮，執信圭七寸，繅藉七寸，冕服七章，建常七斿，樊纓七就，貳車七乘，介七人，禮七牢，其朝位賓主之間七十步，饗禮七獻，食禮七舉。**【補】信，直也。鷩冕七章，自華蟲而下。考工記曰：「鳥旟七斿。」巾車曰：「象路，朱，樊纓七就，建大赤，以朝，異姓以封。」鄭君以爲王子母弟率以功德出封，雖爲侯伯，其車服猶如上公，若魯、衛之屬。然則此經亦謂異姓侯伯也。禮：七牢者，飪一牢，腥、牽各三牢。○信音申。**諸伯執躬圭，其他皆如諸侯之禮。**【補】躬，身也，所以自戒飭也。信、躬，皆取令名。**諸子執穀璧五寸，繅藉五寸，冕服五**

章,建常五旒,樊纓五就,貳車五乘,介五人,禮五牢,其朝位賓主之閒五十步,饗禮五獻,食禮五舉。【補】肉倍好謂之璧,外圓内方,刻轂爲瑑飾,尚其養也。凡璧皆朱緑繅。毳冕五章,自藻而下。釋名曰:「毳,芮也。畫藻文於衣,象水草之毳芮温暖而潔也。」巾車曰:「革路,龍勒,條纓五就,建大白,以封四衛。」五牢者,飪一牢,腥、牽各二牢也。諸男執蒲璧,其他皆如諸子之禮。【補】蒲,水草,以爲瑑飾,尚其潔也。凡大國之孤執帛皮,以繼小國之君。【補】鄭君曰:「此以君命來聘者也。孤尊,既聘享,更自以其摯見;繼小國之君,言次之也。朝聘之禮,每一國畢乃前。」○帛皮,周禮作「皮帛」,高安本、盧本同。諸侯之卿,禮各下其君二等,【補】鄭君曰:「此亦以君命來聘者也。所下其君者,介與朝位賓主之間也。其餘則自以其爵。」聘義曰:「上公七介,侯伯五介,子男三介。」是謂使卿之聘之數也。朝位則上公七十步、侯伯五十步、子男三十步與?」以下及大夫、士皆如之。【補】大夫下於卿二等,士下於大夫二等。

天子之所以明章著此義者,以朝聘之禮也。○宋本脱「也」字,從吴氏逸經增。是故千里之内歲一見,千里之外、千五百里之内二歲一見,千五百里之外、二千里之内三歲一見,二千里之外、二千五百里之内四歲一見,二千五百里之外、三千里之内五歲一見,三千里之外、三千五百里之内六歲一見。【補】周禮曰:「邦畿方千里,其外方五百里,謂之侯服,歲一見,其貢祀物。又其外方五百里,謂之甸服,二歲一見,其貢嬪物。又其外方五百里,謂之男服,三歲一見,其貢器物。又其外方五百里,謂之采服,四歲一見,其貢服物。又其外方五百里,謂之衛服,五歲一見,其貢材物。又其外方五百里,謂之要服,六歲一見,其貢貨物。」此文「千里之内」，謂距王城千里以内者當彼侯服也。王城居王畿之中，連於四境，各五百里，外盡侯服之界，則千里矣。以下里數，皆據距王所都言之。**各執其圭瑞，服其服，乘其輅，建其旌旂，施其樊纓，從其貳車，委積之以其牢禮之數，所以明别義也。**【補】説者云：覲禮「侯氏裨冕，墨車，偏駕，不入王門」，與此記不合。廣森以爲，諸侯朝會，皆伸其車服，儀禮覲篇乃世子始嗣侯者，以其介圭入覲于王，未有王命，故從大夫之服耳。其篇有天子賜車服、命書之事，足以明之矣。○瑞，宋本譌「端」。**然後天子冕而執鎮圭尺有二寸，繅藉尺有二寸，搢大圭，乘大輅，建大常十有二旒，樊纓十有再就，貳車十有二乘，率諸侯而朝日東郊，所以教尊尊也。**【補】春秋左傳曰：「周之王也，制禮上物不過十二。」郊特牲曰：「戴冕璪十有二旒，則天數也。」鎮圭，以四鎮之山爲瑑飾。搢者，插於紳帶之間。考工記曰：「大圭長三尺，杼上，終葵首。」典瑞曰：「王搢大圭，執鎮圭，藻藉五采五就，以朝日。」大輅，玉輅也。大常，旗上畫三辰者也。覲禮曰：「天子乘龍，載大旂，象日月、升龍、降龍，出，拜日于東門之外，反祀方明。」○覲禮注引此文「再」作「二」，「日」下有「於」字。**退而朝諸侯，爲壇三成，宫旁一門，**【補】覲禮曰：「諸侯覲於天子，爲宫方三百步，四門壇十有二尋，深四尺。」鄭君曰：「四時朝覲，受之於廟。此謂時會殷同也，爲宫者於國外，春會同則於東方，夏會同則於南方，秋會同則於西方，冬會同則於北方。王巡狩至於方岳之下，諸侯會之，亦爲此宫以見之。成，猶重也。」**天子南鄉見諸侯，**○鄉音向。**土揖庶姓，時揖異姓，天揖同姓，所以别親疏外内也。**【補】鄭君曰：「王揖之者，定其位也。庶姓，無親者也。土揖，推手小下之也。異姓，婚姻也。時揖，平推手也。天揖，推手小舉之。」**公侯伯子男，各以其旂就其位。**【補】覲禮曰：

「上介皆奉其君之旂，置於宫，尚左。公侯伯子男，皆就其旂而立。」**諸公之國，中階之前，北面東上；諸侯之國，東階之東，西面北上；諸伯之國，西階之西，東面北上；諸子之國，門東，北面東上；諸男之國，門西，北面東上。**○宋本脱「諸子」以下十字，從盧本增。**及其將幣也，公於上等，所以别貴賤、序尊卑也。**【補】周官司儀曰：「公於上等，侯伯於中等，子男於下等。」鄭君曰：「謂所奠玉處也。壇三成，深四尺，則一等一尺也。壇十有二尋，方九十六尺，則堂上二丈四尺，每等丈二尺與。」**奠圭降拜，升，成拜，明臣禮也。**【補】覲禮曰：「侯氏坐奠圭，再拜稽首。擯者謁，侯氏坐，取圭，升，致命，王受之玉。侯氏降階東，北面再拜稽首，擯者延之曰升。升，成拜，乃出。」**奉國地所出重物而獻之，明臣職也。**【補】覲禮曰：「四享皆束帛加璧，庭實，唯國所有。」**肉袒入門而右，以聽事也。**【補】覲禮曰：「事畢乃右，肉袒於廟門之東，乃入門右，北面立，告聽事。擯者謁諸天子，天子辭於侯氏，曰：『伯父無事，歸寧乃邦。』侯氏再拜稽首，出。」**明臣禮、臣職、臣事，所以教臣也。**○「職」上，宋本脱「臣」字，從吴氏逸經增。**率而祀天於南郊，配以先祖，所以教民報德不忘本也。率而享祀於太廟，所以教孝也。**【補】孝經曰：「昔者周公郊祀后稷以配天，四海之内各以其職來祭。」國語曰：「甸服者祭，侯服者祀，賓服者享。」**與之大射，以考其習禮樂而觀其德行；與之圖事，以觀其能；**【補】圖，謀也。**儐而禮之，三饗三食三宴，以與之習立禮樂。**【補】禮者，既將幣，王以鬱鬯禮之。上公再祼而酢，侯伯一祼而酢，子男一祼不酢也。三饗三食三宴，謂自來訖去，此上公之禮。侯伯饗、食、宴皆再，子男皆一。**是故一朝而近者三年，遠者六年，有德焉，禮樂爲之益習，德行爲之益脩，天子之**

命爲之益行。【補】近者，男服以内也。遠者，要服以内也。吕氏春秋曰：「王者之封建也，彌近彌大，彌遠彌小。」大國數朝，小國稀朝，所以體之也。○「樂爲」、「行爲」之「爲」，宋本並訛「謂」，從高安本改。然後使諸侯世相朝，交歲相問，殷相聘，以習禮考義，正刑一德，以崇天子。故曰：朝聘之禮者，所以正君臣之義也。【補】鄭君曰：「父死子立曰世。凡君即位，大國朝焉，小國聘焉。小聘曰問。殷，中也。」鄭司農説殷聘，以春秋傳曰「孟僖子如齊殷聘」是也。」廣森謂：交歲相問者，猶言每歲交相問也。大行人云：「凡諸侯之邦交歲相問也。」今誤讀「交」絶之。殷之爲中，如「中一以上」之「中」，間一歲也。間歲相聘，所謂「三年大聘」，甲聘，丙又聘，則涉三年矣。

諸侯相朝之禮，各執其圭瑞，服其服，乘其輅，建其旌旂，施其樊纓，從其貳車，委積之以其牢禮之數，所以别義也。【補】周官掌客曰：「凡諸侯之禮，上公五積，侯伯四積，子男三積。」介紹而相見，君子於其所尊不敢質，敬之至也。【補】鄭君曰：「質，謂正自相當。」君使大夫迎于境，卿勞于道，君親郊勞，致館。及將幣，拜迎于大門外而廟受，北面拜貺，所以致敬也。【補】君，主君也。道，勞於遠郊也。郊，勞於近郊也。鄭君曰：「遠郊上公五十里，侯四十里，伯三十里，子二十里，男十里，近郊各半之。」聘禮記曰：「卿館於大夫，大夫館於士。」然則君館於卿與。大門，庫門也。必廟受者，朝聘所以脩先君之好也。春秋傳曰：「古者諸侯必有會聚之事、相朝聘之道，號辭必稱先君以相接。」○勞，去聲。後同。三讓而後升，所以致尊讓也。敬讓也者，君子之所以相接也。諸侯相接以敬讓，則不相侵陵也。此天子之所以養諸侯，兵不用而諸侯自爲正之具也。君親致雍既、還圭、饗食、致贈、郊送，所以相與習禮樂也。【補】既，讀如「既稟稱事」之「既」。雍既，即「饔餼」字。鄭君曰：「此六禮者，唯饔食速賓耳，其餘主君親往。親往者，賓爲主人，主人爲賓。君如有故不親饗食，則使大夫以酬幣、侑幣致之，贈送以財。既贈又送，至于郊。」諸侯相與習禮樂，則德行脩而不流也。故天子制之而諸侯務焉。【補】流，過也。聘禮「上公七介，侯伯五介，子男三介」，所以明貴賤也。介紹而傳命，君子於其所尊不敢質，敬之至也。三讓而後傳命，三讓而後入門，三揖而後至階，三讓而後升，所以致尊讓也。【補】鄭君曰：「三讓而後傳命，賓至廟門，主人請事時也。賓見主人，陳擯以大客禮當已，則三讓之。不得命，乃傳其君之聘命也。」○「門」上，小戴有「廟」字。君使士迎于境，大夫郊勞，君親拜迎大門之内，而廟受，北面拜貺。拜君之辱，所以致敬讓也。○廟，宋本訛「朝」。小戴「拜君」下有「命」字，「敬」下無「讓」字。致敬讓者，君子之所以相接也。故諸侯相接以敬讓，則不相侵陵也。卿爲上擯，大夫爲丞擯，君親醴，賓私覿，致雍既，還圭璋，賄贈，饗食宴，所以明賓主君臣之義也。【補】醴饗食宴，君親之，賓主之義也。致雍既，還圭璋，賄贈，皆使大夫者，君義也。賓私覿者，臣義也。○小戴「丞擯」作「承擯」，下有「士爲紹擯」四字，「醴賓」作「禮賓」，下有「賓私面」三字。「雍既」作「饔餼」，「主」作「客」，宋本依小戴亦作「饔餼」，仍於「餼」下叠著「既」字，從大典删改。故天子之制，諸侯交歲相問，殷相聘。○小戴云：「比年小聘，三年大聘。」相厲以禮，使者聘而誤，主君不親饗食，所以耻厲之也。諸侯相厲以禮，則外不相侵，内不相陵。此天子所以養諸侯，兵不用而諸侯自爲正之具也。以圭璋聘，重禮也。已聘而還圭璋，輕財重禮之義也。諸侯相厲以輕財重禮，則作讓矣。○「作」上，小戴有「民」字。主國待客，出入三積，【補】司儀曰：「諸公之臣，相爲國客，則三積。」以次差之，侯伯之臣再積，子男之臣一積也。聘禮無致積者，文不備。○三，宋本訛「五」，從朱本改。既客於舍，五牢之具陳於內，米三十車，禾三十車，芻薪倍禾，皆陳於外；乘禽日五雙，羣介皆餼牢，壹食再饗宴，與時賜無數，所以厚重禮也。古之用財不能均如此，然而用財如此其厚者，言盡之於禮也。盡之於禮，則內君臣不相陵，而外不相侵。故天子制之而諸侯務焉。【補】舍，賓館也。五牢之具：飪一牢，鼎九，陪鼎三。腥二牢，鼎二七，並陳於階前；豆二十，簋十二，壺二十，皆堂上八，東西夾各六；鉶十有四，堂上六，東西夾各四；簠六，堂上與東西夾各二；醯醢百甕，米百筥，陳於庭。牽二牢，陳於門西。其羣介之餼，則大夫飪腥牽各一牢，士唯有牽牢也。米一車二十四斛，禾一車千二百秉。聘禮曰：「門外米、禾視死牢，牢十車。」掌客曰：「車米視生牢，車禾視死牢。」二者文異。芻所以秣，薪所以爨。乘禽，禽之乘匹者，若雁鶩之屬也。聘記曰：「既致饔，旬而稍，宰夫始歸乘禽，日如其饔餼之數。」時賜，四時新物也，儀禮謂之「假獻」。「不能均如此」，言不能皆如此也。唯用財於禮，乃必盡厚。○「介皆」下，小戴有「有」字。然而，元本作「然時」。「餼牢」之「餼」，亦當爲「既」，似後人依小戴妄改。

古者大行人掌大賓之禮及大客之義，以親諸侯。春朝諸侯而圖天下之事，秋覲以比邦國之功，夏宗以陳天下之謀，冬遇以協諸侯之慮，時會以發四方之禁，殷同以施天下之政，【補】鄭君曰：「大賓，要服以内諸侯；大客，謂其孤卿。圖、比、陳、協，皆考績之言。時會，即時見也。王將有征討之事，則既朝，王命爲壇於國外，合諸侯而發禁命事焉。禁，謂九伐之法。殷同，即殷見也。王十二歲一巡狩，若不巡狩則殷同。」司馬法曰：「春以禮朝諸侯，圖同事；夏以禮宗諸侯，陳同謀；秋以禮覲諸侯，比同功；冬以禮遇諸侯，圖同慮；時以禮會諸侯，施同政；殷以禮同諸侯，發同禁。」廣森謂：朝覲宗遇，諸侯皆離至，唯會同旅見。時會者，東方春，南方夏，西方秋，北方冬，分時更迭而至。殷同者，同軌畢至，不以其時。殷之言衆也。○義，周禮作「儀」，古文省。肆師「治其禮儀」，故書亦爲「義」。「覲」下「遇」下，宋本並脱「以」字。謀，周禮作「謨」。**時聘以結諸侯之好，殷眺以成邦國之貳，**【補】王制曰：「諸侯之於天子也，比年一小聘，三年一大聘。」時聘，小聘也。殷眺，大聘也。成，平也。周禮曰：「凡有鬭怒者成之。」○周禮「成」作「除」，「貳」作「慝」。**閒問以諭諸侯之志，歸脤以教諸侯之福，賀慶以贊諸侯之喜，致會以補諸侯之災。**【補】鄭君曰：「此四者，王使臣於諸侯之禮也。閒問者，閒歲一問諸侯，謂存省之屬。贊，助也。補諸侯災者，若春秋澶淵之會，謀歸宋財。」廣森謂：大宗伯「以脤膰之禮親兄弟之國，以賀慶之禮親異姓之國」，彼文互耳。葵丘之會，賜齊侯胙。孟子曰：「孔子爲魯司寇，不用，從而祭，膰肉不至。」是異姓亦歸脤膰也。春秋公羊説：「腥曰脤，熟曰膰。」左氏説：「宜社曰脤，宗廟曰膰。」○周禮「教」作「交」，「會」作「禬」。**天子之所撫諸侯者，**○「所」下，盧本有「以」字。**歲徧在；三歲徧眺；五歲徧省；**【補】在、眺、省，皆王使於諸侯之名。爾雅曰：「在、存、省、視，察也。」鄭君曰：「歲者巡守之，明歲以爲始也。自五歲之後，遂閒歲徧省也。」○在，周禮作「存」，高安本同。**七歲屬象胥，諭言語，計辭令；九歲屬瞽史，諭書名，聽音聲；**【補】象胥、瞽史，皆王官，使於四方，偏諭諸侯也。計，讀從周禮「故書叶字」，叶，合也，今周禮爲「協辭命」。鄭君曰：「書名，書文字也〔一〕。古曰

〔一〕「文」，原作「之」，據初刻本及阮刻周禮注疏改。

名。聘禮曰：『百名以上。』」○胥音諝。十有一歲，達瑞節，同度量，成牢禮，同數器，脩法則；【補】節，所持以爲信也。小行人：達天下之六節，山國用虎節，土國用人節，澤國用龍節，皆以金爲之。道路用旌節，門關用符節，都鄙用管節，皆以竹爲之。鄭君曰：「達、同、成、脩，皆謂齎其法式，行至則齊等之也。成，平也，平其僭踰者也。數器，銓衡也。法，八法也。則，八則也。」○達，宋本訛「建」。十有二歲，天子巡狩殷國。【補】殷國，即殷同也。鄭君曰：「十二歲，王若不巡狩，則六服盡朝，謂之殷國。」是故諸侯上不敢侵陵，下不敢暴小民，然後諸侯之國札喪則令賻補之，凶荒則令賙委之，師役則令槁襘之，有福事則令慶賀之，有禍災則令哀弔之。凡此五物者，治其事故，【補】此五物者，諸侯自相爲也。厲死曰札。凶荒，歲不熟也。槁，讀爲「犒師」之「犒」。宗伯凶禮之目，以襘禮哀圍敗。禍災，水火之災。春秋左傳曰：「宋大水，公使弔焉，曰：『天作淫雨，害於粢盛，若之何不弔。』」及其利害爲一書，其禮俗、政事、教治、刑禁之逆順爲一書，其悖逆、暴亂、作慝、欲犯令者爲一書，其札喪、凶荒、厄貧爲一書，其康樂、和親、安平爲一書。凡此五物者，每國別異之。天子以周知天下之政。【補】此小行人使適四方，察其美惡之事，條別書之，以詔王也。禮俗，謂昏姻喪紀，舊俗所行，雖有異者，因之不變。太宰「八則」，「六曰禮俗以馭其民」。○「札喪凶荒厄」，宋本訛「禮俗政事」，從大典改。周禮「利」上有「萬民之」三字，「欲」作「猶」，末云「每國辨異之，以反命于王，以周知天下之故」。是故諸侯附於德，服於義，則天下太平。古者天子爲諸侯，不行禮義，不脩法度，不附於德，不服於義，故使射人以射禮選其德行，職方氏、大行人以其治國選其能功。【補】射人、職方，夏官之屬。德行能功，義在盛德篇。諸侯之得失治亂定，然後明九命之賞以勸之，明九伐之法以震威之。【補】九命之賞者，加九賜，命作方伯，一曰車馬，二曰衣服，三曰樂則，四曰朱户，五曰納陛，六曰虎賁，七曰斧鉞，八曰弓矢，九曰秬鬯。四方所瞻，侯子所望也。九伐之法者，馮弱犯寡則眚之，賊賢害民則伐之，暴内陵外則壇之，野荒民散則削之，負固不服則侵之，賊殺其親則正之，放弑其君則殘之，犯令陵政則杜之，外内亂、鳥獸行則滅之。尚猶有不附於德、不服於義者，則使掌交説之。【補】周官掌交：「掌以節與幣巡邦國之諸侯，道王之德意志慮，使咸知王之好惡，避行之。」○宋本脱「之」字，從逸經及盧本增。故諸侯莫不附於德、服於義者。此天子之所以養諸侯，兵不用而諸侯自爲正之法也。○正，宋本譌「政」。

凡二千一百三十六字。今補。

投壺第七十八

投壺之禮，主人奉矢，司射奉中，使人執壺。【補】中，刻木爲伏獸形，鑿其背，以盛算者也。鄉射記曰：「大夫兕中，士鹿中。」鄭君曰：「射人奉之者，投壺，射之類也。其奉之西階上，北面。」主人請曰：「某有枉矢哨壺，請樂賓。」賓曰：「子有旨酒嘉肴，又重以樂，敢辭。」【補】鄭君曰：「燕飲酒，既脱屨升坐，主人乃請投壺也。否則或射，所謂燕射也。枉哨，不正貌，爲謙辭。」廣森案：鄉射禮：「司射請射，賓對曰：『某不能，爲二三子。』許諾。」彼不辭者，習禮正也。燕射及投壺，皆所以爲宴樂，賓乃有辭法。○哨，宋本譌「峭」，從吴氏逸經改。「肴」

下，小戴有「某既賜矣」四字。**主人曰：「枉矢哨壺，不足辭也，敢以請。」**○「敢」下，小戴有「固」字。**賓曰：「某賜旨酒嘉肴，**○小戴云：「某既賜矣。」**又重以樂，敢固辭。」**【補】一辭而許曰禮辭，再辭曰固辭，三辭曰終辭。鄭君曰：「固之言如故也，言如故辭者，重辭也。」**主人曰：「枉矢哨壺，不足辭也，敢固以請。」賓對曰：「某固辭，不得命，敢不敬從。」賓再拜，受。主人般還曰避。主人阼階上，再拜，送，賓般還曰避。**【補】鄭君曰：「賓再拜受，拜受矢也。主人既避，進受矢兩楹之間。拜送，送矢也。避亦於其階上。」○般還，音「盤旋」。**以拜受矢。**【補】鄭君曰：「主人既拜送矢，又自受矢。」○以，小戴作「已」。案：以、已同，説見虞戴德篇。下「以酌」亦「已」字。**進即兩楹間，退，反位，揖賓，就筵。**【補】就楹間，爲賓正席也。鄭君曰：「賓席、主人席皆南鄉，閒相去如射物。」廣森謂：如射物者，兩席相距六尺也。既就筵，各委所受矢於地，投時拾取之，唯與尊者爲偶不委。少儀曰：「侍投則擁矢。」○宋本「既」訛「則」，「退」訛「追」。

司射進度壺，反位，設中，執八算，【補】鄭君曰：「度壺，度其所設之處也。反位，西階上位也。既設中，亦實八算於中，横委其餘於中，西，執算而立，以請賓，俟投。」廣森案：算，竹籌，所以記勝負。執八算者，一偶之數也。古者射與投壺，皆行四矢，故矢四爲之乘，乘三謂之發。○小戴「壺」下有「間以二矢半」五字，「執」上有「東面」字，「算」下有「興」字。**請于賓曰：「奏投壺之令曰：順投爲入，比投不釋算，勝飲不勝。正爵既行，請爲勝者立馬，三馬既立，慶多馬。」請主人亦如之。**【補】請者，司射執算以請也。奏，告也。令，法也。鄭君曰：「順投，矢本入也。比投，不拾也。正爵，所以正禮之爵也，或以罰，或以慶。馬，勝算也。謂之馬者，若云技藝如此，任爲將帥乘馬也。」廣森謂：馬者，蓋刻木爲馬象，亦中之類。漢田律曰：「争禽不審者，罰以假馬。」○小戴無「奏投壺之令曰」句，「立馬」下衍「一馬從二馬」五字，正義云「定本無之」。比，毗志反。**命弦者曰：「請奏貍首，間若一。」太師曰：「諾。」**【補】鄭君曰：「弦，鼓瑟者也。」廣森謂：間者，樂聲疏數之節也。周禮：「王射，騶虞九節；諸侯射，貍首七節；大夫射，采蘋；士射，采蘩五節。」此謂王大射時，諸侯、大夫、士皆在，樂詩所用各有異也。若大夫、士自爲燕射，或投壺，亦通用之，但其節數自降殺，不得如天子、諸侯，故鄉射記曰「歌騶虞若采蘋，皆五終」，此奏貍首亦五節矣。

左右告矢具，請拾投。投入者，則司射坐而釋一算，曰：「賓黨於右，主黨於左。」【補】「左右告矢具」者，主賓之黨皆已受矢也。鄭君曰：「拾，更也。請更投者，司射也。」司射東面立，釋算則坐，以南爲右、北爲左也。已投者退，各反其位。○拾，其劫反。小戴「投入」作「有入」，「曰」作「焉」。**卒投，司射執餘算，曰：「右左卒投，請數。」**【補】此請於賓也。執餘算者，司射初執八算，每入一矢，則委一算於地。八矢不皆中，故手有餘算也。於此言右左者，明先數賓黨。○卒，宋本訛「率」，從朱本改。小戴無「餘」字，「左」在「右」上。**二算爲純，一純以取一算爲奇。**【補】純，讀如「淳十五乘」之「淳」。凡物偶曰純。禮：帛合兩束之，謂之純束。司射東面，坐於中，南取右算，每一純實於左手，每十純則縮而委之於地。十十别之，餘純不滿十者横置於下。有單一算不成純者，又縮置於餘純之下。乃改坐於中北，總取左算，實於左手，每純委之於地，亦十純别之，餘純横之，奇算縮之，如數右算之法。其數賓算文縟，數主算文簡，以相變爲敬。**有勝，則司射以奇算告曰：「某黨賢於某黨，賢若干**

純。」【補】奇算，勝算也。奇，餘也。左右齊之而取其餘。○小戴云：「遂以奇算告曰：『某賢於某若干純。』」奇則曰：「奇。」【補】假令勝五算，則曰：「賢二純一奇。」鈞則曰：「左右鈞。」【補】鄭君曰：「鈞，猶等也。等則左右手各執一算以告。」舉手曰：「請諸勝者之弟子爲不勝者酌。」酌者曰：「諾。」以酌，皆請舉酒，○「諸」上，宋本脱「請」字，從儀禮經傳通解增。小戴云：「命酌曰：『請行觴。』酌者曰：『諾。』」餘文並無。當飲，皆跪奉觚曰：「賜灌。」勝者跪曰：「敬養。」【補】鄭君曰：「灌，猶飲也。賜灌、敬養各與其偶。於西階上，如飲射爵。」廣森謂：「觚」當爲「觗」。射禮：「罰皆以觶。」駁異義曰：「『觶』字，古書或作角旁氏，則與『觚』字相近。」言敬養者，爲謙辭。射義曰：「酒者所以養老也，所以養病也。求中以辭爵者，辭養也。」劉原父投壺義曰：「勝飲不勝者，罰也。辭不曰罰而曰養者，不尚人以勝，不恥人以不能也。飲曰賜灌，不恥過也，不忌人以勝己也。故尚人以勝則矜，恥人以不能則怨，自恥其過則忿，忌人以勝己則懟。矜以怨，忿以懟，此辨訟之所由作也。」○小戴「飲」下有「者」字，「觚」作「觴」。

司正曰：「正爵既行，請爲勝者立馬。」各直其算上，一馬從二馬以慶。【補】司正，主人之相。凡飲，將旅必立司正，使監酒者也。直，當也。置馬，賓黨勝則當右算，主黨勝則當左算。一馬從二馬，所謂擢馬也。侍投於尊者則否。鄭君曰：「三立馬者，投壺如射，亦三而止也。三者，一黨不得三勝，其一勝者，并其馬於再勝者以慶之。」○小戴無「司正曰」及「爲勝者」及「上」字。慶禮曰：「三馬既立，請慶多馬。」賓、主人皆曰：「諾。」正爵既行，請徹馬。【補】鄭君曰：「飲慶爵者偶親酌，不使弟子，無豐。」○立，小戴作「備」。周則復始，既算。【補】此六字，當屬於「司正曰」之上。「周則復始」者，投壺三而止也。三投既算，乃請立馬，故得備三馬耳。文之倒錯顯然。

算多少視其坐。【補】鄭君曰：「算用當視坐投壺者之衆寡爲數也。投壺者人四矢，亦人四算。」廣森案：此以下説壺矢制度，若儀禮經後之記。　矢八分，堂上七扶，室中五扶，庭下九扶，【補】八分，矢圓徑也。扶，讀如「膚寸而合」之「膚」。一指爲寸，四指爲扶。韓非子曰：「上失扶寸。」鄭君曰：「投壺者，或於室，或於堂，或於庭，其禮褻，隨晏早之宜，無常處。」○小戴「矢」作「籌」，無「八分」二字。室，宋本訛「堂」。　算長尺二寸。【補】射算長尺有握，視此爲長也。周官稾人曰：「矢八物，皆三等。」鄉射：「矢三尺。」彼射於堂，宜用中等，亦視此七扶爲長。　堂下司正、司射、庭長及冠士立者，皆屬賓黨。　樂人及童子、使者，皆屬主黨。【補】庭長，鄉飲酒有「衆賓之長一人」是也。衆賓立於庭，故謂其長者曰庭長。冠士、童子皆鄉人來觀者也。冠，成人，尊之，令屬賓黨。使者，若執壺者之屬。○小戴無「堂下司正」。　降揖，其阼階及樂事，皆與射同節。【補】投壺或於庭，則主人自阼階降揖賓。其節與射禮取矢時同也。樂事謂奏貍首。○此十三字，小戴無。　壺中置小豆，爲其矢躍而去也。【補】鄭君曰：「實以小豆，取其滑而堅。」○小戴「置」作「實」，「去」作「出」，屬於「容斗五升」之下。　壺去席二矢半。【補】鄭君曰：「堂上去賓席、主人席，邪行各七尺也。」廣森疑室中則五尺，庭則九尺。　矢以柘若棘，無去其皮，【補】若，或也。柘、棘皆取其質堅重。○宋本脱「矢」字，從盧本增。　大七分。【補】前文云「矢八分」，此「大七分」者，似謂室中五扶之矢，其笴既短，圓徑亦殺。鄭君小戴注云：「舊説矢大七分。」

曾孫侯氏，今日泰射。【補】此以下貍首之詩也。泰射，大射也。大射爲祭擇士，故以曾孫言之。○射，古音「序」，與下「舉」、「譽」爲韻。**于一張侯參之，曰：「今日泰射，四正具舉。**【補】「今日泰射」，衍句也。「于一」、「曰」三字亦衍。張侯參之，言張三侯也。大射儀曰：「量侯道以貍步，大侯九十，參七十，干五十。」鄭君曰：「四正，正爵四行也。四行者，獻賓、獻公、獻卿、獻大夫。乃後樂作而射。」**大夫君子，凡以庶士。小大莫處，御于君所。以燕以射，則燕則譽。**【補】以燕，燕飲也。則燕，燕樂也。譽，游也。春秋左傳曰：「宣子譽之。」**質參既設，執旌既載。干侯既亢，中獲既置。」**【補】質，侯中的也。周禮曰：「射則充椹質參。」參，侯也。干侯，豻侯也。旌所以唱獲，服不氏執之。載，舉也。亢，張也。中，大射以閭中也。獲，即算也。賈公彦曰：「唱獲則釋算，故名算爲獲。」

壺脰脩七寸，口徑二寸半，壺高尺二寸，受㪷五升，壺腹脩五寸。【補】何氏春秋傳解詁曰：「腹方口圓曰壺，反之曰方壺。」然則此壺腹亦方。脰脩七寸，謂其上圓者。腹脩五寸，謂其下方者。合之則尺二寸。脩亦高也。受壺，腹中容實也。管子曰：「所市之地，六步一㪷。」昌言曰：「斛取一㪷。」㪷亦「斗」字，於九章粟米術程「斛一尺六寸五分寸之一」，㪷五升，積二百四十三寸，以脩五寸除之，開方求其腹徑，近七寸也。○「壺高」以下九字，宋本並訛作小字。小戴云：「壺頸脩七寸，腹脩五寸，口徑二寸半，容斗五升。」屬於「算長尺二寸」之下。

「弓既平張，四侯且良。決拾有常，【補】亦貍首詩也。小戴篇末記貍首鼓節云：「取半以下，爲投壺禮；盡用之，爲射禮。」此不與前章相屬，所謂「半以下」與。平張，張弓尚平也。考工記曰：「張如流水。」侯，讀若詩「四鍭既鈞」。矢金鏃翦羽謂之鍭。決，若今扳指也。士禮用棘，人君用象骨。拾，射韝也，一名遂，以韋爲之，著於左臂。**既**

順乃讓。乃揖乃讓，乃隮其堂。乃節其行，既志乃張。【補】志，志所中也。書曰：「若射之有志。」射夫命射，射者之聲。御車之旌，既獲卒莫。」【補】射夫，射人也。諸侯以射人爲司射。御車，巾車也。大射儀：「巾車張侯。」或亦與唱獲焉。莫，静也。中雖多，不矜功也。○御車，盧本作「獲者」。莫音暮，與「射」爲韻。「聲」、「旌」自爲韻，與車攻五章同。

凡雅二十六篇，其八篇可歌，歌鹿鳴、貍首、鵲巢、采蘩、采蘋、伐檀、白駒、騶虞。【補】小雅之材七十四，大雅之材三十一，此唯二十六篇。又鵲巢諸詩今皆在風。亦以爲雅，蓋出漢人之記。樂府所存，非周舊也。漢末，杜夔傳雅樂四曲，一鹿鳴、二騶虞、三伐檀、四文王，皆古聲詞。後代四廂樂歌，猶依其音節。○其，宋本訛「共」，從元本改。八篇廢不可歌，七篇商齊可歌也，【補】樂記曰：「商者，五帝之遺聲也，商人識之，故謂之商。齊者，三代之遺聲也，齊人識之，故謂之齊。」七篇之名未聞。三篇間歌。【補】鄉飲酒「歌魚麗，笙由庚；歌南有嘉魚，笙崇丘；歌南山有臺，笙由儀」是也。史辟、史義、史見、史童、史謗、史賓、拾聲、叡挾。【補】此八篇廢不可歌。

魯命弟子辭曰：「無荒無慠，無倨立，無踰言。若是者有常爵。」【補】志怠曰荒，容怠曰慠。倨，跛倚也。踰言，遥相言也。鄭君曰：「弟子，賓黨、主黨年稚者也。爲其立堂下相褻慢，司射戒令之。常爵，常所以罰人之爵也。」○小戴云：「魯令弟子辭曰：『毋憮毋敖，毋偝立，毋踰言。偝立踰言有常爵。』薛令弟子辭曰：『毋憮毋敖，毋偝立，毋踰言，若是者浮。』」

「嗟爾不寧侯，爲爾不朝于王所，故亢而射女，强食，食爾曾孫，侯氏百福。」【補】考工記曰：「祭侯之禮，以酒脯醢。其辭曰：『唯若寧侯，無或若女不寧侯，不屬于王所，故亢而射女，强飲强食，詒女曾孫，諸侯百福。』」視此文爲備。侯者，侯也。射中則得爲諸侯，射不中則不得爲諸侯。祭侯，祭先爲諸侯者。曾孫，後世爲諸侯者也。諸侯不臣，謂之不寧。易曰：「不寧方來。」此貍首之首章也，天子大射歌之以祭侯。曾孫其次章，諸侯以爲射節。禮，獸侯皆畫貍首〔一〕，故以貍首名篇。史記曰：「萇弘設射貍首。貍首者，諸侯之不來者。」鄭君儀禮注曰：「貍之言不來也。其詩有『射諸侯首不朝者』之言。」即此章是已。○「强食」上，大典有「孫」字。

凡二章。凡七百三十三字。今補。

〔一〕「畫貍」，原作「盡獸」，據學海堂經解本改。畿輔叢書本作「畫獸」，亦誤。

卷十三

公冠第七十九

公冠自爲主，【補】春秋左傳曰：「國君十五而生子。冠而生子，禮也。」凡君即位於當冠之年，則因喪而冠。若即位時弱，至當冠之年自行冠禮。士冠禮曰：「若孤子，則父兄戒宿。」諸侯尊，盡臣諸父兄弟，故自爲主也。○冠，宋本譌「符」。**迎賓揖，**【補】蓋迎於廟門内也。説苑曰：「卿爲賓。」**升自阼，立于席。**入堂深，異於士。【補】士禮，主人，冠者之父也，於冠無事，故升立于序端；此主人即冠者，故升遂就席，爲異也。**既醴，**【補】賓醴主人，有君臣之義，亦異於士。當降拜，送觶與。○醴，元本作「禮」。**降自阼，**君尊，故其降也，不使就賓階也。**其餘自爲主者，其降也自西階，以異，**不敢終於正。【補】餘若大夫、士之孤子無父兄者，亦得自爲主。昏禮記曰：「宗子無父母命之，親皆没，己躬命之。」其義同也。**其餘皆公同也。**謂迎賓升阼之等。**公玄端與皮弁，皆韠，**玄端，緇布冠及玄冠之服也。玉藻曰：「始冠緇布之冠，自諸侯達，冠而弊之可也。」二服皆韠。古者田狩而食其肉，衣其皮，先以兩皮如韠以蔽其前後，及後世聖人易之以布帛，猶存其蔽前，示不忘古。尊祭服，異其名曰韠，其制上廣一尺，下廣二尺，長三尺，其頸五寸，肩博二寸。【補】玄端爵韠，皮弁素韠。○與，宋本譌「以」，從吴氏逸經改。韠，即「韠」字。**朝服素**

韠，玄端，諸侯朝服。皮弁，天子朝服。韠從裳，色皆素也。【補】朝服，冠弁服也，與玄端服異，但同玄冠耳。鄭君説周禮冠弁服云：「冠弁，委皃。其服緇布衣，亦積素以爲裳，諸侯以爲視朝之服。」**公冠四加玄冕**，「四」當爲「三」，「玄」當爲「衮」字之誤。【補】四加者，始加緇布冠、玄端服，再加皮弁，三加冠弁，與玄冕爲四也。四加，尊於士也。不加衮，下天子也。冠義正義曰：「天子當五加衮冕。」**饗之以三獻之禮**，饗賓也。士於賓以一獻之禮也。**無介**，於饗而贊冠者退爲衆賓者，君禮於臣，本無介矣。**無樂**，亦饗時也。冠者成人代父始，宜盡孝子之感，不可以歡樂取之。孔子曰：「娶婦之家，三日不舉樂，思嗣親也。」然則冠禮不舉樂同也。春秋左氏傳曰：「以金石之樂節之。」謂冠之時爲節也。**皆玄端**，君臣同服。**其醻幣朱錦采**，【補】飲賓客而從以貨財曰醻，所以申暢厚意也。采，錦之雜色者。或疑「采」爲「束」字之誤。昏禮曰：「酬以束錦。」**四馬其慶也**。其慶賓也如是。【補】其慶也以四馬。慶謂慶冠者。周禮所謂賀慶之禮也。**天子擬焉**。擬公禮也。○天，盧本作「太」，以下注推之，近是。

太子與庶子，其冠皆自爲主。主，侯自主之。重言「太子」，誤也。家語曰：「王太子、庶子之冠擬焉。」非也。【補】説苑曰：「諸侯太子、庶子冠，公爲主。」**其禮與士同，饗賓也皆同**。士冠禮記曰：「天子之元子猶士也，天下無生而貴者也。」○「饗」上，吴氏逸經有「其」字。

成王冠，【補】譙周五經然否論曰：「古文尚書説：『武王崩，成王年十三。』禮公冠記：『周公冠成王，命史作祝辭告。』是除喪冠也。周公未反，成王冠弁，開金縢之書，時十六矣。是成王十五，周公冠之而後出也。異義云：『成王年十四，是喪冠也者。』恐失矣。」**周公使祝雍祝王**，雍，太祝定。左與王爲祝辭，於冠告焉。**曰：「達而勿多也。」**

辭多則史，少則不達。**祝雍曰：「使王近於民，**視民不遠。**遠於年。**【補】永其壽也。○年，説苑作「佞」。後漢志注引此文云：「近於民，遠於年，遠於佞，近於義，嗇於時，惠於財，任賢使能。」**嗇於時，惠於財，**及時而施。【補】王肅曰：「嗇，愛也。嗇於時，不奪民時也。」**親賢使能。」**○「賢」與「年」、「民」爲韻，「能」與「時」、「財」爲韻。古音「能」如「耐」。樂記曰：「人不耐無樂。」注云：「耐，古書『能』字也。」古以能爲三「台」字。

「陛下離顯先帝之光耀，以承皇天嘉禄。離，明也。○博物記「離」作「摛」，「天」下有「之」字。**欽順仲夏之吉日，**古者冠以仲春。【補】昭帝本紀：「元鳳四年春正月丁亥，帝加元服。」此「仲夏」，字誤也。○博物記云：「欽奉仲春之吉辰。」**遵竝大道邠或，**邠或，當爲「邠彧」，聲字之誤也。○博物記云：「普遵大道之郊域。」案：「竝」、「普」，古假借字。漢石闕銘亦以「竝天」爲「普天」。**秉集萬福之休靈，始加昭明之元服。**【補】秉，守；休，美。靈，善也。元，首也。儀禮冠辭曰：「令月吉日，始加元服。」○集萬，博物記作「率百」。**推遠稚免之幼志，**免，猶弱也。○稚免，博物記作「沖孺」。**崇積文武之寵德，**文皇帝、武皇帝。○博物記「崇」作「藴」，「寵」作「就」。**肅勤高祖清廟，**高祖，高皇帝也。【補】漢儀：帝冠，皆如高祖廟謁。○「祖」下，博物記有「之」字。**六合之内靡不息，**【補】息，安也。○博物記云：「靡不蒙德。」**陛下永永，與天無極。」**凡一百。○此注不可曉，似校書者所記。然推算前後字數，亦不合，姑存之。**孝昭冠辭。**漢孝昭帝冠辭。【補】目上事也。猶樂記章末題「子貢問樂」。

「皇皇上天，照臨下土，集地之靈，降甘風雨。禮運曰：「地秉陰竅于山川。」【補】集，和也。天地和同，風雨時降。**庶物羣生，各得其所。靡今靡古，**言覆施均。**維予一人某，敬拜皇天之祜。」**古祝辭則云「嗣王某」，或曰「一人某」，王者親告之辭也。【補】此祀天辭。漢祠泰一贊饗曰：「皇帝敬拜泰祝之饗。」與此相類。○祐，宋本譌「祐」，元本譌「佑」，從吴氏逸經改。

「薄薄之土，承天之神，興甘風雨，薄，旁薄也。易曰：「乃順承天也。」庶卉百穀，莫不茂者。○者，古音渚，篆文「者」从𣥂諧聲。𣥂，古「旅」字。詩云：「維魴及鱮，薄言觀者。」又云：「綢繆束楚，三星在户。今夕何夕，見此粲者。」既安且寧，維予一人某，敬拜下土之靈。」【補】此祭地辭。

維某年某月上日，年謂太歲所在。月，正月也。其天地祝辭皆爾，省文故「日」下明之也。【補】某年者，元、二之數也。云「太歲所在」，非也。上日，朔日也。明光于上下，勤施于四方，旁作穆穆。【補】言日無私照也。案：洛誥是成王美周公之語，以爲祝辭，所未詳也。維予一人某，敬拜迎于郊。【補】此朝日辭。以正月朔日迎日于東郊。古者帝王以正月朝聘，率有司迎日于東郊也，所以爲萬品先而尊事天也。

凡六章。今別。凡三百四十字。今補。

本命第八十

分於道謂之命，道，謂冥化自然之道也，人莫違焉。或分得其長，分得其短，其變修促謂之命也。孔子曰：「死生有命。」【補】易曰：「一陰一陽之謂道。」分陰分陽而人以生，陰則受金火之命，陽則受木水土之命也。形於一謂之性，形，法象也。凡人稟於木，則象之以仁；受於金，則以義。孔子曰：「天命之謂性。」性者，資於未生之前，發於既生之後。原其所，故於此言之。【補】董仲舒曰：「命者，天之令也。性者，生之質也。」自天與之謂之命，自人得之謂之性。受於木則成仁，受於火則成禮，受於金則成義，受於水則成智，受於土則成信。各得其一，不能相齊，故曰「形於一」也。然其要歸，性無不善。守其一，養而充之，若伯夷之清、柳下惠之和，其成皆至於聖。**化於陰陽、象形而發謂之生，**象微昧。易曰：「男女搆精，萬物化生也。」**化窮數盡謂之死。**化窮者，身也。數盡者，年也。**故命者性之終也，**命初分於道，則是生之始也。分道則脩短已定，故爲生之終。是以始末舉也。**則必有終矣。**【補】人生則必有死。

人生而不具者五，目無見、不能食、不能行、不能言、不能化。三月而徹眗，然後能有見。眗，精轉視貌。徹，或爲「微」也。○徹眗，説苑作「達眼」。案：廣韻：「眗，胡涓切。」舊誤作「眴」，從戴氏校本改。**八月生齒，然後食。**○「食」上，説苑有「能」字。**朞而生臏，然後能行。三年瞦合，然後能言。**三月萬物一成，朞年天道一備，三年而天道大成，故因之以變化也。【補】臏，膝骨也。瞦，囟也。**十有六情通，然後能化。**○情，説苑作「精」。**陰窮反陽，陽窮反陰。**夏至陽往陰動，冬至陰消陽息。**辰故陰以陽化，陽以陰變。**【補】日月所會謂之辰。建子之月，辰會於丑，陽以陰變也。建丑之月，辰會於子，陰以陽化也。自是而左旋，寅與亥、卯與戌、辰與酉、巳與申，皆一陰一陽而相合也。人法天，故男陽從偶以八數，女陰從奇以七數，合而成施化也。**故男以八月而生齒，八歲而齔，**【補】齔，毁齒也。○而齔，宋本作「而毁齒」，下「七歲而齔」亦作「而毁」，並從後漢皇后本紀注引此文改。**一陰一陽，然後成道。**易曰：「一陰一陽之謂道也。」**二八十六，然後情通，然後**

其施行。施道行。【補】素問：「岐伯曰：『丈夫八歲，腎氣實，髮長齒更；二八，腎氣盛，天癸至，精氣溢寫，陰陽和，故能有子。女子七歲，腎氣盛，齒更髮長；二七，而天癸至，任脈通，伏衝脈盛，月事以時下，故有子。男不過盡八八，女不過盡七七，而天地之精氣皆竭矣。』」女七月生齒，七歲而齔，二七十四，然後其化成，化道成。陽施而陰化，亦天地之道也。合於三也，小節也。男女合於三十。中古男三十而娶，女二十而嫁，合於五也，中節也。合於五十。太古男五十而室，女三十而嫁，備於三五，合於八也。備三五十，合於八十也。不言大節者，省文。案：周禮媒氏職曰：「令男三十而娶，女二十而嫁。」內則曰：「二十而冠，三十而有室。十五笄，二十而嫁。」尚書大傳曰：「男三十而娶，女二十而嫁。」書曰：「有鰥在下曰虞舜。」喪服：「爲夫之姑姊妹之長殤。」然則，古者皆以二十、三十爲婚姻之年，十六、十四爲嫁娶之期。今有三十、五十則非也。故譙周云：「師言此説，近漢初學者所續焉。」○宋本作「合於八八也」，衍出「八」字，朱本、盧本並作「八十」。以上文推之，亦非是。今校改。八者維剛也，天地以發明，故聖人以合陰陽之數也。八爲方維，八卦之數也，天地以之明，聖人以之合陰陽。九六，大衍之數也。【補】剛，假借以爲「綱」字。四隅曰維，四正曰綱。

禮義者，恩之主也。冠、婚、朝、聘、喪、祭、賓主、鄉飲酒、軍旅，此之謂九禮也。君臣、冠、婚、朝、聘五也，喪、祭七也，鄉飲賓主八也，軍旅九也。【補】依注似脱「君臣」二字，然賓主與鄉飲酒當爲二，賓主則相見是也，豈注有轉寫之誤與？禮經三百，禮經統於心也。威儀三千，曲禮也，行於貌也。機其文之變也。機，危也。謂二禮動行九事，皆有其文，每變不同也。其文變也。○此四字疑衍。禮之象五行也，其義四時也。象五行，謂内外爵與五服。義，宜也。【補】禮有五，吉、凶、賓、軍、嘉，五行之象也。故以四舉，有恩、有義、有節、有權。【補】恩象春，義象秋，節象夏，權象冬。○舉，朱本依喪服四制作「制」。恩厚者其服重，故爲父斬衰三年，以恩制者。○四制有「也」字。門内之治恩掩義，門外之治義斷恩。資於事父以事君而敬同，貴貴尊尊，義之大者也。故爲君亦服斬衰三年，以義制者也。貴貴謂爲大夫君，尊尊謂爲天子諸侯也。【補】資，取也。三日而食，食，食粥也。三月而沐，將虞時。【補】雜記曰：「凡喪，自小功以上，非虞、祔、練、祥，無沐浴。」言三月者，據大夫士三月而葬。朞而練，毁不滅性，不以死傷生。○四制有「也」字。喪不過三年，苴衰不補，異於吉，無飾也。【補】苴，苴絰也。不補者，敝則因之。墳墓不坯。同於丘陵。【補】坯，土再成也。檀弓曰：「易墓，非古也。」○坯，四制作「培」。注四字舊誤入正文，今校改。除之日，鼓素琴，漸有終，因省哀。【補】除，大祥也。鼓素琴，始示存樂。禫而後作樂也。魯人有朝祥而莫歌者，子曰：「踰月，則其善也。」子蓋既祥五日，彈琴而不成聲。○除，四制作「祥」。示民有終也，以節制者也。○示，四制作「告」。資於事父以事母而愛同，天無二日，國無二君，家無二尊，以治之也。父在爲母齊衰、期，見無二尊也。○四制「日」下有「土無二王」句，「治」上有「一」字。百官備，百制具，不言而事行者，扶而起；謂天子諸侯。○制，四制作「物」。言而後事行者，杖而起；謂士大夫。○杖，宋本譌「扶」。身自執事而後事行者，面詬而已。謂庶人。【補】禮有爵而後杖，故庶人不杖。○詬，四制作「垢」。凡此以權制者也。○制，宋本譌「利」。始死三日不怠，三月不解，朞悲號，三年憂恩之教也。東夷二連其所□□。不怠者，哭不絶聲；不解者，不脱經帶也。○解，盧義讀如字，此依鄭君四制注也。雜記注云：「解，倦也。」則當讀爲「懈」。四制「號」作「哀」，「教」作「殺」，下同。注缺二字，宋本作「其所不懈」，誤。聖人因教以制節也。爲卒哭祥禫之變。

男者，任也；子者，孳也；【補】皆以音近，轉相詁訓。禹貢「男邦」，史記謂之「任國」。新莽封王氏緦麻之屬爲男，其女皆爲任。男與任，聲義並同也。男子者，言任天地之道如長萬物之義也，故謂之丈夫。丈者，長也；夫者，扶也，言長萬物也。【補】如，而也。郊特牲曰：「夫也者，夫也。夫也者，以知帥人者也。」許叔重説：「周制以八寸爲尺，十尺爲丈。人長八尺，故曰丈夫。」○長，丁丈反。知可爲者，知不可爲者；知可言者，知不可言者；知可行者，知不可行者。是故審論而明其別謂之知，所以正夫德者。○論，朱本作「倫」。德者，戴氏校本改「德也」。

女者，如也；子者，孳也；女子者，言如男子之教而長其義理者也，故謂之婦人。婦人伏於人也，○伏，宋本譌「仗」。是故無專制之義，有三從之道。在家從父，適人從夫，夫死從子，從其教令。無所敢自遂也。故令不出閨門，事在饋食之間而已矣。易曰：「無攸遂，在中饋。」詩云「無非無儀，惟酒食是議」也。○故，朱本、盧本作「教」。是故女及日乎閨門之内，專其志，且遠嫌。【補】及日，猶終日。不百里而犇喪。言及日，故經戒見星。【補】奔喪禮曰：「日行百里，不以夜行，唯父母之喪，見星而行，見星而舍。」然則雖百里猶及日。注説不與經意相會。檀弓曰：「婦人非三年之喪，不踰封而弔。」成國百里，不百里，猶言不踰封耳。此謂期功以下。若嫁於他國，奔父母之喪，則有踰百里者。古者謂會戚友之喪，皆曰奔喪。故春秋經書「邾子來奔喪」矣。○犇，古「奔」字。 事無獨爲、行無獨成之道，參知而後動，可驗而後言，【補】參知，衆知也。參，三也。古語：三而稱衆。 宵夜行燭，【補】夜行以燭。 宮事必量，六畜蕃于宮中，【補】宮事，蠶織也。夏小正曰：「執養宮事。」量，審也。宮中，家中也。 謂之信也，如此乃爲信固也。 所以正婦德也。【補】郊特牲曰：「信，婦德也。」

女有五不取：逆家子不取，亂家子不取，亂，淫亂也。 世有刑人不取，世有惡疾不取，【補】慮其氣類相傳染。韓詩曰：「芣苢，傷夫有惡疾也。」 喪婦長子不取。【補】喪婦長子，謂長女無母者。自女之父言之，爲喪婦也。長，年長也，成人而未許嫁者也。疑其幼失母訓，婦德不備，人莫與婚，故慎之不輕娶也。然則喪婦者，當蚤爲其女擇配。 逆家子者，爲其逆德也；亂家子者，爲其亂人倫也；世有刑人者，爲其棄於人也；世有惡疾者，爲其棄於天也；喪婦長子者，爲其無所受命也。【補】何休曰：「無教戒也。」

婦有七去：不順父母去，無子去，【補】年五十無子者。古者娶必有媵，以姪娣從，皆無子，然後去。春秋穀梁傳曰：「一人有子，三人緩帶。」言姪娣有子，則適不去也。鄭君易注曰：「嫁於天子，雖失禮，無出道，廢遠而已。若其無子，不廢，遠之。」 淫去，妒去，有惡疾去，多言去，竊盜去。【補】古人有言曰：「出妻，令其可嫁。絶友，令其可交。」是故曾子藜蒸不熟而去其妻。」婦雖有七者之罪，猶託小過，不以其罪去之，可謂存厚矣。 不順父母去，爲其逆德也。無子，爲其絶世也。○「子」下，元本有「去」字。淫，爲其亂族也。妒，爲其亂家也。○家，高安本作「宗」。有惡疾，爲其不可與共粢盛也。【補】春秋穀梁傳曰：「有天疾者，不得入乎宗廟。」禮：妻出，夫使人致之，其辭曰：「某不敏，不能從而共粢盛。」口多言，爲其離親也。詩云：「婦爲長舌，惟厲之階。」○宋本脱「也」字，從朱本增。盜竊，爲其反義也。【補】韓非子曰：「衛人嫁其子而教之，曰：『必私積聚。爲人婦而出，常也；其成居，幸也。』其子因私積聚，其姑以爲多私而出之。」此所謂「竊盜去也」。若齊里以亡肉逐婦，王吉以剥棗出妻，抑其末也。婦有三不去：有所取，無所歸，不去；【補】何休曰：「不窮窮也。」廣森案：無所歸者，其母氏無大功以上親。與更三年喪，不去；【補】内則曰：「子甚宜其妻，父母不説，出。子不宜其妻，父母曰：『是善事我。』子行夫婦之禮焉，没身不衰。」更三年之喪者，婦逮事舅姑，舅姑不以爲不善，今出之，無父母之命，嫌色過且非孝。前貧賤，後富貴，不去。【補】宋仲子云「糟糠之妻不下堂」，此之謂也。然婦人雖應此三事，若淫與不孝，猶當去之，禮故有婦當喪而出者。

大罪有五：逆天地者，罪及五世。欺造次及要君者。誣文武者，罪及四世。非聖人者。逆人倫者，罪及三世。非孝者。此皆大亂之道也。誣鬼神者，罪及二世。【補】王制所謂「假於鬼神、時日、卜筮以疑衆」者。殺人者，罪止其身。周書曰：「大命世，小命身。」○其，大典及元本作「一」。故大罪有五，殺人爲下。【補】五大罪，皆逆也。言此者，釋上文「逆家子」。

凡一千有五字。今補。

易本命第八十一

子曰：「夫易之生人、禽獸、萬物、昆蟲，各有以生。易者，渾元之始，是曰大易，二象之所資，萬品之所生。易曰：「易有太極，是生兩儀，兩儀生四象，四象生八卦。」易説曰：「太易者，未有見氣也。太初者，氣之始也。太素者，質之始也。」禮運曰：「夫禮必本於太一，分而爲天地，轉而爲陰陽，變而爲四時。」然禮、易之説雖殊，而會歸一。○昆，淮南子作「貞」。或奇或偶，或飛或行，而莫知其情，惟達道德者，能原本之矣。孔子曰：「聖人智通於大道，應化而不窮，能測萬品之情也。」天一、地二、人三，三三而九，九九八十一。一主日，天之神，日爲尊。【補】諸數皆去十取餘，若太乙主客算亦然。日數十，甲乙之屬。○淮南子下有「日主人」三字，此文脱。故人十月而生，萬類人爲貴也。【補】九九純陽，於易爲乾。八九七十二，偶以承奇，貴偶用奇。【補】偶謂八，奇謂九。○「二」下，淮南子有「二主偶」句。奇主辰，辰方面各三也。【補】若丑承子、卯承寅之屬，皆陰陽相閒，奇偶相承者也。辰主月，【補】十二辰當十二月。月主馬，月契天駟於上，馬統乾於下。故馬十二月而生。【補】馬，午也。於易爲離。七九六十三，三主斗，象次日月。【補】斗有杓、衡、魁三體，故三主斗。○斗，宋本譌「升」。斗主狗，斗之次以狗，故擇人也。【補】斗魁枕戌。狗，戌之屬也。故狗三月而生。【補】易曰：「艮爲狗。」○宋本脱「故」字。六九五十四，四主時，時主豕，豕知時，詩云：「有豕白蹢，烝涉波矣。」故豕四月而生。【補】易曰：「坎爲豕。」五九四十五，五主音，音主猨，故猨五月而生。【補】猨善啼，故取五音之象。

猨，申之屬也。申爲金，金於易爲兑。**四九三十六，六主律，律主禽鹿，**麋鹿角長短大小似律。【補】仲夏蕤賓之氣至，麋角解；仲冬黄鐘之氣至，鹿角解，是與律相應也〔一〕。○禽，淮南子作「麋」。**故禽鹿六月而生也。**麞麋之屬，皆以六月生也。宋均曰：「以所包者多，故舉禽。禽獸之名，雖有飛走之異，實亦通也。」【補】六六純陰，於易爲坤。**三九二十七，七主星，**二十八宿方各七。【補】春秋左傳曰：「天以七紀。」「主」上，宋本脱「七」字。**星主虎，**虎炳文似星也。**故虎七月而生。**【補】虎，寅之屬也。寅爲木，木於易爲震。春秋考異郵曰：「虎七月而生，陽立於七，故虎首尾長七尺。」**二九十八，八主風，**風之大數盡於八也。【補】冬至則北方寒風至，立春則東北炎風至，春分則東方滔風至，立夏則東南熏風至，夏至則南方巨風至，立秋則西南淒風至，秋分則西方飂風至，立冬則西北厲風至，此謂八風，八卦之所紀也，八音之所起也，天地人之所理也，大炅止而陰德始也。**風主蟲，**蟲有蟄見，似風動息也。【補】論衡商蟲篇曰：「夫蟲，風氣所生，倉頡知之，故凡虫爲風之字。」○主，宋本譌「之」。**故蟲八月化也。**蟲多，生非類也。【補】「八月」字誤，説文解字云：「蟲八日而化也。」風於易爲巽。**其餘各以其類也。**謂狸、兔、魚、鼈之屬。各以其類化者，言亦有生而生之也。【補】荀九家易曰：「二九十八，主風，精爲雞，故雞十八日剖而成雛。」然則風既主蟲，又主雞，所謂「各以其類」者。此亦一隅也。**鳥、魚皆生於陰而屬於陽，**生於陰者謂卵生也，屬於陽者謂飛游於虚也。○而，淮南子作「陰」。**故鳥、魚皆卵，魚游于水，鳥飛于雲。**釋上事也。○「卵」下，淮南子

〔一〕「是」，畿輔叢書本同，學海堂經解本作「氣」，誤。

有「生」字。**故冬鷰雀入于海，化而爲蚧，**以同生於陰而屬於陽，故有其形性也。【補】說文解字曰：「千歲鷰化爲蛤。」蚧，亦蛤也。雀化，小正有焉。○淮南子「冬」上有「立」字，「蚧」作「蛤」。**萬物之性各異類，故蠶食而不飲，蟬飲而不食，蜉蝣不飲不食。**淮南子曰：「蠶食而不飲，三十二日而化蟬，飲而不食，三十日而死。蜉蝣不飲不食，三日而終也。」**介鱗夏食冬蟄，**熊、羆、魚、蛇之屬。○淮南子「鱗」下有「者」字，「冬」上有「而」字。**齕吞者八竅而卵生，**鳥屬也。凡物之有異類者。韓詩內傳曰：「鵠鴿，胎生。孔子渡江見而異之者乎？」【補】喙啄曰齕。○吞，宋本譌「蚕」。**咀噍者九竅而胎生，**人及獸屬。異物志又曰：「狸十有一種，囊狸卵生也。」○噍音喚。淮南子作「嚼咽者」。**四足者無羽翼，戴角者無上齒。**董仲舒曰：「受於大者，不取於小。」【補】皆言不得兼也。牛無上齒，故觸而不噬。太玄經曰：「嘖以牙者童其角，擢以翼者兩其足。」**無角者膏，而無前齒；**無前齒者，齒盛於後，不用前也。**有羽者脂，**釋者爲脂也。【補】羽，亦當爲角。脂，羊屬。膏，豕屬。鄭君內則注以「釋者爲膏，凝者爲脂」，此注互錯矣。詩曰：「膚如凝脂。」**而無後齒。**齒盛於前，不任後也。**晝生者類父，夜生者類母。**至陰至陽，類其多也。至陰爲男、至陽爲女者，即陰窮反陽、陽窮反陰之義。**凡地東西爲緯，南北爲經，**【補】緯爲之幅，經謂之運。幅，廣也。運，袤也。○「地」下，淮南子有「形」字。**山爲積德，川爲積刑，**山積陽，川積陰，陽爲德，陰爲刑。**高者爲生，下者爲死。**【補】高誘曰：「高陽主生，下陰主死。」**丘陵爲牡，谿谷爲牝。**【補】牡實而施，牝虛而受，故丘陵植生，谿谷納流。○牝，頻几反。**蜯蛤龜珠，與月盛虛。**月者，太陰之精，故龜蛤之屬，因之以盛虧。吕氏春秋曰：「日月望則蚌蛤實，月晦則蚌蛤虚。」孝經援神契曰：「月虧於天，則陰類消於淵也。」【補】高誘曰：「與，猶隨也。」是故堅土之人肥，虚土之人大，肥者象地堅實，大者象地虚縱也。○淮南子云：「堅土人剛，弱土人肥，壚土人大。」沙土之人細，沙土養薄乃細。息土之人美，耗土之人醜。息土謂衍沃之田。耗土謂疏薄之地。地有美惡，故生人有好醜也。周禮大司徒職曰：「山林之民毛而方，川澤之民黑而津，丘陵之民搏而長，墳衍之民晳而瘠，原隰之民豐肉而痺。」此大辨五土之分。是故食水者善游能寒，魚鼈之屬。【補】能，耐也，讀亦爲「耐」。食土者無心而不息，蚯蚓之屬，不氣息也。若魚無耳而聽，蟋蟀無口而鳴，皆自然之性。○淮南子無「不」字，「息」作「慧」。食木者多力而拂，熊、羆之屬。拂，戾也。○拂，淮南子作「𩫖」。食草者善走而愚，麋鹿之屬。食桑者有絲而蛾，○桑，淮南子作「葉」。食肉者勇敢而捍，虎、狼、鷹、鸇之屬。食穀者智惠而巧，【補】人是也。○巧，淮南子作「夭」。食氣者神明而壽，王喬、赤松之類也。西極亦有食氣之民也。不食者不死而神，申於道者〔一〕，則神而常存也。故曰：有羽之蟲三百六十而鳳凰爲之長，有毛之蟲三百六十而麒麟爲之長，有甲之蟲三百六十而神龜爲之長，有鱗之蟲三百六十而蛟龍爲之長，倮之蟲三百六十而聖人爲之長。此乾坤之美類，禽獸萬物之數也。三百六十，乾坤之筴；萬一千五百二十，當萬物之數也。故帝王好壞巢破卵，則鳳皇不翔焉；好竭水搏

〔一〕「者」，畿輔叢書本同，學海堂經解本作「德」，誤。

魚，則蛟龍不至焉；好刳胎殺夭，則麒麟不來焉；好填谿塞谷，則神龜不出焉。【補】王制曰：「不麛、不卵、不殺胎、不殀夭、不覆巢。」○至，宋本譌「出」，從大典及高安本改。故王者動必以道，靜必以理。動不以道，靜不以理，則自夭而不壽，訞孽數起，神靈不見，風雨不時，暴風水旱並興，人民夭死，五穀不滋，六畜不蕃息。【補】洪範五行傳曰：「凡草物之類謂之訞，蟲豸之類謂之孽，及六畜謂之旤，及人謂之痾，甚則異物生謂之眚，自外來謂之祥，氣相傷謂之沴。」○孽，宋本譌「孼」，從盧本改。

凡六百四十三字。今補。

校正孔氏大戴禮記補注

〔清〕王樹枏　撰

校正孔氏大戴禮記補注叙録

王樹枏撰

王言第三十九。 孔氏據戴震校本爲説，汪中校本、王引之經義述聞本俱改「王言」。

哀公問五義第四十。 戴校本「義」改「儀」，「儀」者「義」之假借。説文云：「義，己之威儀也。」是「威儀」之「儀」正作「義」，經典通借作「儀」耳。家語五儀解前半篇襲此文。又案孔氏作注，不取家語，惡其僞也。而王肅所據大戴乃是魏以前本，其中異文多可取證，故並出之，以質世之讀是書者。

哀公問孔子第四十一。 自章首「莫能爲禮也」，家語問禮篇襲此文。自「孔子侍坐」以下，家語大婚解襲此文。

夏小正第四十七。 隋志：「夏小正一卷，戴德撰。」傅崧卿曰：「小正，夏書，德所撰，隋志云然，可謂疏矣。」今謂：隋志所載乃小正經文，若傳則載入戴禮，與隋志顯爲二書，但云「戴德撰」，則大誤耳。此篇「夏小正」下本有「傳」字，而今本脱之。高誘吕紀注引「爵入於海爲蛤，雉入於淮爲蜃」，並稱「傳曰」。郭璞爾雅注「蜋蜩」、「蝻蜩」兩引夏小正傳，蔡中郎集明堂月令論引戴德夏小正傳曰：「陰陽生物之候，王事之次，則夏之月令也。」今傳無此，乃是脱簡。鄭康成亦引夏小正説，説即傳也。漢晉時，經傳别行，大戴所載乃戴德所撰之傳，非經也。朱彝尊經義考一百四十七自標目曰「夏小正傳」，下言「戴德撰」，得之。凡傳中所述經文，皆戴氏復舉，觀傳本傳下重出經語，可知非先經而後傳者也。今增「傳」字，以復戴氏之舊。

曾子立事第四十九。 高似孫子略、王應麟漢書藝文志考證、日本國羣書治要並引此篇目作修身，與今本異。阮元曾子註釋曰：「大戴篇目，與古單行曾子本不同也。」

曾子天圓第五十八。 西域地圓之説，本於此篇，亦即周髀日行之意。

衛將軍文子第六十。 家語弟子行篇與此篇大同小異。馬驌曰：「家語實本於此，雖敷衍成文，而古意浸失。」

五帝德第六十二。 家語五帝德篇襲此。此篇多韻語，而家語點竄字句，皆失其韻，足徵明其僞。史記説五帝與此同。索隱曰：「太史公採大戴禮而爲此紀。」

帝繫第六十三。 世本有帝繫篇，詩生民正義引大戴禮帝繫篇，謂世本文亦然。書序正義云：「大戴禮出於世本。」即指帝繫及謚法等篇也。

子張問入官第六十五。 家語問官篇襲此文。

盛德第六十六。 自「凡人民疾」至「刑罰者所以威不行德法者也」一段，家語五刑篇襲之。自「故季冬聽獄論刑者」至「亦所進退緩急異也」，家語執轡篇襲之。戴校本曰：「各本自『明堂者』以下，別爲明堂篇，據許慎五經異義、魏書李謐傳、隋書牛弘傳及劉昭注續漢志、杜佑通典所引俱稱盛德篇，今據以訂正。仍合爲一篇，删去明堂之目。」今案：盧本已合爲一篇，孔蓋從盧、戴。

千乘第六十七。 原作「六十八」，蓋盛德第六十六别出明堂一篇爲「六十七」。盧本既併明堂於盛德篇，而此仍作「六十八」，誤。戴本、汪本皆作「六十七」。

四代第六十八。 盧本仍作「六十九」，誤。戴本、汪本皆作「六十八」。

虞戴德第六十九。盧本仍作「七十」，誤。戴本、汪本皆作「六十九」。

誥志第七十。盧本仍作「七十一」，誤。戴本、汪本皆作「七十」。

文王官人第七十一。盧本仍作「七十二」，誤。戴本、汪本皆作「七十一」。

諸侯遷廟第七十二。盧本仍作「七十三」，誤。戴本、汪本皆作「七十二」。

諸侯釁朝第七十三。禮記雜記篇有此文，雜記較詳。

朝事第七十七。「朝事」下有「儀」字。覲禮註疏及大雅韓奕正義，商頌長發正義，王制、玉藻正義，司儀正義引皆有「儀」字。王念孫曰：「篇内『儀』字，或作『義』者，古文也。」今增。

公冠第七十九。家語冠頌篇襲此文，説苑修文篇亦襲此文。汪曰：「有經文，有記文。」王應麟困學紀聞曰：「公符載孝昭冠辭，其后氏曲臺所記歟？迎日辭亦見尚書大傳。」

本命第八十。家語有本命篇襲此文「人生而不具者五」節。説苑辨物篇亦襲此文。

易本命第八十一。家語執轡篇襲此文。

卷一

王言第三十九

惟士與大夫之言之聞也。 各本「聞」作「閒」，汪校云：「閒，馬作『問』。」今案：聞，讀爲「問」。聞、問古字通。論語公冶長篇「聞一以知十」，釋文：「聞，本或作『問』。」檀弓「問喪於夫子乎」，釋文：「問，本亦作『聞』。」荀子堯問篇「不聞即物少至」，楊注曰：「聞，或爲『問』。」皆其證。言今之君子，惟士與大夫之言之問，無問及於王言者。此正引起問王言之意。

於乎！吾王言其不出而死乎？哀哉！ 家語作「於乎！吾以王言之其不出户牖而化天下」，與大戴句法不同，汪本單拈一「化」字較正「死」字，大謬。

得夫子之閒也難。 戴校云：「閒，古莧切。朱本、沈本訛作『聞』，下同。」案：閒，讀如孟子「連得間矣」之「間」，戴校是。孔謂「閒，暇也」，非。家語作「閑」。

孔子曰：「居，吾語女。」 戴校本亦增「居」字。案：家語亦有「居」字。

雖有國馬。 戴校本亦改「焉」爲「馬」。家語作「雖有國之良馬」。繹史正作「馬」，盧校亦云：「當作『馬』。」

雖有博地衆民。 沈本「地」訛作「施」。

不以其道治之,不可以霸王。戴校本亦改「地」爲「道」。家語正作「不以其道治之」,足徵王肅所據本作「道」。不作「地」,馬本亦作「道」,家語「霸王」上多一「致」字。

衽席之上還師。王念孫云:「『還師』上當有『乎』字,與上『乎』字相對。不言『還師乎衽席之上』,而言『衽席之上乎還師』者,變文以避複耳。下文云『此之謂衽席之上乎還師』,則此文原有『乎』字明矣。揚雄博士箴云:『大舜南面無爲,而衽席乎還師,階級之間,三苗以懷。』師與懷爲韻,『衽席乎還師』,即用大戴之文。」案:家語作「則必還師衽席之上」,上句作「則必折衝千里之外」,點竄此文,專以儷偶爲工,足徵漢以後人僞造無疑。

孔子愀然揚麋曰。太平御覽三百六十五人事部引作「眉」。

政之既中。既,沈本訛作「不」,家語删此句,義便不完。

民皆有別,則政亦不勞矣。戴校云:「『則政』二字,他本作『則貞則正』四字。就上文『廉恥有別』爲七教之一,此句乃總上文,因『政』譌作『正』,更衍『則貞』二字耳。今從方本。」汪本同。陳觀樓曰:「『貞正』與『强果』相應,猶上文『恥争』之於『惡貪』也,『則貞則正』四字當不誤。觀前後文法,上兩段末句一曰『明王奚爲其勞』,一曰『明王焉取其費』,此段之末曰『七者布諸天下』云云,後段之末曰『修此三者則四海之内』云云,皆兩兩相對。此處忽插『亦不勞矣』四字,則語意不倫。蓋因上文『不勞』而誤衍也。」王念孫曰:「此謂七教總承上七事而言,則此上不當有『民皆有別,則貞則正,亦不勞矣』十二字。陳氏以『亦不勞矣』爲衍文,是也。『民皆有別,則貞則正』,本作『民皆有別,則貞正』,乃是『上强果則下廉恥』之注文,誤入正文耳。此篇盧注全脱,唯此七字誤入正文,是以至今尚存,而『正』上又衍一『則』字。家語無『民皆有別』以下十二字,是其證。」今案陳、王二説皆非也。「正」當爲「上」字之誤,「民皆有別則貞」

句，「則上亦不勞矣」句。「民皆有別則貞」，乃總束上文「下益孝、下益悌」七句之意，「則上亦不勞矣」應上「内修七教而上不勞」言，總束「上敬老、上順齒」七句之意，非衍文也。僞家語不得其解，故妄爲删削，不足據。

教定則正矣。 戴、汪校本作「教定則本正矣」，戴云：「朱本作『則正矣』，方本作『本正矣』，『則』、『本』二字訛成一『是』字。今從朱本、方本合訂。」案：家語正作「政教定則本正矣」，戴本合訂之，是，今從之。

七者教之志也。 家語「志」作「致」。

而民棄惡也如灌。 王引之曰：「棄惡如灌，文義不明。灌，當爲『濯』字之誤也，言民之棄惡，如洗濯之去垢也。家語未寤『灌』爲『濯』之譌，而增益其文，曰『民之棄惡，如湯之灌雪焉』，斯爲謬矣。」今案：集韻：「盥，或作『灌』，澡手也。」即是濯義，不必破字。

使有司日省如時考之。 家語「如」作「而」，戴、汪校本改「而」，戴云：「他本訛作『如』，由音近而訛。今從方本。」盧云：「如即而，古通用。此書内若此者非一。」孔與盧説同。

則賢者親，不肖者懼。 盧、戴校本亦作「不肖者懼」，家語作「則賢者悦，而不肖者懼」，亦有「者」字。

如保子之見慈母也。 盧、戴並云：「保，即『緥』字。」家語作「幼子」。

百步而堵。 戴校云：「古者以長百步、闊一步爲畮，『堵』字當是『畮』字之訛。堵高一丈、闊六尺，非百步也。」汪本據戴説改作「百步而畮」。案此文有誤，宜闕疑。家語無此句。

千步而井。 戴校云：「井九百畮，其方三百步，積九萬步。此云『千步』，非也。『千步』二字當是『方里』之訛。」汪本用戴説，改作「方里而井」。案：家語亦作「千步而井」，蓋其誤久矣。

三井而句烈，三句烈而距。家語作「三井而埒，埒三而矩」。

五十里而封，百里而有都邑。家語作「五十里而都，封百里而有國」。

恤行者有與亡。戴校亦改「興」爲「與」。盧云：「『興』字疑衍，有亡即有無也。」汪校删「興」字，用盧説也。家語作「恤行者之亡」。

懮怛以補不足。戴校本亦改「慢」爲「懮」。今案：家語作「慘怛以補不足」。漢書東方朔傳曰「長無慘怛之憂」，亦以「慘怛」連文，今據改。

其信可復。家語作「其言可復」，「言」字是，據改。

其於信也，如四時春秋冬夏。「春秋冬夏」四字，當是注文未脱盡者，後人因誤入正文，宜删。

若夫暑熱凍寒。戴校本作「如暑熱凍寒」，云：「如，他本訛作『夫』，今從方本。」盧校亦云：「夫，當作『如』。」家語作「如寒暑之必驗」。汪校本作「如夫」。

遠若邇。家語作「故視遠若邇」。

及其明德也。某氏云：「『服』字，古文作『𠬝』，學者不識，改作『及』字。孔氏曰：『明德之所及也。』夫明德所及，不得言及其明德，可知其非矣。僖二十四年左傳『子臧之服不稱也夫』，釋文『服』作『及』，蓋亦由古本是『𠬝』字，故誤爲『及』也。」今案：及，與也。「及其明德」，與其明德也，不必破字。

此之謂也。王念孫云：「『此之謂也』四字，涉上『此之謂』而衍。上文曰『明王之守也，必折衝乎千里之外；其征也，衽席之上乎還師』，故此釋之曰『此之謂明王之守也，折衝乎千里之外』，則不當更有『此之謂也』四字明矣。下文『此之謂衽席之上乎還師』，與此文相對，亦無『此之謂也』四字。」今案家語作「此之謂明王之守，折衝千里之外者也」，無「此之謂也」四字，王說是也，據刪。

昔者明王必盡知天下良士之名。戴、汪校本亦改「以」爲「必」，家語正作「必」。

則天下之明譽興。戴校云：「沈本作『名譽』。」家語作「則天下之明名譽興焉」。

然後誅其君，致其征，弔其民，而不奪其財也。俞樾云：「『致其征』，當在『誅其君』之上。其文曰『彼廢道而不行，然後致其征』，此乃申說上文。又曰『誅其君，弔其民，而不奪其財也』，則起下文『時雨』之意，文義甚明。王肅作家語，遂易『致其征』爲『改其政』矣。」今案：藝文類聚武部、太平御覽兵部引此並作「改其政」。王念孫曰：「鈔本北堂書鈔武功部二引作『改其政』，陳禹謨本又改爲『致其征』。」據此，知宋以前大戴本皆作「改其政」，俞說非也。汪本亦據改。藝文類聚「弔」作「率」。

凡一千三百六十四字。補。今校定凡一千三百五十九字。

哀公問五義第四十

戴校本作「五儀」。

與之爲政，何如者取之？家語作「與之爲治，敢問如何取之」。荀子作「與之治國，敢問如何之邪」。據大戴與家語，則荀子「之邪」上脱「取」字。

生乎今之世。荀子家語皆作「生今之世」，無「乎」字。王念孫曰：「『生今之世、志古之道、居今之俗、服古之服，皆四字爲句，則『生』下不當有『乎』字。」今據删。

然則今夫章甫、句屨、紳帶而搢笏者，此皆賢乎？ 荀子作「然則夫章甫，絇屨而搢笏者，此賢乎」，家語作「然則章甫、絇屨、紳帶、搢笏者，皆賢人也」。汪本校去「今夫」二字，蓋據家語，汪喜孫謂不知所據者，陋也。今夫猶今人。鄭注曲禮「若夫」，以夫爲丈夫，是也。王肅不得其解而妄删，汪氏依之，非是。荀子「夫」上亦脱「今」字，此下脱「皆」字，宜據大戴增。

今夫端衣玄裳。 此「今夫」二字，正應上「今夫」。哀公以「今夫」問之，孔子即以「今夫」答之，文義甚明。荀子、家語俱脱「今」字，宜據大戴增。

冕而乘路者，志不在於食葷。 荀子作「絻而乘路者，志不在於食葷」。家語作「冕而乘軒者，則志不在食君」。楊倞曰：「絻與冕同。」「於」，戴校本皆作「于」。

斬衰、菅屨、杖而歠粥者，志不在於飲食。 戴校本「菅」字從方本改「菅」，「菅」字是。荀子、家語皆作「菅」。汪本改「飲食」爲「酒肉」，蓋據荀子、家語。

故生乎今之世。 「乎」字衍，荀子、家語皆無，王校删，今從之。

哀公曰善。 汪校本此下據戴説增「孔子曰：人有五義：有庸人、有士、有君子、有賢人、有聖人。哀公曰」二十四字。汪喜孫曰：「人有五義，荀子作『人有五儀』，此改『儀』爲『義』者，以篇題爲據也。『有聖人』，荀子作『有大聖』，此改『聖人』者，以篇内『哀公曰：「敢問何如，則可謂聖人矣？」孔子曰：「若此則可謂聖人矣」』爲據也。『哀公曰』下，荀子有『敢問』二字。考是篇于士、于君子則不曰『敢問』，于賢人、于聖人則曰『敢問』，本無定例，故略之也。」今案汪本增之，是也。改「大聖」作「聖人」，蓋據家語。「敢問」二字不宜删，乃引起語，荀子、家語皆有。家語「士」下有「人」字，「聖人」下多「審此五者，則治道畢矣」九字，「哀公曰」作「公曰」。蓋王肅以意增減，今校增「孔子曰：人有五義：有庸人，有士，有君子，有賢人，有聖人。哀公曰：敢問」凡二十六字。

而志不邑邑。荀子作「心不知色色」，「色」爲「邑」字之誤。楊倞注：「色色，謂以己色觀彼之色，知其姧惡也。」大謬，宜據大戴改「邑邑」。戴云：「邑、悒古通用。曾子立事篇云：『終身守此悒悒。』」俞樾云：「『而志不邑邑』，本作『志不而邑邑』，與上句『口不能道善言』一律，而即能也。淺人不知妄改，則與上句不倫矣。」今案：此「而」字與下句「而託其身焉，以爲己憂」句法蓋同，皆承上之辭。蓋「口不能道善言，而志不邑邑」與「不能選賢人善士而託其身焉，以爲己憂」爲對文，俞以「口不能道善言」與「而志不邑邑」爲對文，非是。

動行不知所務，止立不知所定。韓詩外傳「動行」作「動作」，荀子作「勤行」，「動行」與下「止立」對文，「勤」字形誤。王念孫云：「荀子『止交』二字文不成義。楊云『交謂接待於物』，非也。韓詩外傳正作『止立』。」

雖不能盡道術，必有所由焉；雖不能盡善盡美，必有所處焉。荀子作「雖不能盡道術，必有率也；雖不能徧美善，必有處也」。韓詩外傳作「雖不能備乎道術，必有由也；雖不能盡乎美善，必有處也」。家語作「雖不能盡道術之本，必有率也。雖不能備百善之美，必有處也」。王念孫據荀子校去下「盡」字，作「雖不能盡善美」，謂：「淺人依論語加之。漢酸棗令劉熊碑〔一〕『雖未盡道善，必有所由處』，並四句爲兩句，而句法仍與此同，則此文本作『盡善美』明矣。」今從王校。

〔一〕「熊」，原作「熙」，今據畿輔叢書本改。

是故知不務多而務審其所知，行不務多而務審其所由，言不務多而務審其所謂。荀子無三「而」字，「言不務多」二句在「行不務多」二句上。家語同荀子，而「知」改作「智」，「務審」之「務」改作三「必」字，此王肅意改，汪本據改爲「必」，非也。細玩三句文義，當從荀子、家語「言」、「行」四句互易方有次序，今校正。

知既知之，行既由之，言既順之。荀子作「故知既已知之矣，言既已謂之矣，行既已由之矣」。家語作「智既知之，言既道之，行既由之」。案「順」字，宜據荀子改「謂」，蓋承上文言不易字也。「行既由之」、「言既謂之」，亦宜據荀子互易。

若夫性命肌膚之不可易也。若夫，荀子、家語作「則若」，汪本從之。

躬行忠信，其心不置。王念孫曰：「置，讀爲『德』。文王官人篇『有知而不伐，有施而不置』，逸周書『置』作『德』。荀子雲賦『功被天下而不私置』，亦謂雲之功及天下而無私德也。是德、置古字通。」今案：「置」爲「悳」字之誤，「買」又「置」字之誤，皆形近致譌。「悳」，古文「德」，宜據荀子正。家語作「言必忠信而心不怨」。「其」字，王引之改「而」，今從之。

仁義在己而不害不知，聞志廣博而色不伐。荀子作「仁義在身而色不伐」，家語作「仁義在身而色無伐」。玩荀子「仁義在身」下疑有脱文，觀大戴可知，後人誤併兩句爲一句耳。不知，盧本作「不志」，誤。不害不知，王引之謂：「害者，患也。樂記注及吕氏春秋重己篇注並云『患，害也』，患、害一聲之轉，言不患人之不己知也。」汪喜孫説同。蓋皆從孔注之義。今案：「不害」之「不」，疑衍文。「仁義在己而害不知」與上文「躬行忠信而心不德」，下文「聞志廣博而色不伐」，「思慮明達而辭不爭」，句法蓋一例。「仁義在己而害不知」者，謂行仁義不顧利害。論語所謂「殺身成仁」、孟子所謂「舍生取義」是也。今校去「不」字。

君子猶然如將可及也而不可及也，如此可謂君子矣。家語作「油然若將可越而終不可及者，此則君子也」。郝懿行曰：「『油』字是。孟子『油油然與之偕言，無以異於凡人也』，猶然即『油然』。荀子楊倞注失之。」王念孫云：「『猶然』上衍『君子』二字，上文曰『所謂君子者』，下文曰『如此則可謂君子矣』，則此句內不當更有『君子』二字。」王引之曰：「『如此』下，亦脱『則』字。」案：王校是也。上下文「如此」、「若此」下，皆有「則」字。今據删增。

敢問何如可謂賢人矣。 盧、戴校本亦增「可」字。今案：上文「可謂」上俱有「則」字，此與下文皆無者，脱也。荀子五「則」字俱作「斯」，是篇改「斯」爲「則」，不應此與下文獨删。

行中矩繩而不傷於本。 荀子楊倞注曰：「本，亦身也。」郝懿行曰：「此説非是。本猶質也，謂性之本質，如木之有根幹。此言行中規矩準繩，然皆闇與理會，不假斲削而喪失其本真，所謂漸近於自然也。」今案：郝説是也，孔引倞注失之。

而不害於其身。 家語亦作「而不傷於身」，與荀子同。

躬爲匹夫而不願富。 戴校本作「窮爲匹夫而願富」，汪本亦改「窮」。今案：孔本是。窮、躬古通。論語「鞠躬如也」，儀禮聘禮鄭注引「孔子之執圭，鞠窮如也」，可證。孫志祖讀書脞録云：「廣雅：『鞠匑，謹敬也。』即論語之『鞠躬』。」

敢問何如可謂聖人矣。 「可謂」上脱「則」字，宜增。

情性也者，所以理然不然取舍者也。 汪本據荀子校去下「然」字，王校同。汪喜孫曰：「不、否古通，『然不』即『然否』也。」今從汪校。

故其事大配乎天地。 荀子「大辨」與「明察」對文。辨，徧也。言大則徧乎天地，明則察乎日月。此文易「大辨」爲「配」，易「明察」爲「參」，蓋亦對文。「大」字疑涉荀子而衍，乃删改未淨者。太平御覽四百一人事部正引作「配于天地，參于日月」，無「大」字。

穆穆純純，其莫之能循。郝懿行荀子補注曰：「穆穆，和而美也。純純，精而密也。穆、繆古字通，純、肫聲相借耳。楊倞注『繆當爲膠，相加之貌。肫與訰同，雜亂之貌』，非是。殆未考大戴。」今案：「其」字，亦疑涉荀子而衍。「莫之能循」、「莫之能職」，蓋亦對文。

若天之司，莫之能職。司、嗣古字通，高宗肜日「王司敬民」，史記殷本紀作「嗣」。職、識古字亦通，周禮「職方氏」，樊毅修華嶽碑作「識方氏」。故荀子作「嗣」、作「識」。郝懿行曰：「嗣者，續也。言如天之純穆，氣化緜緜相續，而不可測識也。」今案：司、職皆訓主，言若天之主司萬物，而人莫之能主也。孔訓司爲事，非。郝説亦非。

百姓淡然不知其善。郝懿行云：「荀子『淺然』，當依大戴記作『淡然』。」今案：淺然即淡然之義，不可以此而易彼。戴校本據永樂大典改「不知」爲「莫知」，今不從。

凡六百三十九字。補。今校定凡六百五十五字。

哀公問於孔子第四十一

丘聞之也。小戴記無「也」字，家語問禮篇同。

非禮，無以節事天地之神明也。汪本據小戴記删「明」字，家語作「非禮，則無以節事天地之神焉」，亦無「明」字，今從汪本。

君子以此之爲尊敬。孔注從元本句末删「然」字，與戴校同。今玩文義，有「然」字是。王引之曰：「然猶焉也。

小戴記檀弓曰『穆公召縣子而問然』，鄭注：『然之言焉也。』焉、然古同聲，故祭義『國人稱願然』。大戴記曾子大孝篇『然』作『焉』。『君子以此之爲尊敬然』，與下文『寡人願有言然』，皆以『然』字住句。家語不得其解，遂妄意删改矣。」

夫然後以其所能教百姓。 孔注從朱本「然後」上增「夫」字，與戴校同，盧校不增。今玩「然後」二字，與下文「然後治其雕鏤」、「然後言其喪葬」文意皆同，不宜增「夫」字。家語亦無，今從盧本。

然後言其喪葬。 戴初校云：「喪葬，别本多作『算』，義長。」今聚珍本仍作「葬」。案：葬、算形訛。孔從元本改之，是也。鄭注小戴記：「算，數也。」蓋沿其誤，盧、汪校本亦作「葬」。

歲時以敬祭祀，以序宗族，則安其居處，醜其衣服。 小戴記孔疏以「即安其居」句，「節醜其衣服」句。陸佃以「宗族即安」句，「其居節」句。今以大戴記證之，「即安」作「則安」，「其居節」作「其居處」，「則即安其居節」自爲一句，不宜破讀也。鄭注不釋「節」字，而云「就安其居處」，蓋用大戴文。俞樾謂：「小戴『節』爲『即』字之訛。鄭君作注時，蓋作『即安其居，即醜其衣服』，故注曰：『即，就也。醜，類也。』就安其居處，正其衣服，以一『就』字總釋兩『即』字也，因『即』誤作『節』，正義誤以鄭注『正』字是釋『節』字，而有『節，正也』之説，非鄭意矣。」

好色無厭。 王引之云：「『哀公問：今之君子好實無厭』，鄭注曰：『實猶富也。』引之謹案：説文：『實，富也。』此言好實無厭，則實謂貨財也。表記『其君子尊仁畏義，耻費輕實』，鄭彼注曰：『實謂財貨也。』此對上文『古之君子與民同利』而言。大戴作『好色無厭』，乃後人不知古義而妄改之。」今案：實、色聲近致訛。家語作「好利無厭」，足證古大戴本作「實」不作「色」。

固臣敢無辭而對。孔注云:「固猶故也。」本鄭君「固民是盡」注。

君臣義。戴校本亦改「嚴」爲「義」。今案:嚴、義形近致訛,乃淺人據孟子「君臣有義」改者,宜從小戴、家語大婚解作「君臣信」。

可得而聞乎。家語亦無「而」字,與小戴同。

寡人願有言然。「然」字句絶。然猶焉也。王肅不得其解,遂以「然」字屬下讀,而「言」下增「也」字。

敬之至也。家語「也」作「矣」,與小戴同。「矣」字是。此與「大昏至矣」句法正相儷,據小戴改。

以爲天地社稷宗廟之主。家語「宗廟」在「社稷」之上,與小戴同。

寡人固不固焉得聞此言也。鄭注小戴:「固不固,言吾由鄙固故也。」皇侃用王肅之義,二「固」皆爲固陋,上「固」言己之固陋,下「固」言若不鄙陋,則不問焉得聞此言哉。蓋鄭以「寡人固不固」絶句,王以「寡人固」絶句,「不固焉得聞此言也」絶句。玩文義,王注爲長。故孔注引王不引鄭,然孔引永樂大典「不固」作「不問」,則下「固」字似爲「問」字之訛。言寡人固而不問,焉得聞此言也,義更優,且與下文欲問之意相應。

君何以謂已重焉。戴校本作「君何謂已重焉」,云:「『何』下,各本多衍『以』字,方本無。前『君何謂已重乎』,亦無『以』字。」俞樾曰:「此本作『君何謂以重焉』,以重即已重,以、已古字通。後人據小戴作『已重』,旁記『已』字,因誤入正文,校者不知删削,乃移『以』字於『謂』字之上,使成文理。此因誤衍而誤倒者也。」今案:穀梁桓三年傳:子貢曰:「冕而親迎,不已重乎?」孔子曰:「合二姓之好,以繼萬世之後,何謂已重乎?」亦無「以」字。家語作「君何謂已重乎」,與小戴同,今據戴説删。

孔子遂有言曰。家語無「有」字，與小戴同。有、又通字。「遂有言」者，遂又言也。小戴記：「孔子遂言曰：至禮，其政之本歟。」朱子謂：「當在『其政之本與』下。」

出以治直言之禮。陳澔注小戴「直言」：「或曰：當作『朝廷』字。」

禮者，政之本與。家語「者」亦作「其」，與小戴同。

配以及配。家語「配」亦作「妃」，與小戴同。妃、配通字。易「遇其配主」，釋文：「鄭作『妃』。」衛風氓詩序「喪其妃偶」，妃，讀爲「配」。大雅皇矣篇正義引某氏曰「天立厥妃」，毛本「妃」作「配」。文十四年左傳「子叔姬妃齊昭公」，釋文云：「妃，本亦作『配』。」皆其證。

君子行此三者。家語亦無「子」字，與小戴同。今玩上下文義，「子」字衍文，據小戴删。

則愾乎天下矣。王念孫曰：「家語王肅注曰：『愾，滿也。』愾訓爲滿，於義爲長。行此三者，則愾乎天下，猶孔子閒居言『致五至而行三，無以横於天下也』。鄭彼注曰：『横，充也。』充亦滿也。廣雅亦曰：『愾，滿也。』」

大王之道也。戴校本作「先王」，今玩文義，作「先」者義長，據改。

如此，國家順矣。宜從小戴「如此」下增「則」字，義方圓。家語無，與本書同。

古人爲政。盧、戴校本「古人」作「古之」，據改。

不有其身。盧、戴校本作「不能有其身」。今玩上下文皆作「不能」，此無者脱也，據小戴增。

不過乎物。鄭注小戴云：「物猶事也。」疏云：「過謂過誤，言成身之道，不過誤其事。」義費周折，不如孔注之確。朱子曰：「家語作『夫其行已，不過乎物，謂之成身。不過乎物，是天道也』。以上下文推之，當從家語。」

敢問君何貴乎天道也。戴校本「君」下增「子」字，以文義證之，有「子」字是，據小戴增。

不閉其久也。小戴脱「也」字，宜據增，與上句一律。且「其」者，擬議之詞，有「也」字義方足。朱子曰：「小戴『不閉其久』，家語作『不閉而能久』，當從家語。」案：家語竄易字句，不可從。

無爲物成。宜從小戴「無爲」下增「而」字，與下句一律。家語同。

寡人惷愚冥，煩子識之心也。孔注引鄭君曰：「識，知也。冥煩者，言不能明理。此事子之心所知也。欲其要言使易行。」依鄭説，應曰「子心識之也」語方適，不應曰「子識之心也」。今玩文義，「冥」字句絕，「煩」字屬下讀。説文：「惷，愚也。」則「愚」字當是古注文解「惷」字者，或當時校語，因誤入正文，後人相沿而不悟耳。應作「寡人惷冥，煩子識之心也」。王肅知其故，故作家語曰：「寡人且愚冥，幸煩子識之於心。」語義最明。「煩子識之心」者，識，表識，謂有所標表，令異日可識知也。漢書劉向傳「不可不識也」，師古注曰：「墓須表識。」謂要言易行之道，煩子表識之於心，以爲後日勤行之地也。

是仁人之事親也。戴校本「是」下有「故」字，以文義考之，有「故」字是。據小戴記增。家語亦作「是故」。

凡一千一百一十一字。補。今校定凡一千一百一十二字。

禮三本第四十二

天地者，性之本也。戴校本「性」作「生」。今案：性、生通字。孔注云「性，生也」，得之。通論曰：「性者，生也。」周禮地官大司徒：「以土會之法，辨五地之物生。」杜子春讀「生」爲「性」。汪本從戴校改「生」，非。

三者偏亡，無安之人。 荀子禮論篇作「三者偏亡焉，無安人」。史記、禮書作「三者偏亡，則無安人」。索隱曰：「鄒氏偏音遍。」

諸侯不敢壞。 戴、汪校同。今案：史記作「懷」，索隱云：「懷，思也。言諸侯不敢思以大祖配天而食也。又一解：王之子孫爲諸侯，不思祀其祖父，故禮云『諸侯不敢祖天子』。」蓋與此同意。以上下文義玩之，作「懷」字是。諸侯不敢祖天子，故曰「諸侯不敢懷」；大夫不敢祖諸侯，故曰「大夫、士有常宗」，其義甚明。今孔注下句引禮「大夫不敢祖諸侯」，而上句反引倞注，改「懷」爲「壞」，其亦不倫矣。

所以別貴始德之本也。 宜從荀子疊「貴始」二字。得、德古通。

社止諸侯道及士大夫。 戴校本改「止」爲「至」。今案：「至」字是，謂社自諸侯通及士大夫皆有立社之禮，通爲一句讀。道，史記作「函」，索隱作「啗」，云：「啗音含，含謂包容。鄒誕生音徒濫反。」今案：大戴禮作「導及士大夫」。導亦通也。今此爲「啗」者，當以「導」與「蹈」同，後其字足失止，唯有口存，故使解者穿鑿也。」楊倞注荀子曰：「當是『道』誤爲『蹈』，傳寫又誤以『蹈』爲『啗』耳。」其説蓋出於小司馬。錢大昕史記考異曰：「予謂：函及者，覃及也。説文：『马，嘾也，讀若含。』函，從马得聲，亦與『嘾』同義。古文『導』與『禫』同。士喪禮『中月而禫』，古文『禫』作『導』。説文：『棪，讀若三年導服之導。』亦謂禫服也。導與禫同，則亦與覃、嘾通，而啗又與嘾同音，是文異而實不異。小司馬疑『啗』爲『蹈』之訛，由不知古音之變易也。」王念孫史記雜志曰：「錢謂導與覃通，『導及士大夫』即『覃及士大夫』，是也。大雅蕩篇曰『覃及鬼方』，爾雅曰：『覃，延也。』言社自諸侯延及士大夫也。函當爲『臽』，『啗』字從臽得聲，是臽與啗古同聲，故鄒誕生本作『啗』，即『臽』之異文也。啗與覃古亦同聲，故鄒本之『啗及』即詩之『覃及』也。錢以『函及』爲『覃及』，非也。函訓爲容，非覃及之義。函與啗亦不同聲。若本是『函』字，無緣通作『啗』也。『臽』字本作『臽』，形與『函』相似，因譌爲『函』。裴駰、司馬貞音含，又訓爲包容，皆失之也。」

所以別尊卑。戴校本删「尊卑」二字。今玩文義，有「尊卑」者是，與上下文句法相儷。上句荀子、史記疊「貴始」二字而大戴本脱此句，大戴疊「尊卑」二字而荀子、史記脱；下句荀子疊「積厚」二字而大戴、史記脱，宜據互增。

宜小者小也。荀子、史記句末無「也」字，脱。此與上「貴始德之本也」句相儷，宜據大戴補。

故有天下者事七世。荀子「七」作「十」，楊倞注曰：「十當爲七。」穀梁傳作「天子七廟」。今案：史記正作「七」，「十」字形誤。

有國者事五世。荀子、史記「國」上並有「一」字。

待年而食者。「待年」，宜據荀子改「持手」。楊倞注曰：「持其手而食，謂農工食力也。」待、持，年、手，皆形近致譌。史記作「特牲」，亦形譌。

所以別積厚者流澤光。宜從荀子疊「積厚」二字，與上文一例。大戴及史記皆脱，戴校從大典本改「光」爲「廣」。今案：光、廣同字。堯典「光被四表」，漢成陽靈臺碑作「廣」；漢書董仲舒傳「高明光大」，本書曾子疾病篇作「高明廣大」；詩周頌敬之傳、周語注並曰：「光，廣也。」光、廣同義，故通借。

俎生魚。汪本作「俎腥魚」，據史記改。

大饗尚玄尊而用酒。「酒」下，宜從荀子增「醴」字。酒醴所以別於玄酒〔一〕，不宜單言「酒」。

貴本而親用。戴校本「用」下增「也」字，今依之。

貴本之謂文，親用之謂理，兩者合而成文。郝懿行荀子補注曰：「文、理一耳。貴本則溯追上古，禮至備矣，兼備之謂文。親用則曲盡人情，禮至察矣，密察之謂理。理統於文，故兩者通謂之文也。」

是謂大隆。荀子作「是之謂大隆」。

故尊之尚玄酒也。史記作「故尊之尚玄尊也」。

俎之生魚也。汪本從荀子、史記「生」上增「尚」字。考上文作「俎生魚」，無「尚」字，此三句承上文言，故無「尚」字，非脱也。

利爵之不卒也。戴校本亦改「省」爲「爵」，云：「從方本及荀子、史記。」王引之曰：「省，當作『雀』，字形相近而譌，雀即爵也。說文：『爵，禮器也，象爵之形，所以飲器象爵者，取其鳴節節足足也。』盧本、孔本徑改爲『爵』，義則是而文則非矣。『爵』與『省』字不相近，無緣誤爲『省』也。」今據王說改。史記無「之」字。「卒」，盧本從史記改「啐」。

成事之俎不嘗也。史記作「成事俎弗嘗也」。

三侑之不食也。史記「侑」作「宥」，「宥」與「侑」同。荀子作「臭」，郝懿行曰：「臭，當作『侑』。侑，勸食也。三飯故三

〔一〕「玄」，原避康熙諱作「元」，今回改，下同者，徑改不再出校。

侑。本爲勸尸，不在自食。」

大昏之未發齊也。發、廢音同通用，故史記作「廢」。洪頤煊曰：「齊，當作『嚌』。儀禮士婚禮『皆振祭嚌肝』，宋張氏儀禮識誤引釋文『嚌作齊』。未廢嚌，謂合巹卒食以前。」

始卒之未小斂，一也。盧、戴校本作「始卒之未小斂也，一也」。戴云：「各本多脱此二字，今從方本及荀子。」今依盧、戴本「一也」上增「也」字。

大路車之素幭也。王念孫曰：「『車』字後人所加，大路即車名，再加『車』字則贅矣。經傳皆言『大路』，無言『大路車』者，荀子及史記皆無『車』字。」今從王説删。

郊之麻冕也。荀子作「郊之麻絻也」。史記作「郊之麻絻」，張守節曰：「絻，亦作『冕』。」

喪服之先散帶。盧、戴校本「帶」下有「也」字。戴云：「各本多脱『也』字，今從方本及荀子據增。」

三年之哭不文也。史記作「三年哭之不反也」。王念孫荀子雜志曰：「觀楊倞注意，此亦似作『不反』，『文』字疑誤。」洪頤煊曰：「文、反皆當爲『偯』字之譌。孝經喪親章『孝子之喪親也，哭不偯』，唐明皇注：『氣竭而息，聲不委曲。』禮記閒傳『大功之喪，三曲而偯』，鄭注：『三曲，一舉聲而三折也。』楊倞荀子注：『不文，謂無曲折也。』亦當作『偯』字。」

一唱而三歎也。史記無「也」字。

縣一罄而尚拊搏。荀子作「縣一鐘尚拊之膈」，楊倞注曰：「或曰：拊，樂器名。膈，擊也。」郝懿行補注曰：「樂論篇以『拊鞷』與『鞉柷椌楬』相儷，則皆樂器名也。拊者，以韋爲之，實以糠。膈，彼作鞷，其字從革。竊疑亦拊之類，不得依此注以膈爲擊也。若長楊賦之『拮膈鳴球』，則又借『拮膈』爲『戛擊』，楊注爲誤引矣。以此互相訂正，則此『縣之一鐘』句，『尚拊膈』句，文誤倒耳。」説與孔注同。今案：荀子「之」字衍文，非誤倒也。史記正作「縣一鐘尚拊膈」，索隱曰：「膈，縣鐘格也。不擊其鐘而拊其格，不取其聲，亦質也。鄒氏膈音膞。」蓋依大戴禮也。案：小司馬説非也。膈、膞音同，故鄒氏作「膞」。「拊搏」，即書益稷之「搏拊琴瑟」、禮明堂位之「拊搏玉磬」也。孔注蓋本鄭説。

其次情文迭興。戴、汪校本亦改「佚」爲「迭」。今案：史記索隱曰「大戴禮作『迭興』」，足徵「佚」爲「迭」之誤字。

其下復情，以歸太一。荀子句末有「也」字。

四時以洽，日月以明。「四時以洽，日月以明」，應從史記、荀子互易，以自「天地以合」以下十二句皆隔句韻，易之方協。

貸之則喪。貸，汪本據荀子改「貳」，非是。「貳」爲「貳」之譌，貣音他得反，即「忒」之假借。忒、貸古通。易豫彖傳「四時不忒」，釋文「京作『貸』」。禮月令「季夏之月，無或差貸」，吕氏春秋季夏紀作「忒」。「貣」與「貳」形似，故「貣」字多譌作「貳」。楊倞注「貳謂不一」，非。孔注謂「貸、貳字多通用」，亦非。徐仙民音二，由不知「貳」爲「貣」之誤也。

凡四百五十三字。補。今校定凡四百六十字。

卷二

禮察第四十六

故以舊防爲無用而壞之者。宜據小戴記經解篇「無」下增「所」字，以與下文相儷。

故婚姻之禮廢。汪本據小戴「婚」改「昏」。婚，俗字。

而倍死忘生之徒衆矣。汪本亦改「禮」爲「徒」。

禮者禁將然之前。戴本「禁」下有「于」字。孫星衍孔子集語引亦有「於」字，今據增。

是故法之用易見。漢書賈誼傳作「法之所用易見」，宜據增「所」字。

而禮之所爲生難知也。戴、汪校本「生」作「至」。盧校云：「一本作『至』，『至』字是也。孔注仍從漢書作『生』，非。」

爾豈顧不用哉。漢書「爾」作「耳」。耳、爾通字，或屬上讀，非也。王引之經傳釋詞謂：「爾，猶如此也。凡後人言不爾、乃爾、果爾、聊復爾耳者，並與此同義。」據此，則「爾豈顧不用哉」謂如此豈反不用哉。

然如曰禮云禮云。戴、汪校本「如」改「而」，而、如古通用。「云」下，宜據漢書增「者」字，句方足。

而起敬於微眇。戴校本改「敬」爲「教」。敬、教形訛，戴本是，據改。

必也使無訟乎。「無」，漢書作「毋」，同字。

莫如安審取舍。戴、汪校本「安」作「先」。安、先形訛，「先」字是，據改。

安危之萌應於外也。漢書作「而安危之萌應於外矣」。也，猶矣也。王引之經傳釋詞曰：「禮記祭義『可謂能終矣』，大戴禮曾子大孝篇『矣』作『也』；中庸『民不可得而治矣』，孟子離婁篇『矣』作『也』。古用矣、也字，蓋同義。」

而所以使民之善者異。漢書作「而所以使民善者或異」，有「或」字，無「之」字。

或導之以德教。漢書「導」作「道」，師古注：「道讀導。」

然如湯武能廣大其德。戴、汪校本改「然則如」爲「然而然如」，與上文「然如曰禮云禮云」者一例。

差若毫釐。禮記經解作「差若豪氂」，釋文云：「豪，依字作『毫』。氂，本又作『釐』。」據大戴，則禮記古本作「毫釐」。

不可不日夜明此。戴校據方本亦改「不可以」爲「不可不」。

與器無以異。漢書「無」作「亡」，同。

德澤無一有而怨毒盈世。漢書「無」作「亡」，「世」上有「於」字。

民憎惡如仇讎。漢書作「下憎惡之如仇讎」。

是非明敎大驗乎。漢書「是非」下有「其」字。

人言曰。漢書作「人之言曰」。

則言者莫敢妄言。盧本作「則言者莫妄言」，云：「莫妄言，一作『莫敢妄言』，元本無『敢』字。」戴、汪校本皆不從。

今子或言禮義之不如法令。戴、汪校本删「子」字，盧校亦云：「疑衍『子』字。」今據删正。

人主胡不承殷、周、秦事以觀之乎。王念孫曰：「承讀爲『拯』，拯謂引取之也。艮六二『不拯其隨』，虞翻曰：『拯，取也。』釋文『拯』作『承』，云：『音「拯救」之「拯」。』莊子達生篇『見痀僂者承蜩猶掇之也』，承亦謂引取之也。漢書作『胡不引殷、周、秦事以觀之乎』，承與引同義。」

凡七百八十二字。補。今校定凡七百八十五字。

夏小正第四十七

朱子儀禮經傳通解移「緹縞」下「何以謂之小正？以小著名也」二句於篇題下，金履祥通鑑前編同。又蔡邕明堂月令論引夏小正傳曰「陰陽生物之候，王事之次，則夏之月令也」十六字，亦疑此處傳文。今以意補在「以小著名也」下。又此文皆是解「夏小正」三字，則「何以謂之小正」上應有「夏小正」三字，後人因移其次，遂妄删，今補正。

何以謂之爲居。盧校從傳本删「爲」字，戴校從方本删「爲居」二字，王念孫、李調元本同。今謂傳本是，「爲」字衍。「何以謂之居」，與下文「何以謂之雷」、篇題下「何以謂之小正」句法正同。

先言遰而後言鴻鴈，何也？關澮本舊注：「而，一作『如』。」通志堂刻本「何」字脱，文瀾閣本作「先言遰而後言鴻鴈者」，亦脱「何也」二字。

見遰而後數之。關本「數」作「如」。洪震煊曰：「説文：『如，從隨也。』」今謂：説文：「數，計也。」遰者不必皆鴻鴈，見遰而按候計之，則知其爲鴻鴈也。正與上文「見鴈而後數其鄉也」文意相符，洪氏曲爲之説。

記鴻鴈之遰也。 傅本無「也」字，今據删。李本脱「記」字。

曰鴻不必當小正之遰者也。 「鴻」下本或有「鴈」字。「遰」下，傅本衍「必」字。洪曰：「遰必往弋也。説文八部：『必，從八從弋，弋亦聲。』是必具有弋義也。鴻不必當小正之遰，必謂不定鄉值人之繳射也。」今案：如洪説，則正月北鄉，何以有定而值人之繳射邪？洪説殆不可通。

雉震呴。 藝文類聚二天部引作「雉震鳴」。太平御覽十三天部引作「雷震雉鳴」。段玉裁曰：「古本當作『雷震雉雊』。」今謂：震爲雷，雉因雷震而呴，故曰「雉震呴」。「震」字自指雷言，不必增「雷」字。洪範五行傳：「正月雷微動而雉雊，雷通氣也。」歲華紀麗一引作「雉晨雊」，「晨」即「震」字之誤。

呴也者鳴也，震也者鼓其翼也。 秦蕙田本、孫星衍本、雷學淇本並從宋本。傅云：「關本『雉震，雉震也者鳴也』，大戴禮『雉震呴，震呴，震也者鳴也』，今依大戴增『呴』，下『震呴』二字蓋衍文，宜删。」汪本據經文改「震也者鼓其翼也，呴也者鳴也」。張爾岐説同。初學記三歲時部引此，一作「呴者鳴也，震者鼓其翼」。戴本、李本俱依初學記，與孔本同。藝文類聚引作「鴝鼓其翼也」，太平御覽引亦作「雊鼓其翼也」。段云：「依御覽、類聚，當是『雊也者鳴，鼓其翼也』。」畢沅云：「本或作『震也者雷也』。」今案：或本是。易：震爲雷。説文：「雷始動，雉乃鳴而句其頸。」句其頸，猶鼓其翼。蓋「雉震呴」者，雉因雷震而呴，則震字指雷而言，當作「震也者雷也，呴也者鼓其翼也」。若非「雷」字，則下文「雷」字唐突無根矣。

正月必雷。 盧云：「此下一本多『雷則雉震呴』五字。」

雷不必聞，惟雉爲必聞之。關本作「雷不必同」，誤。藝文類聚引作「雷不正聞，唯雉聞」，太平御覽引作「雷不必聞，唯雉必聞之」，皆無作「同」者。段從御覽删「惟」字，李本脱「之」字。

何以謂之雷？則雉震呴相識以雷。關本作「何必謂之雷？則震呴相識以雷」。孔從戴校，以「何以謂之」絶句，與上文「何以謂之爲居」句法不一律。今謂：「震」字衍，「則」字誤倒，宜作「何以謂之雷？雉呴則相識以雷」，言雷不必聞而謂之雷者，雉呴則皆知爲雷也。

朿其耒云爾者。戴校本、畢本、李本删「者」字。

用是見君之亦有耒也。關本「君」下有「子」字，「耒」作「朿」。洪云：「古者天子公卿諸侯稱君子。月令曰：『天子三推，三公五推，卿、諸侯九推，君子之耒之用也。』」今案：作「君子」者是。八月傳「君子之居幽也不言」，與此一例，今增。「耒」作「朿」，誤。

初歲祭耒。劉逢禄作「初歲祭」，無「耒」字；程鴻詔謂耒當爲「釆」，讀爲「菜」，謂祭用菜，其菜用暢；雷謂經文無「初歲祭耒」句，並非。

始用暢也。關本、傅本、朱子本以「始用暢」三字增入經文，盧本、孫本、秦本、畢本從之，玉海引經無此句。

其曰初云爾也者，暢也者，終歲之用祭也。傅本與朱子本同。傅引集賢本「其用」作「其月」。關本作「暢者其曰初云爾，暢也者，終歲之用祭也」。盧本、秦本作「暢也者，終歲之用祭也。其曰初云爾者」。戴校本作「其曰初歲云者，暢也者，終歲之用祭也」。李本作「其曰初歲云者，暢也。暢也者，終歲之用祭也」。汪本作「其曰初歲云爾者，暢也者，終歲之用祭也」。畢本、孫本作「其用初云爾，暢也者，終歲之用祭也」。今參校諸本，宜作「其用初歲云爾」者，正與上「束其耒云爾者」句法相儷。「用」字承上「用」字而言，下必改「曰」。傳意以暢爲終歲用，而此曰「始用暢」，恐人不知其義也，故又申明之，曰「其暢用於初歲云爾」者，以「暢也者」是終歲之祭所皆用，而用之自是月始也。故曰「其用初歲云爾者，暢也者，終歲之用祭也」，言是月之始用之也。下又申釋傳「始」字訓經「初」字義，曰「初者，始也」，文義甚明，今訂正。

言是月之始用之也。 關本無「用之也」三字。

或曰：祭韭也。 初學記二十四居處部、太平御覽一百九十六居處部並引作「祭韭囿」，蓋屬下讀而誤。戴校云：「此五字，當移下條『園之燕者也』下，舛誤在此。」李本亦云。洪云：「記或説，存異義也。祭韭，謂祭用韭，爲異於用暢。春秋繁露釋四時之祭云：『春上豆實。豆實，韭也，春之始生也。』」孔謂記别家經文，非是。

囿有見韭。 玉海、急就章補注並脱「見」字，洪本、孫本從其誤。

囿也者，園之燕者也。 傳本脱下「者」字，孫本同。阮元謂「燕」爲「樊」字之誤。邵晉涵爾雅正義引作「樊」，初學記引作「韭囿者，園之藩者」，樊、藩古通。爾雅曰：「樊，藩也。」今依初學記改「燕」爲「藩」。朱駿聲讀「園」爲「苑」，或作「圃」。

時有俊風。 太平御覽九天部「俊」引作「浚」，初學記三歲時部、歲華紀麗一引並同，音借字。

大風，南風也。 楊慎曰：「月令『東風解凍』與此異，何也？曰：東風其常也，故直曰『東風解凍』。南風時有之，非恒也，故曰『時有俊風』。今老農占驗歲首數日有南風，以爲大熟，其相傳也久矣。」畢沅曰：「俊風，即吕氏春秋所謂『巨風』也，高誘以爲離氣所生。凡言『時有』者，皆不時有也。春日，故條風至矣。」二説是也。孔謂此傳似失其義，殆未之深考歟。

何大於南風也。 戴校本「於」作「于」。今謂：傳皆作「於」，不作「于」。

合冰必於南風。 闕本「合冰」作「合水」。御覽引作「北風」，劉本同。邵自昌曰：「冰非南風不結，今時猶然，不必北風。」

收必於南風。 闕本「收」作「殺」，劉本同，音義之誤。

寒日滌。 玉海脱「寒日」二字，以「滌凍塗」爲句。初學記三歲時部亦單引「滌凍塗」三字，誤讀破句。王引之曰：「經傳無『寒日』連文者，日當爲『曰』，如爾雅『粤於爰曰』之『曰』。『寒曰滌』者，寒氣於是變也。」今謂：「寒日滌」者，言寒氣日變也。「日」字與「滌」連讀。傳本云：「舊注：滌，一作『條』。」周禮「條狼氏」，釋文：「條音滌，徒歷反。」通借字。

凍塗者。 傳本作「凍塗也者」。以上句例之，傳本是，今增。

嗛鼠也。 太平御覽九百一十一獸部引作「鼸鼠」，嗛、鼸同物。

農率均田。 説文：「均，平徧也。」均田者，平均正直之。月令：「孟春之月，命田舍東郊，皆修封彊，審端徑術。」鄭注引此經「農率均田」證之，則「均田」正謂「修封彊、審端徑術」之事，孔疏得之，但以「田畯」當「農率」，爲失傳意耳。孔注：均，讀爲「秐」，非古義。

獺獸祭魚。 玉海作「獺祭魚」，汪本、雷本從之。朱子本作「獺獻魚」，盧、戴校本、畢本、李本從之。今案：「獻」，爲古文「獸」，見周禮庖人「賓客之禽獻」，注：「故字混也。」秦蕙田曰：「或疑『祭魚』爲『獻魚』之誤。考月令、吕氏春秋、淮南子、汲冢書俱無作『獻魚』者，且祭與獻其義無别，今從傳增『獸』字，則上下文義皆可通矣。」與孔校同。

其必與之獸何也。舊注「與」疑作「謂」。戴校謂校書者所加，與、謂古通，與下「燕乃睇」傳「與之穴何也」之「與」正同。

善其祭而後食之。關本「善」作「美」，非。十月傳「善其祭而後食之也」，正與此同。

謂之獸祭何也。盧、戴校本、畢本、雷本俱作「謂之獻何也」，下「獸」字亦作「獻」。傅云：「大戴及關本作『謂之獸何也』，以上文考之，當作『謂之獸祭』。舊注一作『謂之祭獸』。」洪氏從傅本，與孔同。

鷹則爲鳩。禮正義云：「夏小正『正月，鷹化爲鳩；五月，鳩化爲鷹』，與今本異。蓋舉其義耳。」

故其言之也曰則。傅本、朱子本無「曰」字，太平御覽九百二十六羽族部「其」亦引作「具」，秦本、洪本增「曰」字，「其」仍作「具」。

鳩爲鷹，變而之不仁也，故不盡其辭也。本或作「鳩而鷹」，非是。此蓋用五月經語。御覽引作「鳩爲鷹而不仁，故不盡其辭」，埤雅引作「中秋，鳩化爲鷹，變而之不仁也，故不記也」，與傳異。

農及雪澤。澤，讀爲「釋」。說文：「農，耕也。」蓋耕及雪釋之時。孔釋農爲農夫，非。畢謂農望其澤，亦非。

古言先服公田。盧、戴校本、李本改「古言」爲「古者」。今謂：「古言」宜作「言古」，孔謂倒之，是也。增「者」字非。

爲廟采也。傅本云：「關本：一爲『廟采也』。」洪云：「此處有誤。太平御覽引爲『朝采也』，或關本『廟』本爲『朝』，一本作『廟』，故傅注及之。」邵氏爾雅正義引作「爲廟薦也」，誤。

鞠則見。孔從戴說，以「鞠」讀爲「噣」，王引之駁之詳矣。洪云：「鞠，讀爲『虛』。北陸虛，正月晨見。鞠有盈義，盈虛相反，鞠之爲虚，其猶治之爲亂、甘之爲苦、徂之爲存歟？古人本有以義相反命名者。孫云：『鞠，虚聲近也。』」今謂：洪説義長。雷學淇謂：「鞠星所在，以昴見、參見例之，蓋天錢也。天錢十星，象圓而色黄，起危之三度。古無錢名，是之謂鞠。立春日，入降婁之次，故鞠星旦見於晨。義或然歟。」

鞠者何也。傳本「者」上有「也」字。以下文例之，「也」字衍。

鞠則見者，歲再見爾。傳本作「鞠則見也」，闕本作「則見也」，皆誤。戴校本、李本、汪本「爾」上增「云」字，戴云：「『云』字各本譌在下條『蓋記時也』下，今訂正。」戴校是也。

初昏參中。大衍曆議引無「參中」二字。

蓋記時也云。盧、戴校本、秦本、畢本、汪本、李本皆删「云」字，今從之。

斗柄縣在下。玉海「縣」作「垂」，傳本經文無此五字。

柳稊。朱子本、玉海本「稊」作「梯」，孫云：「梯，借字。稊，古所無。」今案：説文「蕛，從艸稊聲」，則説文必有「稊」字，禾部脱耳。段以「稊聲」乃「梯聲」之誤，亦以説文無「稊」字，臆改。

稊也者，發孚也。闕本無上「也」字。昭明文選詩注、藝文類聚、初學記引此亦無「也」字，諸校本皆不從。發孚，藝文類聚、御覽、事類賦注並引作「發莩」。洪曰：「孚，當爲『采』字之誤。説文云：『采，古文穗。』采、孚形近，故致誤。」今案：釋名：「甲，孚也。」禮月令鄭注：「萬物皆解孚甲，自抽軋而出。」孚蓋古訓。楊慎本作「梯也者矢也」，與諸本異。

梅杏杝桃則華。闕本「杝」作「柂」，初學記三歲時部引同。傳云：「字書有『杝』無『柂』。」陸佃禮記解引作「榹」。爾雅「榹，山桃」，與傳義合，據改「榹」。昭明文選詩注引無「梅杏杝」三字。

緹縞。 緹，讀爲「寔」。縞，讀爲「鎬」。説文：「莎，鎬侯也。」俞樾謂：「緹，當作『是』，是與寔通，寔與實通，故傳曰：『是也者，其實也。』」畢改「媞鎬」。

縞也者，莎隨也。緹也者，其實也。 傳本作「緹縞。緹縞也者，莎隨也。縞也者，其實也」，云：「關本作『縞也者，莎隨也』〔一〕。舊注：莎隨〔二〕，莎草。爾雅『縞侯莎』，大戴禮『緹縞也者，莎隨也』〔三〕。以下文及正文考之，當作『緹也者，莎隨也』。」朱子本與傳本同，無「緹縞也者」「縞」字，蓋用傳注説。今案：爾雅釋草：「薃侯，莎，其實媞。」郭注引此傳曰：「薃也者，莎蒨。媞者，其實。」邢疏引此傳曰：「薃也者，莎隋也。緹也者，其實也。」孔從注疏，是也。

先言緹而後言縞者，何也？緹先見者也。 傳本言「縞」下脱「者」字，「緹先見」作「縞先見」，此係刻本之誤，原本當是「緹」字。盧本、李本言「縞」下亦脱「者」字。

何以謂之小正？以著名也。 傳本「著」上有「小」字，朱子移此二句於篇題下，金氏從之。秦曰：「戴氏震考正以爲北宋大戴禮本無之，乃爾雅疏之文，校書者誤編入於此。今依通解訂正。」雷欲依傳本有「小」字者移於篇首，依大戴無「小」字者在此下，未免調停之見。

雞桴粥。 畢本作「雞孚鬻」，音借字。鬻，呼雞。説苑「張弓而祝雞」，風俗通「呼雞朱朱」，朱、祝亦「鬻」之借字。朱子本「桴」作「捊」，誤。

〔一〕據傳本、關本，此句作「縞也者，莎隨。緹縞也者，莎也」。

〔二〕「莎」上，傳本有「緹」字。

〔三〕「緹縞也者，莎隨也」，傳本作「隨也」。

粥也者，相粥之時也。「粥也者」之「粥」，關本脱。「相粥之時也」，戴校云：「一本作『相粥』，粥，呼也。」畢本據改，與盧本同。今謂盧本是。雞孚之日，其聲粥粥，人亦效其聲呼之，今時皆然，與或説另是一義。

往耰黍禪。禪，單也。關本「黍」作「柔」。洪云：「當爲『䆱』，和田也。禪、單、殫通字，盡也。」莊述祖、劉逢禄改「黍」爲「𥞤」，劉云：「繙也。男耰女𥞤，社而賦事矣。」傅本、秦本、李本、雷本「禪」並作「襌」。任兆麟云：「耰黍之事盡畢〔一〕。」李云：「往耰盡力。」畢改「禪」作「殫」，皆誤。俞樾古書疑義舉例曰：「『初俊羔，助厥母粥』。按經文言『初』者，如『初歲祭耒』、『初服于公田』，皆以人事言。至禽獸之事，無一言『初』者，且不曰『俊羔初助厥母粥』，而曰『初俊羔，助厥母粥』，義亦未安。此文『初』字，當在上經『禪』字之上。其文曰『往耰黍，初禪』，言『往耰黍』者，初著單衣也。傳寫誤倒耳。」今案：俞説是也。説文：「襌，衣不重。從衣單聲。」但「禪，單也」語亦未明。考傅本五月傳作「乃衣瓜」，大戴本删「衣」字，不知「衣」字乃此傳「單」下脱文，宜補。畢本改「殫，盡也」，大誤。

初俊羔。「初」字衍，依俞説訂正。

而不食其母也。盧本、汪本、李本「其」作「於」。

夏有煮祭，祭也者用羔。朱子云：「煮，疑作『暑』。」戴校本、畢本、李本並從朱。洪云：「夏后氏有備暑之祭，獻羔啟冰是也。月令獻羔開冰在仲春之月，詩七月云：『二之日，鑿冰沖沖。三之日，納于凌陰。四之日其蚤，獻羔祭酒。』鄭君箋云：『獻羔而啟之。』孔正義云：『獻羔而啟之，謂建卯之月，獻羔以祭主寒之神，開此冰也。』是備暑之祭用羔，

〔一〕任兆麟夏小正補注無「盡」字。

正在此時，故云『夏有暑祭，祭也者用羔』。」洪説是也。孔注曲爲之説。朱駿聲改「暑」爲「屠」，云「刳也」，亦誤。朱子本「者」上脱「也」字，盧本、李本、雷本同。

不足喜樂，喜羔之爲生也而記之，與羔羊腹時也。 關本「喜樂」作「善樂」。今案：下「喜」字宜作「善」。盧本、李本、畢本並從傅。是時也，指俊羔之時，謂是時羔大，不足喜樂，特善其自爲生也而記之，正申明「助厥母粥」之義。洪氏以是時爲啟冰之時，失其義矣。羔羊，傅本作「羊牛」，云：「舊注一本作『羔羊』。」孔從舊注，是也。但孔以「與」字屬上讀，音餘，大謬。與，讀如「與之歎」之「與」，與，謂也，謂羔之爲生能在羊腹時也。「與」字應屬下讀爲句。戴校本、畢本「與」俱改「謂」，通字，不必改。

綏多女士。 關本「綏」誤作「緌」。詩摽有梅正義、禮記雜記下正義、儀禮士冠禮疏、周禮媒氏疏、通典五十九、王肅聖證論並引作「綏多士女」，臧琳、洪震煊並謂「士女」誤倒，今據正。顧廣圻曰：「毛詩『螽爾女士』，列女傳啟母篇作『螽爾士女』〔一〕，誤同此。」

冠子取婦之時也。 白虎通「取」引作「娶」，周禮疏引作「冠子嫁女娶妻之時」，通典引作「娶妻之時也」，皆約舉其義，文與傳異。

丁亥，萬用入學。 月令注引「用」作「舞」，山井鼎云：「古本月令注『舞』作『用』。」玉海引月令注正作「用」。

萬也者，干戚舞也。入學也者，大學也。 初學記十四禮部引「萬」下、「入學」下無「也」字。藝文類聚三十八

〔一〕「士女」，原誤倒，今據上下文義改。

禮部引作「舞者，干戚舞也。學者，大學也」。傅本「入學」下亦無「也」字。

謂今時大舍采也。 諸儒多據「今時」二字，謂傳非戴德所撰，不知「今時」猶上文「是時」，正指二月之時，非作傳者自謂其時也。

祭鮪。 初學記三歲時部引「祭鮪」下有「采芑」二字，注云「芑音杞，蘧也」，唐類函引同，或曰：「即宋本大戴『榮堇』下『采色』之譌。」

魚之先至者也。 關本脱「之」字。

榮堇采也。 玉海作「榮堇采色」，朱子本作「榮堇采蘩。堇，采也」，秦本、盧、戴校本、畢本、李本、汪本並從朱，惟盧本、秦本「采也」之「采」從艸。戴氏文集曰：「通解作『采』，與上『大舍采也』正一例。」今案：郝懿行爾雅義疏曰：「堇類有三：烏頭一也，葝藋二也，堇采三也。」傳云「堇，采也」者，所以别於烏頭、葝藋也。今從朱子本，「采」上疊「堇」字。劉本據初學記「采也」改「采芑」，任氏補於二月末，雷亦謂宜從初學記改補，今皆不從。

采蘩由胡。繁由胡者，繁母也。繁，旁勃也。 吴仁傑離騷疏引此亦作「采繁」，戴校本據改，與孔本同。玉海以「由胡」二字爲經，孔與孫本皆從其誤。案：「繁由胡」三字，乃戴君引爾雅以釋經者。以「采繁由胡」爲一事，非也。陸璣草木疏引作「蘩由胡，由胡旁勃也」，左氏傳隱三年正義引作「蘩游胡，游胡旁勃也」，爾雅釋草疏引作「繁由胡，由胡旁勃也」，皆以「繁由胡」連文，今從傳本。第二「繁」字倒在「采繁」下，從廣雅「旁勃」上增「母」字。戴、盧、汪、畢本皆作「繁由胡」，但不宜以「采繁」二字倒在「榮堇」之下耳。秦本、戴校本「旁勃」上亦無「母」字。汪本據左傳正義校去「繁母」字，盧本「旁勃」上增「者」字，並非。

昆小蟲。昆，讀如「蚰」，畢改「蚰」，洪震煊讀如「運」。洪頤煊曰：「據傳『昆者，衆也』，則經文『昆，小蟲』當作『罤』，與『衆』字形似。詩魴鯉箋『魴鯤』，亦衆、昆通證。一切經音義二十一引作『蜫，小蟲也』。」

昆者，衆也。後漢書孔融傳注引作「昆，衆也」，一切經音義引作「蜫，魂也」。傳云：「關本『昆小蟲』，傳自『昆』以下脱簡，誤列於五月『承煮梅』之下。」

由魂魂也者，動也，小蟲動也。傳本正如此作，盧本、畢本從黄本叠「由魂魂也」四字。戴校本、李本、王念孫本叠「魂魂也」三字。今案：孝經援神契曰：「魂，芸也。芸芸，動也。」魂魂猶芸芸，衆兼動義。一切經音義九及二十一引此並云「魂魂然，小蟲動也」，是「魂魂」二字連文。以文義考之，當作「由魂魂也，魂魂也者，小蟲動也」，上「動」字在下文「萬物是動而後著」句内，「也」字在下文「取突穴」句下，誤衍於此。孔讀失之，洪、孫、雷誤並同。

萬物至是動而後著。戴校本、汪本、李本、畢本叠「動」字，與黄本同，是也。「至」字脱在十月傳「日冬至陽氣」下，「動」字脱在上文「魂魂也者」下，今從戴校補正。「著」下亦應有「也」字。洪云「萬物至」三字句絶，非是。

推之不必取。盧本、畢本「取」下衍「之」字。

取必推而不言取。汪本、李本俱從戴校改「取必」爲「故言」，今據改正。此下應酌從莊述祖説，增「取突穴也」四字。「取突穴」脱簡在下「燕乃睇」傳，「也」字衍在上文「突穴，謂深探其穴以取卵也」。

來降燕乃睇。初學記三引作「降鷰乃睇」，無「來」字；埤雅引作「玄鳥至」，皆非。畢云：「宋本『睇』下有『室』字。」王念孫廣雅釋鳥疏引此作「睇室」。戴、李校云：「此下當脱一『室』字。」今謂：傳「與之室何也」，正申經「室」字之義，據增。

莫能見其始出也。關本脱「其」字。

睇者，眄也。 傅本「眄」作「盻」。

視可爲室者也。 傅本注云：「大戴作『也者』。」今本正作「者也」，與集賢本異。

百鳥皆曰巢，突穴取。與之室何也？ 關本「室」上無「之」字。戴校本「取與」作「又謂」。畢本「突穴取」作「室穴也」，與盧本同。廣雅疏證引亦同。戴氏文集曰：「突，當作『宊』。王逸注楚辭『宊厦』云：『宊，複屋也。』洪興祖補注云：『宊，深也〔一〕，隱暗處。』蓋宊厦猶言深厦。此宊穴，指燕所爲巢深隱也。」汪本從文集之説，改「突」爲「宊」，删「取」字。洪本謂：取燕之突穴而稱之爲室。雷謂「突穴取」當爲「穴燕」，則諸説皆於文義未安。莊述祖謂：「突穴取」三字當在上「昆小蟲」傳「不言取之」下，作「不突穴取」，言不深探其穴取之，俟螘推卵出土而取。今案：莊説是也。以文義考之，當作「百鳥皆曰巢，與之室何也」，移「突穴取」於上傳「故言推而不言取」下。

剥鱓。 關本「鱓」作「鼉」，誤倒。

有鳴倉庚。 王引之曰：「『有』字後人所加，下文鳴鳩、鳴札、鳴蜮、鳴弋皆直言『鳴』，無言『有鳴』者，後人據豳風七月之文以增『有』字，不知與小正之例不合也。當删正。」今謂：「有」字涉下傳而衍，據王説訂正。

倉庚者，商庚也。 關本脱「者」字。

商庚者，長股也。 王引之曰：「有鳴倉庚，倉庚者，商庚也。商庚者，長股也。四月鳴蜮，蜮也者，或曰屈造之屬也。」莊氏寶琛曰：「『倉庚不名長股。「或曰」二字亦與「蜮也者」不相聯屬。「長股也」三字當在「蜮也者」之下、「或曰」之

〔一〕「深」，原作「注」，今據畿輔叢書本改。

上。蜮與蟈同，蟈，鼃也，廣雅「蟈，長股也」本此。其「商庚者」三字，後人以意加之耳。」引之謹案：莊説是也。周官蟈氏注曰：「鄭司農云：『蟈，當爲蜮。蜮，蝦蟇也。』玄謂：蟈，今御所食蛙也。」名醫别録曰：「鼃，一名長股。」急就篇注曰：「鼃，一名螻蟈，色青，小形而長股。」是其證。」洪本、孫本亦皆云然，據删。

時有見稊始收。 玉海引經無「時有見」三字，「稊」作「梯」。

是小正序也。 集賢本作「小其序也」，誤。

稊者所爲豆實。 傳云：「闕本自『也皆豆實也』以下，脱簡在五月『承又言之時，何也』之後。」

參則伏。 太平御覽引作「則伏不見」。

伏者，非亡之辭也。 孫、洪本「辭」作「時」，非。

委楊。 傅本「委」作「萎」，盧本、洪本、畢本、李本同。今案：當從舊注作「苑」，王寶仁云：「當爲『菀』，菀、苑通字。詩桑柔傳曰：『菀，茂貌。』上云『攝桑』，『桑攝而記之』，此云『菀楊』，『楊則苑而後記之』，句法正呼應相儷，易一字則不符矣。」

楊則苑而後記之。 苑，秦本、戴校本作「花」，盧本、李本、畢本作「華」，並非。王寶仁云：「『花』即『苑』字磨泐之餘。」

羵羊，羊有相還之時。 洪云：「羵，當爲『羠』。説文：『羠，羊相羵也。』羊相羵者，謂羊相羠羵而死也。方言云：『還，積也。』羵、積同義。」

其類羵羵然。 王念孫曰：「類，當爲『頪』，頪與貌同，其相還之貌羵羵然也。下文言『桐芭始生，貌拂拂然也』，是其例。」今據改。通志堂刻本云「舊注『羵羵』，一作『羶羵』」，闕本作「羶羶」，並誤。

穀則鳴。穀，天螻也。爾雅郭璞注引作「螜」。傅本「螻」誤作「婁」。

頒冰者，分冰以授大夫也。傅本「者」上有「也」字，盧本、李本從之。關本「授」上衍「接」字。

識草也。集賢本「草」誤作「早」。

言事自卑者始。傅本作「言事自卑者始也」。

祈麥實。金氏連下節爲義，云：「所以祈麥實者，恐有小旱。」失其旨。

麥實者。戴本、李本皆從傅本删「實」字。

記是時恆有小旱。雷本「是」作「其」。

田鼠化爲駕。駕，當從奴，説文：「駑，牟母也。或作鴽。」王引之曰：「化，當爲『則』，正月『鷹則爲鳩』，傳曰：『鷹也者，其殺之時也。鳩也者，非其殺之時也，善變而之仁也。故其言之曰則，盡其辭也。鳩爲鷹變而之不仁也，故不盡其辭也。』正與此同。又五月『參則見』，傳曰：『參也者，伐星也，故盡其辭也。』『鳩則鳴』，傳曰：『鳩者，百鷯也；鳴者，相命也。其不辜之時也，是善之，故盡其辭也。』是傳凡言『盡其辭』者，皆指『則』字言之。若作『化』，則傳必不言『盡其辭』矣。」今案：太平御覽九百二十四羽族部亦引作「化」，蓋其誤已久。據王説訂正。或曰：「『化』上脱『則』字。」

駕，鵪也。禮記集説陸氏引「鵪」作「鴽」。

變而之善。御覽引「變」作「化」，下同。

變而之不善。傅本脱「而」字。

拂桐芭。初學記歲時部引「芭」作「葩」，玉海作「巴」，劉本合下「鳴鳩」爲義，云「拂之者鳩也」，與孔注「或説」同。今據訂正，移「拂」字於「鳴鳩」下。

拂也者拂也，桐芭之時也。或曰：言桐芭始生貌拂拂然也。傅本云：「舊注：一本『拂也者桐芭之時也』。」今據或説訂正，作「桐始生芭之時也」，餘皆删正。

鳴鳩，言始相命也。先鳴而後鳩，何也？鳩者鳴而後知其鳩也。王念孫曰：「『鳴而後知其鳩』上不當有『鳩者』二字。十二月『鳴弋』傳曰『先言鳴而後言弋者，何也？鳴而後知其弋也』是其證。」今據王説删「鳩者」二字，據或説移上，傳文訂正於此，其文則「鳴鳩拂。鳴鳩言始相命也。先鳴而後鳩，何也？鳴而後知其鳩也。拂也者，拂也。或曰貌拂拂然也」。

昴則見。初學記引此傳文有「昴星名」三字，今本「昴」字脱，「星名也」三字誤脱在十月傳「南門見」下，據補正。

歲再見。壹正，蓋大正所取法也。傅本「壹」作「一」。大正，畢本改「小正」，非是。洪云：「大正，古刑官名，位西南向，法南門之正，以四月正刑，軒轅以來有之，義具周書嘗麥解。」

鳴札。札者，寍縣也。郭注爾雅云：「蛁，如蟬而小。」洪云：「本草：『蚱蟬，生楊柳上。』别録云：『蚱者，鳴蟬也。』殼一名楉蟬。蚱與蛁，楉蟬與虎懸，皆聲相近。」汪本亦引爾雅注正之。今據改「寍」爲「虎」。畢本改「寍」爲「蠠」，廣韻云：「蠠，螻蛄。」陶宏景云：「二月中鳴者名蟪母。」鄭樵云：「蟪母，蛩類，在階除間及叢薄中。夜鳴日不鳴，與札異。」

山之燕者也。王寶仁云：「『燕，當爲『藩』。據初學記引正月傳文改。」

蜮也者。傅本「蜮」上衍「鳴」字。「蜮也者」下有「長股也」三字，脱簡在二月「有鳴倉庚」傳。黄氏模亦云然，今正。

王萯莠。月令注「莠」引作「秀」，盧、戴校本、李本、畢本從之，今據改。

取荼。荼也者，以爲君薦蔣也。金作「取荼莠」，解曰：「即苦菜秀。」誤讀破句也。顧炎武仍其破讀，改訓爲「茅秀」，與孔訓同。洪曰：「茅必秀於七月，四月無可取也。荼即『七月灌荼』之『荼』。萑，葦秀也。薦，藉也。蔣，席也。七月傳云『荼萑葦之秀，爲蔣褚之也』。彼『蔣』即此『蔣』也。褚者，貯也。荼之貯在七月，荼之用在四月。經云『取』者，謂取之於貯荼之室，非於野也。於野不言『取』也。」是也。吴仁傑訓「荼，苦菜」，而於「薦蔣」不屬，删去「蔣」字。李調元改「蔣」爲「將」，言將以爲君薦。任兆麟云：「檟，苦荼，葉可煮羹飲。薦，進也。蔣，苽蔣，雕葫茭米也，可作飯。蔣，水物。用荼飲以滑之。」今案：食醫、内則有「苽食」，不聞用荼，諸説非也。説文：「蔣，苽也。」僮約「當編蔣織箔」，注云：「蔣，菰蒲草也。」桂馥曰：「編蔣謂作席。韓非子十過篇：『夏，禹蔣席頗顔。』廣志：『苽以爲席，温於蒲。』爾雅：『薦黍蓬。』黍蓬者，野茭也，不能結實，惟堪薦藉，故曰薦。蔣、薦一聲之轉。薦，荐借字。説文：『荐，席也。』」傅本「爲」上脱「以」字。

莠幽。幽、萋同聲。戰國策：「幽，莠之幼也，似禾。」幽，即小正之「幽」。鮑彪注云：「莠，禾下草。幽，言其色茂。」誤解「幽」字。廣雅云：「萋，莠也。」穆天子傳：「珠澤之藪，爰有萑葦、莞蒲、茅萯、蒹萋。」郭璞注云：「萋，莠屬。」引詩「四月秀萋」。御覽引韋曜毛詩答雜問云：「甫田『維莠』，今之狗尾也。」説文繫傳引字書云：「萋，狗尾草也。」是「萋」與「莠」同類。戰國策「幽」即「萋」字，幽、莠二物。洪坎煊、王寶仁並謂莠草始幽茂也，皆沿彪注之誤。但本書「秀幽」與詩「秀萋」相同，皆指萋秀而言，與國策「幽」「莠」是二物者不同，宜改「莠」爲「秀」。玉海經文脱此二字。

越有大旱。金以「幽」字爲句，疑此下有闕文，誤讀破句。

執也者，始執駒也。執駒也者，離之去母也。關本作「始執駒」，脱「也」字。朱子本脱「執駒也」三字。張本、黄本、盧、戴校本、畢本、李本「母也」下增「陟升也」三字。

參也者，伐星也。傅本云：「舊注：伐，一作『牧』。」今謂：傅不言大戴作「牧」，則集賢本作「伐」不作「牧」可知。秦本仍作「牧」，誤。

浮游有殷。朱養純、沈泰、鄭玫、秦蕙田皆作「蜉蝣」。詩蜉蝣正義、爾雅釋蟲疏、藝文類聚九十七蟲豸部引並同。

浮游者，渠略也。詩正義、爾雅疏引無「者」字。

稱有何也？有見也。埤雅引作「言有，有見也」。

鴂則鳴。鴂者，百鷯也。傅云：「大戴、關本『鴂』作『鴃』。以下文考之，當作『鴂』。」鴂，讀爲「鵙」；百，讀爲「伯」；鷯，讀爲「勞」，皆借字。説文：「鵙，伯勞也。」

其不辜之時也。沈泰本「辜」作「事」，誤。

時有養日。養，讀爲「永」，説文：「永，長也。」段玉裁云：「古永音同養，又通羕。」

有養日云也。戴校從方本、傅本合訂，作「時有養日云也」，今據增。

乃瓜。傅本作「乃衣瓜」，云：「舊注：一作『乃衣衣』。」王廷相、蔡德晉、洪震煊並據曲禮「爲天子削瓜者副之巾以絺，爲國君者華之巾以綌」，以證衣瓜之義，不知衣與巾不同，未可附會以成其失也。初學記二十八果木部正引作「乃瓜」。案：「衣」字從二月傳「禫，單衣也」中脱簡在此，今補正。

乃者，急瓜之辭也。瓜也者，始食瓜也。初學記引「急」作「治」，「食瓜」下無「也」字。白帖、爾雅翼、事類賦並引作「治瓜」。畢本從傳作「瓜者」,無「也」字。

良蜩鳴。良蜩也者,五采具。爾雅郭注引此作「蜋蜩者,五彩具」。初學記三歲時部引同。良,古文「蜋」省。

匽之興五日,翕望乃伏。孔以此九字列爲經,非也。雷學淇曰:「此九字乃申釋之詞,與經文絶不類,當在下傳『匽也』下,爲傳文。傳氏未能校正,誤列爲經,朱子從之,故諸家皆沿其謬也。自『匽之興』至『入而不見也』八十字,皆『唐蜩鳴』下傳文,此即公羊釋經而自申其説之例。」今據更正。

啟灌藍蓼。齊民要術五引作「洛藿蘭蓼」。埤雅十七引經在「蓄蘭」下,作「灌沐藍蓼」,與諸本異。孔以藍、蓼爲二物,與金氏、黄氏、洪氏説同。今案:李調元箋謂:「藍有三種:蓼藍染緑;大藍如介,染碧;槐藍如槐,染青。此言藍蓼,即蓼藍也。」郝懿行曰:「蓼藍葉華實皆似蓼。」影宋本爾雅圖正如此。

灌者,聚生者也。傳本作「灌也者」,以上文例之,「也」字衍。聚,讀爲「冣」。詩「集于灌木」,毛傳曰:「灌木,冣木也。」冣,積也。从冖取,才句反,音義同「聚」。史記殷本紀「大冣樂,戲於沙丘」,「冣」,一作「聚」。張釋之馮唐列傳:「誅李牧,令顔聚代之。」漢書「聚」作「冣」。公羊傳曰:「會猶冣也。」何云:「冣之言聚。」禮樂記「會以聚衆」,注云:「聚,或爲『最』。」「最」亦「冣」之誤。聚、冣古蓋通借。盧本改「藂」,畢本改「叢」,皆非灌之古訓。埤雅引作「灌,澆灌也,沐剥也」,與傳異。

鳩爲鷹。詩魚麗正義引作「鳩化爲鷹」,禮正義引同。今案:「鷹則爲鳩」,傳説此經祇「鳩爲鷹」三字。

唐蜩鳴。詩七月正義、爾雅釋蟲郭注引「唐」作「螗」。

唐蜩者匽也。今依雷説,移上傳「匽之興」至「入而不見也」八十字於此下。集賢本「入」誤「人」。闕本「伏也者」作

「伏者」。

初昏大火中。 宋書曆志引無「初」字。玉海經文此下有「種黍菽糜」四字。盧本、秦本、畢本、孫本、李本俱增「糜」，畢、孫作「𪏮」，王念孫曰：「糜者，粥也，與『種』字義不相屬，此下但當增『種黍菽』三字，不當增『糜』字，改『糜』爲『𪏮』，亦非也。書大傳曰：『主夏者火，昏中，可以種黍菽。』尚書帝命期曰：『夏火星昏中，以種黍菽。』淮南主術篇曰：『大火中，則種黍菽。』説苑辨物篇曰：『主夏者大火，昏而中，可以種黍菽。』皆言『黍菽』而不言『𪏮』，蓋『𪏮』字从黍，乃黍屬之不黏者，言黍則𪏮在其中。或又改『糜』爲『維糜維芑』之『糜』，尤非也。糜音門，乃赤苗嘉穀，春時已種之矣，何待五月乎？」今案：王説是也。孔删之，非是。張爾岐云：「菽作叔，取也。糜作『麋鹿』之『麋』，周禮『夏獻麋』。」王寶仁云：「糜，又作『𪎭』。」朱駿聲讀爲「虋」，蕪菁也。皆非。

心中，種黍菽糜時也。 「糜」字衍文，删。孔謂著種黍、食菽糜之時，「菽糜」上增「食」字解之，未安。洪、程以「菽糜」爲經，「時也」爲傳，「時也」二字亦不辭。

蓄蘭爲沐浴也。 藝文類聚四歲時部引夏小正云：「此日蓄採衆藥，以蠲除毒氣。」又引大戴禮云：「五月五日，蓄蘭爲沐浴。」初學記四歲時部引夏小正云：「此月蓄藥，以蠲除毒氣。」太平御覽三十一時序部引大戴禮云：「五月五日，蓄蘭爲沐浴。」又引夏小正云：「此月蓄藥，以蠲除毒氣也。」白六帖四引大戴禮云：「五月五日，以蘭湯爲沐浴。」又引夏小正云：「此月蓄藥，以蠲除毒氣也。」歲華麗紀二引大戴禮云：「午日，以蘭湯沐浴。」又引夏小正云：「此日蓄藥，以蠲除毒氣。」蓋皆引此處傳文，而今本脱之。臧琳曰：「當從杜公瞻荆楚歲時紀引作『蓄藥以蠲除毒氣』，方有關燮理陰陽之事。」今據增「此月蓄藥，以蠲除毒氣也」十字於「爲沐浴也」下。

菽麋以在經中，又言之時何也？是食矩，闕而記之。傳本及玉海經文無「菽麋」二字。孔本以「菽麋」爲一事，非也。黄説亦未安。戴校本「以」改「已」，「時」、「是」二字互移。汪本「又言」之下删「時」字。戴云：「矩，當爲『巨』，大也。經不復著種黍而詳記菽麋，夏時以菽爲麋，乃時所食之大」。闕、盧本、孫本作「短閔」，或云「當作豆鬻」，畢沅、王引之俱從或説。王寶仁云：「短閔，當爲『短闕』。」洪云：「短閔，言是時食穀短少，故閔而記之。」今案：諸説皆强解不辭，不得傳意。莊述祖曰：「當作『是食豆𦓤而記之』。𦓤，連也。」是也。上經已言「種菽」，而傳又言「菽麋」者，以「菽麋」與「煮梅」皆是梪實，故𦓤而記之。已、以通字。「時」字涉上傳「種黍菽時也」之「時」而衍。豆、梪借字。今從莊説訂正，作「菽麋以在經中」句，「又言之何也」句，「是食豆」句，「𦓤而記之」句。

頒馬，分夫婦之駒也。傳云：「戴禮脱『大』字。」是。集賢本作「夫卿也」。梁玉繩曰：「古者游牝于牧，合君卿之馬在一處。及生駒，則君頒之大夫、卿、士各有等數。」是也。「夫婦」二字誤。汪本、孫本、畢本皆改從傳。

或取離駒納之則法也。此句通爲一句讀。孔讀「之」絶句，非也。傳云：「闕本自『是食短』以下至『則法也』，脱簡在三月『拂拂然也鳴』之後。」

斗柄正在上。闕云：「柄，一作『杓』。」

用此見斗柄之不在當心也。傳本脱「用」字。戴校本、畢本、秦本「在」俱作「正」，今據改。小正三記斗柄，彼言「縣在下」，所以著参之中；此言「正在上」，所以著尾之中。傳以經不言「尾中」，故據五月心中相較，以見斗柄之不當心而當尾也。依、尾聲同，故尾一名「依」。

桃也者，杝桃也。洪本「杝」作「梔」，據改。

諱煞之辭也，故言摯云。盧、戴校本「煞」改「殺」。戴氏文集曰：「通解『止』作『摯』，云『於古人文體尤合』。」至校聚珍本，則仍增「故言」二字。

莠藋葦。盧、戴校本、畢本「莠」改「秀」，今從之，下同。

未莠則不爲藋葦，莠然後爲藋葦。一切經音義十七引作「葦未秀則不爲藋，秀已後爲藋」，又卷十二引作「葦未秀則不爲藋，葦秀然後爲藋葦」。

貍子肇肆。傅本脱「肇肆」二字，與經文不合。

其或曰。盧、戴並曰：「其」字衍文。汪本删「其」字。今案：夏小正傳中「或曰」上皆無「其」字，「其」字明涉上「其」字而衍，孔曲爲之説。

湟潦生苹。傅云：「苹，當作『萍』，同字。」集賢本「苹」下衍「也」字。

有湟然後有潦。傅云：「舊注：潦，一作『潰』。」

有潦而後有苹草也。戴校從傅本删上「有」字。集賢本「苹」誤「萃」。

爽死。爽也者，猶疏也。此傳不得其解，孔曲爲之説也。趙章程謂：「爽，明；疏，通。明死，澌盡也。明盡即晦，謂陽消陰長。」黄叔琳謂：「爽，蒸省，夏枯之屬。」朱駿聲謂：「爽，或作『靡』。月令『靡草死』，一曰『爽涼風』。『死』作『起』。」洪震煊謂：「爽，當爲『來』。來，萊省。萊，蘅草，一名蘅疏，省作『猶』。」程鴻詔謂：「廣雅：『爽，减也。』是時録因而減貸之。疏亦減意。」汪錫洛謂：「死，當爲『效』，美女也。疏而遠之，猶月令『禁耆欲』。」徐世傳謂：「爽，爽鳩，時多殺鳥，取其死者以祭，因名爽死。」皆不得其解而意爲之説。

芉莠。盧本、畢本俱改「芉」爲「芉」，與説文、爾雅合。莠，盧、戴校本、畢本改「秀」，今從之。

漢，天漢也，太平御覽百八十四居處部陸士衡擬古詩注亦引作「漢，天漢也」，戴校從之。盧本、秦本、畢本俱從傳作「漢也者，天河也」。御覽八天部引作「漢，天河也」。今從傳本及御覽合訂，作「漢也者，天漢也」。

案户也者，直户也。通志堂刻傳本「户」下衍「漢」字，閣本無。月賦注引作「案户，直户也」，擬古詩注引作「漢案户者，直户也」，御覽居處部引作「案户者，直户也」，「户」下皆無「漢」字。

言正南北也。傳云：「舊注『有』或作『爲』。」集賢本作「爲」。御覽天部引作「言直南北也」，居處部引作「言正南北也」，埤雅引作「案户者，言正南也」，皆不作「爲」。史記龜策傳「漢正南北」，與此文同。

蟬也者，蝭蠑也。傳本作「蟬鳴也者」。盧本、畢本作「寒蟬也者」。王念孫曰：「增『寒』字是。此釋寒蟬，非釋蟬也。司馬彪注莊子曰：『蟪蛄，寒蟬也，一名蝭蟧。』蝭蟧即蝭蠑，蝭蠑即寒蟬之異名。若但謂之蟬，何以別於上文之『唐蜩』乎？」今據增。

初昏，織女正東鄉。文選擬古詩注引作「正東而向」，「而」字衍。此下依王寶仁説增「織女，星名也」五字，誤脱在十月傳末。

灌荼。灌，聚也。傳本脱「灌荼」二字，聚讀爲「冣」。盧本、汪本、李本改「藂」，畢本改「叢」，皆非。

荼，萑葦之莠。盧、戴校本、畢本「莠」俱改「秀」，今從之。

爲蔣褚之也。 褚，盧、戴校本、畢本改「褚」，今從之，與四月傳一律。張爾岐云：「以棉絮衣曰褚。」段作「將褚」，云：「各本『蔣』字誤。褚之者，裝衣也。」李作「將」，云：「將畜之以爲蠶曲。」王寶仁云：「蔣，疑作『薄』，蠶曲也。」今案：洪云「蔣，即四月『取荼』傳『爲君薦蔣』之『蔣』」，是也。「爲蔣褚之」，蓋褚之於室，備次年編爲蔣席，非若孔說以蘆花著之裀中也。

雚未秀爲菼，葦未秀爲蘆。 宋本大戴「秀」俱作「莠」，此處獨作「秀」字，則知凡从艸者皆後人妄加也。幸有此二「秀」字未改，可證孔本反改「秀」爲「莠」，以就他處之誤，失之。

斗柄縣在下，則旦。 今從孔注說移八月「參中則旦」於斗柄縣在下」上，删「複」，衍「則旦」二字。

剥瓜。畜瓜之時也。 戴校從傳本「剥瓜」下增「剥瓜也者」四字，今從之。初學記二十八果木部引作「剥瓜，蓄瓜時也」。

玄校。 日本柏木探古唐寫本玉篇零卷内糸部「絞」下引大戴禮夏小正「校」作「絞」，據此則唐以前本作「絞」，後人傳寫誤作「校」耳。孔讀「校」爲「絞」，謂禮有「絞衣」；野王於「絞」下亦引儀禮以證之，孔注頗與暗合。姜兆錫儀禮内外編讀經文連下「玄校剥」句，「棗栗零」句，誤讀。

玄也者，黑也。 集賢本「玄」誤「立」。

校也者，若緑色然。 畢本、洪本、程本俱從傳，「緑」作「緣」。日本玉篇零卷引作「緑」。「緣」字是。

零也者，降也。 傅本作「零也者降」，脱下「也」字。

零而後取之，故不言剥也。農桑輯要引作「栗零而取之，不言剥之」，約舉傳文。

丹鳥羞白鳥。禮記月令注引在九月，歲華麗紀三引同。孔穎達曰：「鄭所見本異也。」丹鳥，劉作「君鳥」。任啟運禮記章句云：「君鳥，螢也。陸佃云：『羣鳥，丹鳥也。』君、羣通。」

丹鳥也者，謂丹良也。白鳥也者，謂閩蚋也。傳本「白鳥」下無「者」字。初學記三十鳥部、御覽九百四十九蟲豸部引此二者並有「也」字，與月令注引同。爾雅翼釋蟲四引作「丹鳥也者，謂丹螢也。白鳥也者，謂蚊也」。歲華麗紀三引作「羞，進也。白鳥，蚊蚋也」。

其謂之鳥者。初學記、御覽、爾雅翼並引作「其謂之鳥者」，盧本、秦本、畢本、孫本俱從傳作「其謂之鳥何也」。戴校本增「者何」二字。今案：此與正月傳「其與之獸何也」句法正同，今從傳本。

重其養者也。初學記、御覽、爾雅翼並引作「重其養也」，脱「者」字。

有翼者爲鳥。初學記、御覽、爾雅翼並引作「凡有翼者爲鳥」，今據增「凡」字。

羞也者，進也，不盡食也。關本脱「進也」之「也」。爾雅翼引脱「羞也」之「也」。今案：此傳文疑倒亂，以文義觀之，當作「丹鳥也者，謂丹良也。白鳥也者，謂閩蚋也。其謂之鳥何也？凡有翼者爲鳥。羞也者，進也。不盡食也，重其養者也」。

辰也者，星也。朱子本作「辰也者，謂星也」，與傳本同。程榮本、沈泰本「星」作「心」，畢本、孫本、李本從之，與盧本同。今案：孔注謂改「心」爲非，是矣。然但以「星」字釋之，亦不合小正全書之例。王念孫曰：「凡傳之釋星名，於二十八星，則以其別名釋之，若『参也者伐星也』、『大火者心也』之屬是也。非二十八星，則但云星名而已，若『鞠者何也？星名也」、『南門者星也』之屬是也。房爲二十八星之一，則不得但以星釋之。戴校本作『辰也者，房星也』，是也。御覽二十五時序部引『辰則伏』，注云：『辰，房星。』初學記三歲時部引亦注云：『辰，房星。』蓋本傳文。」今據增。

伏也者。集賢本「伏」下衍「見」字。

鹿人從者，從羣也。傅本叠「鹿人從」三字，云：「集賢本作『鹿人。鹿人從者，從羣也』。盧、戴校本、秦本、孫本、雷本並從傅。今案：戴傳之例，皆複舉經文之，叠是也。洪曰：「『從羣也』三字通爲一句讀。此訓『人從』爲從羣也。人，讀如方言『人兮』之『人』，亦如禮注『相人偶』義，最古。孔謂『鹿人』疑當作『鹿從』，此不得其解而妄爲之説也。」汪本作「鹿人從，從者從羣也」，畢本作「鹿人從，從羣也」，並非。

故記從不記離。集賢本「故」作「所以」。

君子之居，幽也不言。洪曰：「幽，古文麀省，與麀同。説文云：『麀，牝鹿也。或作麀，幽聲。』」今案：「君子之居」句，「幽也不言」句。言小正所以記「從」不記「離」者，以君子所居之地不言偶牝之事耳。孔注「幽」字未的。

或曰人從。人從也者，大者於外，小者於内，率之也。傅本於「内」上衍「放」字。盧、戴校本、畢本删「人從」二字。今案：上既重出「鹿人從」三字，則此處不應複舉，戴校是也，據删。

參中則旦。此四字脱簡，移在七月傳「斗柄縣在下」上，大衍引作「參中則曙」。

内火也者，大火。盧校云：「此有一『也』字。」

遰，往也。埤雅引「遰，往也」下有傳「其驛舍云爾，非其居也」十字，毛詩陸疏廣要亦引之，今據補。

主夫出火。 洪云：「主夫出火，謂絶止人出火；主以時縱火，謂絶止人以此時縱火焚燒也。王制云：『昆蟲未蟄，不以火田。』此記絶止人縱火，在諸蟄之前。」今謂：此與「主設罜罟」之「主」同義，皆謂：主，止也。傅云：「夫，當作『火』。」金本改「火」，云：「此節當作『内火』。」任氏移在三月，云：「周禮司爟『季春出火』。」並非。

陟，升也。 闕本「升」誤「并」。

玄鳥者。 傅本作「玄鳥也者」。

熊羆貉貊鼶鼬則穴。 傅本作「熊羆豹貉鼬鼪則穴」，云：「集賢本『貉』作『貈』，『穴』作『大』。」孫本從傅。今案：傅本「貊」爲「狛」字之誤。說文：「狛如狼，善驅羊。」「貊」爲「貉」之俗體。說文：「貉，北方貉，豸種也。」應作「狛貉」者是。廣雅、通志略引俱作「鼶鼬」，與爾雅注引同。

若蟄而。 玉海以此三字作經語，張爾岐以「若蟄」二字作經語，云：「『而』字羨。」永樂大典作「言蟄也」，戴校本、洪本從之。秦本作「若蟄也」，盧本、李本作「穴也者，言蟄也」。今案：盧校是，據訂正。孔注大謬，汪文臺亦云：「孔說不可用。」

榮鞠。 盧本、秦本、孫本、李本此下俱從朱子增「樹麥」二字，今從之。孔說非也。傅本經文有此二字。玉海經文作「鞠榮而植麥」，傅文亦應複舉。

王始裘者何也？ 傅本、朱子本疊「王始裘」三字，盧、戴校本、秦本、畢本、孫本從之，今據增。

辰繫于日。 玉海及通鑑前編經文皆無此四字，傅本傳文有，經文亦無。朱子本經、傳皆有。莊云：「以月令『季秋，日在房』證之，辰即房，繫日即日在也。」

雀入于海爲蛤。 吕紀引「雀」作「爵」。

善其祭而後食之也。 李本亦無「後」字，與盧本同。二月傳「善其祭而後食之」句法與此相儷，無「後」字，非。

初昏，南門見。 孔謂「初昏」一事，「南門見」又一事，非也。王引之、孫念祖並曰：「小正言『初昏』者五，皆謂日入以後，不應自亂其例。」秦蕙田、戴震、汪中、汪照皆謂「初昏」二字衍。大衍曆議曰：「十月日纏星紀，南門二星朝見於東南隅，非昏見也。」小正多脱簡，傳中「星名也」三字當在四月「昴則見」下。觀初學記所引可知，非若洪説一星而兩釋也。今從盧見曾、徐發、湯球説移「初昏」二字於下文「織女正北鄉」上，移「則旦」二字於此文「南門見」下，則皆合矣。

南門者，星名也。 「星名也」三字脱簡，據初學記所引删正。

黑鳥浴者何也。 俞樾曰：「浴者，『俗』之誤字。説文：『俗，習也。』『習，數飛也。』俗、習雙聲，故以『俗』代『習』。」今案：通志略：「伯益佐堯，有養鳥獸之功，賜氏鳥浴。」據史記本紀秦本紀：「大費生大廉，實鳥俗氏。」索隱云：「以仲衍鳥身人言，故爲鳥俗氏。」鄭樵以「俗」爲「浴」，殆與此同歟？孔本「鳥」作「烏」，誤。不疊「黑鳥浴」三字，亦誤。盧、戴校本、畢本俱依傳，今據增訂。

鳥浴也者，飛乍高乍下也。 盧、戴校本、畢本俱依傳「鳥」下增「也」字，今從之。

時有養夜。養者，長也，若日之長也云。 傅本「者長」二字誤倒，朱子本同。傅特疊「時有養夜」四字。盧、戴校本、秦本、孫本、畢本、李本俱以「若日之長也」住句。今案：雷校以「元」爲「夜」字之譌。觀玉海經文作「時有養元，雉入於淮爲蜃」，則「元」爲「夜」字之譌無疑。傅本誤移傳末，改「云」字，今據删正。

雉入于淮爲蜃。 玉海本、朱子本、盧本、戴本、秦本、李本、孫本「雉」上有「元」字。今案：藝文類聚九十七蟲豸部引作「十一月，雉入于淮爲蜃」，無「元」字。傳本正如此作。雷云：「左傳杜注謂此蜃者是鷙雉，乃丹鳥也。其言必有所本。據是則雉不得稱『元』，『元』乃『夜』字之譌，屬上經爲句，大戴誤脱於上傳末，傳本遂改『云』字也。」

織女正北鄉則旦。 玉海無「則旦」二字。王懋竑、陳懋齡並云：「女在斗下，旦不應見，或是昏見，文有錯。」湯球云：「宜從盧見曾説，移上文『初昏』二字於此文『織女正北鄉』上，移此文『則旦』二字於上文『南門見』下。」今據訂正。

織女，星名也。 王寶仁云：「此五字，七月傳文。」今正。

十有一月。 集賢本脱「有」字。

狩者，言王之時田。 戴校本「狩」上增「王」字，「田」下增「也」字。盧本、畢本祇增下「也」字，今從盧校。

不從者，弗行於時月也，萬物不通。 戴氏文集曰：「下八字，應屬小正元文。若説小正者，則『是』字直用『是』不用『時』。篇内可考，義亦非解『嗇人不從』。」聚珍本「弗行」下注云：「此下有脱文，以『於時月也』八字另爲經。」汪本同，孔蓋從其誤也。今案：玉海以「萬物不通」四字爲經文，則「於時月也」屬上爲傳可知。説文「田夫」謂之「嗇夫」，司空之屬。夫，賦也，言消息百姓，均其賦役，不從王狩，農務未畢也。至二之日其同，則纘武功而無不從矣。豳風言「載纘載始」也，始自二日，則十一月不行可知，故曰「不從者，弗行於時月也」。時，是通。言「不從者」，惟是月不行也。傳意承上「王狩陳筋革」而言，原無脱簡謬誤，孔氏誤讀破句，故「於時月也」四字無所屬，而謂連下「萬物不通」爲一事。凡小正經文字皆作「于」，傳文皆作「於」，惟「越于」字作「于」，尊古訓也。此亦作「於」，則爲傳文，益信戴校本、畢本、秦本改作「于」誤。盧本、畢本、孫本以「於時月也」爲傳，是矣。至以「萬物不通」亦爲傳，則非。盧云：「『弗行』當作『不從狩也』」，亦誤讀破句。今以「於時月也」屬上連讀爲傳。依玉海以「萬物不通」四字爲複舉經文，秦本正如此作。

隕麋角。隕，墜也。傳本「麋」誤「麇」，玉海同。禮月令正義引作「麋角隕墜」。山井鼎云：「宋板禮記作『麋角隕墮』。」

陽氣至始動。王引之曰：「當作『陽始動』，『至』字衍。」今謂：此「至」字當在二月「昆小蟲」傳「是動而後著」上，脱簡於此。或曰：「始，當爲『是』。」

皆蒙蒙符矣。符，讀爲「孚」。律書曰：「萬物剖符甲而出。」符音孚，孔謂符驗也，非。

記時焉爾。集賢本衍一「時」字。

鳴弋。弋，讀爲「鳶」，鳶，鷙鳥也，即鳶鶚也。詩「匪鶉匪鳶」正義：「鳶作鶚。」引孟康曰：「鶚，大雕也。」又引説文：「鳶，鷙鳥也。」是鳶、鶚即「鳶」字。金曰：「今雪霽霜風之晨則鳶鳴。」畢曰：「周書『大雪之日則鶚鳴』，鶚，廣雅作『鶚』，咢屰同音。鶚、鳶皆今字。」畢改「弋」爲「鳶」。説文：「鳶，繳射飛鳥也。」與「鳴」字義不合。洪云：「弋爲巂聲之轉，子規鳥。」今案：説文「巂，周燕也」爲正訓，子規爲别訓，不可以「弋」爲「巂」。

先言鳴而後言弋者，何也？傳本無「者」字。

玄駒賁。埤雅引作「玄蚼賁」。金云：「古文小正作『黝駒賁』。」劉謂：「玄駒，始獻馬也。」任謂：「賁、墳同。墳，封以大防也。」與傳義不合。

玄駒也者，螘也。關本「螘」作「蟻」，「駒」下無「也」字，藝文類聚引同關。

賁者何也。藝文類聚引脱「何也」二字。

納卵蒜。或云：「此記納卵耳。」御覽九百十五羽族部引括地圖，又博物志、抱朴子並云：「夏后氏始食卵。」臧琳疑爲「納韭卵」，農人收韭子，納之以供祭祀。今謂：傳言「本如卵者也」，則卵指蒜言，猶鄭注内則「卵鹽」之義。卵，大也。孔謂「卵，小蒜」，亦非。玉海經文脱「卵」字。

梁者，主設罡罟者也。主，讀如「以時縱火」之主。入，納也。梁，罶也。此月水澤腹堅，不可以漁，故虞人納此曲梁，主止罡罟，以待明春之用。魯語：「大寒降，土蟄發，水虞於是乎講罛罶，取名魚。」注引月令孟春證之，是也。孔注誤解，雷謂疑是二月經文。周末傳本已在，是故吕覽本之，謂「季冬之月，漁師始漁」，亦誤解「入梁」爲入澤梁也。王引之云「『梁者』二字衍文」，據删。傳本「罡罟」二字誤倒。

隕麋角。傳云：「月令『仲冬，麋角解』，與小正十一月記『隕麋角』合。十二月又記之，蓋衍文。」戴氏因誤爲之傳，失之矣。洪云：「傳説非也。月令正義引此經，不以爲傳，失。」畢沅謂「經重記之，傳亦重解之」，是也。

蓋陽氣旦睹也。通志堂刻傳本作「且睹」，閣本作「旦睹」，秦本、盧、戴校本、畢本並作「且睹」。且者，重釋之義。王引之謂：「睹當爲『曙』。説文：『曙，旦明也。从日者聲。』曙之言著也。上文云『日冬至，陽氣始動』，至十二月之末，陽氣更著，故曰『陽氣旦曙』。」今據訂正。此下各本脱「雞始乳」三字，據鄭注乾鑿度引增。任本、程本附此，程曰：「此即月令『季冬雞乳』也。」

凡二千四百七十字。補。今校定凡二千五百三十六字。

卷三

保傅第四十八

殷爲天子三十餘世。 潭本新書正作「三十」，他刻皆作「二十」，與漢書同。

何殷、周有道之長。 潭本新書句末衍「也」字。

太子乃生，固舉之禮。 戴校本作「太子迺生，因舉以禮」，云：「各本作『太子及生，固舉之禮』。漢書賈誼傳作『太子迺生』，魏書李彪傳所引作『因舉以禮』，與新書合參，據改正。」汪本同。今案：乃、迺同字。固，必也。謂太子初生，必舉以禮也。與下文「固明孝仁禮義」之「固」正同。王本作「固舉以禮」，是。但謂「固」爲「固已」之「固」則非也。明蔡文範本正作「固舉以禮」，盧文弨校新書同。鮑校太平御覽一百四十六皇親部引作「因舉之禮」，譌。

有司參夙興端冕。 戴校本據李彪傳所引作「有司齊肅，端冕」。王念孫曰：「『參夙興端冕』，本作『齊夙端冕』。『齊』與『齋』同，古書『齊』字作『亝』，見玉篇及史記田儋傳，形與參相似，因譌爲『參』。『齊夙』即『齋肅』。說文：『夙，早敬也。』大雅生民箋云：『夙之言肅也。』後人誤以『夙』爲『夙興』之『夙』，而於『夙』下加『興』字，遂致文不成義。白虎通義姓名篇引此作『齋肅端絻』，魏書引此作『齊肅端冕』，賈子、漢書並同。」洪頤煊曰：「禮記內則：『國君世子生三月之末，擇日，妻以子見於父。男女夙興沐浴。』三、參同字。盧本當作『參』字，據注『參』下當有脱字。」今案：見之南郊乃初生之禮，未及三月也。蓋盧所據本已誤「參」，故注以三月當之，仍以王校爲是。汪本作「有司𠫤肅端冕」，盧本作「有司𠫤夙興端冕」，亦云「興」字後人所加。

見之天也。 漢書賈誼傳、盧校新書「之」皆作「于」，太平御覽引同，今據改。

參職謂三月朝也。 戴校本「參職」改「齊肅」。王念孫曰：「『夙』字本作『𠘧』，因譌而爲『職』。」蔡本、盧本作「𠫤夙」，今據正。

過闕則下。 戴校本「闕」作「闕」，漢書、新書及太平御覽所引並同，據改。

逕闕則下。 戴校本作「逕闕故下」，云：「逕，各本訛作『遥』，據儀禮經傳通解改正。」今從之。

故自爲赤子時，教固以行矣。 戴本、汪本據漢書、新書改「以」爲「已」，蔡本亦作「已」，以、已通字。太平御覽引「時」誤作「則」。

昔者周成王幼在繦褓之中。 漢書無「周」字。

傅，傅其德義。 戴校本亦作「其」，太平御覽二百六職官部引作「傅，傅之德義也」，今從盧改「其」爲「之」。

師，導之教順。 漢書、新書「導」俱作「道」。順，蔡本正作「訓」，與漢書、新書合，據改。

師主於訓道，傅即受而述之。 蔡本、盧、戴校本「道」作「導」，據改，與正文一律。即，戴校作「則」。

此三公之職也。 新書無「此」字。

古文尚書及周禮説與此同。 各本作「尚書及周禮説，而文與此同」。戴氏文集曰：「通解載此注『而』作『古』，當是『古尚書及周禮説與此同』，轉寫致譌，又衍『文』字。許叔重五經異義稱『今尚書説』、『古尚書説』，是其證。」汪校從文集之説，聚珍本作「古尚書及周禮説義與此同」。段玉裁校戴集，説與孔同，不以「文」字爲衍。

是與太子宴者也。 盧校新書作「是與太子燕者也」，無「居」字。建本、潭本「太子」訛作「天子」。

又以王少漸賢聖之訓。 賢聖，戴校本作「聖賢」，誤倒。

故據其成事同於太子，而始末叙之取，明殷周之隆師友爲先也。 盧本「成事」下多「大概」二字，非是。言成王幼稺，周公居攝，據其成事，同於太子，文義甚明。高安本作「而始末詳爲叙之」，與諸本不同。今案：「取」字當是「耳」字，屬上讀，形近致訛。

故孩提。 潭本新書亦作「故迺孩提有識」，與漢書同，宜據補「迺」字。迺，與「太子乃生」之「乃」同，乃，初也。故乃生，新書作「初生」，其義同也。「故迺孩提」者，故初孩提也。故者申事之詞。

三公三少固明孝仁禮義以導習之也。 漢書、新書「導」並作「道」，無「也」字。孔注以「固」爲「固已」之「固」，譏盧君以「故孩提」絶句爲誤，非也。固猶必也。襄二十七年公羊傳「女能固納公乎」，吕氏春秋任數篇「其説固不行」，秦策「王固不能行也」，何、高注並曰：「固，必也。」「故迺孩提，三公三少固明孝仁禮義以導習之」者，謂故始孩提，三公三少必明孝仁禮義，以導習之也。觀漢書、新書以「故迺孩提有識」絶句，則知此不應連讀。

三少又親近，故孩提而教之。 此注諸本皆在「故孩提」下。

於是比選天下端士。 漢書、新書「端」上有「之」字，「比」作「皆」，形誤。盧校新書删「皆」字。

孝弟閑博有道術者。王念孫曰:「閑與博義不相屬,『閑博』當爲『博聞』,『聞』譌作『閑』,又倒在『博』上耳。初學記儲宫部引此正作『博聞』,賈子、漢書並同。」今案:蔡本「閑」作「閎」,閎,廣大也,當是「閎」字。

使之與太子居處出入。漢書、新書無「之」字。

故太子乃目見正事。戴校本「目」作「日」,「日」字是,據改。漢書作「故太子迺生而見正事」。新書作「故太子初生而見正事」。

左視右視,前後皆正人。王念孫曰:「兩『視』字,後人妄加。左右前後,皆太子所視也,不當獨言左右視。初學記引此無兩『視』字。賈子、漢書並同。」據王説删。句末,漢書、新書並有「也」字。

夫習與正人居,不能不正也,猶生長於楚,不能不楚言也。戴校本作「夫習與正人居,不能毋正也,猶生長於齊,不能不齊言也。習與不正人居,不能毋不正也,猶生長於楚,不能不楚言也」。王本、汪本同,今據戴校增入。程榮本新書作「習與正人居之,不能毋正也,猶生長於齊之不能不齊言也。習與不正人居之,不能毋不正,猶生長於楚之不能不楚言也」。潭本、建本脱「不能毋正也」以下共二十四字,與大戴本脱同。

故擇其所嗜。漢書作「耆」。師古曰:「耆,讀爲『嗜』。」

少成若性。戴校本「性」上增「天」字,盧本、王本同,今據增。

習貫之爲常。汪本據新書改「之爲常」爲「如自然」。王念孫曰:「『習貫之爲常,本作『習貫如自然』,考盧注内有『自然』二字,又賈子、漢書皆作『習貫如自然』,是其證也。盧注又引周書『習之爲常,自氣血始』,以證少成習貫之義,而後人遂以注文改正文,謬矣。『少成若天性』,『習貫如自然』,『成』與『性』爲韻,『貫』與『然』爲韻,『習貫』二字連讀。

若云『習貫之爲常』，則文不成義，且與『少成若天性』不對，而韻亦不諧矣。」今據王説改。

此殷周之所以長有道也。此，新書作「是」。

及太子少長，知妃色。妃，當爲「好」字形之誤，新書正作「好」。孔引顔注「妃色，妃匹之色」，非也。盧文弨校新書曰：「『知好色』之語，乃約略其年歲之所至耳。如孟子論人曰『少曰知好色』，曰『有妻子』，曰『仕』，皆謂其年少壯所當値也。宋儒譏賈子『知好色』下語未了，宜極言防閑之道，不當便接『則入于學』，由不知當日語意，故爾輕誚。」王引之亦云，據王本改。

則入于小學。小者，所學之宫也。蔡本作「則入于小學。小學者，所學之宫也」。戴校本據漢書、新書作「則入于學。學者，所學之官也」，汪同戴校，「宫」不改「官」。王念孫曰：「此文本作『則入于學。學者，所學之官也』。今本『入于學』作『入于小學』，『學者』作『小者』，皆涉盧注『入小學』而誤。案：盧注云『古者太子八歲入小學，十五入大學』，此是總説太子入學之事，非正文作『小學』而盧釋之也。既云『太子少長知好色，則入于學』，則是『十五入大學』，非『八歲入小學』矣。官、宫亦字之誤。廣雅曰：『學，官也。』文王世子『凡始立學者』，鄭注曰：『謂始立學官者也。』漢書韓延壽傳『修治學官』，師古曰：『學官，謂庠序之舍也。』皆其證。師古注漢書曰：『官謂官舍。』」今據改正。

如恩相及矣。戴、汪校本「如」作「而」。

如民不誣矣。戴、汪校本「如」作「而」。

則聖智在位。潭本新書「聖智」作「賢智」。

而功不匱矣。汪本據漢書、新書改「匱」爲「遺」。王念孫曰：「匱，本作『遺』。遺，棄也。尚賢貴德則聖智在位，而有功者不見棄,故曰『功不遺』。草書『遺』字作辶,形與『匱』相似,因譌爲『匱』。鈔本北堂書鈔禮儀部四、通典禮十三及玉海學校類引此並作『遺』。」今據改。

而下不踰矣。漢書作「隃」,師古曰:「隃與踰同。」

及四郊之學也。蔡本無「也」字。

夏物盛,小大殊。盛,盧、戴校本並作「咸」,誤。「夏物盛」句,「小大殊」句。

退習而端於太傅。汪本據漢書、新書改「端」爲「考」。今案:盧注「正於三公」之「正」字正釋「端」字,改「考」非是。

而達其不及。汪本據漢書、新書改「達」爲「匡」。洪頤煊曰:「達,當讀作『撻』。禮記文王世子『成王有過,則撻伯禽』,下文『則有司過之史』,盧注『太子齒於學,有榎楚之威』,亦謂撻也。」

而理道得矣。盧校新書據沈本改「理」爲「治」,諸本皆作「理」,與戴同。

成王學並正於三公也,獨云太傅,舉中言。蔡本、盧本「正」「於」二字倒。各本此注皆在「此殷周之所以長有道也」下。

則百姓黎民化緝於下矣。蔡本「緝」作「輯」,戴、汪校本改「輯」。緝,形音之訛,宜據改。師古曰:「輯與集同。輯,和也。」

則有司過之史。盧校新書作「則有司直之史」,云:「司直,別本作『司過』。」與本書同。

有虧膳之宰。蔡本「虧」作「徹」,汪本改「徹」,盧校新書作「虧」,云:「別本作『徹』,譚本訛作『勸』。」今案:藝文類聚四十禮部、太平御覽一百四十六皇親部、五百四十禮儀部並引大戴作「虧」。

過書而宰徹去膳。王念孫曰：「此本作『過書而宰徹其膳』，今作『徹去膳』，詞意鄙俗，乃後人所加也。初學記儲宮部、太平御覽皇親部十二並引作『徹其膳』。」今據王説改。

夫膳宰之義。戴校本删「夫膳」二字，云：「從方本及太平御覽所引。」今據删正。

於是有進善之旍。太平御覽一百四十六皇親部引「旍」作「旌」，與漢書、新書同。

有誹謗之木。太平御覽引無「有」字，下句同，新書有。

堯設之，使書政之僭失也。戴本、盧本作「堯置之，使書政之僣失也」，上下注文皆是「置」字，宜改「置」。「僣」字亦宜改「僭」，僭與愆同。

舜置之，使諫者擊之以自聞也。盧本「諫」下脱「者」字。

鼓夜誦詩。漢書作「瞽史誦詩」。王念孫讀書雜志曰：「上既言『有記過之史』，則此不當更言史，且誦詩乃瞽之事，非史之事。大戴禮作『瞽夜誦詩』是也。列女傳母儀傳曰『夜則令瞽誦詩』，是其證。後漢書馬廖傳亦曰：『願置章坐側，以當瞽人夜誦之音。』今本『夜』作『史』者，涉上文而誤。賈子亦作『史』，則後人以誤本漢書改之矣。」今案：盧注云「夜、史爲字誤者」，謂「史」爲誤字，不從賈誼之説也。瞽、鼓字通。瞽叟，古今人表作「鼓叟」，是其證。注謂「瞽與鼓聲誤」，則非。

賈誼云：「敢諫之鼓，瞽史誦詩。」戴校本删「敢諫之鼓」四字。删之是，涉上正文而衍。

工誦正諫。汪本據漢書、新書改「正」爲「箴」，箴、正聲誤，今據改。此下宜增「大夫進諫」四字。王念孫曰〔一〕：「當有『大夫進諫』四字。白虎通義曰『禮保傅曰「大夫進諫，士傳民語」』，是其證。賈子、漢書並作『大夫進謀』。又案『工誦正諫』之下，盧注有『大夫諫之以義』云云，當即是『大夫進諫』四字之注，因正文脱去，故溷入上注耳。」今案：盧氏當是合注「工誦箴諫」、「大夫進諫」二句。

大夫諫足之義，使於瞽史。足，當爲「進」，字形之誤。諫進，當爲「進諫」，誤倒耳。使，當爲「後」，亦字形之誤。戴氏文集曰：「足，當作『之』。使，當作『後』。別本『叟作史』。此以解正諫在瞽史樂工後也。」聚珍本作「大夫諫之以義，後于瞽史」。汪本、王本同。蔡本、盧本作「大夫諫足以義，使於瞽叟」，今皆不從。

故切而不攘。汪本改「攘」爲「愧」。

是殷周所以長有道也。新書「所以」上有「之」字，宜增，與上文一例。

祭月西坎。蔡本、盧本「坎」作「壇」。

以別內外。盧本作「所以別內外」，蔡本作「故以」。

所以明有別也。汪本據漢書、新書改「敬」。王念孫曰：「『有別』，本作『有敬』，此涉上注『以別內外』而誤也。朝日夕月皆所以教敬，四代篇曰：『天子盛服，朝日于東堂，以教敬，示威于天下也。』朝事篇曰：『天子率諸侯而朝日于東郊，所以教尊尊也。』周語曰：『於是乎有朝日夕月，以教民事君。』義並與此同。故盧注云：『教天下之臣也。』今本作『有

〔一〕案：「曰」下本有「亦謂」二字，據經義述聞爲衍文，今刪。

別』，則與盧注不合矣。南齊書禮志、太平御覽時序部三引此，並作『所以明有敬也』。」今據王説改。

教天下之臣也。戴校本據永樂大典改「臣」爲「別」，非是。

仲春舍菜合僢，仲秋班學合聲。盧本二「仲」字皆作「中」，蔡本上作「中」，下作「仲」。

教天下之子也。盧、戴本「子」作「孝」。

步中采茨。盧校新書作「薺」。師古注漢書曰：「『薺』字，或作『薺』，又作『茨』。」

車亦應樂節。各本作「聲節」。戴本、汪本皆同孔。

教天下儀也。戴校本據大典「儀」上增「之」字，今據補。

於禽獸。漢書作「其於禽獸」，新書作「其於禽獸也」。

見其聲，不食其死；聞其聲，不嘗其肉。盧校新書作「見其生，不忍其死；聞其聲，不嘗其肉」，與程榮本異。「忍」字是。「食」與「嘗」複，據盧校改。

玉繅曰。汪本「繅」改「藻」。繅、藻同字。儀禮聘禮「圭與繅皆九十」，注云：「古文或作『藻』。」

謂俎豆傳列及嗜之等。嗜，戴本、盧本俱改「食」，據正。

徹以樂。徹，建本新書作「飲」，潭本作「收」，別本作「徹」，與本書同。

失孝敬禮樂之度也。諸本此注在「是天子不得爲非也」下。

是天子不得爲非也。新書建、潭本脱「也」字，別本有，與本書同。

明堂之位曰。戴校云:「位,當作『禮』,與上所引學禮,皆古禮逸篇。」盧説同。汪中曰:「賈誼書正作『明堂之位』。」

多聞而道慎。盧刻新書作「道順」,云:「別本作『慎』,古文『順』作『慎』,形近致譌。」太平御覽四百三人事部引作「多聞而順道」。「順道」是,言多聞而順於道也。與上「篤仁而好學」句正相儷。今據御覽改。

道者,導天子以道者也。新書作「道者,道天下以道者也」,「下」字誤。下文皆作「天子」,與此正一例。太平御覽四百三人事部引作「道者,導天子之道」。

誠立而敢斷。建、潭本新書作「敦斷」,別本作「敢」,與本書同。「敦」字形譌。

言能忠誠自立。諸本「自」皆作「有」,形誤。盧本及舊本此注在「是太公也」下。

輔善而相義者謂之充。新書「充」作「輔」。

充者,充天子之志也。盧校新書作「輔者,輔天子之意者也」。玩「也」上宜增「者」字,與下文一例。

匡過而諫邪者謂之弼。弼者,拂天子之過者也。新書二「弼」字皆作「拂」。盧校新書無「而」字,非。

博聞强記。汪本據新書「聞」下增「而」字,是與上下文句法皆一例,傳寫脱耳。

接給而善對者。新書「接」作「捷」。

殷周之前以長久者。戴校從方本「前」作「所」,汪本、王本同,新書正作「所」,據改。

其輔翼天子有此具也。盧校云:「天子,漢書作『太子』,以本書爲是。下並同。」汪本初改「太子」,後又改作「天」,從盧説也。王念孫曰:「『殷周之所以長久者,其輔翼天子有此具也。』又下文曰:『天下之命縣於天子,天子之善在於早論教與選左右。』又曰：『夫教得而左右正，則天子正矣。天子正而天下定矣。』天子皆當作『太子』，此涉上下文『天子』而誤。上文『天子春朝朝日』云云，是説古天子之事，故總結之曰『是天子不得爲非也』。又『天子疑則問』云云，是説成王爲天子時事。又下文『天子不論先聖之德』云云，是説三公以下諸臣之職，皆不指教太子而言，故皆言天子。『殷周之所以長久者，其輔翼太子有此具也』，乃承上成王爲太子，有三公三少以諭教之，左右前後皆正人而言，故曰『太子之善在於早論教與選左右』，又曰『教得而左右正，則太子正矣』。若作『天子』，則語意不倫。賈子、漢書皆作『太子』，是其明證。又案此篇自『殷爲天子』至『此時務也』，於賈子爲保傅篇所説，皆教太子之事。自『天子不論先聖之德』至『太史之任也』，於賈子爲傅職篇所説，皆天子之事，當分別觀之。」今案：蔡本正作「太子」，下文言趙高傅胡亥之事，亦指爲太子時言。觀「今日即位，明日射人」之語可知，正與殷周相反。王説是也，據正。漢書「其」上有「且」字。

及秦不然。 新書、漢書「秦」下有「而」字。

所尚者告得也。 汪本改「得」爲「訐」，汪喜孫曰：「案盧注，則『得』字北周時已誤。」

趙高，宦者，秦中車府令。 盧本脱「中」字，此注各本在「故趙高傅胡亥」下。孔蓋以「故趙高傅胡亥而教之獄」作一句讀。

則夷人三族也。 新書、漢書「三族」上有「之」字。

明日射人。 漢書「明」上有「而」字，盧校新書與本書同，汪本增「而」字。

深爲計者。 汪本據新書「爲」下增「之」字，非是。疑「爲」字衍，漢書正作「深計」，「深計」與「忠諫」對文，宜删。

謂之訞誣。汪本據新書、漢書改「訞言」。「訞誣」與「誹謗」對文，改之非是。

豈胡亥之性惡哉。漢書「豈」下有「惟」字。

彼其所以習導。汪本據新書「導」下增「之者」二字，漢書作「彼其所以導之者」，無「習」字。

非其治故也。新書作「非理故也」。治、理同義。荀子修身篇：「少而理曰治。」

不習爲吏，如視已事。盧校新書作「不習爲史而視已事」，云：「潭本作『不習爲吏視已成事』，大戴『史』亦作『吏』。」今案：「吏」字是，盧校非也。戴本、汪本「如」俱作「而」。

前車覆，後車誡。盧校新書作「前車覆而後車戒」，云：「潭本無『而』字。」

夫殷周所以長久者。「所以」上，新書、漢書俱有「之」字。

然如不能從。戴、汪校本「如」改「而」。建本新書句末有「者」字，漢書同，宜據增。

秦世所以亟絶者。漢書「秦世」下有「之」字。新書作「秦之亟絶者」。

其轍迹可見也。新書「轍」作「軌」。

然而不辭者。汪本「辭」改「避」。王念孫曰：「『辭』，當爲『辟』字之誤也。辟與避同，謂避前車之轍也。若作『辭』，則義不可通。」漢書、新書作「避」，無「者」字。

是前車覆而後車必覆也。盧校新書作「後車又覆也」，此「必」字疑是「又」字之譌。

夫存亡之敗。戴校本「敗」改「變」。盧校新書作「反」，云：「別本作『變』，沈本作『故』。」今案：敗，當爲「故」，字形之誤。

縣於天子，天子之善。蔡本二「天」字俱作「太」，據改。

心未疑而先教諭。盧校新書作「濫」，建本作「疑」，與本書同。

夫開於道術。漢書無「夫」字。

知義理之指。王念孫漢書雜志曰：「智誼之指，本作『智誼理之指』，智，讀曰『知』，與『開』字相對爲文。謂開通於道術，識義理之指也。後人誤讀『智』爲『智慧』之『智』，則『智誼理』三字義不相屬，故删去『理』字，不知『智誼』二字義亦不相屬也。通鑑無『理』字，則所見漢書本已然。大戴禮、賈子並作『知義理之指』。近時盧紹弓作『知義之指』，又删『理』字。」

若夫服習積貫。漢書、新書「夫」作「其」。

則左右已。「已」上宜據漢書增「而」字，新書作「則左右而已矣」。

嗜慾不異。漢書作「耆欲不異」，師古曰：「耆，讀曰『嗜』。」

及其長而成俗也。漢書無「也」字。

彖數譯而不能相通。汪校亦從戴本改「參」爲「彖」，盧亦云：「參，疑當作『彖』，形近而誤。」「相」字，劉本無，別本有。新書正作「纍數譯而不能相通」。

行雖有死不能相爲者。新書作「行者有雖死而不相爲者」。盧校新書删上「者」字。王念孫曰：「雖有，當爲『有雖』。不能，當爲『能不』，『能不』者，而不也。古書多以『能』爲『而』。『雖死而不相爲』六字連讀，盧注非。」蓋從新書、漢書説也。

猶不相救爲者。 蔡本、盧、戴校本「救」作「放」。「放」字是，據改。

皆未習使之然也。 未，蔡本作「夫」。盧、戴校本作「教」。「教」字是，據改。

夫教得而左右正，左右正則天子正矣，天子正而天下定矣。 王本删「左右正」三字，「天子」改「太子」。觀盧注引孟子，則所見本已誤「天」，今從王校。蔡本二「天」字正作「太」。

萬民賴之。 萬，盧本改「兆」。

天子不論先聖王之德。 戴校本「論」改「論」，汪校本據新書「不論」下增「於」字。御覽二百六職官部引作「不論於」。今從汪校。

不知君國畜民之道。 戴、盧校本俱作「國君」，沿舊本之誤。汪本「畜」作「子」，不知所據。

不閑於威儀之數。 新書「閑」作「僩」，鮑校御覽引無「於」字。

詩書禮樂無經。 鮑校御覽引無「詩書」二字。

學業不法。 鮑校御覽引同，與新書異。

凡是其屬，太師之任也。 新書「是」作「此」，下同，御覽引作「是」。

不中於制獄。 戴、汪校本「制」改「刑」。

不誡於戎事。御覽引無此句。

鄰愛於疏遠卑賤。鄰，戴校本改「遴」。鄰、遴形聲之譌，今從戴改。新書作「忞授」，吝、忞同字。

不能懲忿窒慾。新書「窒」作「忘」。

凡是其屬，太傅之任也。戴、汪校本亦改「之」爲「其」，御覽引作「之」。

進退節度無禮。御覽二百六職官部引作「進退升降不以禮」。盧校新書作「將學趨讓進退即席不以禮」。今案：宜從盧注或說作「即席」。

升降揖讓無容。盧校新書「升」作「登」。

周旋俯仰視瞻無儀。御覽引作「俯仰周旋無節」，新書作「視瞻俯仰周旋無節」。

安顧咳唾。戴、汪校本「安」改「妄」，今據正。

趨行不得。汪本「得」改「德」，得、德同字。盧校新書作「趨行」，云：「建本下有『得』字，別本又作『不德』。」

趨，或爲走。走，當爲「促」字之誤，謂促行也。

隱琴瑟。汪校本作「隱琴肆瑟」，據盧注，則本書無「肆」字。

凡此其屬，太保之任也。其，御覽引作「之」。

天子宴瞻其學。汪本作「天子燕辟廢其學」。王引之曰：「宴瞻其學，當作『宴業詭其學』。續漢書百官志、通典職官二引賈子傅職篇作『天子燕業反其學』。燕與宴通。學記曰：『時教必有正業，退息必有居業。』宴業即居業也。詭與反同義。『宴業詭其學』，謂宴居之業與所學者相反也。『詭』字右畔之『危』，與『詹』相似而誤。鈔本北堂書鈔引大戴禮作『宴業反其學』。雖『反』與『詭』不同，亦足證『宴』下之有『業』字。」案：洪頤煊謂：「瞻，當從耳作『聸』，宴聸即燕耽，與燕辟義近，下脱『廢』字。」今謂洪義長，當作「宴聸廢其學」。

左右所習，不順於師也。 各本「習」下有「之」字。孔與戴校同。

不知已諾之正。 洪頤煊曰：「文王官人篇『已諾無斷』，已，止也；諾，許也。謂止其所當止，許其所當許，斯爲正也。淮南説林訓『諾之與已，相去千里』。」

簡聞小誦，不傳不習。 傳、汪本作「不博不習」〔一〕，「博」字是，與「簡聞」、「小誦」相反。王念孫亦謂：「傳與傳，皆『博』之譌。曾子立事篇曰：『君子既學之，患其不博也。既博之，患其不習也。』不博不習，正承『簡聞』、『小誦』而言。小之言少也，不博則簡聞矣，不習則少誦矣。」盧校新書作「僩問小誦之不博不習」，云：「僩問，別本作『簡聞』。」

冠帶衣服不以制。 新書作「衣服冠帶」。

御器在側不以度，縱上下雜采不以章。 戴、汪本删「縱」字，盧校云：「『縱』字疑衍。元本「度」上脱「以」字，遂於『度』下妄增此一字以補之。」王念孫曰：「此文本作『縱美雜采不以章』，無『上下』二字。爾雅曰：『縱，亂也。』孟喜注雜卦曰：『雜，亂也。』是縱、雜皆亂也。美不以章，故曰『縱美』。采不以章，故曰『雜采』。『縱美』與『雜采』對文。『縱美雜采不以章』與『居處出入不以禮』五句對文。傳寫者以一『美』字譌爲『上下』二字，則文不成義。鈔本北堂書

〔一〕「博」，原作「傳」，今據畿輔叢書本及傳本、汪本改。

鈔設官部四引此作『縱弄雜采』，『弄』即『美』之譌字。賈子作『雜綵從美』，『從』即『縱』之借字。」今從王說改正。

賦與集讓不以節。 孔注「集」當爲「譙」，蓋從通解之説。汪本改「譙」，是也。盧校新書作「噍」，云：「當作『譙』。」

凡此其屬，少傅之任也。 孔注云：「『凡此』上，新書有『小行小禮小義小道，不從少師之教』十四字。」今案：新書無「不從少師之教」句。盧校云：「當有『不從太保之教』六字。」孔注不知據何本。

安如易。 如，戴、汪校本改「而」。

過於樂也。 孔蓋據通解改盧本仍作「湛以樂」，戴本作「湛以樂也」。今案：以當爲「亦」，湛爲「媅」之借字。説文：「媅，樂也。」此文應作「湛」，亦樂也。

食肉而餕。 王念孫曰：「餕，當爲『飽』，故盧注云：『過其性也。』『食肉而飽』與『飲酒而醉』對文。今本『飽』作『餕』，則義不可通。飽、餕草書相似，故『飽』譌作『餕』。鈔本北堂書鈔引此正作『飽』。」今從王校。

飽而强。 盧校新書作「飽而彊食」。此書「强」當爲「彊」，涉注文而譌，據新書改。

强猶强也。 戴校本作「强，勉强也」。戴氏文集曰：「當作『猶勸也』。周禮司諫注有此訓。」汪本從文集之説。今案：皆非也。上「强」當爲「彊」，彊猶强也。後人誤據注文改經，而上「彊」字遂亦譌作「强」矣。

饑而惏。 盧校新書云：「別本下有『食』字，潭本『惏』作『餒』，建本作『餧』。字書無『餧』字，或二字誤合。」今案：惏，宜作「餒」，與「飽而彊」對文，皆不節飲食之過。今觀注文，蓋北周時已誤作「惏」矣。

暑而暍。 戴、汪本亦改「渴」爲「暍」，新書正作「暍」。

寒而嗽。 盧校新書作「懦」,云:「别本作『嗽』。」

暍,傷暑也。 戴本此注在「暑而暍」下,各本脱。

天子自爲開門户。 盧校新書作「帝自爲開户」。

亟顧環面。 盧校新書作「亟顧還面」。

御器之不舉不藏。 盧校新書「御器」作「器御」,「藏」作「臧」,句首有「而」字。

宴樂雅誦逆樂序。 戴校本作「迭」,汪本作「失」,此作「逆」,與新書合。盧校新書「誦」作「訟」,云:「潭本作『頌』。」

王念孫曰:「玉藻曰:『御瞽幾聲之上下。』『號呼歌謠聲音不中律,宴樂雅誦逆樂序』,乃工之任,非史之任。此下當有『凡此其屬,詔工之任也』九字,賈子是其明證。自『不知日月之時節』以下方是太史所任之事。上文曰『失度』,則史書之,工誦之,三公進而讀之,故此於三公三少之後即繼以工、史。太師爲工之長,猶太史爲史之長,不言『太師』而言『詔工』者,嫌與上三公同名也。爾雅曰:『詔,道也。』太師掌誦詩以道王,故曰『詔工』。傳寫脱此九字,遂與下太史所掌溷爲一事。盧以爲樂應天,故任在太史,且引周語瞽史知天以爲證。蓋説之愈密而失之愈遠矣。」今案:王説與孔注合。蓋北周時九字已脱,故盧注云然。

不知日月之時節。 新書「時節」上有「不」字。

不知先王之諱與大國之忌。 汪本作「不知先王之諱與國之大忌」。王引之曰:「各本譌作『大國之忌』,今據賈子乙正。盧注引周禮小史職曰『若有事,則詔王之忌諱』,則正文本作『國之大忌』明矣。鄭注小史云『先王死日爲忌,名爲諱』是也。又王制『太史執簡記奉諱惡』,鄭注云:『諱先王名惡忌日。』若子卯是先王之諱與國之大忌,皆太史所掌，故曰『太史之任也』。若作『大國之忌』，則義不可通。孔曰：『大國之忌，若誦訓所道方慝。』案：『方慝』乃四方之慝，不得謂之大國之忌。且『道方慝』，亦非太史所掌。此曲爲之説，而終不可通也。」

正其本，萬物理。 新書「本」下有「而」字。

差之千里。 之，新書作「以」。

故君子慎始也。 盧校新書無「也」字，王謨本有。

禮之冠、婚。 戴校本「婚」作「昏」。

易之乾、巛。 新書作「坤」。

素誠繁成。 戴校本删「誠繁」二字，云：「下云『故曰素成』，則此二字目下之辭。」汪校同。

不敢婬暴。 御覽五百四十禮儀部引作「淫」，婬、淫通字。

故曰鳳皇生而有仁義之意。 盧校新書「故」下無「曰」字，别本有。御覽引大戴亦無「曰」字。

各以其母。 潭本新書作「各由」，建本作「各有」，盧校新書作「各以」，云：「從大戴。」王謨本亦作「以」。

謂居號斯言。 戴校本作「謂古有斯言」，今從戴校。

故曰素成。 建、潭本新書無「曰」字，别本有。

藏之金匱。 匱，新書作「櫃」。

一曰青史子。 戴校云：「此校書者語，非盧氏注文。」今從戴説，不歸注文。

王后腹之七月而就宴室。建、潭本「七月」作「十月」，誤。盧校改正。

宴室，郟室，次宴寢也。盧本作「宴室，郟室，於宴寢也」。戴氏文集曰：「通解載此注作『夾室，次宴寢也』。今是書『夾』並作『郟』。內則注云：『側室，謂夾之室，次宴寢也。』亦一旁證。」聚珍本作「郟室，次于寢也」。汪本據文集之説改。案：蔡本正作「宴室，郟室，次宴寢也」，與孔本合。

有子月震。震，戴校本作「辰」。

王后比七月就宴室，夫人、婦嬪即以三月就其側室。盧校「比」作「以」，「宴」下無「室」字。戴氏文集曰：「以七月就宴，當從通解作『比七月就宴室』。」汪本從之。即，戴、汪本俱作「則」。

太師持銅而御户左。戴、汪校本亦改「史」爲「師」，與文集之説同。新書亦作「師」。

太宰持升而御户右。盧本依新書改「斗」，云：「斗，即『斗』字，舊本並作『升』，形近而誤。」王念孫曰：「盧改『升』爲『斗』是也。此『斗』非『升斗』之『斗』，乃『斗勺』之『斗』。説文作『枓』，云：『勺也。』經傳通作『斗』，大雅行葦云『酌以大斗』是也。士冠禮注、疏皆作『斗』，作『升』者傳寫誤耳。案説文：『斞，挹也。从斗臾聲。』故鄭云：『勺尊斗所以斞酒。』疏云：『案少牢云「罍水有枓」，與此勺爲一物，故云「尊斗」。』對彼是罍枓，所以斞水，則此爲尊枓，斞酒者也。』疏以枓、斗爲一字，則注文之作『尊斗』甚明。古無謂『勺』爲『升』者，而孔云『持升者持勺』，失之遠矣。又案：此文云『太宰持斗』，下文云『所求滋味者非正味，則太宰倚斗而言曰「不敢以待王太子」』，則太宰所持之斗乃羹斗也。説文：『魁，羹斗也。』宣六年公羊傳『膳宰熊蹯不熟，公怒，以斗擊而殺之』，即此所謂『斗』矣。」今據盧本改正。

太師，瞽者，宗伯之屬。師，盧本作「史」，誤。

升，所以斟。升，盧本作「斗」，據改。

謂逆序，若淫聲。盧校云：「逆，疑當作『迭』，見上文。」據彼而改此，非是。

則太宰倚升而言。盧本「升」作「斗」，據改。

曰不敢以待王太子。新書作「而曰不敢以待王太子」，潭本作「待」，與本書同。

縕瑟倚升，示不用。升，盧本作「斗」，據改。

下無取於墜。墜，建、潭本新書作「土」，別本作「地」。

中無取於名山通谷。盧校新書無「中」字，云：「別本有。」

此所以養恩之道。建、潭本新書無「此所以」三字，句末有「也」字〔一〕。「恩」字作「隱」，別本作「息」，盧校新書與本書同。

古者年八歲而出就外舍，學小藝焉，履小節焉。束髮而就大學，學大藝焉，履大節焉。王念孫曰：「出就外舍，本作『入就小學』。『學小藝』、『履小節』二『小』字正承『小學』言之。下文之『大藝』、『大節』亦承『大學』言之。盧注云：『小學謂虎闈師保之學也。』此正釋正文『小學』二字。又引白虎通、尚書大傳皆以小學、大學對文。又云：『內則曰「十年出就外傅，居宿於外，學書計」者，謂公卿已下，教子於家也。』此因『就外傅』與『就小學』不同，故釋之曰『謂公卿已下，教子於家也』。後人不曉注意，但見注內有『出就外傅』之文，遂改正文之『入就小學』爲『出就外舍』，不特與正文不合，且與注文全相抵牾矣。新校本又依永樂大典本於注首『小學』上加『外舍』二字，合

〔一〕「末」，原作「未」，疑爲字形相近而訛。

『外舍』、『小學』爲一，以曲從已改之正文，則其謬滋甚。國之小學，豈得謂之外舍乎？玉海學校類所引已誤作『出就外舍』，賈子容經篇曰：『年八歲，入就小學，蹍小節焉，業小道焉。束髮就大學，蹍大節焉，業大道焉。』即大戴所本，且與盧注相合，據以訂正。」今從王校。

小學謂虎門師保之學也。戴校本作「外舍小學，謂虎闈師保之學也」，云：「各本脱『外舍』二字，從永樂大典本補。虎闈，各本作『庠門』。又于『師』字下『保』字上，雜入『庠門，一作「虎闈」』六字。」今案：「外舍」二字，王氏辨之，據删。「虎門」二字，是，周禮地官師氏「居虎門之左」是也。

見小節而踐小義。戴校本「踐」作「履」，誤。尚書大傳正作「踐」。

十五年入小學。戴校本無「年」字。

十八入大學者。戴校本無「者」字。

謂諸子姓晚成者。戴、盧校本「姓」俱作「性」，誤。

謂公卿已下。蔡本脱「已」字，戴校本作「以」。

行則鳴珮玉。戴、汪校本「珮」改「佩」，與新書合，下同。

升車則聞和鸞之聲。太平御覽七百七十二車部引「升車」上有「王」字。

上有葱衡。各本「葱」作「雙」。

衡，平也。半璧曰璜。各本載此注在「下有雙璜」下。

衡在中，牙在傍。戴氏文集曰：「通解載此注作『璜在傍，衝牙在中』，亦似朱子所改。此截注『衝牙』二字，『璜』屬上注矣。又玉藻疏皇氏説亦分衝、牙爲二〔一〕，與此注同。」今案：朱子蓋依鄭氏之説。

玭珠以納其閒。新書「玭」作「蠙」。

納於衡、璜、衝牙之間。各本無「衝牙」二字。戴氏文集曰：「通解『之間』上有『衝牙』二字。」聚珍本據增，汪本同。

玭亦作璸。此句疑係校書者語。盧本用○以間之，是也。

古之爲路車也。新書「車」作「輿」。

二十八橑以象列星。潭本新書作「列宿」，諸本皆作「列星」。

側聽則觀四時之運。盧校新書作「四時之運」，云：「别本作『側聽則觀四時之運』，多四字，與大戴同。」又建、潭本「運」下有「額」字，亦衍。

此巾車教之道也。王念孫曰：「『巾』即『車』字之誤而衍者。『此車教之道也』，乃總承『上古之爲路車也』云云，言古人作車，使人處其中，而仰觀天文，俯察地理，前聽鸞和之聲，側睹四時之運，是即古人車教之道也。與上言胎教之道文同一例。賈子作『此輿教之道』，續漢書輿服志注引白虎通義作『此車教之道』，皆其明證也。『車』上衍『巾』字，而盧因以周禮『巾車』釋之，則望文生義而失其本旨矣。」

〔一〕「皇」，原作「黄」，今據戴東原集改。

周后妃任成王於身。 建、潭本新書作「周妃后」，別本作「后妃」，與本書同，「任」作「妊」。

立而不跂。 王念孫曰：「『跂』字於義無取，作『跛』者是也。曲禮『立毋跛』，鄭注曰：『跛，偏任也。』列女傳母儀傳：『古者婦人妊子，立不蹕。』『蹕』與『跛』聲相近也。太平御覽人事部所引已誤作『跂』，北堂書鈔后妃部二引此正作『跛』。」今案：汪本改「跛」，與王校同，據正。

坐而不差。 盧校新書云：「差與蹉同，建本譌『蹉』，潭本作『詭』，或是『跪』字。」

獨處而不倨，雖怒而不詈。 盧校新書無兩「而」字，云：「別本與大戴二句中間各有『而』字，又『罵』作『詈』。」

古者婦人孕子之禮。 戴氏文集云：「孕，當作『任』。」校聚珍本仍作「孕」。汪本從文集之説改「任」。

立不蹕。 各本無「立不」二字。戴氏文集云：「『蹕』上脱『立不』二字。」聚珍本增，汪本同。今案：蹕，宜作「蹕」，據段氏校列女傳改正。

誦詩。 戴氏文集云：「『誦詩』上脱『夜則令瞽』四字。」聚珍本增「令瞽」二字，汪本從文集之説，今從聚珍本。

如此則形容端、心平正。 戴氏文集云：「『形容端正』上脱『生子』二字。」聚珍本作「如此則生子形容端正」，與文集説同。今案：增「生子」二字是。「平」字疑是「志」字之譌。戴校删之，非是。汪本作「生子形容端」，「平」字亦未校正。

任子之時。 戴校本「任」改「孕」。

而後有與慮也。 盧、戴校本删「也」字，孔校與新書合。

是以封泰山而禪梁甫，朝諸侯而一天下。 新書作「是以封於泰山而禪於梁父，朝諸侯一天下」。

猶此觀之。猶，戴、汪校本作「由」。

王左右不可不練也。盧校新書「王」作「主」，云：「别本作『立』。」

而厚者增厚矣。各本「厚者」作「廣者」，形誤字。戴校本改「厚」，與上句一律。

尅石紀號。戴校本「尅」改「刻」。尅，通作「刻」，尅、剋通字。

故白虎通。各本「故」作「敬」。戴氏文集曰：「敬，當作『故』。」聚珍本改「故」，汪本同。

固於恒、霍及繼體之君。戴校本「固」改「周」。「周」字是，據改。

變墠爲禪。戴校本「禪」下有「者」字。

昔者禹以夏王，桀以夏亡。新書無「者」字，「桀」上有「而」字。

紂以殷亡。新書「紂」上有「而」字。

夫差以見禽於越。新書「夫差」上有「而」字，「以」下有「之」字。

文公以晉國霸。新書作「文公以晉伯」。

劫而幽之。劫，戴校本作「刦」，盧校本作「刧」，通字。

威王以齊强於天下，而簡公以弑於檀。盧校云：「『威王』乃『威公』之誤，即桓公也。而注乃以爲田和孫，似非也。」王引之據其説改「威王」爲「桓公」二字，云：「桓公，各本作『威王』，乃後人誤以説苑改之。盧注已誤，盧校新書曰：『威王在簡公之後，而文如此叙，古人行文多不拘。』今案：「威王」乃「威公」之誤，宜從盧本校語改「王」爲「公」。

戴校從盧説删「檀」下「臺」字，與孔本同。王念孫曰：「盧説非也。正文本作『檀臺』，注當作『檀臺，臺名也』，傳寫脱一『臺』字耳。哀十四年左傳、史記齊世家、田完世家並作『檀臺』。若但言『檀』，何以知其爲臺名乎？賈子亦作『檀臺』，足徵舊本之不誤。」今從王本增正。新書「强」作「彊」，「弑」作「殺」。

檀臺名也。「臺」下脱一「臺」字，據王本增。

穆公以秦顯名尊號。汪本亦增「秦」字，新書有「秦」字。

二世以刺於望夷之宫。新書「二世」上有「而」字，「刺」作「刼」。

二世以天下兵寇之事而責之。汪本删「而」字，是，今從之。

趙懽誅。戴校本作「高懽誅」，「趙」下應脱「高」字。

武靈王五十而弑沙邱。盧校新書「弑」下有「於」字，建、潭本脱「武」字。

今在趙郡鍾臺之南也。戴、盧校本作「在今」，無「也」字。

再爲義王。王念孫曰：「盧以陽穀、召陵釋『再』字之義，曲説也。再當爲『爯』，爯，古『稱』字，王當爲『主』，皆字之誤也。『稱爲義主』者，天下皆稱桓公爲義主也。下文曰『始則天下稱之，終則天下笑之』，『笑』與『稱』正相反。賈子胎教篇作『稱爲義主』，是其明證。」又案：「玉篇『爯』與『稱』同。漢綏民校尉熊君碑『長子爯孝』，仲秋下旬碑『嘉爯卓然』，『稱』字並作『爯』。七經孟子考文載足利本古文尚書湯誓篇『敢行爯亂』，『稱』字亦作『爯』，今尚書中『稱』字無作『爯』者，皆後人改之也。大戴禮之『稱爲義主』，若非譌作『再』，則後人必改爲『稱』，而古字之蹤跡不可尋矣。」今案：王説是也。諸校本皆沿盧注之誤，蔡本「王」作「主」。

任豎刁、狄牙，身死不葬而爲天下笑。盧校新書無「狄牙」二字，云：「別本有『而』字，在『身死』上。」

七日辛巳。盧本作「五日」，誤，戴校改「七」。

而削地復得。盧校新書無「得」字，云：「別本有。」

趙得藺相如而秦不敢出。汪本據新書「得」改「任」。

强秦不敢闚兵阱陘。戴校本「阱」作「井」。

安陵任周瞻而國人獨立。汪校亦云：「周瞻，即唐雎，形近而譌。『人』字衍文。盧校新書正作『國獨立』。」

安，或爲隱。各本「隱」作「隱」，誤。戴本、汪本俱作「隱」。

秦破韓威魏。各本「威」作「威」，誤。戴校本改「滅」，威、滅同字。

而隱陵君。各本「隱」作「隱」，誤。

周瞻、唐雎之力。戴校本句末有「也」字，據增。

而昭王反復。建、潭本新書作「反復」，與此同。盧校新書作「復反」，汪本據改，非是。

請救於秦。各本脱「於」字，孔從戴本增。

閔王之子法章也。各本脱「法」字，下同。戴本、汪本皆增。

爲莒太史家庸。齒去，莒中齊亡臣。各本無「家庸」二字，「亡」作「三」。盧本作「爲莒太史家庸夫，莒中齊亡臣」。孔增「家庸」，不删「齒去」二字，蓋從戴校也。

於是莒人共立法章爲襄王也。各本此處作「法章」，盧校本仍删「法」字。

王既立在於莒也。各本脱「王」字。

襄王五年而田單以即墨之師。舊本作「襄王五年而卒，田單以即墨之師」。盧、戴校本移「卒」字於「田單」下，是也。今從盧、戴。

攻破燕軍。各本無「軍」字。

由是觀之，無賢佐俊士而能成功立名、安危繼絶者。盧校新書「是」作「此」，無「而」字。建、潭本脱「名安危」三字。

而務得賢臣。新書「臣」作「者」。

得民心者民從之，有賢佐者士歸之。盧校新書作「得民心而民往之，得賢者而賢者歸之」。

而殷民從。建、潭本新書「從」誤「徙」。

求以洛西之地。各本「地」作「田」。

自下上四方。各本作「上下」。

欲左左，欲右右。各本作「欲左欲右」。戴氏文集曰：「欲左欲右，當重『左』『右』字。」聚珍本從之，汪本亦重。

言通感處遠。戴校本作「言感通之遠」，今不從。

越王不頹舊冢而吴人服。建、潭本新書「頹舊塚」作「遺久處」，或改爲「夷久塚」。盧校新書與本書合。説苑亦云：「越王不墮舊塚而吴人服。」

以其前爲慎於人也。戴、汪校本「前」改「所」，「慎」改「順」。蔡本「前」正作「所」。順，古文作「愼」，形訛，今從戴校。

故同聲則異而相應。汪本「異」上增「處」字。王念孫曰：「異而相應，本作『處異而相應』，與『未見而相親』對文。鄒陽云『意合則胡越爲昆弟』，故曰『處異而相應』。賈子及説苑尊賢篇並作『處異而相應』。」今據王説增補。

相率而趨之也。新書無「也」字。

何以知其然也？管仲者。建、潭本新書無「其」字、「者」字。盧校據别本，與本書同。

鮑叔以爲賢於己，而進之桓公。建、潭本新書脱「己而進之」四字，盧校據别本，與本書同。

管仲之所以北走桓公。「北走」，建本作「趨」，潭本作「走」，别本作「北走」，與本書同。

同聲於鮑也。蔡本「鮑」下有「叔」字，與新書同，據增。

是不能正君者。蔡本「者」上有「也生不能正君」六字，與新書合，今據增。

死不當成禮而置屍於北堂，於我足矣。蔡本「禮」誤「死」，建、潭本新書「我」作「禮」。

而猶汝矣。此注在篇末。戴氏文集曰：「篇末『而猶汝矣』之注當在此。」汪本亦據移。盧本仍在篇末，云：「四字不當施於此處。」

曰：「吾失矣。」立召蘧伯玉而貴之。建、潭本新書脱「曰吾失」三字，句末亦脱「之」字，盧校據别本增。「貴」

俱作「進」。今案：盧注云「進之爲卿」，似正文作「進」，不作「貴」。

召迷子瑕而退之。各本無「之」字。盧云：「此下當有一『之』字。」案：新書有「之」字，與方本同。

成禮復正室。此注各本在「史鰌之力也」下。

而箕子被髮陽狂。「髮」下，新書有「而」字。盧校新書「狎」作「佯」，羊、陽通字。

使其子嗣之。蔡本「嗣」作「世」。

紂以文王十二年殺比干，十三年爲武王滅。十二年，本作「十一年」；十三年，本作「十二年」，此後人據僞古文泰誓而改之者。案：甲子之事，在夏正則爲文王十一年之十二月，故書序、史記皆云「十一年」，而史記又云「十二月」也。在商正爲文王十二年歲首之月，故書序云「一月戊午」也。在周正爲文王十二年歲首之第二月，故紀年、吕覽皆係之十二年，而國語、史記又謂之二月也。盧注蓋據商正言之，故滅紂屬之十二年。劉歆三統曆據洪範「十三祀」一語，遂臆度而以爲十三年，不知陳範之事在克商後二年，史記之言可證。僞孔襲劉歆之邪説，而讀戴記者又襲僞孔之邪説，以變亂注文，是不可不辨。

以齊至。戴、汪校本作「自齊魏至」。戴云：「各本『自』譌作『以』，脱『魏』字，今從方本。」王念孫曰：「以齊至，本作『自齊魏至』。燕策曰『樂毅自魏往，鄒衍自齊往』，是其證。」今據改。

於是□□□□□□□□□□，以齊至者。昭王欲修先君之怨，爲齊以求士也。韓詩外傳云：「以魏齊至之。」各本作「於是修先君之怨，爲齊以求士也。韓詩外傳云『以有至者』」。昭王欲修先君之怨，爲齊以求士也。韓詩外傳云：『以魏齊至之』」。盧云：「此注文有舛誤。」戴氏文集曰：

「韓詩外傳下衍二十二字，『以魏齊至之』亦脱誤。考外傳作『燕昭王得郭隗、鄒衍、樂毅，是以魏趙興兵而攻齊』。」聚珍本則作「于是修先王之怨，于齊以求士也。韓詩外傳云『以魏齊至之』」。汪本從文集之説，作「韓詩外傳云：燕昭王得郭隗、鄒衍、樂毅，是以魏趙興兵而攻齊」。今案：此注宜從孔注及戴氏文集之説合訂，作「於是鄒衍自齊往，樂毅自魏往，劇辛自趙往。昭王欲修先君之怨於齊，以求士也。韓詩外傳云：『燕昭王得郭隗、鄒衍、樂毅，是以魏趙興兵而攻齊』」。

齊王地也。各本脱「地」字，戴氏文集曰：「依是書注例，閔王名地，當注云：『齊王地也。』」聚珍本增，汪本同。

去之鄒魯，又不納焉。蔡本「鄒」作「郢」，誤。

燕支地計衆。戴、汪校本「支」改「度」，今從之。

然如所以能申意至於此者，由得士也。如，戴、汪校本改「而」。「士」下，汪據新書增「故」字。

支猶計也。支，戴校改「度」，今從之。

不足以報也。戴、盧本「也」俱作「之」。

無宜治之民。戴校本宜改「恒」，今據説苑正。

明鏡者。新書「鏡」作「鑑」。

夫知惡古之危亡。戴校本「夫」亦作「今」。

不務襲迹於所以安存。盧校新書無「以」字，王謨本有。

見於本紀。樂記云:「太公者,公共之也。」各本脱「見」字〔一〕,孔據戴校本增。公共,戴校作「公襄」。

此節注文各本俱在章末。

夫聖人之於當世存者乎。蔡本作「夫聖人之於聖者之死,尚如此其厚也,況於當世存者乎」。汪本校同,今據增。

凡二章。新别。凡三千五百五十四字。孔校共三千一百四十字,今校定凡三千一百八十四字。

〔一〕「字」,原作「子」,據畿輔叢書本改。

卷四

曾子立事第四十九

計其失。戴校本句末有「也」字，與高安本同。

省其身。戴校本句末有「也」字，與高安本同。

及時以行。馬總意林作「及時而成」。

難者弗辟。弗，文瀾閣本作「勿」。

唯義所在。戴校本「唯」作「惟」。

日旦就業。羣書治要「旦」作「且」。文選閒居賦注引此無「日」字。

亦可謂守業矣。戴校本「業」作「義」。

君子既學之，患其不博也。既博之，患其不習也。既習之，患其無知也。既知之，患其不能行也。既能行之，貴其能讓也。周髀算經陳子曰：「夫道術所以難通者，既學矣，患其不博；既博矣，患其不習，既習矣，患其不能知。」説苑説叢篇作「君子博學，患其不習。既習之，患其不能行之。既能行之，患其不能以讓也」。羣書治要「無知」作「不知」，「貴其能讓也」作「患其不能以讓也」。阮氏據魏本改。王念孫曰：「篇内五患，其文義相承，此句不當獨異。『患』與『貴』上半相似，因譌而爲『貴』，後人不得其解，因删去『不』字、『以』字耳。説苑『既能行之，患其不能以讓也』，即用曾子之文。」今案：下注云「五者謂患其不博、不習、無知、不能行、不能以讓」，則此文「貴」爲「患」之譌，「能」下脱「以」字無疑。今從王本。

貴不以己能而競於人。 王念孫曰：「貴不，本作『患其』，後人據已誤之正文改之。」今從王校。

五者謂患其不博、不習、無知、不能行、能以讓。 各本「謂」作「爲」，爲、謂通字。孔從戴改「也」。「能以」上脱「不」字，今增。

君子博學而孱守之，微言而篤行之。 羣書治要「孱」作「淺」。注云：「大戴禮『淺』作『孱』。」阮元云：「説文：『孱，迮也。』迮，小，乃博之反。」徐幹中論貴驗篇引「微言而篤行之」，以爲孔子之言。

行必先人，言必後人。 羣書治要兩「必」字皆作「欲」，阮本據改，今不從。

君子終身守此悒悒。 「悒悒」下，閣本有「也」字，汪本從之，今增。

言則爲人稱之。 盧本「稱」作「輤」，戴校本作「誦」。

行則爲人安之。 孔注云「安，疑『守』字之誤」，非也。安，習也。吕覽「樂成三世，然後安之」，注云：「安，習也。」

言行則爲人所安習也。

君子終身守此憚憚。 「憚憚」下，閣本有「也」字，汪本從之，今增。

不殄微也，行自微也不微人。 章學誠曰：「上句『微』字，疑作『莫顯乎微』『微』字解。下二『微』字，則『伺察其微』，故仍用『微』字，義自通。」王念孫曰：「微猶匿也。己有善則務自匿，人有善則揚之。」阮元曰：「上『微』，幽也。下『微』，匿也。」三說皆非也。微猶小也。言君子不絕小善，行自小而不小人也。三「微」字皆一義。

君子終身守此勿勿也。 王引之曰：「盧以勿勿爲勉勉，義本禮器、祭義注，非此所謂『勿勿』也。此言『勿勿』者，猶忽忽也。晏子春秋外篇曰：『忽忽矣若之何？惙惙矣若之何？』忽忽、惙惙，皆憂也。史記梁孝王世家亦曰：『意忽忽不樂。』忽與勿聲近而義同。上文曰『君子終身守此悒悒』，又曰『君子終身守此憚憚』，下文曰『君子終身守此戰戰也』，悒悒、憚憚、勿勿、戰戰，皆憂懼之意。曾子制言篇曰『君子無悒悒於貧，無勿勿於賤，無憚憚於不聞』，是其明證矣。」

見不善者恐其及己也。 王念孫曰：「恐其及己，謂恐不善之及己也。則『見不善』下不當有『者』字，且與『見善』對文，則『者』字之衍明矣。論語『見善如不及，見不善如探湯』，是其證。」今據删。馬氏繹史「也」作「焉」，與諸本異。

見惡思詬。 羣書治要「惡」作「難」。

故愚惑者朝忿忘身。 戴氏文集曰：「朝忿忘身，詞不足，當是『一朝之忿忘其身』脱誤。」聚珍本依文集之說，今據正。

血氣勝則害身。 害，舊本作「周」。古「害」字作「周」，易誤「周」。鹽鐵論地廣篇「賤不害智」，誤作「周智」，與此正同。

思唯可復。 戴校本作「無不可復」，文集之說同。

以言不虚。 戴校本「以」作「已」，通字。

類宜其年。年，閣本作「言」，阮云：「盧注引詩『樂只君子，萬壽無期』，則周時盧所見本是『年』字，閣本誤也。」

未問則不言。荀子大略篇作「未問則不立」，楊倞注曰：「未曾學問，不敢立爲議論。」郝懿行曰：「立，當爲『言』，形近之譌，楊倞説『立』，非也。」

兩問則不行其難者。汪本此下增「道遠日益矣」五字，蓋據荀子，今據增，説見後。

是故君子夙絶之。自「財色遠之」至此，荀子大略篇作「流言滅之，貨色遠之，禍之所由生也。生且纖纖也，是故君子蚤絶之」。

君子好人之爲善而弗趣也。羣書治要「趣」作「趍」。

疾其過而不補也。阮本「補」讀爲「遂」，遂，古文䢅，字形相近之譌也。王引之曰：「余曩以『補』爲古文『遂』字之誤，非是。補，疑當爲『掩』，字形相似而誤。掩者，蓋也。掩則冀人之不知，故不改也。」今案：「補」字不誤，「補」即彌縫之意，與「掩」字同義，不必改「掩」字。

補謂改也。戴校本「改」作「文」，疑文字模糊，後人據下文「補則不改」句妄增「已」字。汪本云：「補猶文也，與『改』義正相反，不得以『改』釋之。」朱筠亦同其説，今從戴校。

補則不改矣。盧文弨謂：此句當作「補則不復矣」。今玩文義，與上句反正相背，不可從。

不説人之過。阮云：「説，述也。謂不揚人之過。盧注釋爲解説。孔注謂：『彼有過者方畏人非議，我從而爲之辭説，則彼將無意於改，是成人之過矣。』元案：此取義太深，非曾子本意也。」汪曰：「『説』字本明，注增一『解』字轉混。」

成人之美。羣書治要句上有「而」字，阮本從之，今據增。

來者不豫，往者不慎也。戴校本「慎」改「嗔」。阮注曰：「凡事豫則立，不豫則廢。今來者之事不能豫立，由於不知戒慎往事。」今案：「來者不豫，往者不慎」，與下二句「去之不謗，就之不賂」皆兩義對舉。阮氏串説非也。孔謂「慎」爲「順」，亦非。方言：「慎，思也。秦、晉曰慎。凡思之貌，亦曰慎。」孔注謂豫爲未來而推度之。今謂：慎爲既往而思戀之，即儒行所謂「往者不悔，來者不豫」之意。「也」字亦衍，今删。

以義去之。蔡本此注誤入正文。

慎故於物，來者不猶豫，往者無所慎。「慎故」二字衍，據汪本删。戴校本改下「慎」字爲「嗔」，今不從。

恭而不難。王引之曰：「難，讀爲『戁』。爾雅曰：『戁，動也。』又曰：『戁，懼也。』商頌長發篇『不戁不竦』，毛傳曰：『戁，恐也。』恭敬太過而近於恐懼，故曰『君子恭而不戁』。荀子君道篇『君子恭而不難』，難，亦讀爲『戁』。」今案：釋名：「難，憚也。」憚亦恐懼義，與「戁」蓋通字。

惠而不儉。王引之曰：「惠與慧同。史記、漢書通以『惠』爲『慧』。儉，讀爲『險』，廣雅曰：『陂，險衺也。』凡人之慧黠者，多流於險陂，惟君子不然，故曰『惠而不儉』。『儉』與『險』古字通。曾子本孝篇『不興儉行以徼倖』，漢慎令劉脩碑『動平儉中』，『儉』並與『險』同。」今案：恭難、安舒、遜諂、寬縱、直徑皆相似而實相反之字。阮謂：尚儉者罕能惠也，欲惠於人不能儉也。獨以此句作反對之語，與上下文義不合。今從王讀。

亦可謂知矣。閣本「知」作「無私」，阮氏從之，今不從。

與其倨也寧句。汪本云「句，或『敬』字之脱誤」，非，注明言「句」以喻敬，則「句」非「敬」字明甚。句，屈也。禮樂記

「句中鉤」疏云：「謂大屈也。」倨過肆，句過恭，義正相反。

終身爲罪。 羣書治要「罪」下有「矣」字，阮本據增，今從之。

君子亂言而弗殖。 汪本删「而」字。王念孫曰：「『而』字衍，或它處錯入。」與孔注説同。「亂言弗殖」，與下文「神言弗致」、「衆信弗主」、「靈言弗與」句法皆一例，今據删。弗，閣本作「勿」。

神言弗致也。 阮校云：「明人本『言』下有『而』字，因上文『而』字妄增。」王引之云：「『也』字亦衍。」今據删。

道遠日益云。 馬氏繹史删「云」字，戴校從之。汪校云：「此與上下文不倫，句字疑多脱。荀子大略篇云：『君子疑則不言，未問則不立，道遠日益矣。』注云：『此語出曾子。』案：云，當作『矣』，上二句脱簡，當補入『道遠日益云』。」今案：「亂言弗殖」五句一氣相承，不宜間以「道遠日益云」五字。今依汪本移在「兩問則不行其難者」下，「云」改作「矣」。

道遠日益，積習之也。 此注依正文移前。

衆信弗主。 信，當爲「言」字之誤。觀注言「僉議所同不爲主」可知。衆言所同，而己不爲主，猶「三人占則從二人之言」也。「信」字涉下文「不信不和」而譌。「亂言弗殖」、「神言弗致」、「衆言弗主」、「誣言弗與」、「人言不信不和」，五「言」字皆一律，不應作「信」字。

靈言弗與。 孔注云「靈言，靈異之言」，阮注云「極知鬼神曰靈。靈言與神言一義」，非是。汪本從繹史作「僉」。「僉言」與「衆言」一義，亦非是。戴本從方本改「黔」。黔，古「陰」字，亦不似。今案：靈，當爲「誣」字之誤。集韻：「靈，古作『詈』。」詈又同誣。下文「喜之而觀其不誣也」，注：「誣，妄也。」誣言弗與，君子不爲妄説所欺。

不合忠信之道。 元本「合」誤作「台」。

君子不唱流言。 戴氏文集云：「唱，當作『倡』。」汪本據改。禮緇衣「大人不倡游言」，正作「倡」字。阮注云：「游、流古字通借。」今依文集訂正。

無所親行。 汪本云：「行，當作『信』，音之誤。」據改。

好多而無定者。 俞樾曰：「好多，當作『多言』，校者因奪『言』字而誤補『好』字。下文『多知而擇焉』、『博學而算焉』、『多言而慎焉』，正承上三項而言。」今案：多知、博學，皆是好多之弊。再言「好多」，則義與上無別矣，俞説是也，據改。自「多知而無親」以下三句，荀子大略篇同。

多言者，謂時事煩殺也，言雖多而皆慎焉。 戴氏文集曰：「殺，當爲『繁』字，形之譌。」聚珍本作「多言者，謂時事須繁也，言雖多而皆慎」。今案：「煩殺」二字疑「須繁」二字亦誤，「煩殺」或是「煩言」之譌。

好直而俓。 阮本亦作「俓」，諸本皆作「徑」。

儉而好侄者。 高安本「侄」作「僿」。阮云：「侄，字書無此字。蓋盧注『僿，窒也』之訓後，因爛脱而顛倒之。閣本作『塞』者，亦『僿』之半字。且據此可知，宋以前本作『僿』也。史記高祖本紀贊『救僿莫若以忠』，『僿』字之義可見。」王念孫曰：「儉而好侄，本作『爲儉而侄』，與『好直而俓』對文，謂爲儉而不達於禮也。今本『好』字涉上句而衍，又脱一『爲』字，據盧注云『爲儉太逼塞於下則儉』，上有『爲』字，而『侄』上無『好』字，明矣。」今案：注中「爲」字，乃「好」字之譌，不可據彼以改正文也。汪本引王念孫説，則作「好儉而侄」，蓋其初校作「好」，而後改「爲」字耳。蓋據阮本、王本參訂作「好儉而僿者」。

侄，塞也。 高安本作「僿，塞也」。阮校則謂：「僿，窒也。據下言『爲儉又太逼塞於下也』，則『塞』字承上『塞』字無疑，宜據高安本作『僿，塞也』。」

爲儉又太逼塞於下也。爲，當爲「好」。

亟達而無守。阮注云：「慕通達者不能守禮，其敝也廢事而奢鄙。」孔云：「『亟，急也。急於求通達。』元案：此義過在求而不在達。今本文中無『求』字，故不從其説。不能守禮之敝，若晉人清言誤國是也。」今案：阮説與盧注合，較孔義勝。

彊而無憚。馬本、戴本「彊」作「强」。

好名而無體。胡珩曰：「體猶實也。」阮注曰：「好虚名而無實踐之行。」較盧注勝。

忿怒而爲惡。戴氏文集曰：「爲，當作『無』。注内兩説，前説謂忿怒妄動不必心以爲惡而怒，後説謂人本無惡而妄怒。據後説，『爲』字舛謬明矣。義則前説尤善。」聚珍本改「爲」作「無」。王念孫曰：「『忿怒而爲惡』，本作『忿怒而無惡』，『而無』二字與上下文同一例。今本『無』作『爲』者，涉注文『爲惡』而誤耳。案盧注云『不以爲惡』，『不』字正釋『無』字，下又云『或曰無惡而怒』，則正文之作『無惡』甚明。若作『爲惡』，則與注相反矣。」汪本亦同此説，今據訂正。

足恭而口聖，而無常位者。「口聖」上「而」字衍，當作「足恭口聖而無常位者」，各校本皆有，今删。

巧言令色，能小行而篤難於仁矣。孔注云：「篤難，甚難也。」蓋以「而篤」連下讀，阮校從。閣本作「巧言而無能，小行而篤，難爲仁矣」，注云：「能，耐也。賢者堅於事，故能也。『小行』即子夏所言『致遠恐泥』之『小道』。篤，膠也，固也。」今案：二説皆非也。本作「巧言令色，小行能篤於仁，難矣乎」。「巧言令色」句，「小行能篤於仁」句，「難矣乎」句。能，而也，古字通用。篤，説文「馬行頓遲也」，古叚借「篤」爲「竺」字。竺，厚也。釋名：「厚，後也。有終後也。

青徐人言『厚』如『後』。」馬行頓遲，即「後」字之義。篤，又病也。楚辭大招「察篤天隱」，注云：「篤，病也。」小行，即好行小慧之人。小行則後於仁、病於仁。此蓋襲論語「巧言令色鮮矣仁」、「好行小慧難矣哉」二句之文，校書者以「而」字注於「能」字之旁，後人遂以「而」字入於正文，而倒「能」字於「小行」之上，又誤倒「難」字於「於仁」上，倒「乎」字於「鄉飲者」下，而此文遂錯亂而不可讀矣。

巷遊而鄉居者乎。 高安本作「鄉飲」。劉台拱云：「朱本作『飲』，義長。」案：劉説是。注引大傳「遊飲」句，正釋此文「遊飲」二句。此句乃包上二句之辭，非複也。周禮司虣云「禁其以屬遊飲食於市者也」，即「巷遊鄉飲」之義。「鄉居」二字不見惡義。又案：「乎」字衍，宜在上句「難矣」下，誤倒於此。據上文「多言而無定者」、「好儉而塞者」、「好勇而忍人者」、「足恭口聖而無常位者」數句，皆以「者」字住句，與此一律，不宜有「乎」字。

唯六十以上遊飲也。 戴校本「唯」作「惟」，高安本誤作「在」。

安易而樂暴。 蔡本「安」作「宴」，誤。

三十四十之間而無藝，即無藝矣。 無藝，閣本作「無執」，「執」即「埶」之譌也。説文本作「埶」，有艸云者後人所加。即，子略、意林並作「則」，阮本、汪本據改「則」。今案：即亦則也。

五十而不以善聞，則無聞矣。 戴校本亦據宋本曾子書所引增「則無聞」三字。阮本云：「馬總意林、高似孫子略及閣本皆有之。聞，去聲。朱子論語集注作『則不聞矣』，是讀『聞』爲平聲矣。」今案：蔡本正作「則不聞矣」，與集注合。「不聞」與「不以善聞」正相承，讀平聲者。今據改「無」爲「不」。馬本「則」作「即」。

言其過不大也。 戴校本作「言其過不足論也」，汪本作「言其過不足責也」。今尋盧注，蓋釋「微過」二字，於經義未完，非闕字誤。

其少不諷誦，其壯不論議。 荀子大略篇作「少不諷，壯不論議」。

過而不能改倦也。 戴校本「倦」作「勌」，同字。

説而不能，窮也。 「不能」下應有脱字。

謂道聽來言文飾其辭也。 各本「來」作「求」，孔蓋從戴校。今案：道聽來言，宜是「道德之言」。「之言」形近致譌。道言而飾其辭，則後世所謂口頭理學者矣。阮注謂稱道人言，加以虚飾，則「道言」二字不辭。

無益而厚受禄。 阮校云：「元本、程本、殿本皆作『厚受禄』，晏子雜篇下亦有『厚受禄』語。盧校作『食厚禄』，非也。」荀子大略篇襲此，云：『無益而厚受之，竊也。』」

殆，危也。 各本「也」作「之」。孔從戴改。

危害於身。 舊本「害」作「周」，諸校本俱改「害」。盧云：「此段注並誤解。」戴云：「上注云『言危於以身近之』，『危』與『殆』皆可作幾然之辭，此注則大失正文之意。殆於身之，謂幾於身爲之也。」孔注蓋從戴説。今案：「害」字原是「周」字。周，徧也，備也。危與殆皆幾然之辭。危周於身，謂不善。幾徧於身，幾備於身，較近義更進，正明身之義。諸校本改「周」爲「害」，非盧注之舊。

殆於以身近之也。殆於以身近之。 盧注云：「『近』當字誤爲『遠』。」則正文本是「遠」字，後人因注説而改爲「近」，非盧本之舊矣。汪本改「遠」，是，今從之。

殆於身之矣。戴校云：「『身之』誤，當爲『反之』。」汪本據改，失其旨。阮云：「兩節『以身近之』，皆屬之不善者爲言，非屬之言善、言不善之人也。戴校改『近之』爲『遠之』，『身之』爲『反之』，皆非是。次節『近身』二字，亦同是一意，而略分淺深。若改『近』爲『遠』，則『身』字終難再改。」

遠，當字誤爲「近」。本作「近」，當字誤爲「遠」。孔從戴校而以爲譌，非也。盧云：「玩此注，則正文『近』字本作『遠』，而注以爲誤也。或改作『近』，當爲『遠』字誤，非是。」阮氏亦誤會盧注之意，今從盧本。又案：此注各本皆在「殆於以身近之也」下。

故目者心之浮也。浮，韓詩外傳作「符」，符、浮古通。禮記投壺「若是者浮」，注云：「浮，或作『符』。」釋名釋言語云：「浮，孚也。」孚亦通符。

心行見於言目也。舊本「行見」二字誤倒。

故曰聽其言也。汪本校去「故曰」二字，今從之。

可以知其術也。汪本謂：「術也，當作『術矣』。」也、矣古通用。

術，心術也。戴校本作「術謂心術」。

觀其所愛親。「愛」字疑衍，當是校書者注於「親」字之旁，而後人誤入正文也。

臨懼之而觀其不恐也。「臨」字疑衍，亦是校書者注於「懼」字之旁，後人誤入因於正文也。

喜之而觀其不誣也。王念孫曰：「誣，當爲『輕』。荀子不苟篇『君子喜則和而理，小人喜則輕而翾』，楊倞注曰：

『輕謂輕佻失據。』是喜而不輕者，惟君子能之，故曰『喜之而觀其不輕』。文王官人篇『喜之以物，以觀其不輕』，是其明證也。俗書『巫』字或作『巠』，形與『巠』相似，故從『巠』從『巫』之字往往譌溷。顏氏家訓書證篇曰『巫混經旁』，正謂此也。」阮注從其説。今案：注云「誣，妄也」，則盧所見本作「誣」，不作「輕」。

省其喪，觀其貞良也。戴校本「喪」下有「哀」字。

勤勞之，而觀其不擾人也。阮校據閣本删「人」字，今從之。

身勿爲能也。羣書治要「能」上有「可」字，與下文一律。阮本從之，今據增。

色也勿爲可能也。蔡本、馬本「色」下無「也」字。丁傑曰：「『也』『色』二字易譌，校者正『也』爲『色』，而又衍『也』字，今從蔡本。」羣書治要無此七字，蓋魏氏删節本文。

心思勿爲不可能也。羣書治要無「思」字。「思」字蓋衍文，今據删。

其下亦能自彊。羣書治要作「其下亦能自强也」，阮本據增，今不從。

次者利而爲之。高安本「之」作「也」。

自執而誣於善。各本「誣」作「輕」。戴氏文集曰：「輕，當作『誣』，字形之訛。」孔蓋從戴校也。古輕、誣二字易相溷。

其次而能夙絶之也。羣書治要「而」上有「生」字，「之」下無「也」字。王念孫曰：「『而能夙絶』上當有『生』字，生與不生對文。生而能夙絶之，亦與『復而能改』對文。盧注云『有意而隨絶之』，『有意』二字正解『生』字。今本脱『生』字，則文不成義。上文『禍之所由生自纖纖也，是故君子夙絶之』，亦上言『生』而下言『絶』也。羣書治要引曾子正作

『生而能夙絶之』。」汪校亦云：「上注以『無爲過』之意解『不生惡』，此云『有意而隨絶之』，脱處當是『生』字。」今從王本增「生」字。阮本無「也」字，亦據删。

其下復而能改也。羣書治要無「也」字，阮本從之，今據删。

大者傾覆社稷。羣書治要無「覆」字，阮本從之。今案：上云「覆家」，此又言「傾覆社稷」，則「覆」字涉上文而衍無疑，今從阮本。

是故君子出言以鄂鄂，行身以戰戰。羣書治要作「出言愕愕，行身戰戰」，無「以」字，今據删。

亦殆免於罪矣。各本「免」俱作「勉」，汪本改「免」字。阮曰：「勉，讀爲『免』，與上文『亦可以勉矣』同義，不必改。」今從宋本。

而勿慮存焉。王念孫曰：「勿慮，猶言無慮，語之轉耳。高注淮南俶真篇云：『無慮大數名也，言治國之道雖未備，而大較已存乎此矣。』盧注謬。」

使弟猶使承嗣也。承，閣本作「臣」，音誤。阮云：「説文承，从丞省。大戴朝事『大夫爲丞擯』，小戴作『承』，文王世子有『疑丞』，大戴保傅篇作『承』，是二字又相通借。書高宗肜日『王司敬民』，史記作『嗣』，嗣、司通也。鐘鼎文亦多通借。墨子尚賢篇云『輔相承嗣』，中篇云『承嗣輔佐』，皆司之借也。」今案：盧注謂承嗣爲冢子，與上文義不合。阮氏從孔而不從盧，是也。

亦能取所予從政者矣，賜與其宮室。阮校云：「孔謂『子』與『字』互誤。元謂二字古人每通，非誤也。」

亦猶慶賞於國也。汪校云：「『慶賞』上當有『用』字，『國』下有『家』字，從荀子大略篇補入，與下句文法一例。」今據增。

居上位而不淫，臨事而栗者，鮮不濟矣。此二句與上文不屬，與下文亦隔氣，本在下文「是故」下，誤脱於此，而下又衍「臨事而栗者，鮮不濟矣」句。羣書治要無此二句，有下文「是故臨事而栗者，鮮不濟矣」句，可證此文之爲脱簡矣。今移「居上位而不淫」於下文「臨事而栗者」句上，删此處「臨事而栗者」九字。

淫大。高安本「大」作「汏」，汏義長。

戰戰唯恐不能乂。羣書治要句末有「也」字，阮本據增，今不從。戴、盧校本「唯」作「惟」，下同。

戰戰唯恐失損之。羣書治要句末有「也」字，阮本據增，今不從。

大夫士日且思其官。羣書治要無「士」字，今不從。

戰戰唯恐不能勝。羣書治要句末有「也」字，阮本據增，今不從。

是故臨事而栗者，鮮不濟矣。上文「居上位而不淫，臨事而栗者，鮮不濟矣」，蓋此處脱文，今移彼文於「是故」下，而删一「臨事而栗者鮮不濟矣」重句。栗，羣書治要作「慄」，今不從。

君子之於子也，愛而勿面也，使而勿貌也，導之以道而勿强也。荀子大略篇作「君子之於子，愛之而勿面，使之而勿貌，導之以道而勿彊」。汪本據荀子「愛」下「使」下增「之」字，今不從。

不以貌勞倈之。各本「倈」作「倈」，同字。

凡一千七百六十字。孔校凡一千七百八十七字。今校定凡一千七百七十四字。

曾子本孝第五十

惡言死焉。盧注曰：「死且不行，『且』字疑誤。」汪校曰：「『惡言死焉』、『流言止焉』，玩其語言，正是一例。注云『死且不行』，似謂孝子不出惡言矣。或改『且』爲『謂』，於義始通。」阮曰：「死之言澌滅也。荀子大略篇襲曾子此言曰：『流言止焉，惡言死焉。』楊倞注云：『鄭康成曰：「死之言澌，澌謂消盡也。」』死之訓澌，漢人通語。白虎通、釋名皆然，不獨鄭注也。盧注解爲『死且不行』，非是。」

煩言不及於己。阮注曰：「煩，讀爲『忿』。煩言，忿争之言。小戴記云：『一出言，不敢忘父母，是故惡言不出於口，忿言不反於身。』」今案：煩、忿音近字。反，亦當爲「及」，字形之譌。

處安易之道。舊本「之」譌作「也」。

不興險行以徼幸。馬本、阮本「險」作「儉」。阮曰：「臧鏞堂云：『儉，讀爲險。』明程榮本作『不興儉行以徼幸』，儉與險通。左傳廿九年『險而易行』〔一〕，史記吴世家作『儉』。元案：校者或據中庸改『儉』爲『險』，且删『行』字，不可從。困學紀聞卷五引作『不興險行以僥倖』。」今從阮校。

孝子游之。王念孫曰：「游，疑當作『由』。」阮注曰：「由之，謂素位而行。曾子曰：『思不出其位。』游、由通借。」

出門而使，不以或爲父母憂也。或，讀爲「惑」，通字。注同。阮注曰：「奉君師親使出門，不以疑惑貽父母之憂。」

〔一〕「廿九年」上當有「襄」字。

謂卿大夫。 盧本謂作「諫」。阮曰：「『謂』字今譌作『諫』，盧召弓學士改。戴本同。」今案：「卿大夫」三字當是正文誤入注者，説見下「以力惡食」。

以力惡食。 以力惡食，本作「以力善食」。以力善食，謂以其力善其食，注所謂「分地任力，致甘美也」。今「善食」二字倒亂，校者遂於「食」上增「惡」字，以「善」字屬下讀，而「善」上又從注中衍出一「任」字。俞樾知其誤，改「以力惡食」爲「以任善食」。細玩文義，「以力」與上「以正」、「以德」皆二字一讀，改作「以任」，則不符矣。「力」字不誤，誤在「惡」字耳。馬作「以力任食」，汪本作「以力務食」，「任善」二字皆屬上讀，今亦不從。

任善不敢臣三德。 此句與上下文不貫，應有誤。尋文義，「任」字涉上注而衍，「善」字在上句「食」字上，或校書者以「惡」字注於「善」字之旁，後人因以「惡」字入正文，而移「善」字於下，此文遂顛倒錯亂而不可讀矣。「不敢臣三德」，當在「君子之教也」下。古多以君子指君言。「以正致諫」上，當有「卿大夫之孝也」六字，誤入注中，而又衍一「諫」字，删「之孝也」三字。蓋自「君子之孝也」以下，皆由上遞及，不應至末始言天子之孝。以文義觀之，當是如此。存是説以諗知者。

謂王者之孝。 舊本「王」作「三」，盧本沿其誤〔一〕。

故孝子於親也。 各本「子」作「之」。盧云：「『孝』下，疑脱『子』字。」戴校從高安本改「之」爲「子」，孔本從之。閣本作「故孝子之於親也」，與盧校説同。阮本據增，今從阮校。

祭祀則莅之以敬。 「祭」下，閣本無「祀」字，「莅」作「列」。阮從閣本删「祀」字。

〔一〕「沿」，原作「治」，今據畿輔叢書本改。

如此而成於孝子也。於、爲古通。莊二十二年左傳曰「並于正卿」，釋文曰：「于，本或作『爲』。」西周策曰「君不如令弊邑陰會爲秦」，史記孟嘗君傳「爲」作「於」。晉語曰「稱爲前世」，韋注曰：「言見稱於前世。」是「於」即「爲」也。

凡二百三十四字。補。今校定凡二百三十三字。

曾子立孝第五十一

其忠之用，禮之貴。羣書治要「用」下「貴」下有「也」字，阮本據增，今從之。

不敢言人兄不能順其弟者。順，讀若「訓」。廣雅：「訓，順也。」同音相假，義亦近也。

不敢言人君不能使其臣者也。羣書治要無「也」字，阮本從之，今據删。

況以所不能。汪校曰：「『況以所不能』句疑有脱文。」

莊敬而安之。莊，閣本作「恭」，羣書治要無此字。阮曰：「此當是漢人避諱，或改之，或删之。」

聽從而不怠。羣書治要無「而」字，阮本從之，今據删，與上句一例。

可謂孝矣。文選嵇叔夜幽憤詩注引此作「可爲孝矣」。

盡力無禮。羣書治要「盡力」下有「而」字，汪本、王本、阮本據增，與下句一例，今從之。

致敬而不忠。王引之曰：「致敬而不忠，當作『致忠而不敬』，此承上『微諫不倦』而言。不敬則雖忠而言不見聽，故曰『不入』，内則曰『諫若不入』是也。『致忠』與『盡力』事相類，『不敬』與『無禮』事相類，下文『禮以將其力』承『盡力而無禮』言之，『敬以入其忠』承『致忠而不敬』言之。」今案：王説是也。「盡力而無禮」，質而不文者也，故曰「小人」。「致敬而不忠」，華而不實者也，故曰「不入」。兩義正相足。

則不入也。 胡珩曰：「不入，字當是『小人』之譌。此二段與上『君子之孝』反對。」今案：胡説非也。下文「敬以入其忠」正承此「入」字而言。

敬以入其忠。 朱彬曰：「入，當作『全』。」非是。

子曰。 汪校云：「此『子曰』字似它處錯入。」阮注曰：「此曾子述孔子之言，以證入忠之義。」

可入也，吾任其過；不可入也，吾辭其罪。 入，盧本、汪本仍作「人」，而疑爲「入」字。阮本亦作「人」，而改讀爲「入」。王引之曰：「戴校本改爲『不可入也，吾任其過；可入也，吾辭其罪』。孔依戴改『人』爲『入』，而仍作『可入也，吾任其過。不可入也，吾辭其罪』。引之謹案：戴改是也。『不可入』謂諫而不從也。吾任其過者，所謂『過則稱己』也。『可入』謂諫而從也。吾辭其罪者，辭辱親之罪也。下文引詩『有子七人，莫慰母心』，此承上『不可入也，吾任其過』言之。故盧注云：『七子自責任過之辭。』又引『夙興夜寐，無忝爾所生』，此承上『可入也，吾辭其罪』言之。故盧注云：『申可以入之義。』孔説似迂。」今案：聚珍本仍作「可入也，吾任其過。不可入也，吾辭其罪」，與王所見不同。阮注從臧氏之説，而又自釋「辭」爲「自以爲辭」，義皆迂曲，不如王説之當，今從王校。

夙興夜寐。 羣書治要句上增「詩言」二字。

申可以入之義也。 盧校云：「正文『可人』、『不可人』兩『人』字，疑皆是『入』字之譌。此注『可以人』，亦當作『入』。觀上文『致敬而不忠則不入』云云，明是『入』字無疑。」孔蓋從盧、戴改也。

故曰：孝子善事君。羣書治要「故」下無「曰」字，阮本從之，今據删。

弟弟善事長。羣書治要作「悌弟」。

君子一孝一弟。羣書治要「一」作「壹」，阮本從之，注云：「專也。」壹、一同字。

凡三章。新别。凡三百二十四字。孔校凡三百二十六字。今校定字數與孔同。

曾子大孝第五十二

其次不辱。小戴記祭義篇「不」作「弗」。

夫子可謂孝乎。小戴記作「夫子可以爲孝乎」。

諭父母於道。盧本、阮本「於」作「以」。阮曰：「宋汪晫本曾子從小戴録出，故亦作『於』。」

凡言與事，親未意則先善舉之；親若有志，則敬而奉之。盧本、阮本作「凡言於事」。王念孫疑當作「凡言事」。孔改「於」爲「與」，從戴校也。敬而奉之，盧本、阮本作「承而奉之」。「承」字、「先」字，皆承正文言，「承」字是。

參直養者也。阮曰：「直、特古音義相通。詩『實維我特』，韓詩作『直』。」

身者親之遺體也。行親之遺體。小戴記作「曾子曰：『身也者，父母之遺體也。行父母之遺體』」。吕氏春秋孝行覽引同小戴。

故居處不莊，非孝也。小戴記無「故」字，吕氏春秋引同小戴。

戰陣無勇。 盧本、戴本、阮本「陣」改「陳」。阮曰：「『陣』字乃六朝以後俗字，故依小戴改之。」今案：呂氏春秋亦作「陳」，據正。

五者不遂。 呂覽作「五行不遂」。

災及乎身。 戴校云：「乎，各本作『其』，今從劉本。」諸校皆作「乎」，小戴記作「烖及於親」。釋文云：「本又作『烖及於身』。」呂氏春秋作「災及乎親」。

故烹熟鮮香。 阮曰：「鮮，讀爲『羶』，肉氣也。香，穀氣也。小戴作『亨孰羶薌』，無『故』字。大戴舊校本云：『鮮，一作「羶」。』」今案：烹熟薌，應作『亨孰香』，『鮮』乃『羶』之音近假借字。説文羶義屬肉，香義屬穀，固宜分別。郊特牲鄭注讀『羶薌』爲『馨香』，義各有取也。」

君子之所謂孝者。 小戴記「者」上有「也」字。

國人皆稱願焉。 稱，宜讀如爾雅釋詁「稱好也」之「稱」。郭璞注云：「物稱人意謂之好。」稱願者，稱人之願也。下句曰「幸哉有子如此」，稱願之詞也。阮注釋爲「稱揚」之「稱」，失之。

其行之曰養。 小戴記無「之」字。呂覽「之」作「孝」。

不遺父母惡名。 呂覽「不」作「無」。

可謂能終也。 汪校云：「終也，當依祭義作『終矣』。」也、矣通字，不宜改。

夫仁者，仁此者也。 小戴記、呂覽無「夫」字。

忠者中此者也。中，戴校從方本改「忠」，非是。小戴記無此句。

彊者彊此者也。小戴記「彊」作「强」，自「仁者」以下，與此文次序亦不合，其文作「仁者仁此者也，禮者履此者也，義者宜此者也，信者信此者也，强者强此者也」。呂覽引同小戴。

樂自順此生，刑自反此作。呂覽作「樂自順此生也，刑自逆此作也」。

夫孝，置之而塞於天地，衡之而衡於四海。小戴記作「曾子曰：夫孝，置之而塞乎天地，溥之而横乎四海」。阮曰：「淮南子原道訓云『夫道者，植之而塞於天地，横之而彌於四海，施之無窮而無所朝夕』，其語亦從此出。」大戴，是也。

放猶至。戴校本、阮本「至」下有「也」字，今據增。

此之謂也。小戴記「此」下有「曾子曰：『樹木以時伐焉』」三十二字。今此文在章末。

大孝不匱，中孝用勞，小孝用力。小戴記作「小孝用力，中孝用勞，大孝不匱」。下三項亦依此互易。

慈愛忘勞。阮注曰：「小戴記『慈』上有『思』字，是也。鄭司農云：『思父母之慈愛己，而自忘己之勞苦。』」今案：慈愛忘勞，本作「思愛忘勞」。「慈」字涉注文而衍。「思愛忘勞」與「博施備物」、「尊仁安義」句法皆一例，今正。

喜而不忘。阮曰：「喜而不忘，小戴作『喜而弗忘』。唐石經禮記作『嘉而不忘』，石經誤，不可從。孟子萬章篇曰：『父母愛之，喜而不忘；父母惡之，勞而不怨。』蓋本曾子。又文選陸士衡弔魏武帝文注：『尸子引曾子之言曰：「父母愛之，喜而不忘；父母惡之，禮而無咎。」』與此亦有異同，而義皆相成。」

加之如此，謂禮終矣。王念孫曰：「此本作『如此之謂禮終矣』，今本『加』字即『如』字之誤而衍者，『之』字又倒在『如此』上，則文不成義。祭義作『此之謂禮終』，是其證。」汪校亦云。朱彬曰：「『加之』二字衍，『如此』下脱一『可』字。」今案：王本是也。阮注：「加之如此，謂加既終之禮於三，孝也。」義迂曲不可從。據王本删正。

下堂而傷其足傷瘳。呂覽無「其」字，「傷瘳」作「瘳而」。

門弟子問曰：「夫子傷足瘳矣，數月不出，猶有憂色，何也？」小戴記無「問」字。呂覽作「門人問之曰：『夫子下堂而傷足瘳，而數月不出，猶有憂色，敢問其故』」。

善如爾之問也。呂覽作「善乎而問之」。

吾聞之曾子，曾子聞諸夫子曰。小戴記「之」作「諸」。呂覽作「吾聞之曾子，曾子聞之仲尼」，又「曰」字以下十三字無之。

可謂孝矣。呂覽無此句。

不虧其體，可謂全矣。呂覽作「不虧其身，不損其形，可謂孝矣」。

跬，當聲誤爲「頃」。阮曰：「頃與跬古音相近而借，故荀子勸學篇作『蹞』，漢書息夫躬傳作『窺』，皆假借字也。」

今予忘夫孝之道矣，予是以有憂色。小戴記無「夫」字、「矣」字，「色」下有「也」字。呂覽作「予忘孝道，是以憂」。

故君子一舉足，不敢忘父母；一出言，不敢忘父母。小戴記「一」作「壹」，下同。「足」下、「言」下有「而」

字，下亦同。

故道而不徑。 小戴記「故」上有「是」字。以下句法例之，「是」字脱，據小戴增。阮注曰：「徑，步邪赴險也。司馬相如賦曰『徑峻赴險』，『徑』與『游』對，言人徑之非路徑，實字也。小戴鄭司農注此亦曰：『徑，步邪疾趨也。』盧注引『行不由徑』，非是。」今案：論語「行不由徑」，「徑」字亦指「步邪赴險」而言，後人指爲「徑路」者，誤也。

不敢以先父母之遺體行殆也。 小戴記無「也」字。

凡三章。 新別。**凡六百五十五字。** 孔校凡六百八十三字，今校定字數與孔同。

曾子事父母第五十三

有愛而敬。 汪校云：「此句有脱文。」

作亂之所由興也。 王念孫曰：「『作』字衍。此謂父子争辨，則亂由此興，非謂作亂也。且既言『興』，則不得更言『作』，下文云『由己爲賢人則亂』，『則亂』上本無『作』字，明矣。」今案：「作」字當是一本作「作」、一本作「興」，校書者注「作」於「興」字之旁，或以「作」字解「興」字，後人因誤入正文，而以意倒之於「亂」字之上耳。今從王本。

孝子無私樂。 朱彬曰：「『樂』上脱『憂』字。」阮本作「孝子無私憂、無私樂」。丁傑云：「方正學遜志齋集讀曾子篇引此有『無私憂』三字。」今從阮本。

孝子唯巧變。 戴校本「唯」作「惟」。

若夫坐如尸，立如齊。阮曰：「曲禮之言多從諸子記録出。『若夫坐如尸，立如齊』八字正録曾子而刪其下文，又失刪『若夫』字耳。鄭司農注小戴以『夫』爲丈夫，誤矣。」

此成人之善者也。盧校云：「一本無『者』字。」

尊事之以爲己望也，兄事之不遺其言。王念孫曰：「『尊事之以爲己望』、『不遺其言』，文義上下相承，則『也』爲衍字。『兄事之』三字，疑亦涉下文『弟之行，若不中道，則兄事之』而衍。蓋非我兄而事之如兄，故曰『兄事之』。曲禮曰『十年以長，則兄事之』是也。既爲我之兄，何得言『兄事之』乎？且既言『尊事之』，則不必更言『兄事之』矣。」今案：王説是也。但「也」字宜在「言」字下，誤倒於上而增「兄事之」三字耳。阮注謂：「兄，讀若『況』，況若尊大之。」然而下文「弟之行，若不中道，則兄事之」，兄又讀爲「兄弟」之「兄」。同一「兄事之」而彼此異解，古人文法必不若是之迂也。今依王校，刪「兄事之」三字，移「也」字於「其言」之下。

兄之行若中道，則兄事之。王念孫曰：「『事之』與『養之』對文，『事』上不當有『兄』字，蓋亦涉下文而衍。」今據刪。

則養之。阮注曰：「養，容也。」今案：廣雅：「容，養飾也。」飾，即盧注「隱之」之義。隱、養聲近字。

養猶隱之。汪本改「之」爲「也」。今疑「養」下脱「之」字。

然后舍之矣。馬本、戴本、阮本「后」作「後」，阮注曰：「舍，釋也。」洪震煊云：「釋之以須其後。」盧注「怒罰之」，非是。

夫禮大之由也，不與小之自也。胡珩曰：「『不與』二字衍。此二語猶云『小大由之也』。」劉逢禄案：「胡説似是而非，孔補注至確。」閣本「不」上衍「以」字。

言大者得。自，由也。「自，由也」，乃釋正文「自」字。「言大者得」句，當有脱誤。

辱事不齒。朱筠曰：「辱事不齒，『齒』字涉上『飲食以齒』誤也，當作『不恥』爲是。」汪中曰：「辱事不齒，言少者當親辱事耳。國語王孫雄曰『危事不齒』是也。」阮注曰：「卑賤之事，不推長者。此段補論事兄之道，非論使弟之道，孔注非也。」

以木曰豆，以瓦曰登。盧校曰：「舊本作『以木曰登』，係脱誤。」孔蓋從盧、戴。

夫弟者。阮曰：「『夫弟者』三字，重申禮小，與下『未成於弟』相應。孔謂當在『飲食以齒』之上，似非。」今案：此三字當在「未成於弟也」上，在此隔氣，在「飲食以齒」之上，與上文亦隔氣。或曰衍文。

凡三百六十一字。補。今校定凡三百五十九字。

卷五

曾子制言上第五十四

少者友焉。羣書治要「少」作「小」，通字。

行之則行也。朱彬曰：「下『行』字，疑是『仁』字。」今案：朱説是。下文「故士執仁與義」正承此言，據改。

天下無道故，若天下有道。王引之曰：「『故』字當屬上讀，『若』字當屬下讀。言犯上危下之人，所以幸而免者，天下無道故也。若天下有道，則有司誅之矣。」今案王義長。

貧賤，吾恐其或失也。阮注：「或失，謂或不能自守。」今案：或、惑通字。盧注是。「或失」與「嬴驕」對文。

富貴，吾恐其嬴驕也。戴校本亦改「嬴」爲「嬴」，阮注説同。

弟子無曰。羣書治要「無」作「毋」。

明日則或揚其言矣。羣書治要「矣」作「者」。

莫見於隱，莫顯於微。戴校本「於」改「乎」，不可從。盧所見本自作「於」，不作「乎」。於、乎通字。

故士執仁與義而明，行之未篤故也。羣書治要作「故士執仁與義，而不聞行之未篤也」。王引之曰：「『而明』

二字文不成義，當從曾子作「而不聞」，言持守仁義而名譽不聞者，以行之未篤故也，行之篤則聞矣。故又曰「胡爲其莫之聞也」，「聞」與「明」字形相似而譌，又脱「不」字耳。馬總意林引曾子而約其辭，曰：「故云執仁與義莫不聞也。」荀子勸學篇曰：「爲善積邪，安有不聞者乎？」可以爲證。」今據改正。

及親。洪頤煊曰：「及親，當作『失親』。禮記玉藻：『君無故不殺牛，大夫無故不殺羊，士無故不殺犬豕。』殺六畜不當其禮，則失親愛之心。『失親』、『失禮』對言之。」

蓬生麻中，不扶自直。羣書治要句首有「故」字，阮本據增，「自直」作「乃直」，今皆不從。

白沙在泥。王念孫曰：「『沙』，即今之『紗』字，非『泥沙』之『沙』也。泥，讀爲『涅』，涅謂黑色，亦非『泥沙』之『泥』也。論衡率性篇曰：『白紗入緇，不練自黑。』程材篇曰：『白紗入緇，不染自黑。』其字皆作『紗』。古無『紗』字，故借『沙』爲之。周官内司服注曰：『素沙者，今之白縳也。』今世有沙縠者，名出於此。素沙，即白沙。此言人性習於惡則惡，亦如白沙在涅中則與之皆黑也。此云『白沙在泥』，説苑説叢篇作『白沙入泥』，論衡作『白紗入緇』，故知『沙』爲『紗』之借字也。論語陽貨篇『涅而不緇』，孔注曰：『涅可以染皁。』淮南俶真篇曰：『以涅染緇，則黑於涅。』洪範正義引荀子作『白沙在涅』，猶論衡之言『白紗入涅』也。史記屈原傳『泥而不滓』，索隱『泥音涅，滓音緇』，即論語之『涅而不緇』。故知『泥』爲『涅』之借字也。」今案：説苑、論衡、荀子所引，蓋皆本於曾子，王説是也。孟子趙岐章指亦引「蓬生麻中」四句，作「諺曰」。

行則爲人負。汪校云：「人，疑當作『之』。」

使之爲夫人則否。阮注云：「此『夫』字及下『夫杖』『夫』字，皆『老』字，形近之譌。篆字『老』作『耂』。」今案：老人非使之爲者，文義未安，闕疑可也。

夫人行無禮也。此注亦有誤。

近市無賈，在田無野，行無據旅。此節盧注不了。阮注謂此言安老之義，亦不合。說苑說叢篇曰：「善不可以僞來，惡不可以辭去。近市無賈，在田無野，善不逆旅，非仁義剛武，無以定天下。」據此，則三句蓋古語，當另爲一義，與安老之義無涉也。俞樾謂：「據旅，猶旅距，後漢書馬援傳『黠羌欲旅距』，李賢注：『旅距，不從之貌。』亦或作據旅。據、距聲近，說文酉部『醵，或作酟』，是其證也。」義亦未了。戴校本改「旅」爲「依」，更非。

苟若此，則夫杖可因篤焉。此文有誤。阮謂「夫」當爲「老」，朱筠謂「杖」乃「材」之譌，皆不似。

生以辱，不如死以榮。列女傳楚平伯嬴曰：「妾聞：生而辱，不如死而榮。」

辱可避，避之而已矣；及其不可避也，君子視死若歸。春秋繁露竹林篇引此無「矣」字、「也」字，「辱」下有「若」字。呂覽士節篇曰「視死如歸」，語出此。

良賈深藏如虛，君子有盛教如無。史記老子列傳云：「吾聞之，良賈深藏若虛，君子有盛教容貌若愚。」

則可以爲達矣。羣書治要無「以」字，阮本據删。

雖有險道，循行達矣。羣書治要「循」作「修」，誤。

是以惑闇，惑闇終其世而已矣，是謂窮民也。羣書治要不重「惑闇」二字，無句末「也」字。

君子執仁立志，先行後言，千里之外皆爲兄弟。太平御覽四百十九人事部引無「立」字、「爲」字，句末有

「也」字。說苑孔子曰：「效其行，修其禮，千里之外視如兄弟。」

故曰：君子何患乎無兄弟也。 盧、戴本無「也」字。

庸孰能親汝乎。 王念孫曰：「盧注：『庸，用也；孰，誰也。』『用誰』之語不辭。余謂：庸、孰，皆何也。言何能親汝也。既言『庸』而又言『孰』者，古人自有複語耳。」

凡三章。 新別。 **凡五百七十字。** 孔校凡五百六十四字。今校定凡五百六十五字。

曾子制言中第五十五

不懷厚祿。 蔡本亦作「懷」，未譌。文選楊子幼報孫會宗書注引此正作「懷」。

謂其守也。 此句各本皆作正文，戴校本亦改歸注。

其功守之義。 各本以此五字爲正文。孔改歸注。汪中、阮元、劉台拱、俞樾俱同其說，王念孫曰：「『其』上似仍脱一『謂』字。」今從王說增。

人而不仁，不足友也。故周公曰：「不如我者，吾不與處，損我者也。與我等，吾不與處，無益我者也。吾所與處者，必賢於我。」 汪校云：「念孫案：『人而不仁』以下，此注全是正文。中案：『人而不仁』二句是注，『故周公曰』以下是正文。」阮曰：「汪說是也，然無確據。元案：呂氏春秋觀世篇云：周公旦曰：『不如吾者，吾不與處，累我者也。與我齊者，吾不與處，無益我者也。惟賢者必與賢於己者處。』據此可知，此三十七字爲正文無疑矣。呂覽之文多從曾子竊去略加改易者。呂覽此節與『雖獨弗親』不甚近切，盧不應引之，亦斷不能改易如此之多。又可知非盧襲呂，其非盧注明矣。」今依阮本，以「故周公曰」以下三十七字歸正文。

言修己以事人。盧本「以」作「可」。舊本作「言修以可事人」。

無勿勿於賤。勿勿，讀爲「忽忽」，説見曾子立事篇。戴校本改「忽忽」。

仁之見逐。汪本、王本亦改「畏」爲「仁」。汪喜孫曰：「盧氏注云：『小人在朝，多逐害於仁智者。君子之人，不枉言行，而懷其禄也。』則盧所據本，正作『仁之見逐』無疑。」

固不難。王念孫曰：「難，讀爲『患難』之『難』。不難者，不患也。言仁之見逐，智之見殺，固非君子之所患。若反是而爲不仁之事，出不智之言，則君子弗爲也。盧説『不難』二字未了。晉語曰：『愛糞土以毁三常，失位而闕聚，是之不難，無乃不可乎？』言是之不患也。」今案：難，讀爲「難易」之「難」。言仁見逐、智見殺，爲之不以爲難也。汪本載念孫初説，云「『固不難』三字有脱誤」，非是。

君子之人。戴校本「人」作「仁」，誤。

猶忠誠而諫之。戴校本「諫」作「詳」。孔從盧改。

手足即四支，説者申慇懃耳。詩云「行有死人，尚或墐之」。戴氏文集曰：「『詩云「行有死人，尚或墐之」』，此十字亦注文，故不注某詩之幾章。正文語勢亦顯然不可引詩横隔。」汪本亦據戴校改正。盧本、阮本以上十一字爲注文，下十字爲正文，亦訂定未盡。説苑説叢篇「士横道而偃，四支不掩，非士之過，有士者之羞也」，正用曾子語而不引詩詞，可證是注文無疑。

此則非士之罪也，有士者之羞也。各本「此則」作「則此」。盧云：「有士者，當作『有土者』。」戴校據方本改「土」。王念孫曰：「有士者，猶言有國者。鹽鐵論國病篇曰『國有賢士而不用，非士之過，有國者之恥』，意與此同。又說苑說叢篇『士橫道而偃，四支不掩，非士之過，有士者之羞也』，此正用曾子語。今本『土』作『士』者，涉上句『士』字而誤耳。凡是書之顯然譌誤者，孔必曲爲之說，而不肯依他書改正，此亦守殘之癖也。」今案：順文作「有士者」正通。說苑「土」字亦當作「士」。阮注云：「士見逐於君，窮死道路，此非士罪，乃有士者之罪。此勗士之勿以直言直行爲悔也。」王譏之，非是，今不從。汪校本兩存其說。

是故君子以仁爲尊。汪校云：「『是故』二字衍。」

舜唯仁得之也。各本「唯仁」作「唯以」，馬本作「唯以仁得之也」。汪校曰：「『以』下當有『仁』字，以上文校得之。」王念孫說同，今從馬本。馬宗槤〔一〕曰：「以，用也。用仁得之也。古人辭質，此句承上文『以仁爲尊』，則『以』不須改。」王念孫曰：「此曲爲之說而終不可通。」唯，戴校本作「惟」，「以」改「仁」，與孔同。

昔者伯夷、叔齊死於溝澮之間。阮本「叔齊」下有「仁者也」三字，云：「太平御覽四百十九引『伯夷叔齊』下有『仁者也』三字，此宋本之最確可據者，且與上『匹夫也』三字同例。」孫志祖云：「困學紀聞引曾子『溝澮』作『濟澮』。」丁傑曰：「宋諱亦避『溝』字，或厚齋有意改之者。」今案：「仁者也」三字各本皆脫，據阮本增。

初無父母，後交讓國。盧本「母」下有「也」字。戴校本作「初因父命，交讓其國」。今案：無，當是「因」；母，當是「命」。

〔一〕「槤」，原誤作「連」，今據畿輔叢書本改。

行爲表綴於天下。各本「表」譌「衺」。蔡本作「表」，盧、戴校本、阮本同。

以殁其身。各本「殁」作「役」。戴氏文集曰：「役，當作『殁』，前立事篇可據證。」聚珍本從方本改「殁」，汪本、阮本同。

凡四百八十字。孔校凡四百七十九字。今校定凡五百二十字。

曾子制言下第五十六

及郊問禁請命。阮曰：「『及郊』以下盧注六字，各本皆以爲正文，惟戴庶常改爲注，孔本從之。元案：此雖無據，而其迹之誤甚顯。自『曾子曰天下有道』以下，皆語語相偶，無散亂之句。故知『不通患』七字正與『不犯禁』七字相對待以成文，此中斷不致羼入『及郊』六字也。」

不避患而出危邑。各本作「不通患而出危色」。蔡本、盧本、阮本作「不通患而出危邑」。阮云：「通，共也，猶交同也。邑之有危難者，不與交同共其難而出於其間，故曾子避越寇。」今案：「通」字是，不宜改「避」。阮氏「通，共也」之訓最的，而説「出」字之義則非。此言君子不共患而避出危邑，正與盧注「師敗不苟免也」之義相合，不可以避越寇之事相儗也。王念孫謂「通，當爲『遇』字」，亦非。今從盧本。

嚮爾寇盜，則吾與慮。戴校本「與」上增「不」字，今不從。

國有道，則突若入焉。戴校本「突」改「鴥」。今案：説文：「突，不順。」「忽，出也。」則「突」無入義，況注明引詩「鴥彼晨風」，則正文爲「鴥」字無疑。「突」字涉下句譌，今從孔注説。

國無道，則突若出焉。戴校本改「突」亦爲「鴥」，今不從。

夫有世義者哉。王念孫曰：「此句疑。今玩文義，『有世』當爲『世有』誤倒。此是問辭，承上『義』字而問，言世有行義之人哉，故下文以『曰』字答之。仁、恭、慎、正直、弗違諸人，皆未能合乎義，故又用『是故』接之，以見君子避亂遠害之爲義也。」阮注「夫有世，言有此亂世也」，文不成義。王引之「哉」讀爲「栽」，皆非。

義宜。戴校本「宜」下增「也」字，今不從。

仁者殆。「仁者殆」上，各本有「曰」字，孔從戴本删之，非是。「曰」字是答上句問辭。王引之謂：「『曰』字是衍文，或是上注文『宜』下有小『也』字而譌爲大『曰』字。」皆不得其解而臆爲之説，今增「曰」字。

聚橡栗藜藿而食之，生耕稼以老十室之邑。「生」字當在「食之」上，誤倒。

昔者禹見耕者五耦而式。盧、戴校本、阮本亦改「武」爲「式」，太平御覽四百三十二人事部引正作「式」。「昔」下無「者」字。

凡二百二十八字。補。今校定凡二百二十九字。

曾子疾病第五十七

曾元抑首。阮注云：「抑首，當如説苑作『抱首』，字形相近之訛。」今案：「抱」字是。

曾華抱足。阮注云：「華，當如檀弓作『申』。説苑敬慎篇亦作『曾華』。漢書王吉傳王駿曰『子非華、元』，蓋漢人皆以爲曾華。惟檀弓曰『曾子寢疾病，曾元、曾申坐於足』，作『申』字。困學紀聞曰：『楚鬭宜申、公子申皆字子西，則曾西之爲曾申無疑。據此，則孟子趙岐注以曾西爲曾子之孫，亦誤也。」

然而君子之務盡有之矣。日本國羣書治要作「君子之務蓋有矣」。戴校本、汪本、阮本俱改「盡」爲「蓋」，今從之。

鷹鶽以山爲卑，而曾巢其上。羣書治要「鶽」作「隼」，「卑」作「庳」，無「曾」字。荀子「曾」作「增」，説苑作「層」。御覽九百二十六引曾子「鶽」作「鷂」，「山」上多「太」字，「曾」作「增」。阮本「鶽」改「隼」。戴本「曾」改「增」。今案：「隼」正字，「鶽」俗字。曾、增、層皆通字。

魚鼈黿鼉以淵爲淺，而蹷穴其中。羣書治要「淵」作「川」，「蹷」作「窟」。王念孫曰：「孔注：『蹷，窟也。』古無訓『蹷』爲窟者，且『蹷穴』與『曾巢』對文，則『蹷』非窟也。余謂：蹷者，穿也。廣雅曰：『欮，穿也。』隱元年『闕地及泉』，吳語曰『闕爲深溝』，韋注：『闕，穿也。』欮、闕、蹷並通。説苑敬慎篇、潛夫論貴忠篇並作『以淵爲淺而穿穴其中』。」王引之曰：「蹷，讀爲『撅』，掘也。逸周書『貛有蚤而不敢以撅』，撅與蹷同。荀子作『堀』，堀即掘，尤可證之。」今從王讀。

卒其所以得之者，餌也。羣書治要無「之」字，阮本無「其」字，今皆不從。

生生之厚，動之死地也。盧本作「求生之厚」。孫志祖曰：「『生生之厚，動之死地』二句全用老子。」丁傑曰：「抱朴子知止篇：『生生之厚，殺我生生矣。』」

是故君子苟無以利害義，則辱何由至哉？羣書治要「無以」作「毋以」。自「曾子疾病」至此，荀子法行篇作「曾子病，曾元持足，曾子曰：『元志之，吾語汝。夫魚鼈黿鼉猶以淵爲淺而堀其中，鷹鳶猶以山爲卑而增巢其上，及其得也必以餌，故君子苟能無以利害義，則恥辱亦無由至矣』」。説苑敬慎篇作「曾子有疾，曾元抱首，曾華抱足，曾子曰：吾無顔氏之才，何以告汝？雖無能，君子務益。夫華多實少者天也，言多行少者人也。夫飛鳥以山爲卑而層巢其巔，魚鼈以淵爲淺而穿穴其中，然所以得者餌也。君子苟能無以利害身，則辱安從至乎」。說叢篇引曾子曰「鷹鷲以由爲卑而增巢其上，黿鼉魚鼈以淵爲淺而穿穴其中，卒其所以得者餌也。君子苟不求利禄，則不害其身」。

親戚不說，不敢外交。近者不親，不敢求遠。說苑建本篇作「親戚不說，無務外交。比近不說，無務修遠」。羣書治要「求」作「來」。今案：求，當爲「來」，形近致譌。

故君子思其不可復者而先施焉。各本作「思其不復者」。羣書治要有「可」字，與大典、戴校本、阮本皆增。

誰爲孝？年既耆艾，雖欲弟。誰爲弟。羣書治要「弟」作「悌」，「爲孝」、「爲弟」下有「乎」字。阮本據增，今不從。

知身是言行之基，可謂聞矣。戴校云：「此十一字，劉本作注文，他本皆誤入正文。」盧本、阮本據正。今案：蔡本此十一字亦作注文。

謂之有聞矣。羣書治要「矣」作「也」。

行其所聞，則廣大矣。漢書董仲舒傳引曾子作「行其所知，則光大矣」。

在加之志而已矣。羣書治要無「在」字。董仲舒傳「在」下有「乎」字，「志」作「意」，無「矣」字。阮本作「意」。

與君子游，苾乎如入蘭芷之室，久而不聞，則與之化矣；與小人游，貸乎如入鮑魚之肆，久而不聞，則與之化矣。肆，各本皆作「次」。阮曰：「家語六本篇云：『與善人居，如入芝蘭之室，久而不臭其香，即與之化矣；與不善人居，如入鮑魚之肆，久而不臭，亦與之化矣。』此王肅妄改曾子書以爲孔子對曾子之言，不可從。『貸乎如入鮑魚之次」，羣書治要作「膩乎如入魚次之室」。戴本據大典改「貸」爲「膩」，馬總意林作「戲」，文選注引作「臭」，皆誤。蓋古本作「職」字，貸、膩、戲皆形近之譌。考工記弓人注：樴，讀爲「脂膏膱敗」之「膱」。釋文引吕忱云：「膱膏，敗也。」膱與職音義亦同。若王肅之改爲「臭」，直妄改以示異耳。芷即茝，古今字。家語改「蘭芷」爲「芝蘭」。按芝爲神草，與芷不同，尤失古義矣。」王念孫曰：「貸、膩、戲，皆「職」字之譌。廣雅：『苾，香也。』『膱，臭也。』故曰『苾乎如入蘭茝之室』、『膱乎如入鮑魚之次』。釋名曰：『土黄而細密曰埴。埴，膱也，黏昵如脂之膱也。』今本『膱』亦譌爲『膩』。又『次』字，孔注從永樂大典作『肆』，以文選辨命論所引爲證。今案：次即肆也，不必改爲『肆』。周官廛人『掌斂市次布』，鄭司農云：『次布，列肆之税布。』文選注作『肆』者，後人依家語改之耳。」今案：太平御覽四百六人事部引兩「不聞」下有「其芳」「其臭」四字，藝文類聚二十一人部引「不聞」下亦有「其香」二字，當是所據有異。玩文義，言「苾乎」、「膱乎」，則香臭之意已賅，不必重言之，且句法更古。今從王本，「貸」爲「膱」，「肆」仍作「次」字。

經鮑魚肆。 戴校本「肆」上增「之」字。

是故君子慎其所去就。 太平御覽引無「所」字。

與君子游，如長日加益而不自知也。 戴氏文集曰：「長，竹丈切。謂己身之長，故曰不自知。」汪校本與戴同。阮本讀長爲平，云：「日行出赤道北，不覺其長。漢書董仲舒傳云：『積善在身，猶長日加益而人不知也；積惡在身，猶火之銷膏而人不見也。』董以火對日爲言，則此正文言日晷之長無疑。」今案：阮説是。「如長日加益」、「如履薄冰」，亦儷文。孔不改注中「日」字，蓋不從戴説也。

如日之長。 戴氏文集曰：「注云『如日之長』，袁本無『日』字，空此一格，當作『如身之長』。」汪本同，今不從。

盛而不衰者矣。閣本無「盛」字。

如食疾子者矣。各本皆無「者」字，孔從戴校增。

欲人之受。盧本作「敬人之愛」，云：「元本『敬人之愛』，一本『愛』作『交』，疑當作『欲人之受』。」戴、孔改之，蓋從盧說，汪本同。

吾不見孜孜而與來而改者矣。王念孫曰：「『與來』二字，疑。」丁傑曰：「盧注云『謂擇善而改非也』，似本文『來』字爲『采』字之譌，故盧以擇訓之。」今案：來，當爲「求」字之誤。阮曰：「汪晫本此後尚有『官怠於宦成，病加於少愈，禍生於懈惰，孝衰於妻子，察此四者，慎終如始。詩曰：靡不有初，鮮克有終』三十八字〔一〕，乃據説苑敬慎篇續入，非大戴曾子十篇中文也。」

凡三百八十五字。補。今校定字數同。

曾子天圓第五十八

此以敢問也。戴校本作「以此」，云：「從永樂大典本。」劉台拱曰：「『此』字屬下句。衛將軍文子篇：『智莫難於知人，此以難也。』」阮曰：「大戴禮屢有『此以』文法，四代篇、虞戴德篇皆見之，戴改『以此』，非也。」

人首圓足方，因繫之天地。各本此注皆在「地之所生下首」下，孔氏獨移於此。今案：「人首圓足方」是此處

〔一〕「汪」，原作「王」，今據上文改。

注文，「因繫之天地」是此下正文。盧注「因謂天地爲方圓也」，正承正文「因」字而言。因繫之天地者，言上首之謂圓，下首之謂方。人因以方圓之名屬之天地，正盧注所謂「因謂天地爲方圓也」。其實地體亦圓，故下文用「如誠」接之，文意正相應。戴校本不得其解，删去「因」字，則又誤中之誤矣。今以意更定。

地，諦也。盧本「諦」譌「蹄」。

方曰幽而圓曰明。阮本删「而」字，云：文選盧子諒時興詩注、太平御覽卷二引此皆無「而」字，是唐宋舊本爲可據。汪本同，今據删。

外景者，陽道施也。戴校本「施」上增「吐」字，是。吐，施也；含，藏也，皆解正文之字，據增。

而金水内景。汪本删「而」字。自「天道曰員」至此，淮南子天文訓襲此文，曰：「天道曰圓，地道曰方；方者主幽，圓者主明。明者，吐氣者也，是故火曰外景。幽者，含氣者也，是故水曰内景。吐氣者施，含氣者化，是故陽施陰化。」

是以陽施而陰化也。

施，賦也。化體生。各本作「施，施也」。戴氏文集曰：「『施施也』當爲『施賦也』，周禮内宰注云『施猶賦也』，是其義。」聚珍本改「賦」，孔蓋從戴校。此注各本皆在「而含氣者化」下。

魂魄，陰陽之精。蔡本、盧本、戴本「魄」下有「者」字。

而善否治亂所興作也。汪本「所」下增「由」字。王念孫曰：「『所』下有『由』字，下文曰『此之謂品物之本，禮樂之祖，善否治亂之所由興作也』，正與此相應。」今據增。

各從其所。盧本「從」作「静」，云：「一本作『盡』。」戴本、汪本、阮本俱改「從」。章學誠曰：「『静』字疑當是『正』字，於義較明。」今不從。

陽氣勝則散爲雨露，陰氣勝則凝爲霜雪。白孔六帖二引大戴禮「陰氣勝陽氣，則凝而爲霜雪」，又引大戴禮「陽氣勝陰，則散爲雨露」。太平御覽十二天部引作「露，陰陽之氣也。夫陰氣勝，則凝爲霜雪；陽氣勝，則散爲雨露」，今本無首句，下二句亦互易。

温煖如湯。各本「湯」作「陽」，誤，戴本、汪本俱作「湯」。戴氏文集云：「此注本漢書五行志劉向語。」

唯人爲倮匈而後生也。王念孫曰：「倮匈而生，謂無羽毛鱗介也。則『生』上不當有『後』字。此涉上文四『後』字而衍。」汪本删「後」字。劉台拱曰：「朱本無『後』字，當從之。」阮注曰：「倮者包生，包謁爲『匈』。許慎曰：『包，象人裹妊。』」今從汪本删「後」字，從阮注改「匈」爲「包」。

則亦兼陰陽氣而生也。戴本、盧本「兼」作「並」，戴本「而」作「所」。

龍非風不舉，龜非火不兆。章學誠曰：「『龍非風不舉』上疑脱『麟鳳』二語。」戴校本於「兆」下從大典增「鳳非梧不棲，麟非藪不止」十字。阮曰：「於陰陽之義無涉，非曾子本文也。」今玩注言，龜龍爲陰，風火爲陽，陰陽會也，而不言麟鳳，則盧所據本無此十字明甚。

此皆陰陽之際也。朱本脱「也」字。

茲四者，所以聖人役之也。朱本、馬本作「所以役聖人之精也」。蔡本「精」作「瑞」，盧本、汪本作「所以役於聖人也」。今案：盧本是。「之精」不辭，「之瑞」涉注文而衍。戴校本改爲「聖人役之」，則又因脱誤而以意更定耳。

截十二管，以索八音之上下清濁，謂之律也。各本「索」作「宗」。戴校本從大典作「察」，阮本亦讀爲「察」，云：「後漢書明帝紀注引大戴禮曰：『聖人截十二管，以察八音之清濁，謂之律呂。』此所引『察』本不誤，高安本作『索』，更誤矣。」今案：劉台拱謂宗當作「定」，出注。今疑亦「定」字是，形近譌「宗」。阮謂「也」讀爲「呂」，字之誤。玩注言「律」不言「呂」，下文又以「律曆」並舉，則「也」字不誤。

其間不容髮。文選枚乘上書諫吴王注引「髮」字下有「矣」字。史記太史公自序用此處文，曰：「律居陰而治陽，曆居陽而治陰，律曆更相治，間不容翲忽。」

曆以治時，律以候氣，其致一也。上八字，各本在「迭相治也」下。下四字，各本在「其間不容髮」下。

察猶别也。各本作「利」，孔從戴校改「别」。

諸侯之祭牲，牛曰太牢；大夫之祭牲，羊曰少牢。各本「諸侯之祭」下無「牲」字。馬本、戴本、汪本、王本、阮本俱增。王引之謂「牛」下脱「羊豕」二字，「羊」下脱「豕」字，舉桓八年公羊傳何注爲證。今案：李善注東都賦引大戴禮「牛曰太牢」，亦無「羊豕」二字，則本文之不脱明矣。

士之祭牲，特豕曰饋食。王引之曰：「『曰』字因上文兩『曰』字而衍。『特豕饋食』四字連讀。士虞禮『特豕饋食』文與此同。『特豕饋食』者，謂士之饋食以特豕而無牛羊，即儀禮之特牲饋食禮也。大夫之祭以羊豕，則曰少牢饋食。禮：士之祭與大夫同名饋食，而牲則不同，故曾子辨異之。若有『曰』字，則是以『饋食』之名專屬之士祭，何以解於大夫之祭亦名『饋食』乎？」盧注『特豕饋食曰』，不言『特牲』，其文已著。又與大夫互相足也。言儀禮特牲饋食禮與少牢饋食相對，上文言『少牢』，則此宜言『特牲』。今不言『特牲』者，特豕即特牲，其文已著，故不須更言『特牲』也。又少牢、特豕皆饋食之牲，於士之特豕言饋食，正以見大夫之少牢亦饋食也，故曰『與大夫互相足』。盧據特牲饋食，亦解特豕饋食，則『饋』上無『曰』字可知。」今案：王説「特豕饋食」連讀，是也。然「曰」字亦非衍文，當在「特豕」上，後人據上文句法倒之耳。

無尸者厭也。 阮注曰：「厭者不成祭，徒取厭飫之通名。厭祭有三，皆無尸。一爲大夫、士宗廟之祭，未迎尸以前，飫神爲陰厭；尸出之後，飫神爲陽厭。一爲殤祭，不立尸，不舉，無所俎，無玄酒，不告利成，爲陰厭；凡殤與無後者，祭於宗子之家，爲陽厭。一爲此篇，孔子所言『無祿者稷饋』，無尸也。無尸者不成祭禮，準於厭，故亦得稱厭。不分陰陽，闕明文也。孔注但舉殤祭，其義未足。」

犬豕曰豢。 戴校本「曰」作「爲」，誤。

其餘用庬索之。 各本「庬」作「戾」，誤。戴本、阮本作「其餘用庬索也」。

列醞辜也。 各本脱「也」字，戴校增。

凡五百九十一字。 補。今校定凡五百九十五字。

卷六

武王踐阼第五十九

惡有藏之約，行之行萬世，可以爲子孫常者乎。下「行」字衍。此涉注文二「行」字而妄增者。言藏之於身者甚約，而行之萬世，可以爲子孫常守之道也。太平御覽五百九十九文部正引作「行之萬世」，據正。通鑑外紀作「行之恒可以爲子孫常」。戴校本從通解改「常」作「恒」。

昔黄帝、顓頊之道存乎。王應麟本無「昔」字，盧本同，戴、汪校本無「黄」字，蓋從孔疏所據本也。

言忽然謂不可得見。盧本、戴本删「謂」字，是。

王齊三日。戴校本亦改「王齊三日」，云：「各本脱『王齊』二字。學記注引此文作『王齊三日』，疏不言異同，則唐時本亦未脱也。」王本、盧本作「三日王」，御覽引祇「三日」二字。

端冕，師尚父亦端冕，奉書而入。戴校本據疏説删「師尚父亦端冕」六字。汪本删「亦端冕」三字。汪喜孫曰：「戴校并『師尚父』三字去之，則『奉書而入』者不知何人矣。且文承『王齊三日』，不幾若王奉書而入乎？」今案：鄭所見本與今本合，則此文非鄭所加明甚。戴、汪删之，皆非。御覽亦引作「端冕，師尚父端冕，奉書而入」，但少「亦」字耳。

負屏而立。御覽引句首有「則」字。

王行西，折而南，東面而立。戴、汪校本作「王行，折而東面」。戴云：「各本作『王行西，折而南，東面而立』。學記注所引同大戴禮，惟云『折而東面』，方本與疏所言者合。」今案：孔穎達所見本蓋作「王行西，折而東面」，疏蓋以「南」字爲鄭所加，非謂「西」字亦鄭所加也。戴校「西」「南」二字並删，與唐本異矣。鄭所見本與今本合。孔所據本無「南」字，較鄭所見本善。御覽所引無「南」字，與孔本同。今從孔疏，删「南」字。

敬勝怠者吉，怠勝敬者滅，義勝欲者從，欲勝義者凶。戴校本改「吉」爲「强」，改「滅」爲「亡」，云：「學記疏云：『大戴禮「敬勝怠者强，怠勝敬者亡」，瑞書云「敬勝怠者吉，怠勝敬者滅」，然則各本乃同，瑞書非也。』」汪本與戴校同而删去「義勝」二句，云：「荀子議兵篇云『敬勝怠者吉，怠勝敬者滅，計勝欲者從，欲勝計者凶』，此必沿荀子文而誤耳。荀子不言引古也。」今案：太公金匱云「敬勝怠則吉，義勝欲則昌」，六韜明傳篇云「義勝欲則昌，欲勝義則亡；敬勝怠則吉，怠勝敬則滅」，後人蓋據彼文妄改者。强、亡；從、凶；强、枉；敬、正；滅、世，皆韻。吉、滅，古不韻也。汪本删下二句，則無所據。

弗敬則不正。戴、汪校本從學記疏「弗敬」改「不敬」。王注曰：「史記正義、尚書帝命驗『弗敬』作『不敬』。」今從戴校。

枉者滅廢。王念孫曰：「滅廢，本作『廢滅』，後人不通古音，故改爲『滅廢』，以與『世』字爲韻，不知『世』字古又讀若『設』，故又與『滅』爲韻。大雅蕩篇『在夏后之世』，與揭、害、撥爲韻。莊子大宗師篇『所以行於世也』，與殺爲韻，皆其證也。王應麟曰『學記正義、尚書帝命驗滅廢作廢滅』，是王所見學記正義本作『廢滅』，而今本正義作『滅廢』，則又後人依俗本大戴改之也。惟史記周本紀正義引帝命驗作『廢滅』，則至今未改。」今從王校。

凡事不能自强去執於此則枉也。蔡本「去」作「自」，戴校本改「而」。今玩文義，「而執於此」亦費解。王注本無「去執於此」四字，今從之。此注各本在「凡事不强則枉」下。

藏之約，行之行，可以爲子孫常者。下「行」字亦衍，「藏之約」句，「行之可以爲子孫常者」句，後人誤據上文衍字而增耳。常，戴校本作「恒」。

以不仁得之，以仁守之。戴、汪校本從學記疏改作「以仁得之，以不仁守之」。今案：御覽所引正作「以不仁得之，以仁守之」，與孔疏異。王本亦如此作。

以不仁得之，以仁守之。戴校本改作「以仁得之，以不仁守之」，今不從。

十百世，謂子孫無咎譽者。各本「十百世」作「於百姓」。戴氏文集曰：「於百姓，朱文端本作『十百世』，蓋『十』譌作『于』，轉而爲『於』。妄改者不知此解『其量十世百世』也。」聚珍本改「十百世」，汪本同。

天命即善與民。戴校本作「天命則有興」，改與。各本異。

必及其世。汪本據學記疏改「及」爲「傾」，通鑑外紀亦作「傾」。觀盧注「止於其身」，「止」字即解「及」字。御覽亦引作「及」，王注曰：「尚書帝命驗作『不及其世』。」

愓若恐懼。汪本據學記疏改作「愓然若懼」，御覽引作「愓然若恐懼」。

退而爲戒書。御覽引作「而爲誡書」，無「退」字。

託於物以自警戒也。蔡本「託」作「記」。

於机爲銘焉。各本作「機」，高安本、方本、蔡本、戴本、盧本皆作「机」。王注本作「几」，云：「一作『机』。」案洪頤煊曰：「机，當爲『杌』字之譌。說文：杌，古文簋，盛黍稷器。故銘辭從口取義。」今謂：此義長。

於盥盤爲銘焉。戴校本「盤」作「槃」。王注本亦作「槃」，云：「亦從皿。」

於履屨爲銘焉。王念孫曰：「履，即『屨』之誤。今本作『履屨』者，一本作『屨』，一本作『履』，而後人誤合之耳。下文作『屨履』亦誤。學記正義引此無『履』字。」今案：高安本亦無「履」字，與學記疏同，據删。

於户爲銘焉。戴校本脱此句。

安樂必敬。汪本「敬」作「戒」。

故以懷安爲悔也。戴校本改「悔」爲「戒」。

亦不可以忘。王念孫曰：「孔説是矣，而未盡也。此文本作『一反一側，尒不可不志』。尒，武王自謂也，下文『見爾前，慮爾後』即其證。古者『爾汝』之『爾』通作『尒』，漢校官碑『卑尒熾昌』是也。後人但作『爾』，而『尒』字遂廢。志，讀如檀弓『小子識之』之『識』，此承上文『安樂必敬』云云而言，言雖一反一側之間，尒亦不可不識之也。今本『尒』作『亦』，以字形相似而誤。『不志』作『以忘』，則後人以盧注改之也。案注云『言雖反側之間不可以忘道』，此正釋不可不志之之意。後人不達，遂改正文之『不志』爲『以忘』，以從盧注，謬矣。太平御覽服用部十一引此『志』字已誤作『忘』，唯『尒』字不誤。鈔本北堂書鈔服飾部二、藝文類聚服飾部上引此並作『尒不可不志』。」今案：志，即下文「無懃弗志」之「志」。盧注云：「志，識也。」據王校訂正。

視邇所代。陳觀樓曰：「王本作『爾』是也。爾，即後鑑銘『見爾前，慮爾後』之『爾』，乃武王自謂也。」王念孫曰：「陳説是也。爾即上文『尒不可不志』之『尒』。藝文類聚引作『爾』，太平御覽作『尒』，今本作『邇』者，借字耳。盧以『爾』爲近，失之。」今案：注云「近在有殷之世」，乃解「所代」二字，非解「邇」字也。盧所據本作「爾」，後人誤因注文「近」字而改「邇」耳。

□生呫。俞樾曰：「孔説是也。惟其由呫生呫，故謂之『口戕口』。今作『口生呫』者，蓋傳寫奪『呫』字，校者作空圍以記之，遂誤作『□生呫』矣。」

呫，呫訾也。戴、汪校本删此句。

不可救也。王注曰：「救，一作『捄』。」

日知所亡。戴校本「亡」作「無」。

惡於何也。王本作「惡乎何也」，此與前注「惡於何也」同，「乎」字誤。

惡乎相忘於富貴。太平御覽七百十服用部引作「相反於富貴」。

雖夜解息。各本「息」作「怠」。戴氏文集曰：「怠，當作『息』。解，謂釋帶也。」聚珍本改「息」，汪本同。今案：王本正作「息」。

帶於寢先釋。王本「寢」作「寐」。

履屨之銘曰。「履」字衍。戴本、汪本俱作「履屨」，諸本作「屨履」，皆誤。

諭慎履，亦財不費也。各本作「論慎屨」，戴校本「論」改「諭」，「屨」改「履」。汪本「屨」改「履」，「費」改「匱」。今案：王本正作「履」。

「勞」與「富」，音義兩施互取焉。戴、汪校本改「勞」爲「福」。今案：戴説是。富、福音義同也。依孔説，則注宜言「韻兩施互取」，不應言「義」，據戴本改。

食自杖，食自杖。俞樾作「飲自杖，食自杖」，不知所本。觀注言「醉飽」二字，則上「食」字宜作「飲」。

戒之憍，憍則逃。俞樾曰：「『戒之憍，憍則逃』，乃上履屨之銘，其文云：『慎之勞，勞則富；戒之憍，憍則逃。』兩文相對，而義亦反復相成，傳寫誤移於此耳。」今案：俞説是也。二句於觴豆義無涉。盧注亦不釋，今據改正。

無懃弗志。王注云：「懃，一作『勤』。」

而曰我杖之乎。王注亦云：「杖，一作『枝』。」「枝」字是。

擾阻以泥之。盧校云：「擾，乃『獿』字之譌。服虔注揚雄賦云：『獿，古之善塗塈者。』王伯厚校此篇云『一本無「阻」字』，則當爲『獿以泥之』無疑。蓋一本作『獿』，形近易譌也。」王本從其説。今案：盧校「獿」字是也，「阻」字亦非衍文。言雖善塗如獿，若阻其泥之，則風至必摇矣。

必先摇摇。王注云：「一無『必』字。」

言有風雨則先困。王本無「雨」字，戴校本同。蔡本「雨」作「至」。「至」字是也。

不能爲謀也。王注本云：「一無『也』字。」汪本校去。

論人行亦然。王本、蔡本、盧本、戴本「論」作「諭」。

隨天之時。王本、蔡本、戴本俱有「之」字，太平御覽引亦同。王云：「一作『隨天時』。」

任也。王本作「時任也」。蔡本、戴本同，孔從盧本删之，非是。

以地之財。王注云：「一作『地之財』。」太平御覽一百八十八居處部引作「以地則」。

質也。蔡本作「財質也」，今據增。王本作「財貝也」，云：「一作『質』。」

無忘自過。王注云：「一作『息過』。」

則爲終身羞矣。君子於殺之中。各本「矣」皆作「以」，屬下讀。孔改「矣」字，是。

凡三百六十五字。孔校凡六百六十五字。今校定凡六百六十一字。

衛將軍文子第六十

文子，衛卿也，名彌牟。此注各本在「衛將軍文子」下。

先以詩世道者孝悌。各本皆以「先以詩」句。戴云：「『世道者孝悌』句，有舛誤。」今案：世，疑「而」字之譌。者，乃「諸」字而脱去言旁耳。「先以詩而道諸孝悌」、「説之仁義而觀諸禮」兩句偶文。家語弟子行篇作「先之以詩書，導之以孝悌」，孔讀未安。

説之以義而觀諸體。以，當是「仁」字之譌。體，當是「禮」字之譌。家語作「説之以仁義，觀之以禮樂」，是其證。

蓋入室升堂，七十有餘人。入室升堂，各本作「受教者」。玩閒居賦注乃從家語誤引，孔注據改，非也。注謂「言能受教者」，正釋「受教者」三字。

是敢問也。戴校據方本「是」下增「以」字，家語同，今據增。

蓋三就焉。王念孫謂：三就，當作「三千就」，以盧注爲後人所加，據家語爲證，今不從。

諷誦崇禮。戴校本「誦」作「詩」，今從之。家語亦作「誦」。

是顔淵之行也。王念孫曰：「淵，本作『回』，盧注『顔回，魯人，字子淵』即其證。此篇於諸弟子皆稱名不稱字，家語正作『顔回』。」今據改。

故連言也。戴校本作「故連言之也」。

故國一逢有德之君。王念孫曰：「國，當作『回』。自『一逢有德之君』下，皆指顔子而言，非指國而言，則『國』爲『回』之誤明矣。」今案：「國」字不誤，言國無有德之君則已，若國一逢有德之君，則世受顯命，不失厥名。文義上下甚明，不必改「回」字。

使其臣如藉。家語「藉」作「借」。

不探怨。家語「探」作「深」。

仲由亦於政事。戴校本改「亦」爲「優」，今從戴校。

任其戎。家語作「材任治戎」，蓋連上「哉」字爲讀而改爲「材」字也。

夫子知未以文也曰。各本「知未」俱作「未知」。盧校云：「此夫子即指仲由，故云『未知以文』。或作『知未以文』，誤。」王念孫曰：「此當作『夫子和之以文曰』，上文『夫子説之以詩』句法正與此同。盧注『節其勇也』，正釋『和之以文』四字。家語作『和之以文，説之以詩』是其證。自下文『詩云』以下，皆夫子之言。篇内引詩者並同。盧本作『夫子未知以文也』，而釋之云『此夫子即指仲由』，則下文皆不可通矣。」今案：盧本之失，王辨之是矣。然作「和之以文」亦非。今據玩文義，「夫子知未以文也」下應脱「説之以詩」四字，言夫子知其未以文也而因説之以詩，即盧注「節勇」之意。今據家語增。盧、戴校本皆無「曰」字，據删。

殷頌長發之五章也。此段注各本在「夫强乎武哉」之下。戴本在「夫强乎武哉」之上。

言下國信蒙其富。戴氏文集曰：「富，當作『福』。」汪本改「福」。今案：富、福通字。

好學省物而不懃。王念孫曰：「『不』字，涉上句『不忘』而衍。省者，察也。『省物而懃』與『好學』同意，猶言懃於省物耳。注乃以省爲減省之省，而釋之曰『事省則不懃』，此曲爲之説也。家語作『好學博藝，省物而勤』，是其證也。」今案：王謂「不」字爲衍文，是也。而議盧注之失則非。注中「不」字亦衍文。「事省則勤」者，言事事能察則懃也，未嘗解爲減省之省，王乃誤會。

事省則不懃也。「不」字衍文，删。各本此注在「是冉求之行也」下。

是冉求之行也。「也」字唯朱本有，諸校本據增。

冉雍之子爲季氏之宰。戴本改爲「冉雍之族季氏宰」。盧本「季氏」下亦無「之」字。今案：「雍」字誤。

克篤恭以天下。「克篤恭以天下」不辭。孔謂以天下行之於天下也，增辭以解，亦迂曲。今案：「以」下當脱「王」字，家語作「堯、舜篤恭以王天下」可證。

宜爲國之尊也。戴校本「宜」作「言」，非。

禮儀三百。王念孫曰：「禮儀，本作『禮經』，淺學人以中庸改之也。據注云『禮經三百，可勉學而能知』，則正文本作『禮經』明矣。本命篇亦云『禮經三百，威儀三千』，禮器云『經禮三百，曲禮三千』，漢書藝文志及禮記正義引春秋説並云『禮經三百，威儀三千』，家語同。」今案：孝經説云「經禮三百」，禮説云「正經三百」，皆不作「儀」，王本據注正之，是也。

言行此主在於人。各本作「主言行比在於人」。戴校改作「言行此主在於人」。孔蓋從戴。今案：此句有譌誤。家語云「衆人聞之爲成」，「主」或聲誤也。盧校云：「此不見何字爲聲誤，疑自家語以下後人妄增入。」今案：盧蓋以「主」爲「衆」字之聲誤，上引家語已出「衆」字。

過之如不及。盧校云：「過，舊作『通』，以形近而誤。」戴本亦同盧。今案：家語正作「過」。

云先生猶有難之。各本作「云先生者猶難之」。戴氏文集云：「一本作『云先生猶有難之』。」聚珍本據改，孔蓋從戴。

不學。其貌竟，其德敦，其言於人也無所不信。王念孫曰：「『不學其貌』、『竟其德』，皆義不可通。孔曲爲之説，非也。『不學』上有『博無』二字，而今本脱之。『博無不學』爲句，言其學之博，無所不學也。曾子立事篇曰：『君子既學之，患其不博也。』又天圓一篇所言，皆博學之事。然則曾子未嘗不博學也。竟，當爲『恭』字之誤也。『其貌恭』爲句，『其德敦』爲句，『其言』下屬爲義。此依家語訂正。」今案：王説是也。此文皆以「其」字領句，與下「其橋大人也常以皓皓」句法正同，今據增正。

其橋大人也。依孔説則「橋」不誤。橋者，父之道也，見文選王文憲集序注引書大傳。説苑建本篇、家語作「驕」，注謂：「大人，富貴者也。不慕富貴，安静虚無，所以謂之富貴。」陳義太曲。今謂橋、驕通字。離騷「保厥美以驕敖兮」，注云：「倨簡曰驕。」又韓非子八説「人臣輕上曰驕」，「橋大人」即孟子所謂「説大人」之義。曾子曰「彼以其富，我以吾仁；彼以其爵，我以吾義，吾何慊乎哉」，即此文「其橋大人也常以皓皓」之義。「是以眉壽」，言皓皓有得眉壽之道，非實指其年也。孔注似固，盧注得之。

故以此稱之也。各本「故」作「哉」。

業功不伐。業，家語作「美」。王念孫曰：「隸書『美』字，或作『羙』；業，或作『業』，二形相似。墨子上賢篇『美章而惡不生』，漢書賈誼傳『一動而五美附』，今本『美』字並譌作『業』。『美功』與『貴位』對文。」今據改。

不侮可侮，不佚可佚。家語作「不侮不佚」。王引之曰：「佚，當讀爲『怢』。怢，輕忽也。可輕忽者不輕忽之，所謂『君子無衆寡，無小大，無敢慢』也。論衡别通篇『不肖者輕慢佚忽』。」今案：説文「佚」下云「一曰佚，忽也」，「不佚可佚」者，即不忽可忽者耳，不必易讀。

天民之窮無所告者。戴校本作「天窮之民無所告者」。今謂：天民之窮，宜作「天之窮民」。

是顓孫之行也。家語「之」上有「師」字，王念孫謂宜依注及家語補，今從之。

七十篇。戴校本作「七十子篇」。

銀乎如斷。銀，讀爲「垠」。荀子成相篇「刑稱陳，守其銀」，注云：「銀與垠同。」太玄玄文「熿熿出於無垠」，注云：「垠，限也。」如斷，即孔注所謂「有限制也」。盧注「銀」爲「廉鍔」者，鍔與咢通字。後漢張衡傳注云：「垠，咢也。」

如斷，言便能。盧校云「便，當作『使』」，非是。

進退出入則可也。盧、戴校本無「則」字。

廉於其事上也，以佐其下。家語作「廉於行己，其事上也，以佐其下」。

惟在利民。春秋左傳曰：「上思利民，忠也。」此注各本在「苟於民利矣」下。

魯大夫。戴校本「魯」上增「爲」字，與上下注文一例，今從之。

是故不忘。戴、汪校本「忘」改「妄」。今案：忘、妄通字。左傳哀二十七年注言「公之多忘」，釋文云：「忘，本又作『妄』。」莊子盜跖篇「故推正不忘耶」，釋文云：「忘，或作『妄』。」故家語襲此文，作「故動則不妄」，不必改字。

言偃，魯人也。戴氏文集曰：「『魯』字，疑『吴』之譌。」汪本改「吴」，今據正。

爲武城宰也。戴校本删「也」字，與上下注文一例，今從之。

欲善則訊。戴校本改「善」爲「行」，王念孫據家語改「訊」爲「詳」，云：「欲能則學，欲知則問，此以知言之。欲善則詳，欲給則豫，此以行言之。後人因上句『問』字改『訊』，不知上下之各爲一義也。」今案：詳、訊爲形之誤。家語注云：「欲善其事，當詳慎也。」王本是。

當如是。各本皆作「當是如」。王念孫曰：「『當是如』三字文不成義。如，讀爲『而』，『而』下有『行』字，家語作『當是而行』是其證。朱氏不知『如』爲『而』之借字，又不知『如』下之有脱文，遂改『當是如』爲『當如是』，失之遠矣。」今據王本增正。

其聞詩也。 各本作「其聞之詩也」，戴本删「之」字。

以爲異姓。 家語作「以爲異士」，注云：「殊異之士也。」大戴引之曰：「以爲異姓婚姻也，以兄之女妻之也。」盧注此經，引周禮以駁家語之妄，蓋與鄭注同。據此知王肅故爲異説，以難鄭之一端也。

時揖異姓，土揖庶姓。 盧校云：「周禮『時揖異姓』，此或并引『天揖同姓』，文脱耳。」今案：周禮作「土揖庶姓，時揖異姓，天揖同姓」，此文倒而又脱耳，今增正。

自見孔子入户，未嘗越屨。 盧本「自」作「目」，云：「從劉本。」蔡校亦作「目」。太平御覽六百九十八服章部引「入」下有「於」字。

則天道也。 家語作「順天道」。王念孫本據增，今從之。

教網者兕。 盧、戴本「兕」作「祝」。

則不足以知賢。 則，當爲「賜」，字形之譌。言吾子有命而訊賜，賜不足以知賢也。家語正作二「賜」字，「則」字未安。

賜！女偉爲知人。賜。 家語作「賜，女次爲人矣」。

是女所親也。 王念孫曰：「『親』下有『覩』字，而今本脱之。此答子貢『賜所親覩』之語，則亦當有『覩』字。」

賜得願聞之也。 各本作「賜得則願聞之也」。王念孫曰：「當作『賜則得願聞之也』。今本『得』字在『則願』上，則文不成義。大典本作『賜得願聞之也』，亦非。家語亦以『願得』連文。」汪校本同王。今從王本。

言未至未及者，謂其德廣厚也。各本作「言未至者未及也，爲其德廣厚也」。孔從戴改，汪本同。

不念舊惡。家語作「舊怨」。

晉侯也。祁徯，祁午也。羊舌肸，羊舌職之父。戴校本作「晉侯彪也。祁徯，祁午之父也。羊舌肸，羊舌職之子」。汪本作「晉侯彪也。祁徯，祁午之父也。羊舌，大夫羊舌肸也，羊舌職之子」。汪蓋從戴氏文集之說。今從汪本訂正。

女其闇知之。説文：「奄，大有餘也。」「闇」字通「奄」。家語作「今子掩之何也」，蓋不得「闇」字之義而妄改之。

恒相爲也。盧、戴校本作「桓爲相也」。今謂：宜作「恒相知也」，諸校皆非。

其爲侯大夫也。戴校本改「侯」，與孔注説同，據改。

悉善而謙，其端也。盧注誤讀句。家語注謂「盡善道而謙讓，是其證也」。蓋讀「悉善而謙」句，與孔讀同。

詩云「殊異於公行」也。戴校本作「詩曰『殊異乎公行』也」。

蓋羊舌大夫之行也。自「晉平公」至此，家語在章末，此王肅襲大戴之文，以此節與上下不類，故移於後，另作問答之辭。不知答未盡之問而止述一人，亦非引伸之義，仍以本書爲是。

好從善而斆往。家語作「從善而教不道」。

然亦不亡其身。盧本從劉本「亡」作「忘」。今謂：「忘」字義長。家語正作「忘」。

世掌刑官。盧本「刑」作「天」。

自設於隱栝之中。 王引之曰：「『設』字文不成義。史記仲尼弟子傳索隱引此『設』作『娭』。羣書治要引尸子勸學篇曰：『孔子曰：自娭於檃括之中，蘧伯玉之行也。』『娭』字與小司馬所見本合。蓋作『娭』者，此記原文也。娭與虞同。衆經音義卷三引字詁曰：『古文虞，今文娭。』廣雅：『虞，安也。』言自安於隱栝之中也。今本作『設』，蓋後人用韓詩外傳改之。」今案：「娭」字是。莊子讓王釋文云：「娭，安也。」蓋亦借用「虞」字，今據王本改正。

能以禮自睾直也。 王引之曰：「注文有譌誤。」

直己而不直於人以善，存亡汲汲。 盧本亦增「於」字。王念孫曰：「盧之校、孔之注，皆非也。直謂相切直也。見爾雅釋訓。襄七年左傳『正問爲直』，杜注曰：『正人曲也。』吕氏春秋自知篇『湯有司直之士』，高注曰：『司，主也。直，正也。正其過闕也。』直己而不直人，猶言攻其惡，無攻人之惡，非謂直於己而曲於人也。羣書治要引尸子亦作『直己而不直人』。」今案：盧、孔增「於」字，非。王亦誤讀破句，此文應以「直己而不直人以善」句絶，謂直己以善而不以己之善直人，即「躬自厚而薄責於人」之意，與「自娭於隱栝之中」義正相足。家語不得其解，遂删「以善」二字，而作「直己而不直人」矣，尸子正作「直己而不直人以善，存亡汲汲」。亡，當爲「仁」，字形之誤，觀家語作「汲汲於仁」可知，今訂正。尸子作「廢而不邑邑」。

孝子慈幼。 宜從戴本改「子」爲「老」。家語作「孝恭慈仁」。

食采於柳下。 盧本「采」作「菜」，戴本、汪本俱改「采」。

有道順君，無道横命。 王引之曰：「命即君之命，不得分君與命爲二也。順君，當爲『順命』。史記晏嬰傳『國有道即順命，無道即衡命』，仲尼弟子傳單行本索隱引大戴記曰：『有道順命，無道衡命，蓋晏平仲之行也。』作『君』者，涉上而誤。」今從王校，家語亦皆作「命」。

蓋晏平仲之行也。 各本無「蓋」字。王引之曰：「當有『蓋』字。」與孔校同。仲尼弟子傳索隱引正有「蓋」字。

在尤之外。 王引之曰：「『在尤之外』四字，蓋注文之誤入正文者。史記仲尼弟子傳單行本索隱引此曰：『終日言，不在悔尤之內，貧而樂也。』無『在尤之外』四字，是其證。」今據刪。

凡一千五百八十四字。 補。今校定凡一千五百八十八字。

卷七

五帝德第六十二

昔者予聞諸榮伊言。戴校本亦改「令」爲「言」。家語作「曰」。太平御覽七十九皇王部引「伊」作「君」，無「言」字。

請問黄帝者人邪？抑非人邪？何以至於三百年乎？御覽引上「邪」作「也」，無「乎」字。家語亦作「也」。

可勝觀邪。盧本「邪」作「也」，今不從。

卒業之辨。王引之曰：「『卒業』二字有誤，家語作『卒采』。」

闇昏忽之意。王念孫曰：「『闇昏忽之意』不辭，蓋盧注之誤入正文者。闇忽，不明之意，即上所云『隱微之説』也。上世之事遠而難明，故言『闇忽』。揚雄劇奏美新曰：『道極數殫，闇忽不還。』『闇忽』二字本此。家語正作『闇忽之意』。」今案：「闇」「昏」二字古多轉訓。書僞大禹謨「昏迷不恭」，傳云：「昏，闇也。」正義引郭璞曰：「日入爲昏，是爲闇也。」禮祭義「夏后氏祭其闇」，注云：「闇，昏時也。」此「昏」字爲「闇」下之注無疑。今從戴校，删「昏」字。

幼而彗齊。戴校本「彗」改「慧」。盧校云：「彗、惠、慧三字古通用。」今謂：齊，當訓「辨」。易繫辭傳「齊小大者存乎卦」，注云：「齊猶辨也。」幼而彗齊，言幼而慧辨也。

教熊羆貔貅豹虎。 各本作「教熊羆貔豹虎」。戴校本增「貅」字，據史記改「豹」爲「貙」。今案：此文當作「教熊羆貔虎」，説文無「貅」字。貔，豹屬，出貉國，則「豹」字乃「貔」下注文未脱盡者。史記引書多增減原文，況其字作「貙」不作「豹」，則本書無「豹」字可知。書牧誓「如虎如貔，如熊如羆」四字連用正同。此教熊羆貔虎，即教勇猛敢戰之士，非擾馴猛獸使之戰也。孔注引小司馬之言亦誤。

以與赤帝戰於版泉之野。 御覽引「戰」上有「大」字，「版」作「阪」。戴校本據後漢志所引改「阪」，今從戴校。家語亦作「阪」。

黄帝黼黻衣。 汪本亦删「帝」字。今案：「帝」字當在「黄」字上，誤倒，非衍文也。以上下文義尋之，有「帝」字義方足。御覽作「黄帝斧紼衣」。

大帶黼裳。 御覽「黼」作「斧」。

時播百穀屮木。 各本「屮」作「草」，戴校本作「艸」。段玉裁説文解字注「屮」下云：「尹彤見漢人艸木字多用此，俗誤謂此即艸字，故正之。言叚借必依聲託事，屮艸音類遠隔，古文叚借尚屬偶爾，今則更不當爾也。」今從戴校。家語作「播時百穀，嘗味草木」。

故教化淳鳥獸昆蟲。 戴校本從史記作「淳化鳥獸昆蟲」，删「故教」二字，汪本同，今據删正。蟲，盧本、汪本作「虫」。虫，説文以爲「虺」字，許偉切。段云：「古虫、蟲不分，故以蟲諧聲之字多省作虫，如融、赨是也。」盧云：「漢代碑刻『虫』即用爲『蟲』字。」

勞心力耳目。鮑校御覽作「勞勤心力,耳目勞動」,蓋字形之譌。戴校從路史注所引「勞」上增「勤」字,今據增。

節用水火材物。史記、家語、御覽「材」俱作「財」。

生而民得其利百年,死而民畏其神百年,亡而民用其教百年,故曰三百年。御覽「畏」、「用」二字皆作「得」。家語作「民賴其利百年而死,民畏其神百年而亡,民用其教百年而移」,以「生」字屬上,蓋誤讀大戴破句也。

宰我請問帝顓頊。馬本「我」下有「曰」字,與戴本同。今案:太平御覽七十九皇王部引有「曰」字,家語同,據增,與下文一律。

五帝用記。戴校從元本「記」改「説」,「説」字是,家語正作「説」,注云:「五帝久遠,故用説也。三王邇,則有法度。」司馬氏所謂「書缺有閒,其軼乃時時見於他説者也」。」

女欲一日辯聞古昔之説。各本「辯」作「辨」。辯、辨、徧古通用。禮樂記「其治辯者其禮具」,注云:「辯,徧也。」史記五帝紀「辯於羣神」,書舜典作「徧」。禮書「瑞應辨至」,注云:「辨同徧。」故家語改作「徧」。

昌意之子也。御覽引無「也」字。

洪淵以有謀。開元占經一百二十引作「端拱以有謀」。

養財以任地。戴本亦改「材」爲「財」。今案:家語正作「財」。

北至于幽陵,南至于交趾。御覽引無二「于」字。

西濟于流沙。御覽引亦作「濟」,與史記異。藝文類聚十一帝王部引史記亦作「濟」。

莫不砥礪。馬本、戴本、汪本俱作「砥礪」，御覽引同。盧本作「祇勵」，云：「史記作『莫不砥屬』，索隱云：『大戴禮作「莫不砥礪」。』今唯屠本與索隱所引合，餘並作『祇勵』。」王念孫曰：「祇勵，本作『祇屬』。祇，敬也。言四海之外，莫不敬屬，猶皋陶謨言『敢不敬應』也。此文言『莫不祇屬』，下文言『莫不從順』、『莫不説夷』、『莫不賓服』，皆凡有血氣莫不尊親之謂，無取於『砥礪』也。動静之物，大小之神，又不得言『砥礪』也。蓋屬、厲字形相似，因譌而爲『厲』，故開元占經龍魚蟲蛇占引大戴作『祇厲』，而後人遂改『祇勵』爲『砥礪』，謬矣。自小司馬所見本已非『砥礪』，而孔云『砥礪，喻平均也』，其失也鑿矣。史記作『砥屬』，家語作『底屬』，雖砥、底與祇異文，而下一字則皆作『屬』也。」今案：王説義長，據改。

蟜極之子也曰高辛。御覽八十皇王部引無「也」字，「辛」下有「氏」字。

知民之㥯。㥯，馬本、盧本作「急」，戴、汪校本作「隱」。王引之曰：「元、明本從史記作『急』，是也。宋本作『㥯』，即『急』字之譌。或改『㥯』爲『隱』，或即以『㥯』爲『隱』字，皆非。急與服爲韻，若作『㥯』，則失其韻矣。家語襲此文，作『知民所急』，則原文本作『急』字可知。」今從王本改正。

歷日月而迎送之，明鬼神而敬事之。開元占經引「歷」作「妙」，「敬」作「教」。

其色郁郁，其德嶷嶷。戴校本從索隱所引改「郁」爲「穆」，改「嶷」爲「俟」。今案：御覽引「嶷」爲「涘」，「涘」即「俟」字。此文上下皆韻語，「穆」與「俟」非韻。家語作「其色也和，其德也重」。

其服也士。家語「士」作「衷」。

黃黼黻衣。御覽引作「黃斧紼衣」。

富而不驕，貴而不豫。御覽引「富」作「高」，字形之譌。藝文類聚十一帝王部正引作「富」。家語「不豫」作「能降」。

黃黼黻衣，丹車白馬。御覽引作「黃斧紱衣，彤車，乘白馬」。

殺三苗于三危。孔注云：「殺，𡨼字之誤。」王念孫曰：「非也。殺乃『𣪠』之借字，謂放流之也，字亦通作『蔡』。說文：『𣪠，糝𣪠，散之也。从米殺聲。』昭元年左傳『周公殺管叔而蔡蔡叔』，杜注曰：『蔡，放也。』釋文：『上蔡字，音素葛反，放也。說文作「𣪠」，音同。下蔡叔，如字。』正義曰：『𣪠爲放散之意，故訓爲放也。』又說文『𡨼』，讀若虞書『𡨼三苗』之『𡨼』，今書作『竄』。字林：『竄，七外反。』與『𡨼』同音。𡨼、竄、𣪠、殺、蔡五字聲近而義同，皆謂放流之也。然則『殺三苗』即『竄三苗』，故孟子萬章篇亦曰『殺三苗』，非『𡨼』字之誤。」

其言不貳。王念孫曰：「貳爲『貣』之譌。貣音他得反，即『忒』之假借字。家語正作『忒』。若非『貣』字，不得與『忒』通。」今據改正。

陶稼事親。舊本「稼」作「家」，屠本、馬本、戴本皆從家語改「漁」。汪曰：「家，蓋『稼』之脱，屠本以意改耳。」王念孫曰：「家即『稼』字。大雅桑柔篇『好是稼穡』，釋文『稼』作『家』，是其證。鈔本御覽引此正作『家』，刻本作『稼』，後人改耳。」

敦敏而知時。御覽八十一作「教而知時」。

恤遠而親親。馬本、戴本作「親近」。今案：御覽正引作「親親」。

使禹敷土。王引之曰：「敷，本作『傅』。史記夏本紀作『傅土』。索隱曰：『大戴禮作「傅土」，故此紀依之。』是其證。荀子成相篇及周官大司樂注亦作『傅土』。」今案：敷、傅同音，故後人改「傅」爲「敷」。

主名山川。馬本「名」作「明」，誤。

南撫交趾、大教。舊校云：「大，一作『放』。」放，當是校「教」字者，放、教形近，放、發聲近，故此文「放」字，說苑、史記皆作「發」。漢書匈奴傳「矢四發」，師古曰：「發，猶今言放。」汲冢周書「發人鹿鹿者，若鹿迅走」。校書者見今本譌「教」字，故注云「教，一作『放』」，今則譌爲「大，一作『放』」矣。

鮮支、渠廋、氐羌。王念孫曰：「鮮支上有『西』字，而今本脱之。鮮支、渠廋、氐羌，皆西戎也。若無『西』字，則與上交趾、大教連文矣。孔謂不言『西』者，書大傳『西方者，鮮方也』，言鮮支則西已見，此曲說也。『鮮』字既讀爲『析支』之『析』，豈得又讀爲『東西』之『西』乎？史記作『西戎析枝、渠廋、氐羌』，說苑修文篇作『西析支、渠搜、氐羌』，皆其證。史記『戎』字亦衍文。」今案：戴校本亦云：「鮮支上脱一『西』字。」今增。

北山戎、發息慎。此「發」字衍文，當是「大放」下注文誤脱於此者。說苑修文篇作「北至山戎、肅慎」，是其證。史記「發」字亦衍，汪本乙之，作「山戎北發」，今不從。

東長、鳥夷，羽民。王念孫曰：「『長』下亦有『夷』字。長夷、鳥夷，皆夷名。史記『東長、鳥夷』，索隱曰：『「長」下少一「夷」字。大戴云「長夷」，則長是夷號。』據此則大戴原有『夷』字，而今本無者，後人依史記删之也。說苑亦云：『東至長夷、鳥夷。』」今案：王校增「夷」字是也，但「羽民」二字亦是衍文，史記、說苑皆無「羽民」二字，是其證。「羽民」二字，當是盧注取以證「鳥夷」者，後人因注文脱奪，遂入於正文耳，今删。

二十以孝聞乎天下。御覽引作「世以孝聞於天下」，世，當是「廿」之誤。

高陽之孫。王引之駮孔注曰：「上文『顓頊，黄帝之孫，昌意之子也，曰高陽』，則單稱高陽者，正謂帝顓頊。非若高陽氏，高陽之後，統子孫言之也，不得以彼而證此。且上文『顓頊，黄帝之孫；帝嚳，玄囂之孫；帝舜，蟜牛之孫』，皆謂子之子爲孫，不應高陽之孫獨連後世爲通稱也。帝德、帝繫傳聞各異，學者兩存而闕疑焉可矣。」今案：山海經有鯀父駱明之説，則鯀非顓頊子明矣，仍當以帝繫篇爲正。

鯀之子也。御覽八十二皇王部引無「也」字，索隱引亦無。

稱以上士。戴校曰：「稱以上士，當從史記作『稱以出』，猶云比量而出也。」王念孫曰：「作『稱以出』者是也。出與律爲韻，若作『上士』，則失其韻矣。隸書『士』字或作『土』，『出』字或作『𡳿』，二形相似，故書傳中『出』字多譌作『士』。史記『稱以出』，集解：『徐廣曰：一作「士」。』索隱曰：『按大戴禮見作「士」。』據此則小司馬所見本作『稱以士』，而無『上』字。後人不知『士』爲『出』之譌，而又加一『上』字，則謬以千里矣。孔曲爲之説，非是。」今案王説是。荀子大略篇「君子聽律習容而後出」，與本書「聲爲律，身爲度，稱以出」義正同，而今本荀子「出」亦譌「士」矣，據王本删正。

以征不享、不道、無德之民。蔡本與孔校同。各校本皆作「不庭無道」。

大者如説，民説至矣。戴校云：「此八字疑有舛誤。」

子也不足誠也，敬聞命矣。家語作「予也不足以戒，敬承矣」，蓋襲此文。時讀「予也不足誠也」句，「敬聞命矣」句。今從孔讀。

有爲道諸夫子之所。王念孫謂：「『夫子』應作『孔子』。」

凡一千一百三十五字。補。今校定凡一千一百三十二字。

帝繫第六十三

黄帝產玄囂，玄囂產蟜極，蟜極產高辛，是爲帝嚳。帝嚳產放勳，是爲帝堯。書舜典正義云：「帝繫及世本皆云『黄帝生玄囂，玄囂生僑極，橋極生帝嚳，帝嚳生堯』，與此文小異。」離騷王逸注引帝繫曰：「高辛氏爲帝嚳」氏即「是」字，此文與今本同。蟜，汪本作「喬」。

句芒產蟜牛。史記作「橋牛」。

瞽叟產重華。楚詞注引帝繫「產」作「生」。

及產象敖。戴氏文集曰：「禮記疏引此文亦作『及產象敖』，『敖』字之衍久矣。」汪本删「敖」字。

顓頊產鯀。楚辭王逸注引帝繫曰「顓頊後五世而產鯀」，與漢書律曆志引同。今增「五世而」三字於「產鯀」上。

娶于西陵氏之子，謂之嫘祖，氏產青陽及昌意。注本從戴校本叠「西陵氏」三字。今據增。山海經十八郭璞注引世本云：「黄帝娶於西陵氏之子，謂之纍祖，產青陽及昌意。」「西陵氏」三字不叠。此文當是據彼文妄删。「氏產青陽」，「氏」字屬下讀，氏、是通。漢書地理志曰：「氏爲莊公。」漢韓敕後碑云：「韓君于氏憤慉之思」，是其證。孔讀「氏」字屬上讀，誤。

青陽降居泜水。王念孫曰：「史記五帝紀『泜水』作『江水』，路史疏仡紀曰：『江水即泜水，今之湔泜水。』引大戴禮『青陽降居泜水』。案：漢書地理志『蜀郡湔氐道』，禹貢嶓山在西徼外，江水所出。氐即『氐羌』之『氐』。蜀郡之有湔氐道，猶廣漢郡之有甸氏道、剛氏道也。湔氏，縣名，非水名。如江水出湔氏道徼外即謂之湔氏水，豈白水出甸氏道徼外即謂之甸氏水，涪水出剛氏道徼外即謂之剛氏水乎？且氏是氐羌，其字不從水，羅泌改『湔氏』爲『湔汦』，以牽合大戴禮之『汦』字，甚矣其謬也。『汦』蓋字誤。隸書『工』字或作『五』，『氏』字或作『互』，二形相似，故『江』誤爲『汦』。」今從史記改「江」。

昌意降居若水。山海經十八居作處、史記本紀、竹書紀年作「居」，太平御覽一百三十五皇親部引帝王世紀云：「生顓頊於弱水。」是「若」又作「弱」。

謂之昌濮，氏產顓頊。初學記九引帝王世紀云：「顓頊母曰景僕，蜀山氏女，謂之女樞。」是「昌」又作「景」。竹書云：「昌意降居若水，產帝乾荒。」郭璞曰：「乾荒即韓流也，生帝顓頊。」郭氏蓋以山海經附合竹書，不足據。

顓頊娶于滕隍氏，滕隍氏奔之子。各本仍作「顓頊娶于滕氏，滕氏奔之子」。盧校云：「一本『滕』下有『隍』字，又『奔』字衍。」汪本與盧校語同。戴本改作「滕奔氏，滕奔氏之子」，王本同。今案：戴校是也。太平御覽一百三十五皇親部引世本曰：「顓頊娶于勝墳氏之子謂女禄，是生老童。」注云：「帝繫云勝奔氏，餘同。」據此則帝繫本作「滕奔氏」無疑。墳、賁古通，賁又通奔，故互借。滕、勝亦音借字。楚辭王逸注引帝繫作「顓頊娶于滕隍奔氏女而生老僮」，「隍」字蓋衍文也。

氏產老童。汪本據史記楚世家改老童爲卷章，下同。譙周云：「老童即卷章。」

吴回，氏產陸終，陸終氏。王念孫、汪中謂二「氏」字衍文。今謂上「氏」字屬下讀，下「氏」字衍，據删。太平御覽三百七十一人事部引世本作「陸終娶于鬼方氏之妹」，亦無「氏」字。

謂之女隤，氏産六子，孕而不粥，三年啟其左脇，六人出焉。「氏」字屬下讀。隤，風俗通義亦作「嬇」。御覽引世本作「謂之女嬇，生六子，孕而不育，三年啟其左脅，三人出焉；啟其右脅，三人出焉」。水經洧水注引同，下「啟」字作「破」。

其三曰籛。史記楚世家索隱引世本作「籛鏗」。水經獲水注引無「鏗」字，與本書同。

季連産付祖氏，付祖氏産穴熊，九世至于渠。各本「付」作「什」，「穴」作「内」。戴校、汪校俱改正。王念孫、汪中刪二「氏」字。今謂：上「氏」字本在「季連」下，誤倒。「氏産付祖」、「氏産穴熊」，二「氏」字皆屬下讀。孔注謂鬻熊即穴熊，聲讀之異，史誤分之。雷學淇曰：「楚之先世有三鬻熊：其一乃唐玄宗詔祀夏禹於安邑，以宗伯鬻熊秩宗伯夷配祀者。此鬻熊在虞、夏之際，即此穴熊也。其一即年九十而見文王師事之者，是在商、周之際。其一則渠之孫熊嚴，當汾王之世，王符潛夫論亦謂之鬻熊也。漢初世本殘缺，至戴氏時尤甚，故穴熊至渠千有餘年，謂止九世，此因穴、鬻聲相近，誤合爲一，不如史遷之記遠矣。」戴校本「九世」上增「季連之裔孫鬻熊」七字，云：「各本譌作『婁鯀出自熊』五字，在九世至於渠下，今從方本。」汪校本作「其裔孫鬻熊，自鬻熊九世至於熊渠」，蓋從戴氏文集之說。今據戴校聚珍本增。

婁鯀出自熊渠，有子三人。戴校本刪首五字，汪本刪首四字，蓋從文集之說。今據聚珍本刪正。

其孟之名爲無康。史記楚世家作「毋康」。

其季之名爲疵，爲戚章王。盧本「疵」作「疪」，誤。戴本「戚」作「越」，今依戴校訂正。

衛氏也。汪本「氏」改「是」，下同。蓋不知是、氏同物也。

鄭氏也。 鄭，本是「鄶」字，諸家皆誤作「鄭」。水經洧水注於「鄶城」下引世本文證之，則帝繫原文必是「鄶」字，楚世家索隱引宋忠世本注：「故曰鄶國也。」

帝嚳卜其四妃之子，而皆有天下。 御覽一百三十五皇親部引世本作「帝嚳卜其四妃，而四妃之子皆有天下」。藝文類聚十五后妃部引無「而四妃」三字，與本書同，特少一「而」字。

上妃，有邰氏之女也，曰姜嫄，氏產后稷。次妃，有娀氏之女也，曰簡狄，氏產契。 汪本無二「也」字，「產」作「生」。蓋據詩、禮正義合訂。今案：本書皆作「產」，未可據改。御覽引世本作「元妃，有邰國之女，曰姜嫄，是產后稷；次妃，有娀氏之女簡狄，是產契」，而藝文類聚引世本「產」又作「生」，蓋引書者以臆改無定耳。

次妃曰陳豐，氏產帝堯。次妃曰陬訾，氏產帝摯。 戴本據詩疏訂作「次妃，陳鋒氏之女也，曰慶都，氏產帝堯。次妃，娵訾氏之女也，曰常儀，氏產帝摯」。汪本作「次妃，陳豐氏之女曰慶都，生堯。次妃，陬氏之女曰常儀，生摯」。蓋從詩、禮正義合訂。今案：御覽引世本作「次妃曰陳豐，是生帝堯。次妃曰陬訾，產帝摯」，與今本大戴同。而藝文類聚引世本則作「次妃陳酆氏慶都生帝堯，次妃娵訾氏生帝摯」，與詩禮疏所據大戴略同。詩正義引大戴謂世本文亦然，今所引世本蓋有脱爛之字矣。以上下文例之，戴校是，據訂正。「鋒」，仍依孔作「豐」。

帝堯娶於散宜氏之子，謂之女皇氏。帝舜娶於帝堯之子，謂之女匽氏。 戴、汪校本「散宜氏」下疊「散宜氏」三字，「帝堯」下疊「帝堯」二字，今據增。王念孫謂女皇、女匽下三「氏」字衍。今案：御覽引世本作「堯娶散宜氏子，謂之女皇」，云帝繫同。引帝繫作「舜娶於帝堯謂之曰女姬」，皆無「氏」字，據刪。

鯀娶於有莘氏，有莘氏之女謂之女志，氏產文命。 盧本從元本不疊「有莘氏」三字，戴本、汪本皆不從。

女志，吴越春秋作「女嬉」。

塗山氏之子。盧本從元本不叠「塗山氏」三字，蔡本同，戴本、汪本皆不從。

凡五百七字。補。今校定凡五百二十八字。

勸學第六十四

學不可以已矣。荀子無「矣」字。御覽六百七學部引大戴有「矣」字。

青取之於藍而青於藍。宋本荀子與本書同，元本作「青出之藍」。藝文類聚草部、太平御覽百卉部引荀子並作「出於藍」。史記褚少孫續三王世家引傳曰「青采出於藍，而質青於藍者，教使然也」，蓋節録二書之文。

水則爲冰。御覽引作「冰生於水」，據改。荀子作「冰水爲之」。

木直而中繩，輮而爲輪。荀子無上「而」字，下「而」字作「以」，御覽引同，今據改。

枯暴不復挺者。荀子作「雖有槁暴，不復挺者」，戴校本據之改「枯」爲「槁」，汪本同。今案：御覽亦引作「雖有槁暴，不能復挺者」。考工記輪人鄭注云：「蔽，蔽暴。陰柔後必橈減，幬革暴起。」蔽暴，蓋即槁暴。今據御覽增「雖有」二字，「枯」改「槁」。

是故不升高山。荀子「升」作「登」，御覽引同。

不聞先王之遺道。御覽引無「遺」字，今疑「遺」字涉荀子而衍。

于越戎貉之子。荀子作「干越夷貉之子」。楊倞注：「干越，猶言吴越。」吕氏春秋「荆有次非，得寶劍於干越」，高誘曰：「吴邑也。」劉台拱荀子補注曰：「淮南原道訓『干越生葛絺』，高注：『干，吴也。』楊氏此註以干越爲吴越，蓋用高義。盧文弨改『干』爲『于』，又改注之『吴越』爲『於越』，非也。今原道訓作『于越』，亦妄庸人所改。」王念孫曰：「劉説是也。干越夷貉四者皆國名，不得改『干越』爲『于越』。大戴記之『于越』，亦後人所改。孔曰：『于，發聲。于越，猶春秋「於越」。』與盧誤同。」今訂正。

長而異俗者。荀子無「者」字。

是故木從繩則直。荀子無「是」字，「從」作「受」。

君子博學如日參己焉，故知明則行無過。戴校本「如」改「而」，「參」下增「省」字。王念孫曰：「孔改『知』爲『如』，是也。而釋『參己』，則曲爲之辭。『日參己』當從荀子作『日參省乎己』，參，讀爲三。玉篇曰『己，身也』。即曾子所謂『三省吾身也』。『故知明則行無過』，亦當從荀子作『則知明而行無過』，此『則』字與上兩『則』字文同一例。『知明』承『博學』而言，『行無過』承『三省』而言。」今從戴校、王校合訂作「君子博學如日參省己焉，則知明而行無過」。

又案：自「是故木從繩則直」至此，荀子在「輮使之然也」下。

詩云。荀子作「詩曰」。

靖恭爾位。荀子「恭」作「共」。

孔子曰：「吾嘗終日思矣，不如須臾之所學。」御覽引無「嘗」字，荀子「思」上有「而」字，「學」下有「也」字。

今據御覽改「矣」爲「之」，據荀子增「也」字，與下文一例。

吾嘗跂而望之，不如升高而博見也。荀子「之」作「矣」，下「而」字作「之」。王念孫據改。今案：鮑校御覽引作「吾嘗跂而望之，不如升登之博見也」，今依訂正。

升高而招，非臂之長也。荀子作「登高而招，臂非加長也」。今謂：之，當爲「加」，與下句一律。御覽引作「臂非加長」。

非聲加疾也，而聞者著。御覽引作「聲非加疾，而聞者速」。説苑建本篇襲此記文，曰：「吾嘗幽處而深思，不若學之速；吾嘗跂而望，不若登高之博見。故順風而呼，聲不加疾而聞者衆；登丘而招，臂不加長而見者遠。」

假車馬者。荀子「車」作「輿」。文子上仁篇曰「夫乘輿馬者，不勞而致千里。乘舟楫者，不游而濟江海」，與此文略同。説苑説叢篇亦襲此記，曰：「乘輿馬，不勞致千里；乘舟楫，不游絶江海。」王念孫曰：「海、里爲韻。荀子『海』作『河』，誤。」

而善假於物也。荀子無「而」字。

南方有鳥，名曰蝱鳩。荀子「鳥」下有「焉」字。其「蝱」作「蒙」者，蒙、蝱一聲之轉。方言作「蔑」，亦音轉字。

編之以髮。荀子句上有「而」字。

子死卵破。荀子作「卵破子死」。

所繫者然也。自「南方有鳥」至此，説苑襲此文，曰：「鷦鷯巢於葦苕，著之以髮，可謂堅完矣。大風至，則苕折卵破者何也？所託者然也。」

西方有木。荀子「木」下有「焉」字。

漸之滫中。郝氏荀子補注、謝校荀子本皆謂：「滫，久泔也。」義本説文，不從楊注之義。晏子春秋雜上篇云：「蘭本三年而成，湛之苦酒，則君子不近，庶人不服；湛之縻醢，而賈匹馬矣。」

質非不美也。荀子句首有「其」字。

處必擇鄉，游必就士，所以防僻邪而道中正也。荀子作「故君子居必擇鄉，游必就士，所以防邪僻而近中正也」。王引之曰：「當作『邇中正』。邇，近也，故荀子作『近』。宋本作『通』，爲『邇』之譌。元本作『道』，又『通』之譌也。説苑雜言篇襲此文，曰：『吾聞君子居必擇處，游必擇士。居必擇處，所以求士也。游必擇士，所以修道也。』」

物類之從，必有所由。戴校本從荀子改「從」爲「起」，改「由」爲「始」，云：「此起、始爲韻，下來、德爲韻。」今從戴校。

殆教亡身。戴、汪校本作「怠教忘身」。王念孫曰：「『殆，讀爲『怠』，商頌玄鳥篇『受命不殆』，鄭箋云『受天命而行之不解殆』，是讀『殆』爲『怠』也。教，當爲『敖』，敖與傲同，皋陶謨『無教逸，欲有邦』，漢書王嘉傳作『無敖佚，欲有國』，敖、教字相似。亡，讀爲『忘』。大雅假樂篇『不愆不忘』，説苑建本篇『忘』作『亡』。言怠傲而忘其身，則必有禍災。孟子所謂『般樂怠敖，自求禍者』是也。荀子作『怠慢忘身』，慢亦傲也。」今從王校。

火就燥。平地若一，水就溼。荀子「燥」下、「溼」下有「也」字。

禽獸羣居。荀子「居」作「焉」，字形之誤。

正鵠張而弓矢至焉，林木茂而斧斤至焉。文子上德篇「質的張而矢射集，林木茂而斧斤入」，與此記略同。

故言有召禍，行有招辱。荀子「禍」下、「辱」下有「也」字。

積水成川。荀子「川」作「淵」。説苑建本篇曰：「水積成川，則蛟龍生焉；土積成山，則豫樟生焉。」蓋襲此記文。

神明自得。戴校本亦改「傳」爲「得」，得與德、備爲韻。荀子句首有「而」字。

聖心備矣。宋本荀子亦作「備」。文選謝瞻從宋公戲馬臺集送孔令詩引亦作「備」。作「循」者誤。

是故不積跬步，無以致千里。荀子無「是」字，「致」作「至」。

不能千里。王念孫曰：「千里，本作『十步』。玉篇：『蹀，動也。』引大戴禮『騏驥一蹀，不能千步』，雖『十』誤作『千』，而『步』字尚未誤。謝校荀子據玉篇所引謂『十』當作『千』，非也。步與舍爲韻。舍，古讀若『庶』，若作『千里』，則失其韻矣。」劉台拱説亦同。今據改。淮南齊俗篇曰：「夫騏驥千里，一日而通；駑馬十舍，旬亦至之。」即本此意。

朽木不折。諸校本皆從沈泰本改「知」爲「折」。王念孫曰：「晏子雜篇『而知衝千里之外』，『知衝』即『折衝』，知、折古字通。」孔以宋本作『知』爲譌字，非也。晉書虞溥傳曰：『鍥而舍之，朽木不知；鍥而不舍，金石可虧。』蓋即此文。」

夫螾無爪牙之利。荀子無「夫」字。宋本荀子「螾」上有「蚯」字，元本無。

下飲黄泉者，用心一也。荀子無「者」字。文子上德篇作「蚯蚓無筋骨之强，爪牙之利，上食晞塊，下飲黄泉，用心一也」。淮南説山篇亦襲此記，曰：「螾無筋骨之强，爪牙之利，上食晞堁，下飲黄泉，用心一也。」

而無所寄託者。荀子作「無可寄託者」。

行歧塗者不至。各本「歧」作「跂」。盧校云：「當作『歧』。」汪本亦改「歧」。

目不能兩視而明，耳不能兩聽而聰。宋本荀子亦有「能」字，元本無。

鼫鼠。荀子注云：「梧鼠，當爲『鼫鼠』。」蓋本誤爲「鼯」字，傳寫又誤爲「梧」耳。王念孫曰：「楊注是。盧校牽强合之，非也。」

君子其結於一也。荀子作「故君子結於一也」。

而沈魚出聽。謝校荀子云：「流魚，大戴作『沈魚』，論衡作『鱏魚』，鱏與沈音近，恐『流』字誤。韓詩外傳作『潛魚』。」

今案：淮南説山篇云：「瓠巴鼓瑟而淫魚出聽，伯牙鼓琴駟馬仰秣。」亦襲此處文，淫、沈亦音近字。

夫聲無細而不聞。荀子「夫」作「故」，「細」作「小」。

玉居山而木潤，淵生珠而岸不枯。藝文類聚八十三寶玉部引作「玉在山而木潤，川生珠而岸不枯」，御覽八百二珍寶部引作「玉居山而木能潤，淵生珠而岸不枯」，八百四珍寶部又引作「玉在山而木潤，淵生珠而崖不枯」，所據互異。宋本荀子「居」作「在」，「木」上有「草」字，「岸」作「崖」。文子上德篇云：「玉在山而草木潤，珠生淵而岸不枯。」淮南説山篇亦襲此文，曰：「故玉在山而草木潤，淵生珠而岸不枯。」續史記龜策傳亦曰：「故玉處於山而木潤，淵生珠而岸不枯者，潤澤之所加也。」

爲善而不積乎，豈有不至哉？戴校本、汪本「至」作「聞」。王念孫曰：「『積』上衍『不』字，『至』作『聞』。言爲善而積，則未有不聞者。若云『豈有不至哉』，則與上文了不相涉矣。孔曲爲之説，非也。荀子作『爲善不積邪，安有不聞者乎』，『積』上亦衍『不』字。羣書治要引荀子作『爲善也，安有不聞者乎』。」今案：王説是，據改。

野哉。戴校本據説苑改「野」爲「鯉」，删「哉」字。今案：説苑蓋襲此記之文，未可爲據。

水潦灟焉。王念孫曰：「灟，當作『屬』，讀曰『注』。士昏禮記：『酌玄酒，三屬於尊。』注：『屬，注也。』説苑作『注』，是『屬』即『注』也。説文無『灟』字。」

誰知其非源泉也。自「孔子曰」至此，説苑建本篇襲之，曰：「孔子曰：『鯉！君子不可以不學，見人不可以不飾，不飾則無根，無根則失理，失理則不忠，不忠則失禮，失禮則不立。夫遠而有光者飾也，近而逾明者學也。譬之如污池，水潦注焉，萑蒲生之，從上觀之，知其非源也。』」尚書大傳略説亦曰：「子曰：君子不可以不學，見人不可以不飾。不飾無貌，無貌不敬，不敬無禮，無禮不立。夫遠而有光者飾也，近而逾明者學也。譬之如圩邪，水潦集焉，萑蒲生焉，從上觀之，誰知其非源水也。」

珠者陰之陽也，故勝火。玉者陽之陰也，故勝水。御覽八百四珍寶部引二「之」上並有「中」字，與類聚引同。管子侈靡篇與今本同。

天子藏珠玉。管子「藏」作「臧」，下同。古「藏」字皆作「臧」。

大夫畜犬馬。管子「犬」作「狗」。

知者能秉之，賤其所貴而貴其所賤。管子作「智者能牧之，賤所貴而貴所賤」。

獨不得焉。自「珠者陰之陽也」至此一段，本管子侈靡篇，與上下文不貫，於勸學義亦無當，或者有缺文歟？

子貢曰：「君子見大川必觀，何也？」荀子宥坐篇作「孔子觀於東流之水，子貢問於孔子曰：『君子之所以見大水必觀焉者，是何？』」。説苑雜言篇襲此記，作「子貢問曰：『君子見大水必觀焉，何也』」。

夫水者，君子比德焉。荀子無下六字，説苑與此記同。

偏與之而無私。説苑作「遍予而無私」。

所及者生，所不及者死。 説苑無下五字。

其流行庳下倨句。 各本「庳」作「痺」，戴本、汪本亦改「庳」。説苑作「其流卑下句倨」。

共赴百仞之谿。 説苑「谿」亦作「谷」，與荀子同。

淺者流行，深淵不測，似智。 説苑作「淺者流行，深者不測，似智」。此二句在「似義」下，今疑本書「淵」亦作「者」。

弱約危通。 戴校從方本改「危」爲「微」，汪本同。今案：危、微古通。考工記輪人「欲其微至也」，鄭司農注云：「微至，故書或作『危至』。」孔謂聲誤，非也。楊倞曰：「説苑作『綽弱微達』。」今本説苑作「綿弱而微達」。

受惡不讓，似貞苞裹。 戴校本從説苑改「貞苞裹」爲「包蒙」。今謂：「包蒙」是。「包蒙」與「善化」對文。

必出量必平。 戴、汪校本改「必出」爲「以注」。今案：孔謂「必」字衍，是。出，當作「主」，讀爲「注」，從荀子改。説苑作「至量必平」，「至」字亦「主」字之譌。

盈不求概，似度。 各本「度」作「厲」，誤。荀子「主量必平，似法；盈不求概，似正」二句，在「綽約微達，似察」之上。

萬折必以東西。 戴、汪本删「西」字，説苑作「其萬折必東」。今疑「以」字亦衍，當作「萬折必東」。

是以見大川必觀焉。 戴校本「見」上增「君子」二字。今案：荀子作「是故君子見大水必觀焉」，説苑作「是以君子見大水觀焉爾也」，皆有「君子」二字，據增。

凡一千八十二字。 補。今校定字數同。

卷八

子張問入官第六十五

專謂自納於己。各本「謂」作「爲」。戴本、汪本俱改「謂」，以下「謂」字並然。

教不能勿搢。搢與晉通。周禮春官典瑞「王晉大圭」，注云：「晉，讀爲『搢紳』之『搢』。」史記封禪書注云：「鄭衆注周禮云『搢，讀曰薦』。」薦、搢、晉同聲字，皆訓爲進。盧謂「搢」爲聲誤，固非。孔謂字當爲「晉」，亦不知搢、晉相假之義。

未若，家語爲「勿怠」也。盧、戴校本改「未若」爲「勿搢」，今從之。

失言勿踦。家語入官篇「踦」作「掎」。今謂：「掎」字是，掎亦發也，班固西都賦「機不虚掎」是也。「失言勿掎」，言人失言勿發揚之，與上「已過勿發」同義，盧注非是。

自行此六路者。「行」字衍文。自，由也。言由此六路者。家語作「自此六者」，亦無「行」字。「行」字當是校書人語誤入正文。

且夫忿數者，獄之所由生也。盧校云：「數，疑『敷』字之誤。」

墮怠者。戴校本改「墮」爲「惰」，家語作「怠惰者」。

專者。家語作「專獨者」。

歷者，獄之所由生也。「獄之所由生也」，與前文複，此句疑是衍文。家語無此句。下文「七」字乃後人據改者。

家語「七」作「六」。

大城而公治之。家語作「大域之中而公治之」。

而進是利。家語無「而」字，汪本據删。

而無求其報焉。家語無「而」字，今亦疑「而」字涉上下文而衍。

量之無狡民之辭。家語「狡」作「佼」。

恒言無害也。戴校本改「恒」爲「猶」，汪本同。

養之無擾於時，愛之勿寬於刑。家語「勿」作「無」。「無」字是，與上下文一律。

若此則身安譽至，而民自得也。各本「若」作「言」。汪本亦據戴本改「若」，家語正作「若此」。

故明不可弊也。弊、蔽通字。集韻：蔽音弊。弊與蔽同，是其證也。故此書作「弊」，家語作「蔽」，戴校從方本改「蔽」字，孔以「窮」字釋「弊」，皆未審假借之義。

故詩云。戴校本「云」作「曰」。

法象在内，故不遠；源泉不竭，故天下積也而木不寡。家語作「凡法象在内，故法不遠；而源泉不竭，是以天下積而本不寡」。今案：「木」字應作「本」。積，聚也。寡，少也。「法象在内，故不遠」，承上「所見邇，所求邇」言。

言法象在内，則百姓取法不遠也。「源泉不竭，故天下積也而本不寡」，承上「所以治者約」言，言源泉不竭，故天下積而本不見少也。盧注誤讀，以「源泉不竭，故天下積也」爲一義，以「而本不寡」屬下讀爲義，故改「本」爲「木」字。戴校本以「而木不寡」文不成義，乃改「而」爲「如」，不知「如木不寡」亦不辭也。家語以「源泉不竭」屬上「法象」句爲義，亦斷句未當者也。

則身安而譽至，而民自得也。「安」下「而」字衍文，宜删，與上文一律。家語亦無「而」字。

志者，心之府也。此注各本在「藏乎志」下。

聲，言也。此注各本在「發乎聲」下。

而民自得也已。「已」字衍文，家語無。

調悦者，情之道也。調，當爲「詷」。道，讀爲「導」。詷悦則民樂從，是以我之情導民之情也。盧注謂「治人情之道」，非是。家語作「説者情之導也」。汪本「悦」改「説」。

言調悦者。調，亦當爲「詷」。汪本「悦」改「説」。

則民悦。汪本「悦」改「説」。

言調悦則民不辨，法仁在身，則民顯以佚之也。調，亦「詷」之誤。「法」字應屬下讀，「仁」字衍文。顯，讀爲「憲」，憲，法也。言法在身，則民憲而安之也。家語作「言調説和則民不變，法在身則民象之」，是其證。王肅所據本尚不誤，盧所見本衍一「仁」字，遂以「法」字屬上讀爲句矣。汪本「悦」改「説」。

財利之生微矣。各本「微」作「徵」，誤。家語正作「微」。

善政必簡矣。家語句首有「則」字，屬上「貪以不得」爲義。

善言必聽矣。家語作「則善言必不聽也」，屬上「苟以亂之」爲義。

詳以失之。家語「失」作「納」，屬下「規諫日至」爲義。

詳爲陋失。盧本「失」作「矣」。戴氏文集曰：「『詳』作『佯』。陋，當作『漏』，聲之譌。別本『矣』作『失』。漏失，遺忘也。」聚珍本改作「詳爲漏失」，汪本從文集之説改「佯爲漏失」，今從戴校。

羣臣僕之倫也。「僕」字上脱「羣」字，據注文增。家語無「臣」字。

而羣臣服汙矣。王念孫謂「服」字衍，盧訓服爲事，「事汙」之語不可通，宜删。

是故夫工女。「是」字衍文，家語作「故夫」，無「是」字，據删。

賢君良上必自擇左右，始故佚諸取人。王念孫曰：「『良上』二字，即上文『良工』之誤而衍者。」戴校本改「諸」爲「于」，汪本亦改「於」。王念孫曰：「諸，亦於也。始，當作『是』。」今從王校删訂。家語作「賢君必自擇左右」，亦無「始」字。

主上無爲於日事，而有爲於用臣。各本「臣」作「也」。戴、汪校本「日」作「親」，「臣」下有「也」字。戴氏文集曰：「莊子天道篇注文。此譌『親』爲『日』，又脱『臣』字。」今從戴校。

故君子欲譽則謹其所便，欲名則謹於左右。家語作「君子欲譽則必謹其左右」。今案：二句一義，當是後人據家語校上句者誤入正文。

便所便習。此注各本在「則謹其所便」下。

必於上之佚政也。家語「佚」作「失」。汪本改「佚」爲「失」。今案：佚、失通字。

故上者尊嚴而絶。家語「絶」作「危」。王念孫曰：「『絶』本作『危』。上文曰『辟如緣木者務高，而畏下者滋甚』，正所謂『尊嚴而危』也。蓋『危』誤爲『色』，又誤爲『絶』耳。孔曲爲之説，非。」今從王校訂正。

民而愛之則存，惡之則亡也。而，如也。言民如愛之則存，惡之則亡也。

富恭有本能圖。「富恭」二字不辭，「富」下本有「而」字，「有本」下亦有「而」字。今案：家語作「富而能供，有本而能圖」，是其證。

修業居久而譚。家語作「修事而能建業，久居而不滯」。

情邇暢而極乎遠，察一而關于多。盧本、戴本「極」作「及」。王引之曰：「本作『情邇而暢乎遠』，與『察一而關于多』文正相對。家語曰『情近而暢乎遠，察一而貫乎多』，魏杜恕體論曰『取諸身而能暢遠，觀一物而貫乎萬』，皆本於此篇也。關、貫同字。」今案：「暢」字衍文，當是後人據家語「暢」字校「及」字誤入正文。今删「暢」字，「極」仍改「及」。

故君子莅民，不可以不知民之性，達諸民之情。家語「達」上有「而」字，今亦疑「而」字脱。

既知其以生有習，然後民特從命也。「以生有習」四字不辭，當作「既知其生，有習其情」，生、性通字，有、又通字。此承上二句言，而推其效者如此。家語作「既知其性，又習其情，然後民乃從命矣」，是其證。孔曲爲之説。

不道以遠。道，讀爲「導」。家語作「導」。

今臨之明王之成功。臨之，當作「臨以」，與下文「道以」一律，且承上文「臨以」、「道以」言，「之」顯爲誤字。

使成數年之業，則民困矣。此注各本在「則民疾」下。

故古者冕而前旒，所以蔽明也。文選注引「冕」作「絻」。絻，古「冕」字。白帖三十、太平御覽六百八十六服章部引俱無「也」字，蓋删節之。

黈絖塞耳，所以弇聽也。各本俱作「統絖」，汪本從劉本作「紸絖」，戴校改「統」爲「黈」，與孔注同。今案：文選薦士表注、白帖、御覽引俱作「黈」。黈，黄也，見漢書東方朔傳注。故盧注云：「黈〔一〕，莊子爲『黈』，黄也。」據以訂正。絖，白帖、御覽俱作「纊」。李善曰：「絖，古『纊』字。」白帖引無「也」字。御覽引「聽」作「聽」，誤。家語作「紘紞充耳，所以掩聰也」。漢書東方朔傳曰「冕而前旒，所以蔽明。黈纊充耳，所以塞聰」，與此文同。

今云惑視聽。戴校本、汪本改「今云」爲「令不」，今從之。

黈，莊子爲「黈」，黄也。按此記與莊子。各本「黈」作「絖」，汪本改「紸」，戴本改「黈」，與孔同，皆誤。今據正文改「黈」。各本「子」皆作「説」，「説」字不誤，仍從舊本改正。

大夫用素。戴校本改「用」爲「以」字。

〔一〕「黈」，據文義及大戴禮記補注引盧注，當爲「黈」字。

然毛、王徒以石飾玉。戴校本、汪本「徒」上增「之」字，「石」上增「爲」字，今從之。

故未詳。此注自首至此，各本在「人至察則無徒」下。

故水至清則無魚。漢書東方朔傳曰「水至清則無魚，人至察則無徒」，與此文同。

故枉而直之。漢書東方朔傳曰「枉而直之，使自得之；優而柔之，使自求之；揆而度之，使自索之」，與此文同。

民有小罪，必以其善，以赦其過，如死使之生其善也。戴校本删「其善也」三字。今案：家語作「民有小過，必求其善，以赦其過。民有大罪，必原其故，以仁輔化。如有死罪，其使之生，則善也」。據此，則「其善也」三字非衍文。或謂「以赦」之「以」當在「使之生」下，其文則「民有小罪，必以其善赦其過，如死使之生，以其善也」。

政不正，則不可教也；不習，則民不可使也。王念孫曰：「『不可教』上，亦有『民』字。今本脱之，與下文不協。」案：王謂「不可教」上有「民」字，是也。今謂：「不習」上亦有「教」字，此文相承而下，今本脱去，則「不習」無所指矣。觀家語作「政不和，則民不從其教矣；不從教，則民不習；不習，則不可得而使也」，語義可知。

雖行，必鄰也。鄰也，戴校從方本改「遴矣」，汪本同。「遴」字是，今據改。

鄰郄。戴、汪校本改「遴吝」，今從之。此注各本皆在「必遴矣」下。

故非忠信，則無可以取親於百姓矣。家語「矣」上有「者」字，今據增，與下文一律。

凡一千六十五字。補。今校定凡一千六十三字。

盛德第六十六

以觀治亂得失。御覽二十六時序部引無「得失」二字。

生於天道不順。戴校本亦從御覽增「道不順」三字，各本皆脱。

則小者偷墮。戴校從方本改「墮」爲「惰」，家語五刑篇作「惰」。

致愛，故能致喪祭。王念孫曰：「致愛，本作『致仁愛』。『仁愛』二字叠上文也。凡叠上文者不省。家語正作『致仁愛』。」今據增。

貴賤有序。王念孫曰：「『貴賤有序，本作『貴賤有別，尊卑有序』，今本脱去，則與上文不合。家語正如此作。」今據增。

朝聘之禮廢，則君臣之義失，諸侯之行惡，而倍畔侵陵之敗起也。汪本改「義」爲「位」，盧本「也」作「矣」。今案：經解「朝聘」作「聘覲」。戴校本删「也」字，蓋據下文，今從戴本。

生於長幼無序。戴校本亦云此下有脱文。王念孫本此下據家語增「而遺敬讓。鄉飲酒之禮，所以明長幼之序」十六字，今從之。

而争鬭之獄煩。經解「煩」作「繁」，有「也」字。

凡婬亂。盧、戴校本「婬」作「淫」。

享謂享婦及召闔也。戴本「闔」改「族黨」。

以慎天法。戴、汪校本改「慎」爲「順」，今從之。

刑法者，所以威不行德法者也。戴本、汪本「法」俱改「罰」，今據以訂正。

歲終，聽不德之刑，爲正德法而論也。戴校本作「聽不行德法之刑」，今據增。失句處，戴本已訂正。

論吏德行能功。各本「能」下有「理」字。戴校本删，與孔同。王念孫本謂「德行能功」上脱「之」字。初學記歲時部、太平御覽時序部三引此皆有「之」字。家語執轡篇同，今據增。御覽引此下脱「功能得德法者，爲有德能行德」十二字。

考羣臣之德行。「德行」下脱「能功」二字，並非偏舉，戴校增之，是也。

能得德法者爲有德。各本無「得」字，戴校本增，與孔同。

則莫不懲勸矣。御覽十八時序部引「矣」作「也」。

御民之銜勒也。各本脱「勒」字。戴校本亦增。家語正作「銜勒」。

書曰太史友、内史友。盧、戴校本無「友」字。

古者以法爲銜勒。王念孫曰：「『法』上有『德』字。上文曰『德法者，御民之銜勒也』，正與此文相應。篇内『德法』二字凡十三見，若無『德』字，則與全篇不合矣。家語正作『以德法爲銜勒』。」今據增。

而不懈墮。戴校本改「墮」爲「惰」。

民必走。各本「必」作「心」。戴、汪校本俱改「必」。

天道發施。道，盧本作「性」，戴、汪校本俱改「道」。

宫室之量。量,各本誤作「最」,戴校本亦改「量」。

皆官所職也。戴校本「官」上增「冬」字,今從之。

故曰:御四馬者,執六轡。各本皆脱「曰」字、「者」字。家語與孝經序疏引同。

太史、内史。王念孫曰:「太史、内史誤倒,上文作『内史、太史』。孝經序正義引此正作『内史、太史』。」今據正。

以之義則國成。家語「成」作「義」。

以之禮則國定。家語亦作「定」。魏時大戴本已然,不獨唐本也。

過,失也。此三字宜是「人情莫不有過」下注文。家語作「過失,人情莫不有焉」,疑後人據彼文誤增。

凡度量財物,考工猶有其事。各本「工」誤作「之」,戴校本改「工」。

古有之也。隋書宇文愷傳引無「也」字。

然其由或始於此也。各本「由」作「猶」,戴校本改「由」,猶、由同字。

凡九室。汪本「凡」下增「有」字。

一室而有四户八牖。宇文愷傳引無「而」字,藝文類聚三十八禮部引有「而」字。各本「牖」作「聰」,形譌。諸引皆作「牖」,戴校本亦改正。汪本删「一」字、「而」字。

凡三十六户七十二牖。隋書宇文愷傳引俱無此九字。藝文類聚引此九字在「外水曰辟雍」下,「凡」作「總」。隋書牛弘傳引盛德曰〔一〕：「明堂四户八牖，上圓下方。」蓋删節記文。

以茅蓋屋。宇文愷傳引脱「屋」字。

明堂者，所以明諸侯尊卑。藝文類聚引無「明堂者」三字，「卑」下有「也」字，宇文愷傳引亦有「也」字，今據增。

外水曰辟雍。藝文類聚引「曰」上有「名」字。汪本據增。今案：牛弘傳、宇文愷傳引俱無「名」字。

堂高三丈。各本「丈」俱作「尺」，宇文愷傳引亦作「尺」，其誤久矣。汪本亦改「丈」。

東西九仞。宇文愷傳引此亦作「仞」，汪本同。各本「仞」俱誤作「筵」。

室四户，户二牖，其宫方三百步。汪本作「室四户八牖，宫方三百步」。

亦煩重。戴校本改「煩」爲「繁」。

蓮蒲生。蒲，盧、戴校本作「莆」。

正朝之位。汪本「朝」下增「儀」字，蓋據周禮。

王族故士、虎士。戴校本脱上「士」字。

太僕前，正視朝位。周禮祇「太僕前」三字。「正視朝位」，乃鄭注文，宜删。

王入内皆退也。戴校本「内」下增「朝」字，蓋據周禮，今亦增。

凡一千六百一十八字。補。今校定凡一千六百四十二字。

〔一〕「弘」，原避乾隆諱作「宏」，今回改，下同，不出校。

卷九

千乘第六十七

脩其灌廟。各本「脩」作「循」，誤。戴校本亦改「脩」。王引之曰：「古無謂社爲灌者，灌當爲『濯』，與『祧』古字通。周官守祧鄭注曰：『故書「祧」作「濯」。鄭司農：「濯，讀爲祧。」』祭法曰：『遠廟爲祧。』祧廟，猶言廟祧。周官小宗伯曰『辨廟祧之昭穆』，漢書王莽傳曰『定祧廟，立社稷』。」

子曰立妃設如太廟。「子曰」二字衍文，或上有脱文。

静斯潔信。洪頤煊三朝記注釋「信」字屬下讀。

立子設如宗社。各本脱「如」字，盧、戴、洪本俱增。

莫敢援於外大夫。洪以「外」字絶句。

執事政也。戴氏文集曰：「政，當作『正』。」聚珍本改「正」，汪本同。

百姓齊以嘉善。高安本無「百姓」二字。

近者閑焉。程、沈、朱本「閑」並誤「閉」。

君發禁，宰受而行之。各本脱「受」字，戴、洪本俱增。

散布於小理。理，方本作「治」。此句疑有誤。

凡事尚賢進能，使知事，爵不世，能官之不愆。凡民戴名以能，食力以時，成以事立。各本脱「官」字，戴校本亦增。洪以「賢」字句，「知」字句，「世」字句，「愆」字句，「名」字句，「力」字句，「成」字句，「立」字句。知音智。「官」字不增。今案：當作「官之不愆」，無「能」字，「能」字涉上文而衍。

此國之所以長也。戴校從方本「國」下增「家」字，汪本同，今據增。

立有神則國家敬。洪曰：「有神，謂有道之人。」阮元曰：「此仍是鬼神之神，與四代篇『昭有神明』之義同。」

以爲無命。四字有誤，孔氏曲爲之説，戴校從方本改「無命」爲「典令」，今從之。

昔者先王立此六者。馬本、戴本、洪本「立」皆作「本」。

此國家所以茂也。盧、戴、洪本「家」下有「之」字，今據增，與上文一律。

以教民之不時不若不令。各本「時」上俱有「則」字。洪讀以「教民之不則」句，「時不若」句，「不令成」句。下文「成」字上屬。戴校從方本改「時」爲「治」，讀「治不若不令」句。今謂：「不令」之「不」衍，文當作「以教民之不則時、不若令」。令，法也。

發圖功謀。各本「圖」作「國」。戴、洪本亦改「圖」。御覽十八時序部引正作「圖」。

執伎以守官。伎，御覽引作「之」，誤。

庶虞草。戴校從方本「草」上增「百」字。王念孫曰：「新校本是。下文曰『庶虞動，蜚征作，嗇民執功，百草咸淳』是其證。」今據增。御覽引亦脱「百」字。

凡士執伎論功，脩四衛。太平御覽二十一時序部引無「凡」字，「功」作「力」，「脩」作「循」，皆誤。

治衆長卒，可以爲儀綴於國。御覽「卒」譌「平」。各本「可」作「所」，戴、洪本俱改「可」。

國中賢餘秀興閱焉。此句有誤。戴校從方本改「興」爲「與」。今謂：宜作「國中之賢秀與閱焉」。御覽引作「國中之賢者閱焉」。

於時有事，享于皇祖皇考。王引之曰：「春夏不當俱言『享』，夏當云『禘』，此涉上文『享』字而誤。魯語『嘗禘烝享之所致君祚者有數矣』，韋注曰：『秋祭曰嘗，夏祭曰禘，冬祭曰烝，春祭曰享。』蓋據大戴禮。」今據改。御覽引脱「皇祖」二字。

執權變民中。變，讀爲「辨」，古字通。禮王制注云：「辨謂考問得其定也。」孔説迂。

凡民之不刑萌本以安閒。戴校本删「不」字，各本「萌」作「崩」，「安」作「要」。戴校與孔同。今謂：「不刑」二字倒。萌，當作「明」。言凡民之刑，專治不明本務以圖安閒者，與下「作起不敬以欺惑憧愚」對文。

作於財賄、六畜、五穀曰盜。作，當爲「詐」，同音字。

誘居室家，有君子曰義，子女專曰媄。此三句有誤。戴校從方本作「誘居室家及幼子曰不義。子女專曰媄」。阮元曰：「誘，讀如『吉士誘之』之『誘』。誘，進也。君子即吉士，謂主其婚者。故曰『義若子女自專則爲姦』。」

飭五兵。 各本「飭」作「餝」，戴校亦改「飭」。

大曰講。 汪校云：「講，當作『媾』。唐韻正：『講，古音媾。』」洪曰：「講，當爲『諜』字之誤。」

以財投長曰貸。 王念孫曰：「貸，讀爲『慝』。古讀貸如慝。」

凡犯天子之禁。 高安本無「凡」字。

以追國民之不率上教者。 戴校本改「國」爲「罔」。

一家三夫，道行三人，飲食。 馬本、戴本「飲」作「餘」。洪以「一家三夫」句，「道行三人」句，注云：「一家一屋也。司馬法曰『夫三爲屋』。道路男子由右，女子由左，車從中央，故三人。」洪義較長。

於時有事，嘗新于皇祖皇考。 「新」字衍文。享、禘、嘗、烝是四時祭名，不宜有「新」字。

衰濯浸。 王念孫曰：「濯，當爲『灌』。衰，讀爲『等衰』之『衰』。衰者，差也。謂水之灌浸，必差次其多寡之數也〔一〕。太平御覽時序部十一引此作『表灌浸』，『表』即『衰』之誤，而『灌』字則不誤。」今據改。灌，洪本從御覽作「表」。

治地遠近。 御覽二十六時序部引「治」作「理」。

太古食壯之食。 王念孫曰：「『太古』二字衍。『以任民力，以節民食，食壯之食，攻老之事』四句上下相承，所言皆司空之事。下文『太古之民』云云，乃言太古時事。若此處有『太古』二字，則隔斷上下語脈矣。」今據删。

〔一〕「數」，經義述聞作「度」。

樂其宮室。 戴校本改作「樂其官」，今從之。

地移民在。 戴校從方本「民」下增「聚」字，「在」字屬下讀。今案：戴校是。「在今」、「太古」皆承上言，今據增。王念孫曰：「在今，猶言其在於今也。孔以『地移民在』爲句，未安。」

不樂其宫。 戴校本「宫」改「官」，今從之。

勸有功。 戴校本「勸」上增「民」字，今從之。

年穀不成。 戴氏文集曰：「不，當作『順』。」聚珍本從方本改「順」，汪本同。今謂：不，當爲「大」，字形之誤。

作事不成。 戴校本改「成」爲「時」，今從之。

於時委民。 洪曰：「委，當作『痿』，又作『餧』，病也。」

和五味以節食時事。 「時事」上，疑有脱字，應與「和五味以節食」儷文。

咸有安居和味。 各本作「有安民和味」，脱誤，孔校同，戴、洪亦同。

及量地度居。 各本「居」下衍「邑」字，洪從孔删。

地以度邑。 各本「度」下脱「邑」字，洪從孔删。

於時有事，蒸于皇祖皇考。 御覽引脱下「皇」字。

民咸知孤寡之必不末也。 各本「末」作「未」，孔校與戴同。洪從盧本作「失」。疑「失」字是。

入也弗之顧矣。 各本「入」作「人」，誤。戴、洪校本亦改「入」。

凡一千三百七十七字。補。今校定字數同。

四代第六十八

何哉。洪本「何」作「可」，據改。

心未之度，習未之狎。楊本「未之」皆作「之未」。

伯夷謂此二帝之眇。馬本亦作「二帝」，宜從戴本作「三常」。

辨歷大道。洪云：「大，當爲『天』。」

小眇其後乎。戴校云：「小，各本譌作『少』。」

於時雞三號，以興庶虞。戴校本删「庶虞」二字，俞樾亦謂「庶虞」二字不當叠，今從之。

甲冑之戒。洪曰：「據左傳，『戒』當爲『戎』字之誤。」

哀愛無失節。戴校從方本改「愛」爲「慶」，今從之。

君先眇，而後善中備以君之言。戴本亦改「子」爲「之」。洪讀「而後善中備」句。今謂：中，成也。見禮器鄭注。言君先眇，而後衆成備也。孔説非。

奂然而興民壹始。戴校從方本改「興」爲「與」。今謂：「與」字是。「奂然與民壹始」，言奂然與民皆始也。壹，皆也。

子吁焉其色。王引之曰：「吁與盱古字通。吁，喜貌。君行道，故可喜也。與下文『公愀然其色』意正相反。」

可以表儀。 王引之曰:「楊説『儀』字文義不明。説文:『儀,度也。』可以表儀,謂可以其形於外者揆度之。」洪曰:「表,標木爲準;儀,渾象之屬,皆所以測量天度。喻有才器者,可準望而知。」洪義長。

高山多林,必有怪虎豹蕃孕焉;深淵大川,必有蛟龍焉。 太平御覽五十六地部引作「高山多林,虎豹蕃孕焉;深泉大川,魚龍交焉」。

君察之此。 盧本無「此」字,洪以「此」字下屬,失其讀。

羣然。 羣,和也,與「威」對文。詩秦風鄭箋:「羣,言和調也。」

罣然。 罣、懌同字,玉篇「樂也,好也」。

抽然首然。 説文:「抽,引也。」戰國策注:「首,向也。」「心有所引」、「意有所向」,二句對文。

聞怪物恪命。 戴、洪本亦改「恪命」爲「怪命」。

事必與食,食必與位。 王念孫曰:「與,如也。言事必如其食,食必如其位,勿使相越踰也。孔注失之。」

昔虞舜天德嗣堯。 王念孫曰:「『天德』上有『以』字,今本脱之。少閒篇『昔虞舜以天德嗣堯』,是其證。」今據增。

子道廣矣。曰:由德徑徑,吾恐惽而不能用也。何以哉? 高安本無「曰」字。戴校從方本作「子道廣矣,吾恐惽而不能用也。何以哉? 子曰:由德徑徑」。今案:戴校長。

道天地,以民輔之。 此句疑。

味爲氣,氣爲志。 蔡本、馬、盧、戴、洪本皆叠「氣」字。

廢一曰失統。一本「曰」作「日」，誤。

執事無貳。王念孫曰：「貳，爲『貣』之譌，『貣』即『忒』之假借字。貸與貣同。」

五官有差。袁本、程本、朱本「差」誤「羌」。

此謂楣機。王念孫曰：「古書無並言『楣機』者，『楣』當爲『樞』。樞，户樞也，所以利轉。機，門梱也，所以止扉。皆門户之要，故以喻用人之要。文王官人篇『其貌曲媚』，逸周書『媚』作『媚』，故知『楣』爲『樞』之誤。」

貪於味不讓妨於政。「貪於味」，「於」字衍，删之，與下文一律。

慕寵假貴。洪曰：「慕，當爲『篡』，取也。」

變從無節妨於政。王念孫曰：「『變從』二字義不相屬。孔説非也。從，當作『徙』。節，止也。隸書『徙』或作『従』，『從』或作『徔』，二形相似，故譌。」今據改。各本脱下三字，戴、洪本俱增。

臣聞之弗薦。戴、洪校本亦改「慶」爲「薦」，下同。

此者伯夷之所後出也。戴校本改「者」爲「皆」。

子曰伯夷。戴校本「夷」下增「曰」字，今從之。

凡一千二百九十字。補。今校定凡一千二百八十九字。

虞戴德第六十九

君以聞之。戴、汪校本「以」改「已」。

君之聞如未成也。戴校本「如」改「而」。

黄帝慕脩之,曰明。阮元曰:「慕,乃『纂』字之譌。纂,繼也。」今據改。

法于天明,開施教于民。戴校從方本删「開」字,云:「各本衍一『開』字。」楊本重一『明』字。」今據删。阮元曰:「由記中『東有開明』推之,凡記中『開』字屢見,皆『啟』字,漢人避諱所改也。」

物必起,是故民命而弗改也。戴校從方本作「開物畢起」,「民」下增「聽」字,今從之。

此以上知所以行斧鉞也。戴校從方本删「此」下「以」字,洪氏亦云「疑衍」,今删。

是非反天而到行耶。馬本、戴本「到」作「倒」。盧云:「到,即古『倒』字。」

率天如祖地。戴、汪校本「如」改「而」。

質直而好仁。各本「直」皆作「知」。今謂:「知」字是,知義反。易繫辭注:「質,體也。」言體知而好仁也。

此以三常之禮明。盧本從劉本删「以」字,今不從。

天子之宫。各本「宫」誤作「官」。

率名斆地實也。「名」當爲「各」字之誤。言諸侯納貢於天子,率各效其地實也。

使仁守。今從御覽所引「仁」下增「者」字。

陳六律吕。「吕」字衍文。戴校從方本删之。洪仍舊本作「品」，屬下讀，謂等差也。

竪物。戴、洪校本亦改「竪」爲「豎」。

乃升諸侯之教士，教士執弓挾矢。各本叠「諸侯」二字，戴、汪本删，與孔同。洪本倒於下「教士」之上。

其地心端。戴校從方本作「其心志端」，今從之。洪删「地」字。

有仁父存。馬本「存」作「在」。

人事曰。此下，戴校從方本增「樂」字，汪本同。盧亦云：「案下篇，則此當有『樂』字。」今據增。

變民示也。戴校從方本改「示」爲「視」。

庶人以言，猶以夏后氏之袝懷袍褐也。戴校本「庶」上增「任」字，今從之。孔子集語引脱「氏」字，馬本脱「袍」字。

作地之穡。各本「穡」作「福」，戴校本亦改「穡」。

凡七百八十字。孔云：「八十」當是「六十」之誤。今校定凡七百六十二字。

誥志第七十

則上下不援，不援則樂。戴、洪本亦增二「不」字，各本皆脱。

以此怨省而亂不作也。戴校本改「此以」。今謂：「此以」是，據正。

順至必時其節也，丘未知其可以爲遠災也。戴校本删上「也」字、「爲」字。孔子集語引有「也」字，無「爲」字。今從孫校。

庶物時，則民財敂。民財敂。戴、洪本亦改「敬」爲「敂」，各本皆譌。

節事以動衆則有極。戴、洪本亦不叠「動衆」二字。

無怨則嗣世久，世久唯聖人。戴校本亦叠「世久」二字

非以徵民。洪曰：「徵，當作『懲』。」

政不率天，下不由人。戴校從楊本删「下」字。王念孫曰：「下，本作『亦』字，形脱落而爲『下』矣。史記曆書曰：『正不率天，亦不由人。』索隱曰：『此文出大戴禮。』是其證。」今據改。

正建于孟春。戴校本據晉志所引改「建正」，今從之。史記曆書云：「曆建正作於孟春。」

瑞雉無釋。今從史記改「無釋」爲「先滜」。

物乃歲俱生于東，以順四時，卒于冬方。汪本改「俱」爲「具」。戴校從楊本改「以」爲「次」，今從之。「方」原作「萬」，「萬」原爲「万」。「万」爲「於」字之脱爛，屬下「於時」連文，後人不知，又於下文「時上」增「於」字，而此遂改「万」爲「萬」矣。孔從戴改「方」，盧、洪從史記改「分」，皆非，今删此字。

於時鷄三號，卒明。徐廣曰：「卒，一作『平』。又云『斯也』。」王念孫曰：「『卒』字於義無取，作『平』者是。平明者，

平旦也。書大傳「夏以平旦爲朔」是也。隸書「卒」或作「卆」，形與「平」相似，故誤。」今據改。

此謂虞汁月。各本「虞」上皆衍「歲」字，孔與戴校同。

天曰作明，曰與惟天是戴。孔從戴校改「曰與」爲「日與」，洪同。王念孫曰：「改『日』非也。『曰與惟天是戴』者，曰惟天是戴也。與，語詞耳。『天曰作明，曰與惟天是戴』，兩『曰』字，文同一例，不當改『日』字，下同。」今訂正。

不遠厥事。孫星衍云：「事，一作『享』。」非是。「事」與「能」韻。

民之悲色。戴校從方本「悲」改「妃」，洪引管子曰：「賤人以悲色。」

伐于四山。戴、洪本亦改「代」爲「伐」，各本譌。

在國統民如恕，在家撫官而國。俞樾曰：「恕乃『努』字之誤。『在國統民如努，在家撫官而國』兩句一律，而亦如也。『統民如努』，猶言愛民如子。孔注不知『恕』字之誤，乃互易其『如』、『而』兩字，兩句不倫矣。」案戴本「如」「而」互易，與孔説同。汪本皆作「而」字。今從俞校訂正。

民咸廢惡如進良。戴、汪校本改「如」爲「而」。

此古之明制之治天下也。王引之曰：「制，讀當爲『哲』。言此古者明哲之君之治天下也。古聲制與哲同。論語「片言可以折獄者」，鄭注曰：『魯讀折爲制。』呂刑『制以刑墨』，于尚同篇『制』作『折』，是其例矣。」今從王讀。

仁者爲聖，貴次，力次，美次，射御次。王引之曰：「此論賢才之高下，非論貴賤也，不應以貴爲次。案『聖』字當在『貴』字下，而讀『仁者爲貴』作一句，『聖次』作一句，聖猶智也。襄二十二年左傳『焉用聖人』，杜注曰：『武仲多智，時人謂之聖。』老子『絶聖棄智』，王注曰：『聖智，才之美也。』智不如仁，故曰『仁者爲貴，聖次』。蓋先德而後才也。孟子盡心篇『民爲貴，社稷次之』，文義與此相似。若作爲『聖』，則與『次』字不相應矣。美謂形體壯大也。晉語『美鬢長大則賢，射御足力則賢』，『美鬢長大』即此所謂美也，『射御足力』即此所謂力也、射御也。邶風簡兮篇：『碩人俁俁，公庭萬舞。有力如虎，執轡如組。』傳曰：『俁俁，容貌大也。』齊風猗嗟篇：『猗嗟昌兮，頎而長兮。抑若揚兮，美目揚兮。巧趨蹌兮，射則臧兮。』是古人言力與射御多兼體貌之美。月令『命太尉贊桀俊，遂賢良，舉長大』，王肅注：『舉長大，曰舉形貌壯大者。』是古人用人或以形貌壯大取之，故曰『美次』。美謂形貌，非謂才也。」今案王説是，據正。

星辰不孛。各本皆作「星辰不隕」，「勃」字屬下讀。今案：藝文類聚二十人部、太平御覽四百一人事部並引作「星辰不孛」，孔校是也。戴、洪本同。

陵不施。戴校從方本作「陵不阤」。洪曰：「施，讀爲『阤』。」

雒出服。洪曰：「服，讀爲『負』，謂神龜負文以出。」

如民咸盡力。戴本、汪本「如」改「而」。

地賓畢極。戴本從方本「賓」作「濱」。

賢人並憂。戴校本「憂」作「優」。

日歎仁賓也。戴校從楊本删「也」字。

凡七百七十七字。補。今校定凡七百七十五字。

卷十

文王官人第七十一

變官民能歷其才藝。變，更也，易也。能，而也。言更易官民之位，而歷試其才藝也。注謂「試以衆位，歷觀其才」，是也。通爲一句讀。王引之讀「變」爲「辨」，「辨，徧也；歷，相也。言徧授民能以官而相度其才藝」，非是。

倫有七屬，屬有九用，用有六徵。盧校云：「徵，當作『徵』，亦見本書。」戴校本、汪本俱作「徵」。今案：周書官人解亦作「論用有徵」。倫、論通。

其老，觀其意憲慎强其所不足而不踰也。戴校本從方本删「意」字。俞樾曰：「意、憲同義。原憲，字子思，是憲有思義。意憲，猶意思也。禮記樂記篇『發慮憲，求善良』，良與善同義，憲與慮亦同義。自來但知憲之訓法，而不知憲之訓思，則『意憲』也、『慮憲』也皆兩字不倫矣。」

觀其孝慈也。兄弟之間。周書脱此二句。盧文弨校本據本書增。

觀其信憚也。王引之曰：「憚，讀爲『亶』，誠也，信也。逸周書作『觀其信誠』，誠亦亶也。亶、憚古同聲。亶之通作『憚』，猶亶之通作『單』。見禮記祭法。」

任以信相親也。盧、戴校本作「任以恩相親信」，戴本「信」下有「也」字。

考之以觀其信。周書無此句。「信」字與下文複，當是「言」字，且「考之以觀其信」語意未了。

絜之以觀其知。戴校本亦改「絜」，各本作「挈」。

煩之以觀其治。「煩之」下，應據周書增「事」字。

淹之以利。周書「淹」作「臨」。

以觀某不寧。戴氏文集曰：「不寧，當從周書作『不荒』。」汪本據改，今從之。

醉之以觀其不失也。「也」字衍文。

遠使之以觀其不貳。宜據周書删「使」字。貳，周書作「二」。

探取其志以觀其情。考其陰陽以觀其誠。周書無此二句。

陰陽，謂隱顯也。各本「謂」作「位」。盧校云：「余初疑『位』乃『謂』字，因聲誤。今案：當作『猶』字，形誤耳。」戴、汪校本作「猶」，「猶」字是，據改。

曲省其行，以觀其備成。戴校據方本删「成」字，與周書合，今從之。

志殷如淀。盧校云：「淀，當作『溵』。」戴、汪校本作「而溵」，今據改「溵」。

淀，蓋深字。戴校本「字」改「也」，非是。「淀」作「溵」，據改。

言日就也。戴、汪校本改「也」爲「益」，今從之。

如臨人以色。戴、汪校本據周書改「如」爲「好」，今從之。

其貌直而不侮。各本「侮」作「傷」，盧本、戴本俱改「侮」。王念孫曰：「傷，當爲『傷』，言其貌正直而不慢易也。說文：『侮，傷也。』徐鍇曰：『傷，慢易字也。』『傷』與『傷』字形相似，故知『傷』爲『傷』之譌。」今從王校。

其貌固嘔。戴氏文集曰：「篇内『嘔』字並『嫗』字之譌。」聚珍本、汪本改「嫗」，注同，今從之。

謂形柔而人苟。盧、戴校本「人苟」作「辭巧」，今從之。

以故自說。王念孫曰：「故，詐也。」

煩亂之而志不裕。王念孫曰：「裕，當爲『治』字之誤也。『治』與『煩亂』正相對。上文『煩亂之而志不營』，盧注曰：『營猶亂也。』『不亂』與『不治』亦相對。周書作『治』，是其證。」今據改。

曰鄙心而勢氣者也。盧、戴校本從方本改「勢」爲「假」，與周書合，今從之。

執之以物而遬決，驚之以卒而度料。王念孫曰：「『執』字義不可通。執，本作『設』，下文『難投以物』，『投』即『設』之譌，則此文本作『設之以物』明矣。物，事也。謂設之以事而能速決也。齊語曰『設之以國家之患而不疚』，意與此同。料，本作『應』，據盧注云『引之以卒然之事而能應時度焉』，則本作『應』明矣。」今從王校。

不學而性辨。戴校從方本改「學」爲「斈」，汪本同。今案：改「斈」非也。學，習也。言不習而能知也。

知一如不可以解也。戴、汪校本「如」改「而」。

困而不知其止，無辨而自慎。周書無「其」字，無「無辨而自慎」句。戴本「慎」改「順」，今從之。

曰愚怒者也。戴校本「怒」作「戇」，今從之。周書作「曰愚依人也」。盧文弨云：「依，讀當爲『薆』，蔽也。」

營之以物而不虞。王念孫曰：「盧以『不虞』爲不豫計度，非也。虞者，誤也。不誤謂臨事而不惑也。周書作『誤』，是其證。魯頌閟宮篇『無貳無虞』〔一〕，毛傳曰：『虞，誤也。』」

存志不能守錮。戴本「錮」改「固」，汪亦云：「錮，當作『固』。」

已諾無斷。周書「斷」作「決」。

言止慎諾於人。盧本作「正慎」，戴校作「止慎」，皆非也。正，當爲「不」字之誤，謂言之不能慎諾於人也。

多稽而儉貌。周書「儉」作「險」，古通。

辨言而不固，行有道而先困。宜以「固」字斷句。行有道而先困，謂行之有道者先困窮也。盧注所謂妬賢誣善者正以此。戴校删下五字，非是。周書無下六字。

自慎而不讓，當如强之。戴校據方本改「慎」爲「順」，「當」上增「失」字，今從之。

曰始妬誣者也。戴、汪校本删「始」字，注同，今從之。

微清而能發。各本作「徵清」，今從戴校改「微情」。

察度而能盡。周書作「察而能深」，下又有「寛顯而恭儉，温柔而能斷，果敢而能屬」三句。

〔一〕「閟」，原作「悶」，今據引文改譌。

曰治志者也。戴校本改爲「志治」，與周書同。王念孫亦云「志治」是。今據正。

此見於外。王念孫曰：「此，本作『必』，下文言『必見者五』，文義並與此同。今本『必』作『此』者，涉上文『此之謂』而誤。盧曲爲之説，非也。隋蕭吉五行大義第十四引大戴作『必見諸外』，周書同。」今從王校。

華如誣。戴、汪校本改「如」爲「而」，周書作「華廢而誣」。

以其見占其隱，以其細占其大。此十二字涉下文而衍，後人貪與「以其聲處其氣」句法相類，遂移此十二字於此，不知「聲氣」二字乃起下文之辭，故「氣初生物」云云，反復申明聽聲處氣之法，間此二句，文義實不類也。

以其聲處其氣。以，當爲「聽」字之誤。觀注文「聽處其聲氣」可知，乃後人據上衍文句法而妄改者。處，斷也。見後漢書陽球傳注。言聽其聲斷其氣也。周書「氣」作「實」，誤。

初氣生物。王念孫曰：「當作『氣初生物』，『物生有聲，聲有剛有柔』云云，三者文義相承。今本『氣初』譌作『初氣』，『生』譌作『主』，則文不成義。五行大義所引正作『氣初生物』，周書同。」今據正。

其聲温好。周書「好」作「和」。

勇氣壯直。周書「直」作「力」。

察其所安。孔注謂此句衍文，是也。據周書刪。

民情不隱也。王念孫曰：「今本『不』下脱『可』字，語意不完。五行大義引有『可』字。」今據增。

喜色由然以生。周書作「喜色猶然以出」，由、油、猶古通借字。

油爲新生好貌。 盧、戴校本俱作「油然」，今據正。

怒色拂然以侮。 周書「拂」作「薦」。

欲色嘔然以偷。 戴、汪校本「嘔」改「嫗」，今從之。周書作「嫗然以愉」。今謂：「愉」字是。

纍然而静。 「而」字宜從周書改「以」，與上文一律。汪本作「以」。

誠忠必有可親之色。 周書「親」作「新」，通字。

誠静必有可信之色。 王念孫曰：「静，非『動静』之『静』，乃『情』之借字。表記『文而静』，鄭注曰：『静，或爲情。』情，實也。故經傳通謂實爲情。」

質色皓然固以安，僞色縵然亂以煩。 周書無「色」字，「皓」作「浩」，「縵」作「蔓」。

不失色於人也。 戴校本删「也」字。

雖變可知。 周書無此句。

生民有黔陽。 王念孫曰：「『生民』，本作『民生』，言民生而有陰陽，故多隱其情、飾其僞也。據盧注云『人含陰陽之氣，生而有知，故生機僞』，則正文之先『民』後『生』可知。周書作『民生則有陰有陽』。」今據正。

人有多隱其情，飾其僞，以賴於物，以攻其名也。 戴校從方本删「有」字，汪本同，今據删。周書無「以賴於物」四字，汪本校删，「名」下「也」字亦删。

有隱於仁質者。 宜從周書改「仁賢」，「質」爲形誤，下同。

小施而好大得，小讓而好大事。周書「好大得」作「好德」，脱「大」字。戴校從方本改「事」爲「争」，與周書同，今從之。

面寬而貌慈，假節以示之。周書無此二句。

假節，假仁質之節。「質」字誤，宜改「賢」。

故其行以攻其名。王念孫曰：「故，詐也。呂氏春秋論人篇『釋智謀，去巧故』，高注曰：『巧故，詐僞也。』淮南主術篇：『上多故，則下多詐。』高注曰：『故，巧也。』」

推前惡，忠府知物焉。此文不可曉。戴、汪校本「惡」作「恃」。玩注文，蓋人問己有不知，則推援於人，而貌爲知者也。孔注似誤。周書作「前總唱功」，亦難曉。

謂有詢義之。戴、汪校本改「義」爲「議」，「議」字是。

而待以爲忠府。盧、戴校本「待」俱作「恃」。

首成功，少其所不足。此文亦難曉。周書「前總唱功」，即括此句在内。

故知以動人。王念孫曰：「故，詐也。」

自順而不讓。戴校從方本改「順」爲「執」，汪本同，與注文合，今從之。

及其所不知正也，觀人之動。戴校本作「及其不知也，觀人之動止」，汪本祇删「正」字，今從戴校。

如是者。是，當作「此」，與上下文一律。

素動人以言。周書無「素」字。

謂先偏習之。戴、汪校本「偏」作「徧」，據改。

涉物而不終。周書作「竭而弗終」。

詳爲不窮。周書「詳」作「佯」，古字通用。

色示有餘，有道而自順用之，物窮則爲深。周書作「□貌而有餘，假道而自順，因之□初窮則託深」。今案：周書多誤字，「有道」之「有」，戴氏文集謂宜據改「假」，汪本改正，今從之。

廉言以爲氣。言，當爲「信」字之誤。「廉信」與「驕厲」對文。

以見佚氣自然。戴、汪校本改「佚」爲「俠」，今從之。

驕厲以爲勇。戴、汪校本改「驕」爲「矯」。

内恐外悴。戴校從元本「悴」改「悖」，今從之。汪本作「誇」。

言苟自驕厲。戴校本改「驕」爲「矯」。此一節注文，各本在「亟再其説」下。

敬再其説。汪本改「敬再」爲「亟稱」。王念孫曰：「敬，當爲『亟』。集韻：『亟，或作蓝。』因譌而爲『敬』。管子五行篇『天子亟行急政』，今本『亟』字亦譌作『敬』。再，當爲『爯』。爯，古『稱』字。亟，讀如『亟稱於水』之『亟』。言亟稱其説以欺人也。」今據改正。

乞言勞醉，而面於敬愛。汪校云：「醉，當爲『瘁』。」周書無此二句。於，爲也，古通字。

醉言悴也。此注各本在「乞言勞醉」下。

故得其名，名揚於外。周書無此二句。王念孫曰：「故，詐也。」

伐名以事其親戚。周書作「發名以事親」，發、伐通字。

以故取利。周書無此句。王念孫曰：「故，詐也。」

分白其名，以私其身。俞樾曰：「自，古文作『白』。『自分其名，以私其身』，與周書『自以名私其身』義同。因『自』字古文作『白』，學者以爲『黑白』之『白』，遂移至『分』字之下，非戴氏之舊矣。」今從俞校。

陰行以取名。周書脱此句。

陰行，謂竊求諸人也。盧本作「陰陰」。戴氏文集曰：「次『陰』字，别本作『陽』，以正文訂之，當作『陰行』。」聚珍本改「行」，孔蓋從之，汪本同。

與左右不同而交。「交」上，脱「不」字。注云「言知其賢而不與交」，不與交，即不交也。今增。

猶相克争。各本「争」誤作「事」，孔從戴改。

陰陽克易。王念孫曰：「『克易』二字義不可通。克，當作『交』。易，反也。見左傳哀元年注、晉語注。内外交相反，故曰『陰陽交易』。隸書『交』作『亥』，『克』作『克』，二形相似而誤。孔訓『克』爲能，失之。」今從王校。

非誠質者也。周書「誠」作「成」。

隱節，隱於仁質之等。「仁質」宜改「仁賢」。

靜而寡類，莊而安人。王念孫曰：「經文本作『靜忠而寬，貇壯而安』，靜與情、壯與莊古字通，貇與貌同。謂其情忠而寬，貌莊而安也。周書作『情忠而寬，貌莊而安』，是其證。寬寡、貇類、壯貯皆字形相近而誤。又脱一『忠』字，衍一『人』字。盧以『寡類』爲不好狎，則曲爲之説也。」今從王校。

物善而能説，浚窮而能達。周書脱上句，「浚」作「説」。今謂：「説」字是，據改。

少言如行。戴校本「如」作「而」，周書作「以」。

有施而不置。「置」爲「德」之誤，據周書改正。

曰慎謙良者也。「慎」字衍文，據周書删。

貴富雖尊。雖尊，疑是「榮尊」，與下句儷文。

喜怒之如度晰。戴校本改「如」爲「而」。

晰，明也。此節注各本在「曰有守者也」下。

曰守也。戴校從方本作「曰有守者也」，與周書合，汪本同，今據增。

置方而不毁。戴校從方本改「置」爲「直」，與周書合，今據改。

立强而無私。戴校從方本作「强立」，與周書合，今據正。

曰經者也。戴校從方本「經」上增「有」字，與周書合，今據增。

正静以待命。周書作「虚以待命」。

歡欣以敬之。戴校從方本改「敬」爲「致」，今從之。

盡力而不面敬以安人，以名故不生焉。安，當從孔注改「要」。「名故」，當從戴校本互倒。「盡力而不面敬以要人」句，「以故名不生焉」句。

合志如同方。戴、汪校本改「如」爲「而」。

曰至友者也。周書作「交友」。

其入人甚俞。王念孫曰：「俞，讀爲『愉』。」

進退工，故其與人甚巧。盧注：「工，能也。」舊在「進退工」下。王念孫曰：「當以『進退工故』爲句，『其與人甚巧』爲句。工故，猶工巧，言進退皆工巧也。呂氏春秋論人篇曰：『釋智謀，去巧故。』下賢篇曰：『空空乎其不爲巧故也。』是巧與故同義。『其與人甚巧』與『其入人甚俞』對文，盧失其讀，並失其義。」

其就人甚速。周書作「就人甚數」，數、速通字。此下至「質不斷」，周書皆脱。

從容謬易。周書「謬」作「克」。

曰無誠志者也。宜據周書删「志」字。

亟變而多私。周書無此句。

云能規諫而反不類，言以道行復不平也。戴校本云：「言上句在『規諫而不類』下，下句在『道行而不平』下。」今從之。

曰巧名者也。王念孫曰：「巧，本作『竊』。俗書『竊』字作『窃』，其下半與巧相似，因譌爲『巧』。周書正作『竊名』。」

畸鬼者不仁。周書作「時□者不回」。

面譽者不忠。周書作「果敢者也」。盧文弨據本書改正。

飾貌者不情，隱節者不平。周書「情」作「静」，「隱」作「假」。

此之謂揆德。此下脱「也」字，據上文增。

九用既立。此句衍文。

取直愍而忠正者。王念孫曰：「『愍』字義不可通，疑『慤』字之誤。説文：『慤，謹也。』家語公西赤問篇注曰：『慤，質也。』直、慤、忠、正義並相近。」今據正，下同。

取順直而察聽者。「順」字，據下文改「慎」。

接給，謂應所問而對。廣中，謂博於聞識也。此注各本在「而廣中者」下。盧本「對」作「勤」，誤。

使是治國家而長百姓。使是，使之也，説見經傳釋詞。

使治壤地而長百工。「使」下，據戴校本增「是」字，與上下文一律。盧文弨校周書亦增「是」字。

爲邊境。戴校本「爲」改「衛」，今從之。

家有嚴君焉。戴校本「家」下增「人」字，今從之。

慎維深思。盧本脱「思」字。

一人，文王自謂也。此注各本在「以交一人」下。

凡二千四百二十三字。補。今校定凡二千四百十字。

諸侯遷廟第七十二

謂親過高祖。自此至「與穀梁相傳也」一節注文，各本在「皆齋」下。

於練焉壞廟。各本脱「廟」字，戴、汪校本增。

納新神。戴氏文集曰：「『納新神』上，脱一『時』字。」聚珍本、汪本皆增，今從之。

鄭玄士虞禮記注曰。戴校本作「鄭玄注士虞禮曰」。汪本删「記」字，今從汪校。

今未即吉。盧本「今」作「下」，戴校本删之。

玄又分。戴校本「玄」上增「鄭」字。

尤非宜耶。戴校本改「耶」爲「也」，通字。汪本删之。

未忍有之也。盧本「也」作「矣」。

房，西房也。戴氏文集曰：「『西』字，别本或作『曰』，或作『由』，據禮訂之，當作『東房』。」汪本改「東」，今從之。

門左、門西。此注各本在「入門左」下。

東西俟也。戴校本「俟」作「侯」。

走，急趨也。此注各本皆在「如食間」下。

東郊之位。别本「郊」爲「郊」，盧本改「廂」，戴作「郊」，下注「西郊之位」同。

凡四百四十八字。補。今校定字數同。

諸侯釁廟第七十三

則釁之以豭也。盧本、戴本「也」改「豚」，今從之。

南向。雜記正義引「向」作「鄉」。

請命以釁某廟。各本「命」誤作「令」，戴校亦改「命」。

拭挩。各本「挩」誤作「帨」，戴本、汪本皆改「挩」。

北面東上。雜記正義引無「東上」二字。

居上者，宰夫也。盧、戴校本改「居」爲「東」，與通典四十八引小戴記注合，「東」字是，今據改。

小戴「割雞亦於屋上」。盧校云：「『上』字當作『下』。」

宗人請就宴。戴校本「宴」作「燕」。

凡一百四十五字。補。今校定字數同。

卷十一

小辨第七十四

小辨，謂小辨給也。 各本「謂」作「爲」，孔從戴改。

日夜不違也。 戴校本改「夜」爲「昃」，今從之。

學不可以辨。 戴、洪校本「辨」上增「小」字，今從之。

諸侯學禮辨官，政以行事。 盧注「官政」連讀，非是。「諸侯學禮辨官」句，與「天子學樂辨風」、「大夫學德辨義」、「士學順辨言」、「庶人聽長辨禁」句，注皆一律。政，正也。「政以行事」，言守正以行事也。

大夫學德別義。 「別」爲「辨」音之轉，當是誤字。盧所見本已誤「別」，應改「辨」，與上下一律。

別猶辨也。 此注各本在「學德別義」下。

矜猶慎也。 戴校本「矜」作「莊」，云：「從永樂大典本訂定。他本或作『慎』，或作『尚』。」

士學順辨言以遂志。 「以」上脱「致命」二字，觀注文可知。「士學順辨言」句，與上下文一律。「致命以遂志」，亦與上下文一律。阮元曰：「順與訓通，即爾雅釋訓之『訓』。遂志，通意也。學訓詁，方能通絶代別國之言之意也。」與盧注不合。

農以行力。説文：「農，耕也。」與夏小正篇「農及雪澤」之「農」同義。

爾雅以觀於古。雅，正也。爾雅者，言之近於正者也。不通正音，不可以讀古書。「子所雅言」，蓋亦以正言。讀經不以方言亂之，故曰「爾雅以觀於古，足以辨言」。張揖上廣雅表：「周公制禮，著爾雅一篇，以釋其義。」禮三朝記：孔子曰：「爾雅以觀於古，足以辨言矣。」王應麟曰：「爾雅之名，始見於此。」

夫亦固十棋之變，由不可既也。各本「棋」作「祺」，戴校從方本改作「夫奕十棋之變」，今據正。由，汪本改「猶」，通字。

吾壹樂辨言。壹，語助也。晏子春秋諫篇曰：「寡人一樂之是欲。」莊子大宗師篇曰：「回一怪之。」一與壹同，皆語助。

皇於四海。王念孫曰：「皇，充也，謂充滿於四海也。皇與横、光，古同聲而通用。」

行禮樂而力忠信，其君其習可乎。各本皆無「行」字。盧校云：「上『其』字衍。」戴、汪校本據删。俞樾曰：「當作『君其習禮樂而力忠信，其可乎』，『君其習』三字誤移在『可』字之上，則不可通。」今從俞校。

多與我言忠信。「多」與「祇」通，謂祇與我言忠信也。

毋乃既明忠信之備而口倦其君。戴校從楊本「明」上增「不」字，而「口」改「又」，「君」改「居」。今謂：口，當爲「日」。君，當爲「居」，「居」，讀如「居之無倦」之「居」。言不可以入患者，毋乃既明忠信之備，而日倦其居，則不可耳。盧注「不行」正釋「日倦其居」句。

綴學之徒。王氏困學紀聞曰：「劉歆書『綴學之士』本此。」

何一之彊辟。陳觀樓曰：「當作『何一彊之辟』。」

死亡而弗知。戴校從方本移此句作注，今從之。

内思畢心曰知中。各本「心」作「必」。盧校云：「當作『心』。」汪、洪本亦改「心」。

於知事而越言知備者，因義言之，足明於上也。此注各本在章末。

凡六百十一字。補。今校定凡六百七字。

用兵第七十五

何世安起。王念孫曰：「安猶於也。何世於起，言起於何世也，此倒句也。安、焉聲相近。墨子非命篇曰『何書焉存』，文義與此同。安、於一聲之轉，故『於』字或通作『安』。鹽鐵論非鞅篇『封之於商安之地』，『商安』即『商於』。」

子曰：「否。蚩尤，庶人之貪者也。」戴校本「貪」改「强」。太平御覽二百七十兵部引作「孔子曰：蚩尤，庶人之貪者也」。

云「蚩尤，古之諸侯」，或妄耳。戴氏文集曰：「當作『或云』，『或』字誤脱在『諸侯』下。」

及利無義。王引之曰：「及，當爲『㕻』。㕻，取也，貪也。説文：『㕻，入水有所取也。讀若沬。』玉篇：『㕻，古没字。』晉語『退而不私，不没於利也』，韋注曰：『不貪利國家也。』秦策『没利於前，而易患於後』，高注曰：『没，貪也。』『㕻利無義』。

言蚩尤貪利而忘義，故曰：『蚩尤，庶人之貪者也。』『殳』與『及』字形相似。」今據改。御覽引作「反」，亦形譌。

何器之能作。王念孫曰：「器，本作『兵』。『何兵之能作』正對上文『蚩尤作兵』而言，不當改『器』。古之所謂兵者，即指兵器言之。後人謂執兵者爲兵，故不識其意而改兵爲器耳。周官肆師疏引此作『何兵之能造』，御覽兵部一引作『何兵之能作』，皆其證。」今據改。

凶如蜂蠆之挾毒也。戴校本「凶」作「言」，盧本作「云」，今從盧校。

魚在在藻。汪校云：「以下六句，皆逸詩，不必牽引蓼莪。」喜孫曰：「餌、久、子，古音皆在之部，六句通爲一韻，則必通爲一詩。」與孔注同。

嗣武于孫子。戴校同孔，各本譌「嗣武孫武子」。

言用上二章。盧、戴校本「言用」改「亦同」，今從之。

必稱其人。戴、洪本亦改「仁」爲「人」。

猶威致王今若存。戴校從方本作「猶依然至今若存」。今謂：戴校是，與盛德篇合。洪氏亦云，據改。

羸暴於天下。戴氏文集曰：「羸，當作『贏』。」校聚珍本改「贏」，汪、洪本同。

雖諸夏莫能相養。盧本無「莫」字，戴校本作「雖親莫能相養」，今從戴校。

讒貸處穀。貸，讀爲「慝」。

而幼風是御。洪曰：「幼風，謂幼眇之樂。漢書曰：『每聞幼眇之聲。』」較盧注的。

與斗應相直。戴、汪校本改「應」爲「杓」，今從之。

鄒大無紀。王念孫曰：「鄒，讀爲『陬』。鄒大無紀，本作『孟鄒無紀』。離騷曰『攝提貞于孟陬』，唯其攝提失方，是以孟陬無紀。史記曆書曰『孟陬殄滅，攝提無紀，曆數失序』，文與大戴略同。漢書劉向傳引作『曆失，則攝提失方，孟陬無紀』，據以訂正。孔以『大』爲『失』字之誤，非也。既言『無紀』，則無庸更言『失』矣。」今從王校。

或深聲爲鄒也。盧校本「爲」上增「誤」字。戴氏文集曰：「深，當作『陬』。」聚珍本、汪本作「或陬聲誤爲鄒也」，今據改。

不告朔於諸侯。穀梁十六年疏引三朝記云：「周衰，天子不班朔於天下。」

周禮太史職曰。戴氏文集曰：「太師，當作『太史』。」校聚珍本改「史」，删「職曰」二字。汪本亦改「史」，與孔同。

頒告朔于邦國也。盧本作「頒朔于邦國也」。戴氏文集曰：「脱『告』字，别本多脱『朔』字。」聚珍本增，汪本亦同。

周書曰：「力政則無讓。」各本無「曰」字。戴氏文集曰：「『周書』下脱『曰』字，似仍脱『力争則力政』一語，此逸周書度训篇文。」聚珍本增，汪本同，今從戴校。

此周所伏四海。戴氏文集曰：「伏，當作『服』，下同。」聚珍本改「服」，汪本同。今謂：伏、服同字。

來者國數也。盧本作「數國」，戴氏文集曰：「當作『國數』。」聚珍本正，汪本同。

疑於所聞也。戴校本「於」作「其」。

霜雪大滿。戴校從楊本改「滿」爲「薄」。王念孫曰：「滿，本『薄』字之誤。廣雅曰：『薄，至也。』月令曰：『雪霜大摯。』

摯亦至也。」今據改。

六畜餴眥。 盧校云：「眥，疑當爲『胔』，瘦也。」戴、洪校本改「胔」。

此大上之不論不議也。 王念孫曰：「此句之義，與上下文絶不相屬。『民多夭疾，六畜餴胔，殀傷厥身，失墜天下』四句一氣相承，今闌入此句，則隔斷上下語脈矣。此不知何處錯簡，注曲爲之説，非也。」今案：此句宜在「故永其世而豐其年」下，衍一「也」字。

夫天下之報殃於無德者。 戴校從方本刪「下」字，「者」下增「也」字。今案：「下」字涉上文而衍，觀注引書可知止一「天」字，今刪。

凡四百四十四字。 補。今校定凡四百四十二字。

少閒第七十六

子愀焉變色。 戴校從楊本「焉」改「然」。

君而言情於臣。 戴校云：「各本『而』下衍『不』字，今從楊本。」洪亦刪「不」字。

謂事役及刑罰。 役，各本譌「後」，孔從戴校改正。

同名同食。 汪本「食」作「位」，今據改。

故天子昭有神於天地之間。 戴校從方本改「有」爲「百」。汪本同。王念孫曰：「有，當爲『百』字之誤。天子祭天地四方，故曰『昭百神於天地之間』。注引祭法『有天下者事百神』，則本作『百神』明矣。」今據改。

力時使以聽乎父母。「使」字疑衍。

君謂閑。戴校本「謂」下增「之」字，今從之。

緣近小始。各本「始」譌「治」，孔從戴改。

將行重器。戴校從方本改「行」爲「持」，「持」字是。注云「將持重器」，正述經文。

言專陽則正，華英得陰陽之乎秀也。各本「英」下有「也」字。戴校本作「言專務其本，則華英得陰陽之節而秀乎也」。今從戴校。

昔堯取人以狀。各本「以」作「民」。盧校云：「民狀，當作『以狀』。」蔡本、戴、汪、洪校本皆作「以」。

此四代五王之取人。今從戴校删「此」字。

何爲其不同也。諸本「爲」作「謂」，孔從戴校改「爲」。

言不能如五王。此注各本在「五王取人」下。

又不能備聞也。各本「聞」作「問」。戴氏文集曰：「問，當作『聞』。」聚珍本改「聞」。

言能居之則成純。各本「成」作「桀」。盧校曰：「『桀』字不可通，以正文考之，蓋『成』字傳寫譌爲『乘』，而『乘』復譌『桀』也。」戴校本亦改「成」。

布功散德。開元占經一百十三引「功」作「恩」。

出入日月。開元占經引作「日月出入」，當據改。

西王母來獻其白琯。太平御覽五百七十八樂部引作「舜時，西王母獻白玉琯」，開元占經引作「西王母來獻玉琯」，漢律曆志注云：「西王母獻舜白玉，以玉爲琯也。」據此，則「白」下應有「玉」字。帝王世紀作「白環」。

海外。戴校從方本「海」下增「之」字，與下文一律。王念孫亦云然，今從之。

其地出迅足鹿。戴校本「足」作「走」，盧校本作「其人迅走若鹿」，今從盧校。

渠搜貢露犬。各本「露」作「虛」。戴氏文集曰：「『虛』字誤。逸周書曰：『渠搜以䶂犬。』䶂犬者，露犬也。虛，或當作『露』。」聚珍本、汪本俱改「露」。

舜崩。戴、洪校本亦有「崩」字，各本脱。

謂改封虞氏之後。戴校本無「之」字。

作宮室高臺、污池土察，以民爲虐。俞樾曰：「土芥，古語也。哀元年左傳『以民爲土芥』是也。芥，即『丰』字，説文丰部：『丰，艸蔡也。讀若介。』因丰讀若介，故即以介爲之，而又叚用從艸之芥也。亦或作『土察』，『察』者『蔡』之叚字，猶『芥』者『介』之叚字也。用兵篇作『宮室高臺汙池，以民爲土察』，猶以民爲土芥也。學者不識『土察』之語，乃移至『汙池』之下，使『汙池土察』四字連下，而『以民爲』下增『虐』字以成句，非也。」今案：俞説是，但「虐」字亦非衍文，當作「虐民以爲土察」，今正。下同。

以覲天子。覲，當是「覿」字之誤。

不忍天下粒食之民刈戮，不得以疾死，故乃放移夏桀。洪以「民」絶句，「故」絶句。阮曰：「『不忍天下粒食之民刈戮』句，『不得以疾死』句，『故』字屬下。以千乘篇亦有『民不得以疾死』之文，下亦有『故』字也。」

順民天心嗇地。戴校從方本删「民」「心」二字。王念孫曰：「本作『順天嗇地』，『順天』與『嗇地』對文，『順天嗇地』又與下二句對文。今本『民』字涉下『民』字而衍，『心』字又涉注文而衍，遂致文不成義。據注云『順天之心』，則正文之作『順天』明矣。」今據删。洪以「順民」上屬爲句。

成湯卒崩。戴校本作「既崩」，云：「既，他本或譌作『年』，或譌作『卒』，今從方本。」盧亦云譌。據戴校正。

殷民更服。戴、洪本亦改「服」，各本譌「眩」。

武丁，小乙之子。盤庚之時，有雉雊之變。盧本改「時」爲「孫」，誤。戴校本作「武丁，盤庚弟，小乙之子也」，與殷本紀合。「時」字亦删。今於「時」上增「弟」字，「時」字下屬爲句。

武丁卒崩。戴校從方本作「既崩」，今據正。

乃退伐崇、許、魏。王念孫曰：「『許魏』當爲『誅黎』，字之誤也。誅黎，即西伯戡黎之事。書大傳文王伐邘、伐密、伐犬夷、伐耆、伐崇，所謂五伐也，故曰『伐崇誅黎』。」

許、魏不在五伐，蓋時小伐也。「伐」，各本譌「代」。孔從戴校。

制典，用行三明。戴校從方本作「制法任地行三明」。王念孫曰：「孔改是也。虞戴德篇曰：『三代之相受，必更制典物。』即此所謂『制典』也。此篇説禹、湯、文王之事大略相同，則『制典』下亦當有『慈民』二字。『作物配天』、『制典慈民』、『用行三明』、『親親尚賢』，皆四字爲句，且民與天、賢爲韻。」今從王校增訂。

煩，衆也。如繁者。戴校本作「煩煩，衆也。如繁諸」。汪本同。

君如財之。汪本作「而君財之」，今亦「君如」互倒。

發如用之。戴、汪校本「如」改「而」。

言識其並興。各本「識」作「職」。戴氏文集曰：「職，當作『識』。」聚珍本、汪本並改「識」，通字。

如以觀聞也。馬本、戴本、汪本「如」並作「而」。

謂辜極可以苟免也。「可」上脱「不」字，今增。

臣恐其足。盧云：「當作『臣則曰足』四字。」汪從盧校。喜孫曰：「『臣恐其足』四字與注不合，且不足可云『恐』，足不云『恐』也。不若盧校之核。」今從汪本。

所謂可否也。各本作「所謂可不也」。盧云：「當作『可否也』。」孔、戴蓋皆從盧校。

公吁焉其色。吁與盱古字通，喜貌。

如未之成也。子曰：「君知未成。」「未」字，宋本作「木」，不誤。言政之豐大，如木之成。故下文即草木申言之。「未成」之「未」，亦是「木」字之譌，今皆改「木」。盧、戴校本上作「本」，下作「未」，亦非是。

則枝葉必偏枯，偏枯是爲不實。蔡本、馬本、洪本「偏」皆作「徧」，「偏」字是。據盧校改。

穀亦如之。戴校本改「穀」爲「民」，洪亦云：「當爲『民』。」今從孔注改「政」。

上失政，大及小人畜穀。戴、汪校本删「小」字，今從孔注「小人」二字互倒。

穀敗失。戴校本「穀」改「政」，今從之。

有生之魄。戴校本作「耳目有聰明謂之魄」，今從之。

疆蔞未虧。戴氏文集曰：「『蔞』不可通，宜作『藪』。」聚珍本、汪本皆改「藪」。洪曰：「蔞，當爲『垂』。垂，古通作『垂』，謂邊隅也。孫卿書曰：『疆垂不喪。』」今改「垂」。

皆未易於常也。盧、戴校本無「於」字，今據删。

糟者猶糟，實者猶實，玉者猶玉，血者猶血，酒者猶酒。俞樾曰：「『酒者猶酒』當在『糟者猶糟』下，二語相對成文，糟濁而酒清也。『玉者猶玉』、『血者猶血』，二語亦相對，玉白而血赤也。至『實者猶實』句或有對文，而今闕之，當爲衍句。」

言善惡之物，仍錯亂也。戴校本「仍」改「未」，今從之。

凡一千五百一十字。補。今校定字數同。

卷十二

朝事第七十七

古者聖王明義。「義」與「儀」同。

有典命官，掌諸侯之儀。王念孫曰：「『掌諸侯之儀』五字衍。典命、大行人皆『掌諸侯之儀，以等其爵』，則『掌諸侯之儀』五字不當重出。此是總説典命、大行人所掌之事，下乃以二官分列。」今據删。

典命諸侯之五儀，諸臣之五等，以定其爵，故貴賤有别，尊卑有序，上下有差也。命上公，九命爲伯。戴校本作「典命諸侯之五儀，諸臣之五等之命，上公九命爲伯」，汪校本同。王念孫校本「典命」下增「掌」字，餘與戴校同，與周官典命合，今據訂正。

諸侯諸伯七命。典命無「諸」字。

以皮帛視小國之君。典命「視」皆作「眡」，同字。

各如其命之數。典命「如」作「眡」。

禮：大行人。「禮」字疑衍。

禮七牢，其朝位賓主之間。大行人無「其」字。

禮五牢，其朝位賓主之間。大行人無「其」字。

執帛皮以繼小國之君。「帛皮」，從盧、戴校本改「皮帛」。

禮各下其君二等，以下及大夫士，皆如之。大行人「禮」上、「大夫」上皆有「其」字。

以朝聘之禮也。戴校本亦增「也」字，各本脱。

所以明別義也。王念孫曰：「『明』字後人所加。義，古『儀』字也。『別儀』即上文所云『以九儀別諸侯之命也』。『別』上不當有『明』字，下文説諸侯相朝之禮，自『各執圭瑞』以下皆與此同，而云『所以別義也』，無『明』字，是其證。」今據删。

樊纓十有再就。汪本據覲禮注「再」改「二」，今從之。

率諸侯而朝日東郊。汪本據覲禮注「日」下增「於」字，今從之。

諸子之國，門東，北面東上。戴校從方本亦增此十字，與盧本同，各本脱。

公於上等。汪本據周禮司儀此下增「侯伯於中等，子男於下等」十字，盧校亦云脱此二句，今增。

明臣禮、臣職、臣事。各本皆脱「臣職」之「臣」。

習立禮樂。王念孫曰：「『立』字於義無取，蓋衍字也。上下文皆言『習禮樂』，無『立』字。」今删。

然後使諸侯世相朝，交歲相問，殷相聘。王引之曰：「孔説非也。記文本作『然後使諸侯交，歲相問，殷相聘』，而無『世相朝』三字，『交』字上屬『諸侯』爲句。『諸侯交』，即大行人所謂『諸侯之邦交』也。下文曰『故天子之制，諸侯交，歲相問，殷相聘』之以『諸侯交』連讀，而無『世相朝』之文，是其明證。案上文既言諸侯朝覲之禮，乃曰『是故一朝而近者三年，遠者六年，有德焉，禮樂爲之益習，德行爲之益脩，天子之命爲之益行』，其下即曰『然後使諸侯交，歲相問，殷相聘，以習禮考義，正刑一德，以崇天子，故曰朝聘之禮者，所以正君臣之義也』。朝聘之禮，統上文言之，謂諸侯朝於天子及諸侯使人聘於諸侯，皆有君臣之義，故曰『朝聘之禮，所以正君臣之義也』。若諸侯世相朝，則爲兩君相見，不得謂之君臣矣。後人不達，遂取大行人篇内『世相朝』三字加於『交』字之上，不唯亂其句讀，且與下文君臣之義不合。孔氏不能釐正，而曲爲之説，且謂大行人『凡諸侯之邦交』句讀爲誤，其失甚矣。」今案：王説「交」字屬上讀，是。而以「世相朝」三字爲衍文，則非。鄭注大行人歲問、殷聘、世朝云：「此皆所以習禮考義、正刑一德，以尊天子也。」與此文義正同。蓋尊崇天子，即是君臣之義，故曰「朝聘之禮，所以正君臣之義也」，不可援下文爲證。下文乃以「歲相問，殷相聘」變易聘義「比年小聘，三年大聘」之文，此則據大行人之有「世相朝」之語。今從大行人文，以「世相朝」三字移於「殷相聘」下，則句義兩得矣。

不敢質。禮記聘義「不」作「弗」。

三讓而後入門。聘義作「入廟門」，正義云：「聘禮賓至大門，主人陳介而請事。此云『廟門』者，有『廟』字者誤也。」

君親拜迎大門之内。聘義「迎」下有「于」字。戴、汪校本增，今從之。

拜君之辱。戴校本據聘義「君」下增「命」字，今從之。

致敬讓也者。「致」字涉上文而衍，據聘義删。

則不相侵陵也。聘義無「也」字。

大夫爲丞擯。戴校本改「承擯」，此下據儀禮、禮記補「士爲紹擯」四字，今從之。

致雍既，還圭璋，賄贈，饗食宴。戴、汪校本「雍」作「饔」，「宴」作「燕」，「饔」下亦删「餼」字，各本衍。聘義正義曰：「饗食燕者，謂主君設大禮以饗賓，設食禮以食賓，皆在朝也。又設燕以燕之，燕在寢也。」

輕財重禮之義也。聘義作「此輕財而重禮之義也」。

則作讓矣。盧本「則」下增「民」字，今從之。

羣介皆餼牢。戴校本改「餼」爲「既」，今從之，與篇内一律。

宴與時賜無數。聘義「宴」作「燕」。

古之用財。聘義「財」下有「者」字。

然而。戴校本亦作「然而」，與聘義同。

而諸侯務焉。聘義句末有「爾」字。

及大客之義。戴、汪校本「義」改「儀」。

殷眺以成邦國之貳。貳，譌爲「貳」，貳與慝同聲字。王引之曰：「『成』字義不可通，當改作『除』。典瑞云『以除慝』是也。孔曲爲之説。」戴、汪校本改「以除邦國之慝」。

以教諸侯之福。戴、汪校本據大行人改「教」爲「交」，今從之。

致會。戴、汪校本「會」改「禬」，今從之。

天子之所撫諸侯者。 戴校本「所」下亦增「以」字，與盧本同。今增。大行人作「王之所以撫邦國諸侯者」。

計辭令。 盧、戴校本「計」改「叶」。王引之曰：「計，當爲『汁』。大行人『協辭命』，鄭注曰：『故書協作汁。鄭司農云：汁，當爲叶。』是周禮故書『協』作『汁』，此記蓋本於故書也。汁與計草書相似，故『汁』譌作『計』。齊語『論比協材』，管子小匡篇作『論比汁制』，汁，譌作『計』。史記曆書『祝犂協洽』，單行索隱本『協』作『汁』，譌作『計』，並與此同。雅雨堂本改爲『叶』字，未確。」今從王校。

聽音聲。 大行人「音聲」互倒。

達瑞節。 盧本亦改「建」爲「達」。

然後諸侯之國。 小行人作「若國」，以下四句上俱有「若國」二字。

以周知天下之政。 王念孫曰：「政，本作『故』，『故』即上文所謂『事故』也。五物之見於上文者，唯『禮俗政事』一條可謂之政，然政亦事也，其餘四條則可謂之事，而不可謂之政。若作『政』，則五物之中，舉其一而遺其四矣。小行人正作『故』。」今據改。

不行禮義，不修法度，不附於德，不服於義。 王引之曰：「『不行禮義』之『義』，即『儀』字也。『不服於義』之『義』，即『誼』字也。二字異訓，故並見而不爲複。古者書『儀』但爲『義』，今時所謂『義』爲『誼』。説文曰『義，己之威義也』，即古『威儀』字。又曰『誼，人所宜也』，即古『義』字。」修，當作「循」，二字古常互譌，今改「循」。

而諸侯自爲正之法也。 各本「正」譌「政」，戴校本亦改「正」，又改「法」爲「具」，與上文一律。王念孫本亦改「具」，今從之。

凡二千一百三十六字。補。今校定凡二千一百三十一字。

投壺第七十八

請樂賓。禮記投壺作「請以樂賓」。

敢以請。小戴記「敢」下有「固」字，衍，觀下文可知。

賓對曰。小戴無「對」字。

請于賓曰。小戴無「于」字。

比投不釋算。勝飲不勝。小戴無「算」字，「不勝」下有「者」字。

請爲勝者立馬。孔謂：小戴此下有「一馬從二馬」，爲衍者。釋文云：「俗本有『一馬從二馬』五字，誤。」孫志祖曰：「鄭注『一馬從二馬』之義在下文，此處無此五字也。」

則司射坐而釋一算曰。盧、戴校本據小戴改「曰」爲「焉」，今從之。

請諸勝者之弟子。「請諸勝」，各本皆作「諸勝」。盧校云：「諸，當作『請』。」戴、汪校本俱改「請」。王念孫曰：「孔從通解，誤也。經文皆言『勝者』，不言『諸勝者』，小戴亦如是，即鄉射、大射亦無『諸勝者』之文。」今删「諸」字，從戴校。

當飲，皆跪奉觚。戴校本「飲」下增「者」字。盧、戴並云：「觚，當作『觶』，觶，古『觶』字。」汪本改「觶」。今從戴校增「者」字，「觚」改「觶」。

周則復始既算。盧校云:「此文當從吴本作『算多少,視其坐。既算,周則復始』。」戴校云:「『既算』二字,當在前『舉手曰』之上。或云:既,當作『記』,衍『算』字。」今從。孔注説移此六字於「司正曰」之上。

矢八分。王引之曰:「堂上、室中、庭下,矢有長短之分,而圓徑則一。鄭注小戴投壺云『舊説矢大七分』,而不言室中之矢之圓徑小於堂上、庭下者,則孔説非也。案:大七分者,圓徑也。若矢八分,不言大,則非圓徑可知。分,當爲『介』。鄭注小戴投壺云:『投壺者,人四矢,亦人四算。』上文『司射執八算,興』,八算,則亦當八矢。蓋一耦二人,人四矢也。故曰『矢八介』,介猶枚也。大射儀『搢三挾一个』,注曰:『个猶枚也。』个即介字,隸書之省。廣韻云:『介,俗作分。』其形與分相似,故書傳『介』字多誤爲『分』。賈子胎教篇説縣弧之禮曰:『五弧,各五分矢,皆三射,其餘各二分矢。』分亦介字,俗體之譌。『五弧』下脱『各』字,言每弧有矢五介。既發三介,猶有二介也。彼文矢一枚爲一介,正與此同。八介爲矢數而非圓徑八分,故記文不言大。不然,則鄭注小戴引舊説,何以但云『矢七分』而無八分之説乎?孔注非也。」今從王校。盧本「矢」作「籌」,亦誤。

及童子使者。小戴作「及使者童子」。

壺中置小豆,爲其矢躍而去也。小戴「豆」下有「焉」字,戴校本改「去」爲「出」,今從之。

無去其皮。小戴「無」作「毋」。

于一張侯參之,曰:「今日泰射。」盧校云:「此十一字疑是注文,有誤字。」戴、汪校本删,今從孔注删定。

壺脰脩七寸。盧、戴並云:「自此以下二十四字,當在『曾孫侯氏』之前,以類相次。」今據移。

御車之旌。王念孫曰:「盧改『御車』作『獲者』,是也。上文云『執旌既載』,旌爲獲者所執,故言『獲者之旌』,不得言

「御車之旌』也。孔曲爲之説,非。」案戴校從方本,亦改「獲者」,今從之。

史辟、史義。此下十六字,當在「廢不可歌」下。戴校亦云,今據正。

無倨立。王念孫曰:「跛倚非倨也。倨,當作『偝』,字之誤也。説文:『偝,反也。』小戴作『毋偝立』,鄭注曰:『偝立,不正鄉前也。』偝與倍同。大學『上恤孤而民不倍』,注云:『倍,或作偝。』亦通作『背』。」今從王校。

若是者有常爵。戴校曰:「小戴兼記魯、薛異辭,此當有脱文。」今據增「薛命弟子辭曰:無荒無慠,無倍立,無踰言,若是者浮」二十字。荒,小戴作「幠」,古字通。詩「遂荒大東」,郭注爾雅釋詁引作「遂幠大東」。

强食食。考工記梓人作「强飲强食」,今依改正。

凡七百三十三字。補。今校定凡七百四十七字。

卷十三

公冠第七十九

立于席。盧本「席」下有「北」字。

其餘皆公同也。盧本、戴本、汪本「皆」下有「與」字，今增。

可也。二服皆韠。各本皆作「可二服皆韠也」。

異其名曰韠。戴校本「韠」作「芾」，今從之。

其頸五寸，肩博二寸。戴、汪校本俱作「其頸五寸，肩革帶博二寸」。戴氏文集説同，今從之。

玄端，諸侯朝服。盧校本「朝」作「之」。戴、汪校本「朝」上增「之」字。

公冠四加玄冕。説苑修文篇「公冠，自以爲主，卿爲賓，饗之以三獻之禮。公始加玄端與皮弁，皆必朝服，玄冕四加」，與此文略同。家語冠頌篇亦云：「公冠四加玄冕祭。」則「四」字、「玄」字非誤也。

娶婦之家，三日不舉樂，思嗣親也。然則冠禮不舉樂同也。各本無「之家」二字，無上「也」字，下「不」字作「一」，「同」作「可」。戴、汪校本皆改正。戴氏文集曰：「通解載此注有『之家』二字。」

其慶也。盧、戴校本、汪本皆作「其慶也同」，今從之。

其慶賓也如是。盧、戴校本「也」作「亦」。

天子儗焉。盧、戴校本「天」作「太」，「太」字是，今正。

主侯自主之。盧校云：「别本作『王侯自主之』，誤。」

成王冠。自此至末，盧本皆低一格寫。汪本謂有經文、有記文，以上經文，以下記文也。

雍太祝定左。盧、戴校本改「定」爲「當」，今從之。

視民不遠。盧本作「視民如子」。

遠於年。洪頤煊曰：「左氏襄三十年經『天王殺其弟佞夫』，公羊作『年夫』，年、佞同聲假借字。『遠於年』，即遠於佞也。劉昭後漢志注引『遠於年』下重出『遠於佞』三字，是後人所加。」

及時而施。盧本此注在「嗇於時」下，誤。

親賢使能。説苑「親」作「任」。

欽順仲夏之吉日。戴、汪校本改「夏」爲「春」，據注文也，與博物記合。今從之。

遵並大道邠或。汪本從博物記作「普遵大道之郊域」，今從之。注非。

推遠稚免之幼志。「免」當爲「冲」，字形之誤。汪本改「稚免」爲「冲孺」。

肅勤高祖清廟。汪本「祖」下增「之」字，今從之。

靡不息。王念孫曰:「息,當作『悳』,『悳』者『德』之本字,形與『息』相似,因譌爲『息』。又脱『蒙』字。」汪本亦作「蒙德」,今據訂正。

故日下明之也。戴校本改「日」爲「于」,今從之。

凡三百四十字。補。今校定凡三百四十五字。

本命第八十

人莫違焉。戴校本從永樂大典改「莫違」爲「資始」,蔡本、盧本同,今從之。

分得其短。戴、汪校本「分」上有「或」字,今從之。

其變修促。戴校本從永樂大典改「變」爲「中」,蔡本、盧本同,今從之。

受於金則以義。戴校本「則」下有「象之」二字,今據增。

原其所。戴校本作「原其所始」,今據增。

故命者性之終也,則必有終矣。王念孫曰:「此當依家語作『故命者性之始也,死者生之終也,有始則必有終矣』,文義始通,且與上文相合。今本脱去『始也死者生之』六字及『有始』二字,則文不成義,注曲爲之説,非也。」今從王校。

不能化。説苑辨物篇作「不能施化」。

三月而徹盷。 家語作「及生三月而徹盷」。

盷，精轉視貌。 各本「精」下衍「也」字。

然後食。 説苑、家語俱作「然後能食」，與上下文合，今增。

朞而生臏，然後能行。三年噫合，然後能言。 俞樾曰：「臏，疑與方言『呲顮𪏭也』之『顮』同，皆謂『陽瘅憤盈也』。案開元占經一百十三引作『人生期倅然後行；三年頭然後合焉』，説苑、家語作『顋合』。」

十有六情通。 説苑、家語「情」皆作「精」，汪本據改，今從之。

辰故陰以陽化。 戴校本改「辰」爲「是」。王念孫曰：「『辰』字義不可通，孔曲爲之説，非也。韓詩外傳正作『是故』，説苑作『故』。」今據改正。汪本删「辰故」二字，非是。化，説苑作「變」。

故男以八月而生齒，八歲而齔。 各本「而齔」皆作「而毁齒」。盧校云：「後漢閻后紀注引大戴禮『男八歲而齔，女七歲而齔』，齔，毁齒也，然則此『毁齒』二字乃是注。正文脱去『齔』字，下『毁』字亦當作『齔』。」戴校本據文王世子疏所引亦改「齔」，家語同，説苑則作「毁齒」。王念孫曰：「此二句本在下文『一陰一陽，然後成道』之下，今本上下互易，則文義倒置，依外傳訂正。」今從之。

然後情通。 汪本「情」改「精」，今從之。説苑作「精小通」。

施道行。 戴校本「行」下有「也」字。

五十而室。 王念孫曰：「『室』上有『有』字，今本脱之。内則『三十而有室』，文義與此同。周官媒氏疏引此正作『五十而有室』。」今據增。

合於八也。 盧校本「八」下有「十」字。俞樾曰：「『合於三不言三十，合於五不言五十，皆因『合於八十』句有『十』字而省也。孔氏删之，蓋未達古書之例。孟子『夏后氏五十而貢，殷人七十而助，周人百畝而徹』，因下有『畝』字而上二句皆不言『畝』，即此類。蓋預探下文而省者也。」今案俞説是，從盧本增。

不言大節者。 戴校本無「者」字。

令男三十而娶。 戴校本「令」下增「凡」字。

創非也。 戴校本改「創」爲「則」，今從之。

近漢初學者所續。 戴校本「近」作「似」。

八者維剛也。 戴、汪校本改「剛」爲「綱」，今從之。

機其文之變也。 俞樾曰：「機，當作『幾』。而，讀爲『豈』。也，讀爲『邪』。」今謂：機、幾通。幾，殆也。言殆其文之變也。

其文變也。 戴校本删此句，今從之。

故以四舉。 戴校本改「舉」爲「制」，家語正作「舉」。

有恩有義。 喪服四制「義」作「理」。

恩厚者其服重，故爲父斬衰三年，以恩制者。 四制、家語「恩厚」上有「其」字，戴校本句末從方本增「也」

字，與小戴、家語合，今從之。

故爲君亦服斬衰三年。四制無「服」字。

不以死傷生。戴校本句末增「也」字，與四制合，家語無。

同於丘陵。各本此句作正文，四制、家語皆無，孔校是也。

示民有終也。家語「亦」作「示」，與四制異。

以治之也。戴、汪校本「以」下增「一」字，今從之。

父在，爲母齊衰期。四制、家語「父」上有「故」字，「期」下有「者」字。

而後事行者，面垢而已。四制無「事」字，家語無「而後事」三字。垢，戴、汪校本改「垢」，與四制、家語合，今從之。

憂恩之教也。盧、戴校本改「教」爲「殺」，今從之。家語亦作「殺」。

其所□□不怠者。戴校本作「其不怠者」，盧本作「其所不解不怠者」，皆非。

聖人因教以制節也。四制無「也」字。

如長萬物之義也。戴校本「如」作「而」。

是故審論。盧、戴校本改「論」爲「倫」，家語正作「倫」，通字。

所以正夫德者。今從戴校本改「者」爲「也」。

故令不出閨門。戴校本删「故令」二字,云:「即上注『教令』二字譌作正文,因譌致衍。」今案:家語正作「教令不出於閨門」,是王肅所據本有「教令」二字也。上文注文疑是正文,因「從」字而誤入注中,而又衍「令」字耳。當作「故從其教令,不出閨門」,删上注語。

是故女及日乎閨門之内。戴校從方本改「及日」爲「日及」。王念孫曰:「言終日所及,不出乎閨門也。」俞樾曰:「女終日乎閨門之内,義本甚明,因『終』字從古文作『㚲』,隸變作『夂』,學者不識,改作『及』字。」今從俞校。

不百里而奔喪。盧、戴並云:「『不百里』,據注當是『不見星』之譌。」今校改。

言及日,故經戒見星。盧本「戒」作「成」,戴、汪校本並從袁本作「經成」。今謂:故經戒,當是「不經夜」之誤。

行無獨成之道。陳觀樓曰:「『事無獨爲』四句,各相對爲文,則此句不當有『之道』二字,蓋涉上文『三從之道』而衍。家語無。」今據删。

宵夜行燭。戴校從方本作「宵行以燭」,今從之。家語作「夜行以火」。

喪婦長子者,爲其無所受命也。汪本改「婦」爲「父」,上文同。家語亦作「喪父」。戴校曰:「儀禮經傳通解譌作『喪父』,後人不復檢本書,致滋疑惑。」何休注公羊傳曰:『婦人有五不娶,喪婦長女不娶,無教戒也;世有惡疾不娶,棄於天也;世有刑人不娶,棄於人也;亂家女不娶,類不正也;逆家女不娶,廢人倫也。』意與此同。其以無所受命爲無教戒,義尤明顯。蓋命者,教戒也。自女之父言,故曰『喪婦』。長謂踰笄字之年,恐此女失母教,致長而莫與爲婚。」

多言去。王念孫曰:「『多』上有『口』字,下文云『口多言,爲其離親也』,正釋此句之義,則此亦當有『口』字。」今增。

不順父母去，爲其逆德也。「去」字衍。戴校本删，今從之。

婦爲長舌。戴校本「爲」作「有」，今從之。

欺造次。戴校本「次」作「化」，今從之。

凡一千有五字。補。今校定凡一千一十五字。

易本命第八十一

易者渾元之始。盧校本「者」作「曰」，戴校本作「易説曰」，今從戴校。

易説曰。盧本「説」下有「卦」字。戴氏文集曰：「『卦』字衍。此引乾鑿度語。」聚珍本、汪本皆删。

未有見氣也。太初者，氣之始也。盧、戴校本删「有」字，今從之。盧本脱下「也」字。

或行。淮南子地形「行」作「走」。

惟達道德者。陳觀樓曰：「達道德者，本作『智通道者』，此後人依家語改之也。此言萬物皆生於道，故惟智通於道者能原本之。注引『聖人智通於大道』，正釋『智通道』三字。淮南子『唯智通道者能原本之』，即用此篇之語。」今校改。

天一地二人三，三三而九。開元占經一百十三引作「天地人一二三，三三九」。

日數十。此下從淮南子增「日主人」三字。

斗主狗。淮南子「狗」作「犬」。

斗之次以狗。 盧、戴校本「以」作「似」。

時主家。 淮南子「家」作「彘」。

以所包者多，故舉禽。禽獸之名。 各本「包」誤「苟」，脱一「禽」字。戴、汪校本與孔校同。今案：正文當從淮南子作「麋鹿」，注曲爲之説。

故蟲八月化也。 戴校從方本，改「月」爲「日」。王念孫曰：「論衡商蟲篇云『蟲八日而化生』，以上文例之，則『化』上當有『而』字。淮南、家語皆有。」今據校訂，作「故蟲八日而化也」。

言亦有生而生之也。 戴、汪校本俱改「有生」爲「有本」。今案：「生」當是「主」字。

故魚鳥皆卵。 當從淮南子「卵」下增「生」字。

咀噍者。 王念孫曰：「噍，當作『嚾』，字之誤也。玉篇：『嚼，疾略切。噬，嚼也。嚾同上。』廣雅曰：『咀，嚾也。』咀嚾即咀嚼。凡人及獸之食物曰咀嚾，故曰『咀嚾者九竅而胎生』。若『嚾』即『呼喚』之『呼』〔一〕，於『咀』爲不類矣。家語作『齟齬』，即用大戴之文。」今從王校。戴本作「咀嚾」。

有羽者脂。 戴校從方本改「羽」爲「角」，與淮南、家語合，今正。

釋者爲脂也。 盧、戴校本無「也」字。

而無後齒。 淮南子作「無角者高而無前，有角者指而無後」，家語作「無角無前齒者膏，有角無後齒者脂」。

〔一〕下「呼」字，經義述聞作「喚」，是。

夜生者類母。 王念孫曰：「此下當有『至陰生牝，至陽生牡』八字，據盧注云：『至陰至陽，類甚多也。至陰爲男、至陽爲女者，即陰窮反陽、陽窮反陰之義』，則正文之有此八字甚明。今脱此八字，則盧注不可通矣。又案：盧所見本似是『至陰生牡，至陽生牝』，故有『陰窮反陽，陽窮反陰』之説。然淮南、家語並作『至陰生牝，至陽生牡』，與『晝生者類父，夜生者類母』意正相同，蓋盧本『牝』、『牡』二字互誤也。」今從王本校增。

類其多也。 戴校本改「其」爲「甚」，今從之。

陽窮反陰之義。 戴校本改「義」爲「類」。

日月望。 戴校本删「日」字，今從之。

月虧於天。 盧本作「日月屬於天」。戴、汪校本與孔同。

是故堅土之人肥，虚土之人大。 王念孫曰：「此當依淮南作『堅土之人剛，柔土之人肥，盧土之人大，沙土之人細』。淮南『盧』作『壚』，古字通。釋名：『土黑曰盧。』家語作『堅土之人剛，弱土之人柔，墟土之人大，沙土之人細』，『墟』即『壚』字之譌，『柔』字則王肅所改。淮南、家語皆用大戴禮文〔一〕。堅與弱對。盧，淮南作『壚』，古字通。説文：『壚，黑剛土也。』與『沙土』對。下文『息土之人美，耗土之人醜』，文亦相對。今本『堅土之人』下脱去『剛，弱土之人』五字，『盧』字又譌作『虚』，則義不可通。盧注皆誤。」家語作「堅土之人剛，弱土之人柔，壚土之人大」，「墟」即「壚」字之譌，「柔」字則王肅所改也。今從王校增。

〔一〕自「淮南盧作壚」至「皆用大戴禮文」，經義述聞原作小字。

沙土養薄乃細。盧、戴校本「薄」、「細」二字互倒，誤。

謂衍沃之田。盧本作「謂沃口之田」，誤。

搏而長。盧、戴校本「搏」改「專」，今據改。

豐肉而痺。盧、戴校本「痺」改「庳」，今據改。

皆自然之性。戴校本「性」下有「也」字。

多力而拂。家語「拂」作「不治」。

勇敢而捍。戴、汪校本改「捍」爲「悍」，與淮南同，今從之。

智惠而巧。淮南子「惠」作「慧」，通字。

則神而常在也。各本「在」作「存」。

乾坤之筴。各本「篋」作「中央」。

凡六百四十三字。補。今校定凡六百六十字。

校正孔氏大戴禮記補注跋〔一〕

大戴禮記補注十三卷，國朝孔廣森撰。大戴記舊有北周盧辯注。辯字景宣，范陽涿郡人。官至尚書右僕射。好學通經，爲大學博士。時以大戴禮未有解詁，乃注之，事具周書本傳。今注存者二十四篇，餘十五篇注皆亡失。朱子引明堂之説，以注爲鄭康成作，王伯厚據北史駁之。按注中徵引有魏晉諸儒，而子張問入官、諸侯遷廟二篇又顯斥鄭誼，紫陽豈未之深究耶？後儒治是書者尠有專家，故經與注文往往舛午淆亂，至不可讀。孔氏據宋刊舊籍，旁稽博采，作爲補注，疏通而證明之，洵爲盧氏之功臣。然往往拘守古本，穿鑿附會，以成其失。如保傅篇「縱上下雜采不以章」，據賈子及北堂書鈔所引，則「上下」二字爲「美」字之譌，而孔注則曰「上謂衣，下謂裳」；「再爲義王」，據賈子當作「爯爲義王」，「爯」即「稱」之古字，而孔注則曰「首止尊世子，葵丘尊周公，爲再明王義」；五帝德篇「鮮支、渠瘦、氐羌」，據史記、説苑「鮮支」上本有「西」字，而孔注則曰「西方者鮮方，言鮮支，則

〔一〕標題原無，係點校者所加。

西已見」，「稱以上士」，據史記本作「稱以出」，「出」與「律」韻，而孔注則曰「稱爲上德之士」；帝繫篇「青陽降居泜水」，據史記「泜水」本作「江水」，江水出湔氏道徼外。湔氏，縣名，非水名，而孔注則曰「泜水，湔水也」；勸學篇「于越戎貉之子」，據荀子本作「干越」，而孔注則曰「于，發聲」；子張問入官篇「尊嚴而絶」，據家語「絶」本作「危」，而孔注則曰「尊絶于上，情不相比」；朝事篇「然後使諸侯世相朝交，歲相問，殷相聘」，據周官大行人「世相朝」在「殷相聘」下，「交」字屬上讀，而孔注則曰「交歲相問，猶言每歲交相問」，反以大行人「凡諸侯之邦交」句讀爲誤；本命篇「辰故陰以陽化，陽以陰變」，據韓詩外傳「辰故」本作「是故」，而孔注則曰「日月相會謂之辰」。諸若此類者，孔皆曲爲之説，不肯依他書更正。至於脱奪之甚者，如夏小正篇二月傳「商庚者，長股也」，「長股也」三字本在四月傳「蜮也者」下；十月傳「初昏」二字本在「織女正北鄉」上，「則旦」二字本在「南門見」下；曾子立事篇「道遠日益云」五字本在「兩問則不行其難者」下，「居上位而不淫，臨事而栗者，鮮不濟矣」三句本在「戰戰唯恐刑罰之至也」下，而重衍「臨事而栗者，鮮不濟矣」二句；用兵篇「此太上之不論不議也」句本在「故永其世而豐其年」下；易本命篇「晝生者類父，夜生者類母」下脱「至陰生牝，至陽生牡」八字，「堅土之人」下脱「剛，柔土之人」五字。凡此之類，顯然脱誤者，孔皆以仍舊文，未加釐訂，故王懷祖先生以「守殘之癖」譏之。今王君文泉有大戴禮記補注之刻，復與廣稽羣籍，參互諸家，補漏訂譌，以引伸孔氏之所未備，各爲卷帙，附于其後，其已詳音義中者則不復重爲標識也。癸未十一月三日王樹枏自識。